03. 12.
von Gilbert (?)

# JAMES LORD

## Einige bemerkenswerte Männer
## Weitere Erinnerungen

Aus dem Amerikanischen übersetzt von
Nadine Miller

MATTHES & SEITZ

*Für* GILLES ROY-LORD

# INHALT

# DER PREIS DER VILLA
# HAROLD ACTON

# I

Es gab ausführliche Nachrufe, des Lobes voll, aus aller Herren Länder, sie erschienen in den wichtigsten Zeitungen und Zeitschriften Amerikas und der meisten westeuropäischen Länder, vor allem natürlich in Italien, obwohl leider Gottes in China wahrscheinlich nicht. Den legendären Verstorbenen hätte die Vielzahl dieser Meldungen wohl gefreut, aber kaum verwundert, hatte er doch sein außerordentlich langes, privilegiertes und elitäres Leben darauf verwandt, die Legende sorgfältigst zu kultivieren. Hätte man jemals anklingen lassen, daß gewisse wesentliche Aspekte desselben sich nur schwerlich verifizieren ließen, so hätte er zweifelsohne gemurmelt: »Mein Lieber, wir wissen doch alle, daß der Stoff der Geschichte auf dem Webstuhl der Mutmaßung gewebt wird, nicht wahr?«

Die gewürdigte Person war Sir Harold Mario Mitchell Acton, Kommandeur des British Empire Ordens (Verdienstorden, gestiftet 1917, c.o.b.e.), geboren am fünften Juli 1904 in Florenz, Italien, in der Villa La Pietra, der palastartigen Residenz seiner Eltern, in der er neunundachtzig Jahre später, am siebenundzwanzigsten Februar 1994 verstarb.

Lange bevor Harold auf die Welt kam, gelangte der Name Acton in Italien zu ehrenvollem Glanz. Sir John Acton diente Ende des achtzehnten Jahrhunderts dem König und der Königin von Neapel fünfundzwanzig Jahre lang als Staatssekretär, wurde Liebhaber der Königin und ließ sich in der Ausführung neapolitanischer Intrigen von der berühmt-berüchtigten Lady Hamilton kräftig unterstützen. 1834 wurde der Enkel dieses Staatsmannes in Neapel geboren, doch als britischer Staatsbürger verbrachte er den größten Teil seines Lebens in England, wo er Parlamentsmitglied, angesehener Historiker und guter Freund Gladstones wurde. Er machte seinen Aufstieg ins Oberhaus und erwarb sich bleibenden Ruhm mit dem berühmt gewordenen Ausspruch, daß totale Macht total verdirbt.

Über die Vorfahren von Sir Harolds Vater, Arthur Mario Acton, geboren 1874, ist wenig Gesichertes bekannt, nachweislich steht aber fest, daß die ständigen Anspielungen seines Sohnes auf eine Blutsverbindung mit den glanzvollen neapolitanischen und englischen Actons wohl nicht den Tatsachen entsprachen. Auf jeden Fall hatte Arthur Acton gar nichts Fürstliches an sich. Von dunklem Teint, guter Figur und aalglatter Manier, konnte man ihn absolut nicht für einen jungen Milord auf verspäteter Europareise halten. Das Interessanteste an ihm war, daß er Künstler werden wollte, und obschon er nur über beschränkte Mittel verfügte, gelang es ihm irgendwie, sich nach Paris durchzuschlagen, wo er Malerei studierte. Dieses Bestreben erwies sich für ihn jedoch weniger befriedigend als die Jagd auf attraktive junge Frauen, einer Betätigung, der er zeitlebens mit außerordentlichem Elan und Erfolg nachging. Zu dieser Zeit, – während der späten neunziger Jahre des vorigen Jahrhunderts – hielt sich auch Guy Mitchell, ein junger Mann aus Chicago, in Paris auf, ebenso vom Reiz künstlerischer Erfüllung dahingezogen, wohingegen ihm junge Frauen denkbar gleichgültig waren. Sein Vater hatte kurz nach Ende des amerikanischen Bürgerkriegs mit unbeirrbar gutem Sinn für das Timing die *Illinois Trust und Savings Bank* in Chicago gegründet, eine Einrichtung, die darauf angelegt war, aus der explosionsartigen Verlagerung nach Westen in der Nachkriegszeit Riesenprofite zu schlagen. Arthur und Guy freundeten sich miteinander an, und der Anglo-Italiener wurde zu einem Urlaub nach Amerika eingeladen. Dort lernte er Guy's Schwester Hortense kennen. Sie war einige Jahre älter als Acton, recht hübsch, wenn auch keine große Schönheit, doch verfügte sie über außergewöhnlichen Reiz, nämlich als Erbin. Er trug ihr die Ehe an und wurde erhört. Sie heirateten kurz nach der Jahrhundertwende. Kein Mensch würde heute verstehen, warum sie sich ausgerechnet in Florenz niederließen. Damals jedoch war es noch ein beliebtes Refugium reicher Ausländer, vor allem der Engländer und Russen, die in verschwenderischem Luxus die herrlichen Villen bewohnten, welche Florentiner Adlige und Kaufleute während der Jahrhunderte überquellenden Reichtums und Ansehens auf den umliegenden Hügeln erbaut hatten. Außer dieser Gesellschaft von im

Luxus schwelgenden, doch äußerst biederen Müßiggängern, gab es jedoch auch viele, die ernsthaft an dem unvergleichlichen künstlerischen Erbe der Stadt interessiert waren, das in den Museen, Palazzi und Kirchen von Florenz zu besichtigen war. Der hervorragendste unter diesen war zeit seines sehr langen Lebens Bernard Berenson, selber bereits eine legendäre Gestalt und allen als B.B. bekannt, ein Freund, dem Harold auf seine eigene Art womöglich nachzueifern gedachte.

Die Villa La Pietra liegt oberhalb der Stadt, unmittelbar an der Straße, die über die Berge nach Bologna führt, und wurde nach der Steinsäule benannt, die einstmals ihre exakte Entfernung von der alten Stadtgrenze bezeichnete. In der zweiten Hälfte des fünfzehnten Jahrhunderts erbaut, war die Villa damals schon ein auffälliges Prunkstück, und ihre Herrlichkeit wurde von einer Reihe von Besitzern weiter gesteigert, einschließlich der Actons, die sie 1903 bezogen. Vergessen waren die vormaligen künstlerischen Bestrebungen des Ehemannes, seine Bemühungen waren nun ausschließlich darauf ausgerichtet, La Pietra zum meistbeneideten Kleinod von Florenz zu machen und seinen Bewohnern einen prominenten Platz in der dortigen Gesellschaft zu sichern, was sich mit dem aus Chicago hereinströmenden Reichtum relativ leicht bewerkstelligen ließ. Zwei Söhne kamen zur Welt, Harold als erster, und William ein paar Jahre später. Dem Vater scheint an der Vaterschaft nicht sonderlich gelegen zu haben. Am Herzen lag ihm der Ankauf seltener Gemälde von primitiven Meistern der toskanischen Schule, von Statuen, Wandbehängen, von herrlichem antiken Mobiliar und wertvollen Teppichen. Sein größter Stolz war jedoch sein Garten, der im neunzehnten Jahrhundert »anglisiert« worden war. Im Laufe der Jahre verwandelte ihn Arthur Acton mit viel Mühe und der unentbehrlichen Hilfe eines professionellen Landschaftsarchitekten und Schöpfers eindrucksvoller Gärten namens Paul Chalfin wieder in einen ursprünglichen, großzügig angelegten Garten italienischen Stils zurück, mit Brunnen, Säulengängen, Freitreppen, Balustraden, Vasen, Marmorbänken und mehr als hundert herrlichen Statuen, die er aus ganz Italien zusammentrug, – oder klaute, wie böse Zungen behaupteten. Doch der Eigner dieser bewundernswürdigen Restaurierung war als geschäftssinniger Stratege bekannt, der äußerst harte Bedingungen auszuhandeln verstand, ein Mann, der sehr leicht Streit und Mißtrauen erregte. Indes schien ihm die gute Meinung seiner Umwelt vollkommen gleichgültig zu sein, solange sie den Einladungen seiner Frau Folge leistete und von den Herrlichkeiten La Pietras in angemessener Weise beeindruckt war. Außerdem wurde er durch diverse heimliche Amouren in Anspruch genommen, die er in der Stadt unterhielt, – seiner Leidenschaft für das Sammeln von Kunstwerken nicht ganz unähnlich, – welche letztlich zu einer gewissen Anzahl von unehelichen Halbgeschwistern für Harold und William führten.

Hortense Acton war eine kleine, stets vorzüglich gekleidete Frau, liebenswürdig und schlicht, zugleich aber von strengem Charakter und unbeugsamer Willenskraft. Sie erfuhr schon recht bald von der Untreue ihres Ehemannes und ertrug sie, der Konvention jener Zeit entsprechend, mit mühsamer Fassung. Ihr Vergnügen fand sie als gefeierte Gastgeberin und ergebene Mutter, etwa in dieser Reihenfolge. Ihre mütterliche Hingabe richtete sich vornehmlich auf ihren jüngeren Sohn, was dem älteren nicht verborgen blieb. Vielleicht hatte sie von Anfang an eine undeutliche Vorahnung des Unheils, zu welchem William geboren war, und hoffte, ein Übermaß an Liebe vermöchte es abzuwenden. Auch Arthur bevorzugte William, sofern er sich aus seinen Kindern überhaupt etwas machte, im Vergleich zu seinen Sammlungen, Gärten und Mätressen. Harold war ihm vielleicht eine Spur zu gescheit, als daß er ihn vergöttern konnte, denn bereits als Kind war der ältere Sohn der geistreiche, phantasievolle und frühreife der beiden Brüder. Mit zehn Jahren begann er zu dichten. Man nahm mit fast aufdringlicher Selbstverständlichkeit an, daß ihm eine glänzende Zukunft bevorstand, er selbst, wie auch die Erwachsenen, deren Gesellschaft er derer Gleichaltriger eindeutig vorzog.

Zu gegebener Zeit wurden die beiden Knaben entsprechend der Gepflogenheit der höheren Schichten in angesehene englische Schulen geschickt. In Eton entschlüpfte Harold seinem pubertären Kokon und entpuppte sich als vollentwickelter, hinreißender, schier unglaublicher ästhetischer Unruhestifter. Sein engster Verbündeter war ein skandalöser Jüngling, anspruchsvoll und gescheit, wenn auch höchlichst affektiert, namens Brian Howard, ein Homosexueller wie auch Harold und William, der einer der begabtesten und spektakulärsten Mißerfolge seiner Generation werden sollte. Brian und Harold gaben gemeinsam einen Gedichtband verschiedener Autoren aus Eton heraus, zu dem sie beide die Hauptbeiträge lieferten, und der den Titel *The Eton Candle* trug. Sie sorgten dafür, daß Schriftsteller und Kritiker der Avantgarde diesen Band zur Kenntnis nahmen, insbesondere ihre Abgötter Edith, Osbert und Sacheverell Sitwell. Edith schrieb eine günstige Kritik, wobei sie Brian und Harold mit besonderem Lob bedachte. Dies führte zu einem beifälligen Brief eines Londoner Verlegers, und der Veröffentlichung seines ersten Gedichtbandes, *Aquarium*, während Harold noch als Schüler in Eton studierte, ein Band, der heutiger aufmerksamer Durchsicht nicht mehr standhält. Doch die Würfel waren glänzend gefallen. Er würde Dichter werden. Seine Eltern hätten zwar die Vorbereitung auf eine diplomatische Laufbahn vorgezogen, doch der Ruf der reinen Muse hatte größere Zugkraft. Fünfundzwanzig Jahre später gab er seinen Eltern möglicherweise recht, wenn er im ersten Band seiner Memoiren schreibt: »Ich wäre der ideale Botschafter geworden,« eine Beurteilung, die mancherlei Fragliches offenläßt.

Während seiner Zeit in Oxford erreichte Harolds Stern seinen höchsten Glanz in der Galaxie seiner Zeitgenossen. Nie wieder sollte er so erstaunlich, vielversprechend, leuchtend oder auffällig hervortreten, und zum Glück hatte er guten Grund zu der Annahme, daß die Zukunft ihm nur noch besseres zu bieten habe. Es gab nur einen Fehler in der erfreulichen Aussicht auf die frohen, erfüllungsreichen Jahrzehnte, die da kommen sollten. Es traf sich nämlich, daß Harold nicht gut aussehend war, und für einen Homosexuellen bedeutet dieses unglückliche Manko häufig ein lebenslanges emotionales Minderwertigkeitsgefühl. Der brillante Geistesmensch hält sich den wohlgestalten, hirnlosen Herren der Spielfelder nie gewachsen, und der sich stets körperlicher Unvollkommenheit bewußte Ästhet begreift sich leicht als ein glückloses Opfer der Umstände. Harold war nicht häßlich, er war lediglich unansehnlich, überdurchschnittlich hochgewachsen, mit länglichen Gesicht, kleinen Augen, kurzer Nase und gespitztem Mund. Ein ausgesprochener Liebhaber von Schönheit, der noch dazu begabt und ehrgeizig zugleich ist, mag seinen Mangel an gutem Aussehen wettmachen durch eine berechnete Extravaganz seines Verhaltens und seiner Aufmachung. Harold schreckte nie davor zurück, die Aufmerksamkeit auf sich zu ziehen, selbst wenn diese

Aufmerksamkeit das Risiko körperlicher Feindseligkeit nach sich zog. Er trug eine graue Melone, eine Halsbinde statt einer Krawatte, ließ seinen Backenbart wuchern und trug Jacken und Hosen von unkonventioneller Weite, die bald von anderen Mitstudierenden übernommen wurden, die für ebenso anspruchsvoll kultiviert gehalten werden wollten. Nachdem sein Gedichtband *Aquarium* herauskam und ziemliches Furore machte, gefiel sich der provokative Dichter darin, seine Verse von seinem Balkon in Christ Church mit dem Megaphon zu deklamieren. Als selbsterklärter, unverfrorener und lebenslanger Ästhet machte er es sich zu Aufgabe, Kulturbanausen zu verspotten und allem künstlerisch Überholten den Kampf anzusagen. Als Waffe diente ihm die von ihm selbst finanzierte Zeitschrift *The Oxford Broom*, welche die Beseitigung von fin-de-siècle Spinnweben zum Ziel hatte, alte Kauze wie A. E. Housmans und Walter de la Mare empören und die Sitwells, T. S. Eliot und Rimbaud in den Himmel heben wollte. Er lud Gertrude Stein ein, die er in Florenz in der Villa ihres Bruders Leo kennengelernt hatte, einen Vortrag zu halten, was eine kühnes Unterfangen war, doch das vollzählig erschienene Publikum, das eigentlich zum Spotten gekommen war, schenkte ihr am Ende vollen Applaus, vom gebieterischem, nüchternen Vortrag der Miss Stein bezwungen. Bald war es anerkannte Tatsache, daß in ganz Oxford keinen bekannterer, mehr bewunderter und beneideter Student lebte als Harold Acton, eine Stellung, die er zweifelsohne als beglückenden Beweis der natürlichen Auslese akzeptierte. Vielleicht hat sich Harolds Legende seit jener Zeit derart gut gehalten, daß seither kein anderer Student es zu solchem Ruhm gebracht hat. William Acton, der in Florenz der Liebling war und der schönere der beiden Brüder, wurde in Oxford von seinem extravaganten Bruder geradezu in den Schatten gestellt. Als angehender Maler erwarb er sich einen Namen als säbelrasselnder Kneipenheld, und warf sich einmal aus einem Fenster im dritten Stock, obwohl ungeklärt blieb, ob dies aus betrunkenem Antrieb oder aus selbstmörderischer Melancholie geschah. Er landete glücklicherweise im Gras, so daß es zu keinen Knochenbrüchen kam, doch er wurde bewußtlos eingeliefert und erlitt wohl innere Verletzungen.

In jenen romantischen Tagen in Oxford gab es jedoch noch eine andere Art von Beglückung, aufregender und von unmittelbarerem

Lustgewinn als die dichterische allein. Obwohl der häßliche Skandal um Oscar Wilde kaum eine Generation zurücklag und jeden Homosexuellen mit beißender Schärfe daran gemahnte, daß die Erfüllung seiner Wünsche eine strafbare Tat darstellte, die ins Gefängnis führen konnte, gab es dennoch häufige und intensive Liebesbeziehungen unter den Studenten. Harolds Berühmtheit erleichterte ihm die Eroberungen, und beredte Zärtlichkeitsbezeugungen waren wahrscheinlich ein ganz annehmbarer Ersatz für gutes Aussehen. In seinen Memoiren rühmt sich Harold, »Feuer in Brüsten von Elgin-Marmor geschlagen« zu haben, entsinnt sich »der Schauer von glühenden Küssen« und ruft die Erinnerung an zahlreiche Ekstasen wach. Gleichzeitig gibt er sich ziemlich verschämt, da er nie ganz eingesteht, daß diese leidenschaftlichen Beziehungen auf andere Jünglinge gerichtet waren, und in keinem der beiden Bände seiner Memoiren taucht das Wort *homosexuell* auch nur ein einziges Mal auf. In Gesprächen erlegte er sich natürlich weniger Diskretion auf und schwelgte in den längstverflossenen Genüssen seiner Oxforder Romanzen. In *Erinnerungen eines Ästheten* entsinnt er sich jedoch, daß er als Knabe Liebespaare beobachtete, die sich auf dem Weg hinter La Pietra herumtrieben, und sich dabei gefragt habe, ob ihn die Liebe eines Tages in ähnlicher Weise bewegen würde, wobei er hinzufügt: »Jetzt, da ich die Antwort kenne, beneide ich sie.« Sein bester Freund und Lieblingspartner während seiner Jahre in Oxford war ein junger Kerl namens Evelyn Waugh, den Harold sich als wilden Faun vorstellte. Es war dies während Waugh's kurzer homosexueller Phase, die er viele Jahre später mit viel Gefühl in *Brideshead Revisited* beschrieb. Harold seufzte oft bei der Erinnerung daran, wie er sich in der Umarmung des angehenden Romanciers auf dem Boden seines Arbeitszimmers herumwälzte.

So berauschend die Genüsse Oxfords auch sein mochten, so gab es doch keinen Ästheten in den Zwanzigern, der sich ganz und gar für volljährig halten konnte, bis er nicht mit der kulturellen Hefe und dem Gärungsprozeß von Paris wohlvertraut war. Die Sitwells, T. S. Eliot, die National Gallery und Covent Garden gingen zwar an, doch Paris besaß nicht nur den Louvre und die Opéra, es gab dort auch André Breton, Tristan Tzara, Pablo Picasso, Sergeij Diaghilev, Erik Satie und Jean Cocteau. Harold reiste oft hinüber und entwickelte eine aufrichtige Zuneigung für die Franzosen und ihre Kultur. Er lernte Cocteau kennen und ließ sich von dem falschen Spanier porträtieren, Pedro Pruna, ein süßlicher Epigone Picassos, dessen Schöpfungen Harold leichtfertig abtat. Er genoß das Leben der Cafés, die Boulevards, das Intrigenspiel hinter den Kulissen von Diaghilevs Ballett-Truppe, doch fühlte er sich nie für ein Leben in Paris bestimmt. Seine wahren spirituellen und intellektuellen Bindungen galten Italien und England. So erschien es ihm zumindest, als er von Oxford kam und sich nun in der großen weiten Welt einen Weg bahnen mußte.

Ein Sohn wendet sich oft an seine reichen Eltern, daß sie ihm den Weg ebnen, sollte sich dieser als rauh erweisen oder sein Ziel fraglich werden. Vater und Mutter Acton hatten zwar ihre Bedenken, da aber keiner von beiden je im Leben gearbeitet hatte und sie in einer Umgebung lebten, in der schon die Idee eines Lohnverhältnisses als etwas Exzentrisches galt, konnten sie sein Vorhaben schlecht von der Hand weisen. Sie stellten Harold ein großzügiges Taschengeld zur Verfügung, knüpften daran aber die etwas einschüchternde Bedingung, daß er es binnen drei Jahren »zu etwas gebracht« haben müsse. So ihm das nicht gelang, würden die Zuwendungen eingestellt. Was das für einen angehenden Literaten genau bedeutet, es »zu etwas gebracht« zu haben, – ob nun in drei oder dreißig Jahren – ist eine sehr fragwürdige Angelegenheit, die wechselhaften und rein hypothetischen Kriterien unterliegt. Doch Harolds Eltern interessierten sich nicht für Literatur, sie wünschten sich eigentlich nur die öffentliche Anerkennung der Begabung ihres Sohnes, was wiederum günstige Auswirkungen für sie selber hätte und nach Möglichkeit auch genug Geld einbrächte, um zu beweisen, daß, in schöner Übereinstimmung mit Harolds Großvater, es »zu etwas bringen« bedeutete, »es zu Geld zu bringen«. Doch der junge Ästhet verschmähte den Erfolg in der Welt, er sehnte sich lediglich danach, seiner Seele »ein herrschaftliches Lustschloß« zu errichten, was zwar ein hochlöbliches Unterfangen sein mag, das sich jedoch selten auszahlt.

Harold wußte nicht recht, wohin er sich wenden sollte und in seiner Unsicherheit ließ er sich um das Jahr 1925 in einer bequemen Pariser Wohnung nieder, am Quai de Bourbon Nr. 29, auf der Ile St.-Louis. Er hatte sein bisheriges Leben unter Ex-Königen und Köni-

ginnen verbracht, unter Großherzögen, Prinzen und zahllosen Adels-
sprossen, von den herausragenden Literaten ganz abgesehen, wie etwa
Lytton Strachey, Somerset Maugham, Norman Douglas, Aldous
Huxley, D. H. Lawrence und die Sitwells. Harold war ein so vollendeter Snob, wie man unter diesen Umständen nur erwarten konnte,
und sein ganzes Leben war es ihm ein großes Vergnügen, mit dem
Ruhm von Rang und Namen in Tuchfühlung zu sein. Zumindest in
diesem Bereich »brachte er es zu etwas«, und zwar mit vorbildlichem
Eifer. Wesentlich schwieriger war es, die Höhen der Literaturwelt zu
erklimmen. Er hatte jede Menge Gedichte vorrätig und ein Prosa-
gedicht mit dem Titel *Cornelian*, welches er seiner Freundin Gertrude
Stein zeigte. Sie meinte dazu, es sei ganz genau das, was sie suchte:
das rhythmische Band zwischen seiner Persönlichkeit und seinen
Schriften. Das mochte schon angehen, doch Fabeln und Gedichte,
deren Veröffentlichung ihm das sehr zarte Lob einschlägiger Kreise
eintrug, erfüllten doch nicht die elterlichen Kriterien. Harold begriff,
daß das einzige, was das zu tun vermochte, ein populärer Roman
wie *Der Grüne Hut* wäre, welchen der Autor des *Cornelian* für Unrat
hielt. Doch wenn Michael Arlen, ein armenischer Flüchtling, das
zustande brachte, dann gab es eigentlich keinen Grund, weshalb es
dem hervorragendsten Oxfordstudenten seiner Generation nicht noch
besser gelingen sollte, glaubte Harold. Also machte er sich ans Werk,
obwohl ihm die Aufgabe von Anfang an »zuwider« war, legte sich
ins Bett und begann seinen ersten Roman zu schreiben, dem er, als
ob er von vornherein Demütigung suchte, den übereilten, schlecht
gewählten Titel »*Humdrum*« gab. Willie Maugham versuchte ihm mit
professionellem Rat zu helfen, doch Harold hatte viel mehr Interesse daran, ihn in ein Lokal zu begleiten, in welchem Jüngelchen an
der Bar herumhingen, die nur darauf warteten, in die Privatzimmer
im oberen Stock geführt zu werden, und der ältere Schriftsteller
machte seinem jüngeren Kollegen dadurch großen Eindruck, daß er
binnen weniger Stunden vier verschiedene Jünglinge hinaufführte.

Mittlerweile hatte Harolds Gespiele aus Oxford, der kleine Faun
namens Evelyn Waugh, der keine reichen Eltern hatte, um seine
Ambitionen zu unterstützen, einen Posten als Schullehrer angetreten.
Er verabscheute diese Tätigkeit und schrieb auch an einem Roman.
Diesen widmete er Harold, »mit Ehrerbietung und Zuneigung«, und

nannte ihn »Decline and Fall«, eine brillante, schonungslose, geist-reich-ausgelassene Satire, welche mit dem Niedergang nicht des römischen, sondern des britischen Reiches ihren Spott trieb. Angetrieben vom allgemeinen Beifall schoß das Werk raketengleich in die Stratosphäre des Ruhms hinauf, wo es heute, nach sechsundsechzig Jahren, noch immer mit gutem Recht leuchtet. Zu Harolds Unglück, kam »Decline and Fall« zu gleicher Zeit mit »Humdrum« heraus, welches von der Kritik verrissen wurde und im Meer öffentlicher Gleichgültigkeit wie ein Felsblock versank. Cyril Connolly, der mit Harold in Eton gewesen war, und der beide Autoren gut kannte, besprach beide Romane zusammen im *New Statesman*, wobei er »Decline and Fall« in den höchsten Tönen lobte, »Humdrum« aber als das fade Produkt eines stümperhaften Schmierers verurteilte. Es bedarf nicht viel Phantasie, um sich vorzustellen, wie solche Nachrichten in La Pietra wirken mußten. Harold war geknickt und verbittert, und die Heftigkeit seines Grolls war zwanzig Jahre später, als er sich an das Schreiben seiner Memoiren machte, noch nicht verebbt. Er konnte sogar eine gewisse Schadenfreude angesichts des Scheiterns der ersten Ehe des kleinen Fauns nicht verbergen, ein Ereignis, das Waugh lebenslange Verletzungen beibrachte. Es war dies nicht die einzige gescheiterte Ehe unter Harolds Freunden, und bei der Betrachtung dieser Havarien, meinte er: »Ich kann mich beglückwünschen, Junggeselle geblieben zu sein.« Als sei diese Wahl das Resultat unparteiischer Erwägung!

Da er unsicher war, was er als nächstes tun sollte, begab sich Harold zurück nach London, mietete sich eine Wohnung in John Street, engagierte einen chinesischen Koch, trank große Mengen grünen Tees, aß mit Stäbchen und wurde dabei korpulent. Arthur Acton machte sodann seinen beiden Söhnen den Vorschlag, gemeinsam eine riesige Villa in Lancaster Gate zu beziehen, die er mit den Möbeln einrichten wollte, welche er weiterhin zwanghaft aufkaufte. Die Söhne ermunterte er, üppige Feste zu veranstalten, als Verkaufsstrategie für das Mobiliar. Die Feste wurden ein großer Erfolg, die ganze aufgeweckte Jugend dieser Zeit fand sich dort ein, doch kein einziges Stuhlbein wurde auf diese Weise verkauft. Daher schloß der erzürnte Herr Papa das Haus wieder und zwang die Söhne dadurch zurück nach Florenz. William, der noch immer Maler werden wollte, war enttäuscht und frustriert, aber seine ihn anhimmelnde Mutter tröstete ihn darüber hinweg. Harold jedoch, der ganz entschieden versagt hatte, »es zu etwas zu bringen«, bekam die elterliche Mißbilligung stark zu spüren, die ihm zuweilen sogar an Abneigung zu grenzen schien.

Norman Douglas, einer der vielen älteren Herren, mit denen Harold sich anfreundete – damals berühmt als Autor der Bücher *South Wind* und *Old Calabria*, die heute nahezu vergessen sind – Norman Douglas gab Harold den Rat, Europa zu verlassen und in den Fernen Osten zu reisen. Doch Florenz übte seinen Zauber aus, und der frustrierte Autor beschloß seiner toskanischen Heimat ein Zeichen seiner Verehrung zu setzen. Er begann daher, ein »Monument barocker Prosa« auf Gian Gastone de' Medici zu verfassen, dem letzten Sproß jenes bemerkenswerten Hauses, dessen außerordentlicher Großzügigkeit Florenz es verdankt, daß es zu der erstaunlichsten Hochburg europäischer Kultur seit dem Athen des Perikles wurde. Doch unweigerlich hatten sich Dekadenz und Unruhe eingestellt, und zu den Zeiten des Gian Gastone war die Stadt schutzlos und verarmt. Harold erzählte diese Geschichte in einem Stil so blumig wie das siebzehnte Jahrhundert, in welchem sie spielt, und obwohl *The Last Medici* von manchen Kritikern als ein »unterhaltsames Stück Rokoko-Geschichte« abgetan wurde, wird es auch heute noch als ein wertvolles Nachschlagewerk angesehen.

Hortense Actons Bruder, Guy Mitchell, der wie seine beiden Neffen homosexuell war, gab die Malerei auf und entschied sich für ein Leben in Muße in Kalifornien. Er war ein großzügiger und liebenswürdiger Herr, ein ausgesprochener Schuhfetischist, der ein nahezu unübersehbares Sortiment an Schuhen besaß. Als er eines Tages auf einer Bank an der Strandpromenade von Santa Monica saß, kam ein gutaussehender junger Mann vorbeigeschlendert, der durch fast übernatürliche Schicksalsfügung die Bemerkung machte: »Da tragen Sie aber ein feines Paar Schuhe.« Von der Erscheinung wie der Urteilsgabe des jungen Mannes freudig überrascht und beeindruckt, lud Guy Mitchell ihn ein, sich zu ihm zu setzen. Sie führten eine angenehme Unterhaltung und verbrachten den Rest ihres Lebens miteinander. Der junge Mann hieß Ewald Eberle. Später eröffnete er einen Antiquitätenladen in Hollywood und überlebte seinen Geliebten, der ihm sein gesamtes Vermögen vermachte. Wenn auch Harold dies bisweilen neidvoll bedauerte, so hatte er Grund genug, seinem Onkel Guy in dankbarer Zuneigung gewogen zu sein, war er es doch, der ihn an der kritischen Wende seines Lebens mit ausreichenden Mitteln versah, um tun zu können, wie ihm beliebte. Dies war ein Akt selbstloser Großmut, wie er ihn von den überkritischen Eignern der Villa La Pietra nie hätte erwarten können. Harold bereiste also die Vereinigten Staaten, besuchte bedeutende und wichtige Personen, deren Bekanntschaft er in Europa gemacht hatte, fuhr nach Honolulu, wo einer seiner Vettern über die dortige Gesellschaft herrschte, und schiffte sich dort nach Japan ein. Er durchstreifte den Fernen Osten, ganz wie Norman Douglas es ihm geraten und sein Freund Willie Maugham vor ihm getan hatte. Doch im tiefsten Herzen hielt er Peking für sein Ziel. Später schrieb er: »Ich beging zwar Fehler und verschwendete meine Talente, doch betrachtete ich meine Fehlschläge als Meilensteine auf dem Wege zum Schöneren und Allerschönsten.« Tatsächlich aber hatte er weder seine Talente noch seine Zeit vergeudet, denn seine eigentliche Gabe, – in Oxford schon voll ausgebildet und im Laufe der folgenden Jahrzehnte noch verfeinert, – lag in der Entwicklung einer faszinierenden Persönlichkeit, die auf den Schwingen schillernder Rede auch das alltäglichste Thema in die Spitzenlagen gehobenen Diskurses zu steigern vermochte. Was seine Fehlschläge anbetrifft, so waren diese keineswegs Meilensteine auf dem Wege zu einem schönen Ideal, sondern ganz unterschiedliche Zubereitungen, die mit der Zeit etwas einer literarischen Karriere Ähnelndes formten.

Peking im Jahre 1930 war ganz so, wie Harold es sich erträumt hatte, und übertraf sogar noch seine Erwartungen. Er war berauscht von der Atmosphäre und dem Licht der Stadt, bezaubert von der Freundlichkeit und der – für seine Augen – Schönheit der jungen Männer und überwältigt von Staunen ob der kaiserlichen Paläste. »In unseren Tagen,« schrieb er, »gibt es kein anderes Menschenwerk, das eine solch würdevolle und geräumige Harmonie von Gebäuden erreicht hätte.« Doch nicht allein die Stadt, auch die Landschaft der Umgebung erschien Harold derart schön und labsam für Aug und Nerv, daß es alles bisher Gekannte übertraf. Hier auf der anderen Seite der Welt, so weit als nur möglich entfernt von Florenz, Oxford,

London und Paris, getrennt von seinen Eltern, den Sitwells, Cocteau und T. S. Eliot, nun, da er alles Hinderliche und Bedrückende hinter sich gelassen hatte, in erster Linie den verhaßten Druck, es zu »etwas bringen« zu müssen, jetzt fühlte sich Harold zum ersten Mal in seinem Leben vollkommen frei, sich so zu geben, wie er in Wirklichkeit war, und dies war, wie er uns in späteren Jahren wiederholt berichtete, sein einziges Erlebnis wahrer Ekstase. Selbstverständlich half ein annehmbares Maß an Luxus nach, die Ekstase umso ekstatischer zu gestalten. Er hatte die Mittel, sich in einem geräumigen und eleganten Hause einzurichten, das über schöne Gärten und ein Schwimmbecken verfügte, sich erlesenes antikes Mobiliar zu verschaffen, eine Sammlung alter Schriftrollen anzulegen, goldene Paravents und seltene Statuen zu erwerben. Seiner Ekstase kamen ebenfalls die freudvoll und willigen Umarmungen der zahllosen Knaben Pekings entgegen, denen er offenbar wie eine erregende, exotische Verkörperung der Lust erschien. Ihn entzückten ihre seidenweiche Haut und ihre winzigen Penisse. Hier konnte er auch ganz unverhohlen ein homosexuelles Leben führen, was in Europa undenkbar war. Zu all diesen Quellen der Ekstase kam noch eine weitere: er entdeckte den Genuß des Opiums, entwickelte eine milde Sucht und blieb für den Rest seines Lebens gelegentlicher Opiumgenießer.

Gleichzeitig versenkte er sich in ein ernsthaftes Studium der chinesischen Sprache und Kultur, besuchte Theatervorstellungen, freundete sich mit Professoren, Intellektuellen und Mitgliedern des alten Adels und der Schickeria Pekings an. Zu seiner großen Freude stellte er fest, daß ihm sein Ruf als Literat sogar nach Peking vorausgeeilt war, so daß er von der Pekinger Nationaluniversität geladen wurde, über englische Literatur zu referieren, eine Aufgabe, der er mit dem größtem Genuß nachkam. Ihm war, als habe er die vollkommene Glückseligkeit erlangt, als hätte ihn nie zuvor eine solch klare Kraft durchdrungen, wohingegen sein ganzes Leben in Europa oberflächlich und frivol war, als habe er Abschied genommen von den Karikaturen seiner Vergangenheit.

Von Zeit zu Zeit meldete sich jedoch seine Vergangenheit. Selbst Osbert Sitwell in Begleitung seines Freundes David Horner kam auf Besuch und rühmte das *douceur de vivre*, das Harold im fernen Europa so impulsiv verlassen hatte. Auch gab es einen jungen Engländer namens Desmond Parsons, »groß, blond und von nordischer Schönheit«, der ein Nachbarhaus bezog. Seinen Freunden zufolge war der junge Parsons der einzige unter all den Männern, zu denen Harold romantische Beziehungen unterhielt, zu dem er wahre tiefe Liebe empfand. Das mochte schon sein, doch war es eine oft unterbrochene Beziehung, da Desmond ruhelos war, und trotz seiner schwachen Gesundheit oft zu schwierigen Reisen in entlegene, zuweilen fast unzugängliche Gebiete aufbrach. Mit der Zeit zehrten diese Erlebnisse an seiner Kraft, er wurde krank und mußte nach London zurückreisen, wo er mit nur sechsundzwanzig Jahren nach einem langen und traumatischem Kampf mit der Hodgkins Krankheit verschied. Harold verfiel in tiefe Trauer, meinte er doch, Desmond habe ihn mit der intensiveren Lebensqualität Chinas identifiziert, und er machte sich Vorwürfe dafür, nicht mit seinem Freund nach London zurückgereist zu sein, um ihm beim Nahen des Todes beizustehen. »Der Mensch ist nicht geschaffen, um auf Erden glücklich zu sein,« schrieb er.

Während all der Jahre, die Harold in China verlebte, befand sich das Land in einem Zustand ununterbrochener Unruhe, der einem Bürgerkrieg gleichkam, wobei die Truppen der Nationalisten unter Chiang Kai-shek den Kommunisten Mao Tse-tungs gegenüberstanden. Dieser innere Kampf brachte eine Schwächung der nationalen Einheit mit sich, der 1931 mit dem japanischen Einfall in die Mandschurei und sechs Jahre später durch die japanische Invasion Chinas selbst nur verschärft wurde. Harold hatte als britischer Staatsangehöriger nichts zu befürchten, aber er sorgte sich um die Sicherheit seiner chinesischen Freunde. Während er sich mit seinen Referaten, seinen Sammlungen und dem Studium der Kunst der Kalligraphie beschäftigte, verbrachte er einen Teil seiner Muße mit dem Schreiben eines Romans, den er *Peonies and Ponies* betitelte, ein frivoles kleines Büchlein, in dem er Peking und einige seiner guten Bekannten dort beschrieb.

Allmählich verbreiteten sich peinliche Gerüchte über Harold unter den Ausländern in Peking. Teilweise mag dies daran gelegen haben, daß er sich keine Mühe gab, seine Verachtung für Dummköpfe zu verbergen, derer es unter den Diplomatengattinnen – wie auch Gatten – genügend gegeben haben muß, zum Teil lag es aber auch daran, daß er, ewiger Ästhet, sich sehr zurückgezogen verhielt und nur in einem kleinen Kreis ausgewählter, aristokratischer Freunde verkehrte. So war es ganz natürlich, daß er Aggressionen provozierte, und er bemühte sich in keiner Weise, seine arrogante Gleichgültigkeit demgegenüber zu verschleiern. In einem so beschränkten Kreis kann es jedoch unmöglich ein Geheimnis geblieben sein, daß dieser dem Schönheitskult verfallene Patrizier zugleich der Opiumpfeife zugetan war, wie auch den Reizen hübscher Knaben. Solche Informationen verbreiten sich rasch, und da Gehässigkeit nun einmal das ist, was sie ist, wird vermeintliches Laster durch lästerliche Nachrede scheinbar erhärtet.

Die japanische Invasion auf dem Festland China schritt rasch voran, und es schien unsinnig anzunehmen, den uneinigen und schlecht ausgerüsteten chinesischen Truppen könne es gelingen, die Eindringlinge zurückzuschlagen. Gleichzeitig sagte einem der gesunde Menschenverstand, daß die Zustände im fernen Europa von Tag zu Tag zu größerem Bedenken Anlaß gaben. Harold war nun schon seit über fünf Jahren fort. Er war nun kahlköpfig und beleibt. In seinem ekstatischen Lebensgenuß in China hatte er sich nicht allzusehr um die Geschehnisse auf der anderen Hälfte des Globus gekümmert. Jetzt aber beschloß er für einen kurzen Besuch in seine Heimat zu reisen und brach im Herbst 1936 auf.

Zu seiner Überraschung fand er Florenz wiederum bezaubernd. Trotzdem findet sich in seinen Memoiren, in denen er über diesen Besuch schreibt, keine einzige Erwähnung La Pietras und seiner Bewohner. Die Schönheit der Stadt, ihre exquisite Lage und ihre Wunder an Kunst und Architektur hatten ihre alte Macht über den vollendeten Ästheten nicht eingebüßt. Er hatte große Freude am Wiedersehen mit Freunden wie Norman Douglas, der Komtesse Rucellai und Reggie Turner, dem treuen Gefährten Oscar Wildes in seinen letzten, jammervollen Tagen. Nach einiger Zeit begab er sich nach London, wo sein Bruder William jetzt ein Atelier hatte, und damit beschäftigt war, Damen der Gesellschaft gefällig zu porträtieren, in einem an Helleu und Boldini anverwandten Stil, mit leicht surrealistischem Einschlag, um die Sache abzurunden. Harolds beste Freundin in England war Emerald Cunard, die berühmte Gastgeberin der High Society, deren Charme, Intelligenz, Sympathie und phantasievolle Frohnatur er ausgiebig pries. »Ihre liebliche Gegenwart war ein vergänglicher Segen,« schrieb er, »dessen Wirkung nicht verging: sie entbot einem den Kelch ihrer eigenen ewigen Jugend.« Doch mußte er feststellen, daß seine europäischen Freunde seinen Erlebnisse in China keinerlei Interesse entgegenbrachten. Einige von ihnen hielten ihn jetzt für einen Orientalen. Er hatte sich einen großen goldenen Ring zugelegt, mit einem rund gewölbten Stein aus feinster kaiserlicher Jade, den er bis zu seinem Tode trug. Vielleicht lag es an seiner fließenden Beherrschung des Chinesischen, die seine Sprechweise dahingehend beeinflußte, daß sie zu einer Art halbgeflüstertem Singsang wurde, der sich hob und senkte, manchmal hörbar genug, daß sie durch einen großen Raum schallte, manchmal aber so leise, daß man sich schon anstrengen mußte, um eine lästernde Anspielung auf die Verworfenheit der vielen ihm mißliebigen Personen, die es gab, aufzuschnappen. Es ärgerte ihn, daß das Gerücht seiner eigenen Verderbtheit ihm vorausgeeilt war, und es gab solche, die nicht zu überzeugen waren, daß sein langer Aufenthalt im Land der Gelben Gefahr etwas anderem als einem geheimen Laster zuzuschreiben sei, wie etwa einer sinnlichen Hörigkeit. Infolgedessen dürfte er mit einem Gefühl der Erleichterung und großen Freude nach über sechsmonatiger Abwesenheit wieder nach Peking abgereist sein, obwohl er seinen alten Freunden unter den Menschen und den Kunstwerken treu verbunden blieb.

Kaum, daß er sich erneut in seinem herrlichen Haus etabliert hatte, inmitten der Schätze, die während seiner Abwesenheit sorgfältig von einer ergebenen Dienerschaft gewartet wurden, als die drohende Katastrophe Wahrheit wurde. Die Japaner überfielen die Stadt mit Luftwaffen und Panzern, während ihre verzweifelten Verteidiger keine vergleichbaren Waffen besaßen. Es wurde Kriegsrecht erklärt, eine strenge Ausgangssperre verhängt, Gräben gezogen, Barrikaden aufgeworfen und an strategischen Ecken Sandsäcke aufgehäuft. Zehntausende von Flüchtlingen verließen die Stadt. Umsonst. Die Stadt wurde umzingelt und fiel. Verletzte Soldaten wurden in einem improvisierten Lazarett hinter Harolds Haus gepflegt, und er ging jeden Tag zu ihnen, um ihnen vorzulesen, und ihnen zu helfen, wie es in seiner Macht stand. Er selbst hatte nichts zu befürchten, und er rührte sich nicht vom Fleck, sondern widmete sich der Übersetzung chinesischer Poesie ins Englische – keine leichte Aufgabe – und den Besuchen ebenfalls in Peking verbliebener Freunde, von denen die meiste keine andere Zuflucht hatten. Alle waren bemüht, sich so tapfer wie möglich zu zeigen, in einer Situation, in der Tapferkeit wirklich vonnöten war. Die japanischen Eroberer benahmen sich für ihre Verhältnisse relativ zurückhaltend. Sie versuchten vorzugeben, daß die Eroberung in Wirklichkeit nichts sei als ein Verfolgen gemeinsamer, nachbarlicher Interessen. Es gab zwar ein durchschnittliches Pensum an Greueltaten, doch verglichen mit dem, was sich während des »Massakers von Nanking« sechs Monate später abspielte, als bekanntlich 300 000 Menschen ermordet wurden, war das gar nichts. Es ist schwer zu begreifen, wie ihm das Studium antiker Schriftrollen und die Rezitation esoterischer Verse irgendwie inneren Frieden geben konnten, von einem Gefühl der Verzückung ganz zu schweigen, während sich die ganze Struktur einer uralten Kultur, die er zutiefst liebte und verstand, vor seinen Augen in Auflösung befand. Doch während seiner Zeit in China, hatte sich Harold ernsthaft mit dem Buddhismus befaßt, und seine Lehren von der Ablösung von einem Leben von Leid, Trauer und Unzufriedenheit durchdrangen nach und nach sein Verständnis des menschlichen Daseins. Von Haus aus römisch-katholisch, wandte er sich von der Theologie seiner Erziehung jedoch nicht ab, sondern meinte vielmehr, er habe innerlich die Lehren Christi mit denen des Buddha harmonisch vereint. Eine solche Harmonie muß es ihm leichter gemacht haben, die schrecklichen Zeiten zu ertragen, die er durchmachte, und die schon bald noch viel schrecklicher werden sollten.

Als die Krise in der Tschechoslowakei wie ein zweites Sarajewo auszusehen begann, floh Hortense Acton aus Florenz in die Schweiz. Ihr Mann blieb zurück, da er sich nicht dazu durchringen konnte, die Schätze zu verlassen, die er in den vergangenen dreieinhalb Jahrzehnten angesammelt hatte. Er hatte das Geld seiner Frau klug anzulegen gewußt und hatte dadurch ein ansehnliches eigenes Vermögen erworben, das ihm bei all seinen außerehelichen Verhältnissen sehr zustatten gekommen sein muß. Außerdem hatte er Immobilien in Florenz erworben, einschließlich des Palazzo Lanfredini am Arno, und hatte zu dem Besitz von La Pietra noch fünf andere Villen beträchtlicher Größe hinzufügen können, womit der Gesamtbesitz jetzt aus siebenundfünfzig Morgen Olivenhainen, Gartenanlagen und einem großen Küchengarten bestand, in dem köstliche Gemüsesorten angebaut wurden, deren Saatgut sämtlich aus Amerika kam. Eine Schätzung des Gesamtguts mit seinen Sammlungen von Skulpturen, Gemälden, Mobiliar, Wandteppichen und seltenen Manuskripten wäre fast nicht durchzuführen gewesen. Hortense kehrte aus Vevey zurück, als Neville Chamberlain und Edouard Daladier den verbrecherischen Einschüchterungstaktiken Hitlers und seiner groben Spießgesellen feige nachgaben. Optimismus war in jenen Tagen ein üppiger Luxus, doch vielleicht glaubten die Actons, sich ihn leisten zu können. Sehr reiche Leute haben es immer schwer sich vorzustellen, daß ihnen eines Tages ein Unglück zustoßen könnte.

Harold besaß jedoch mehr Voraussicht als seine Eltern. Nach der Teilung der Tschechoslowakei sah er, daß ein Krieg in Europa unvermeidlich war und traf Anstalten, Peking zu verlassen. Doch war er nicht ganz vorausichtig genug, denn er konnte sich nicht vorstellen, daß Japan an der weltweiten Katastrophe teilnehmen würde. Er nahm an, daß er eines Tages nach Peking zurückkehren würde, daher befand er, daß seine Sammlung von Bronzestatuen, Schriftrollen, seltenen Möbelstücken und goldenen Paravents dort, in den Händen seiner gutgeschulten Dienerschaft sicherer war als in einem englischen Lagerhaus, wo sie der Gefahr eines Bombenangriffs ausgesetzt wäre. Trotzdem nahm er von ihnen traurigen Abschied, so wie auch von seinen wenigen, engen chinesischen Freunden, von denen er keinen einzigen je wiedersah.

Er kehrte zunächst nach London zurück. Dort traf er seinen jüngeren Bruder in einem großen Atelier in der Tite Street an, auf dessen Staffelei gerade ein Porträt der Herzogin von Kent stand, doch hatte er den Eindruck, daß William vom Mangel an Anerkennung enttäuscht war und gelegentlich unter Depressionen litt. Zum Glück war die unsägliche Lady Cunard wie immer zur Stelle, um mit ihrer glänzenden, unberechenbaren Unterhaltungsgabe jede melancholische Anwandlung zu zerstäuben. Manches Mal glückten ihr Bemerkungen wie z. B.: »Tiberius muß ein reizender Mensch gewesen sein. Warum sind nur so viele Historiker gegen ihn?« Dann begann der Krieg. Harold war fünfunddreißig Jahre alt. Es wurden jüngere Männer gebraucht, und es belastete Harold, daß gar kein patriotischer

Einsatz für ihn gefunden werden konnte. Wie sein Freund Waugh, der kleine Faun, der jetzt gereift, berühmt und wiederverheiratet war, hatte auch Harold seinen Spaß an einer guten Keilerei, war physisch frei von Furcht und brannte nur so darauf, sich in Zeiten einer vaterländischen Krise als nützlich zu erweisen. Er wandte sich an seine einflußreichen Freunde, daß sie ihm zu einem seinen Fähigkeiten entsprechenden Posten verhalfen. Offenbar stellte er sich etwas vor, bei dem seine Erfahrung und Kenntnis Chinas nützlich sein könnten. Es würde etwas dauern, war der Bescheid, und man riet ihm zur Geduld.

Die Actons nahmen wohl an, man würde ihnen in drastischen Zeiten besondere Rücksichten zugestehen, nachdem sie in Florenz so lange das Zepter geschwungen hatten. So kam es, daß sie, als Italien in den Krieg eintrat, keine Anstalten trafen, eilends in Richtung Schweizer Grenze zu entfliehen. Das war ein Fehler. Eines Abends, als Mrs. Acton gerade ein paar Freunde zu Gast hatte, stellte sich ein Polizeibeamter in der Villa vor und forderte sie auf, mit ihm aufs Hauptquartier zu kommen. Es handle sich um eine reine Formalität, erklärte er ihr, und habe mit ihrem Paß zu tun. Sie war böse überrascht und ziemlich aufgebracht, – aus gutem Grund – und wandte dagegen ein, daß sie kein Beförderungsmittel habe, da ihr Mann mit dem Wagen und dem Chauffeur gerade außer Hause sei. Der Beamte sagte, er würde sie zum Hauptquartier begleiten und wieder zurückbringen, eine kurze Unannehmlichkeit. Nun war es aber so, daß Hortense aus irgendeinem unerfindlichen Grunde an ihrem Paß herumgedoktort hatte und das Geburtsdatum dahingehend verändert hatte, daß sie dadurch auf dem Papier um zehn Jahre jünger wurde. Warum es ihr wichtig war, für wie alt sie Zollbeamte und Grenzpolizisten hielten, bleibt ein Geheimnis, doch ein sehr stichhaltiges Indiz muß in der Eitelkeit und Arroganz besagter Dame gesucht werden. Paßfälschung, selbst aus einem so frivolen Grunde, darf als ernste Angelegenheit gewertet werden, und der Polizeibeamte eskortierte Mrs. Acton nicht ins Polizeihauptquartier, sondern ins Zentralgefängnis, wo sie kurzerhand in einer Sammelzelle mit Prostituierten und anderen weiblichen Missetätern landete. Dort hielt man sie drei Tage und drei Nächte fest, während der sie sich weigerte, sich niederzulegen, zu essen oder zu schlafen, obwohl sie schon hin und wieder auf dem bereitstehenden harten Stuhl eingenickt sein dürfte. Diese Haft war selbstverständlich das Werk der kleinlichen Rachsucht faschistischer Bürokraten, die auf die Demütigung derer zielte, die sich besser dünkten als das gemeine Volk. Nach drei Tagen wurde Mrs. Acton entlassen, und man gestattete ihr ohne weitere Schwierigkeiten, in die Schweiz zu reisen. Sie behauptete, durch dieses Erlebnis sei sie über ihre Jahre hinaus gealtert (sie war bereits über siebzig!), und sie schwor, nie wieder italienischen Boden zu betreten.

Arthur Acton hatte ähnliche Probleme mit der Polizei, doch waren ihm die Wege und Anwendungen von Korruption nichts Fremdes, und so gelang es ihm durch Bestechung, sich aalglatt einen Fluchtweg über die Schweizer Grenze zu bahnen. Im Gegensatz zu ihr war es für ihn jedoch herzzerreißend, La Pietra zurückzulassen, mit seinen herrlichen Gärten und all den Schätzen der Villa. Alles, was ihm auf der Welt am liebsten war, war nunmehr den Fährnissen des Krieges ausgesetzt, deren schrecklichste eine des Menschen Lust an schierer Zerstörung und Vandalismus ist, eine Lust, die weit über gewöhnliche menschliche Bosheit hinausgeht und einer Erklärung kosmologischer oder gar religiöser Art bedarf. Es war also nicht umsonst, daß Mr. Actons Nerven in jenen unsicheren Jahren zum Zerreißen gespannt waren, vor allem, als die Kampfhandlungen schließlich nach Florenz gelangten. Er war danach irgendwie bleibend verändert.

Für die meisten Menschen, die in einen Krieg hineingezogen werden, wird er zum intensivsten und zentralen Ereignis in ihrem Leben. Harold bildete davon keine Ausnahme. Nachdem er alle verfügbaren Hebel in Bewegung gesetzt hatte, war er hocherfreut zu hören, daß er als Offizier in die Royal Air Force aufgenommen war. Im zweiten Band seiner Autobiographie, *More Memoirs of an Aesthete*, schrieb er: »Aus einem seßhaften Leben heraus mit einem Satz in der Welt homerischer Helden, mutatis mutandis, zu landen, war eine Form der Regeneration, die mir sehr gelegen kam. Da wir sowieso alle am Krieg teilhatten, war es da nicht vorzüglicher, sich ›im Brennpunkt zu befinden, in dem die größte Zahl der Lebenskräfte in ihrer reinsten Energie vereint siind?‹« Und ließe sich von der Royal Air Force etwa nicht sagen, ihr Geist lodere mit ›harter, juwelengleicher Flamme‹? Er wurde der militärischen Intelligenz zugeteilt und hoffte, baldmöglichst in China eingesetzt zu werden, wo er sich am nützlichsten wähnte, und wohin ihn natürlich auch ein mächtiges persönliches Verlangen zog. Und doch war es gerade die Intensität, und womöglich die Intimität seines Verlangens, das für die wütenden Rückschläge und den bitteren Groll verantwortlich war. Wie beim Militär üblich, gab es regelmäßig Versehen, Verwechslungen und Verzögerungen. Doch ein Jahr nachdem Harold in die Royal Air Force aufgenommen war, gelangte er schließlich nach Indien. Als nächstes konnte es eigentlich nur nach China gehen. Doch dazu sollte es nicht kommen.

Er wurde zunächst an einen kleinen Ort namens Barrackpore versetzt. Dort saß er ärgerlich verstimmt über Landkarten, Luftraumaufnahmen und Berichten von Gefangenenverhören – Tätigkeiten, die er für sinnlose Plackerei hielt. Seine Vorgesetzten benahmen sich derart heimlichtuerisch, daß er keine Ahnung hatte, was eigentlich vorging. Nie wurde er zur Teilnahme an Konferenzbesprechungen gebeten, und die ihm zugeteilte Arbeit kam ihm vor wie die Suche nach den fehlenden Stücken eines unwesentlichen Puzzlespiels. Bald beschlich ihn auch das unangenehme Gefühl, daß man ihm mißtraue. Dann stieß er, wie er sagt, zufällig auf eine Akte, die von einem Botschaftsangehörigen stammte, die eine »grobe Verunglimpfung meines Charakters« darstellte. Darin stand zu lesen, daß er in China persona non grata sei, und ihm auf keinen Fall gestattet werden dürfe, sich dorthin zu verfügen. Es ist schwer zu glauben, daß jemand »zufällig« auf ein Dokument stößt, in dem er charakterlich verunglimpft wird, vor allem, da das Dokument nicht unterzeichnet, aber offiziell und geheim war. Wie auch immer sich das verhielt, die darin erwähnte »grobe Verunglimpfung« von Harolds Charakter kann sich eigentlich nur auf eine Sache beziehen. Gerüchte geraten schnell in Umlauf. Er war wütend, konnte aber nichts tun, als um eine Versetzung ersuchen. Nach einiger Zeit wurde er auch nach Delhi beordert, um als Verbindungsoffizier für die Presse zu fungieren. Dies brachte ihn wieder in unmittelbare und aufregende Nähe der Royal Air Force-Piloten, und wieder einmal schien ihm, daß er eine Welt betrete, die sich »von allem, was ich kannte, so sehr unterschied, daß ich, so weit es meine Umstände mir gestatteten, daran teilzunehmen begehrte.« Die »grobe Verunglimpfung« war ihm offenbar nicht bis hierher gefolgt, und es ist nicht schwer nachzuvollziehen, daß der hochkultivierte und leicht verlebte Ästhet mittleren Alters begeistert war von dem Umgang mit den schneidigen jungen Piloten, die anscheinend keine Hemmungen hatten, ihr Leben aufs Spiel zu setzen. Es fiel Harold offenbar nie ein, daß er auch sein eigenes Leben riskierte, was er zweifelsohne tat.

Schon seit einiger Zeit hatte er unter heftigen Übelkeitsanfällen zu leiden. Da er sich bisher immer bester Gesundheit erfreut hatte, nahm er diese Anfälle nicht sonderlich ernst. Sie hielten jedoch an, und als er schließlich doch zu einem Arzt ging, stellte man fest, daß in jenen Tagen vor der Entdeckung des Penizillins nur die operative Entfernung einer Niere ihm das Leben retten konnte. Die Operation wurde im August 1943 in einem Militärhospital in den Ausläufern des Himalaya durchgeführt, von einem Chirurgen, der sinnigerweise Colonel Carver (to carve = tranchieren) hieß. Harold erholte sich davon nur sehr langsam. Einmal schien er dem Tode nahe, und ein katholischer Priester erteilte ihm die Letzte Ölung. Danach ging es langsam mit ihm bergauf, doch dauerte es zwei Monate, bis er sein Krankenlager verlassen konnte. Während dieser ganzen Zeit verspürte er keine Lust zum Lesen, sondern träumte nur von den Meisterwerken, die er eines Tages schreiben würde.

Von seinen Eltern in der Schweiz oder über sie, hörte er nichts. Auch hatte er keine Nachricht von seinem jüngeren Bruder, der in das Pioniercorps eingezogen wurde. Und Berichte über den Verlauf des Krieges waren spärlich und unzuverlässig.

Im Spätherbst wurde ihm das Verlassen des Spitals für eine Zeit der Genesung genehmigt, nach deren Ablauf er zur Rückversetzung nach England empfohlen wurde. Der Sanitätsoffizier meinte, er werde sich darüber freuen, wie viel Soldaten es getan hätten. Harold freute sich nicht. »Ich kam mir belogen und betrogen vor,« schrieb er, »wie einer, der wegen eines verstauchten Knöchels aus dem Rennen ausscheiden mußte. Zu diesem Zeitpunkt nach England zurückzukehren, bedeutete ein demütigendes Hindernis für meine Wünsche und Ambitionen.« Es berührt einen doch mit bizarrem Widerspruch, solche Gefühle aus dem Munde eines selbsternannten, friedliebenden Ästheten zu vernehmen, der sich sein Leben lang nach der ungestörten Betrachtung des Schönen sehnte, und der, solange er noch

in seinem chinesischen Elfenbeinturm saß, das Gefühl hatte, »ein
Eskapist in einem Vakuum (zu sein), aus dem alle störenden Elemente ausgeschieden worden waren. Und warum auch nicht, wo es
doch soviel Gemeinheit gab, die man vermeiden mußte?« Ganz deutlich zeigt sich hier ein tiefer Zwiespalt in Harolds Charakter. Welches waren die Ambitionen und Wünsche, für welche die Rückkehr
nach England ein Hindernis bedeutete? Und warum in aller Welt –
vor allem aber in *seiner* Welt – wäre ein solches Hindernis demütigend? Offensichtlich gab es da etwas, das er beweisen mußte, und
sei es auch nur sich selbst. Kann es wirklich sein, daß er ganz ehrlich aktiv am Krieg beteiligt zu sein wünschte? Für die, die es sind,
ist es wahrscheinlich das schrecklichste Erlebnis ihres Lebens, gleichzeitig aber auch etwas anderes, ebenso Schreckliches: nämlich das auf-
regendste und befreiendste Abenteuer eines ganzen Lebens. Warum
sollte sich Harold »belogen und betrogen« fühlen? Nur, weil es ihm
nicht gelungen war, seinem Wunsch entsprechend nach China zurückzukehren? Oder versuchte er etwa, sich und anderen zu beweisen,
daß er etwas anderes sei, als er in Wirklichkeit war? In der unbeschwerten, furchtfreien, idealisierten Geselligkeit der jungen R.A.F.
Piloten war ihm ein flüchtiger Blick auf etwas gestattet worden, das
er bewunderte und ihnen neidete. Ist es denkbar, daß er nicht sehen
konnte, daß er nicht wegen eines verstauchten Knöchels aus dem
Rennen ausgeschieden war, sondern wegen einer Verstauchung seiner
Psyche? Der Krieg, den er hätte führen müssen, war der Krieg in seinem Inneren, den er nie erklärt zu haben scheint. Ich glaube, es ist
diese Neigung zur Beschwichtigung, die einen Großteil des Pathos
und der Faszination seiner Geschichte ausmacht, und das zauberhafte
Gefüge seiner Legende verziert.

So frustriert er innerlich auch sein mochte, die Rückkehr nach London im Frühjahr 1944 wurde durch das Wiedersehen mit alten Freunden versüßt, vor allem mit der unbezwinglichen Lady Cunard, die
weiterhin Gesellschaften für wichtige und witzige Gäste gab, ganz als
läge die halbe Welt, und ihre eigene vor allen Dingen, nicht in Scherben. »Der Krieg ist etwas so Vulgäres,« bemerkte sie. Und dann gab
es da noch den alten Norman Douglas, der aus Italien fliehen mußte
wegen seiner hartnäckigen Bemühungen um einen etwa zwölfjährigen
Knaben, den Harold in seinen Memoiren prüderweise in ein Mädchen

verwandelt. Neue Bekanntschaften ließen sich auch leicht genug knüpfen. Es war dies noch zu einer Zeit, in der da Wort *gay* nur fröhliche Sorglosigkeit bezeichnete, doch das Clientèle des Ritz-Grills kannte diesen Platz als den *gay*-esten Treff in ganz London, im heutigen Sinne des Wortes. Harold war oft dort anzutreffen. Ein weiterer fröhlicher, wenn auch nicht unbedingt so *gay*-er Treffpunkt war ein Buchladen in der Curzon Street, der von dem charmanten Heywood Hill geführt wurde. Eine der hauptsächlichsten Attraktionen dieser Einrichtung war die als Buchhändlerin arbeitende Nancy Mitford, die eine überaus brillante, witzige und despektierliche Person war, und eine von sechs Schwestern, die alle von William Acton porträtiert wurden. Fünf von ihnen wurden aus ganz unterschiedlichen Gründen berühmt: Unity als Freundin und Vertraute Hitlers, Deborah als Herzogin von Devonshire, Jessica als die Frau eines in Kalifornien lebenden kommunistischen Anwalts, von wo aus sie bissige Kritiken über amerikanische Sitten schrieb, Nancy als Autorin von Romanen und Biographien, und Diana, die auch mit dem »Führer« in geselligem Einvernehmen verkehrte, als die Ehefrau des Sir Oswald Mosley, des britischen Faschisten, der, wie auch seine Gemahlin, die Kriegsjahre im Gefängnis zubrachte.

Unter den vielen amüsanten und attraktiven Stammkunden von Heywood Hills Buchladen war auch ein amerikanischer Sergeant namens Stuart Preston. Dieser sah blendend aus, war kultiviert und wohlerzogen, und feierte während der Kriegsjahre in London unerhörte gesellschaftliche Erfolge. Allen maßgeblichen Personen war er schlichtweg als »The Sergeant« bekannt, ganz als sei er der einzige Inhaber dieses Ranges in der amerikanischen Armee. Stuart zählte zu Nancys Lieblingen, und seine gesellschaftliche Karriere hat ihr viel zu verdanken. Es war ihm ein Leichtes, enge Freundschaften zu knüpfen mit Männern, die ebenso gutaussehend und umgänglich waren wie er selbst, ob sie nun in Uniform steckten oder nicht. Er wurde als der Liebling der Londoner Gesellschaft derart bekannt, daß, als einmal auf einem Empfang im Buckingham Palace eine Person von Rang verspätet erschien, und Stuart gerade wegen einer minderen Mißbefindlichkeit im Krankenhaus lag, King George bemerkt haben soll: »Das macht nichts, ich nehme an, Sie haben den Sergeant im St. George Hospital besucht.« Stuart und Harold befreundeten sich unvermeidlich miteinander, obwohl nicht ganz klar ist, wie weit ihre Freundschaft ging, und Harold förderte Stuarts Aufstieg in die gesellschaftliche Stratosphäre auch ganz entschieden, indem er ihn nicht nur in Lady Cunards Kreise einführte, sondern auch Evelyn Waugh und seinem Kreis vorstellte. Als Emerald den Sergeant kritisierte, er gäbe nie etwas Bemerkenswertes von sich, widersprach Harold, und meinte, Stuart sei eine Figur aus einem Henry James Roman. Daran mochte etwas Wahres sein, doch Stuarts Geschichte wäre dann eine des Meisters melancholischerer Schöpfungen gewesen. Auf alle Fälle schufen ihm diese wenigen berauschenden und brillanten Jahre gesellschaftlichen Erfolgs während der Kriegsjahre eine schwere Last von Nostalgie für die folgenden Jahrzehnte.

»Mit einem Taumel von Erleichterung,« nahm Harold, wie er schreibt, zur Kenntnis, daß nach einer hitzigen Schlacht die deutschen Truppen bis zum 24. August 1944 aus Florenz abgezogen werden sollten. Der historische Stadtkern hatte zwar schwere, aber nicht katastrophale Beschädigung erlitten. Kurz darauf brachte ein Freund, der in La Pietra gewesen war, die Nachricht, daß die Villa La Pietra mit ihrem gesamten Inhalt, einschließlich der Bediensteten, das Gefecht überlebt hatte, das zum Teil in den das Haus umgebenden Gartenanlagen stattgefunden hatte. Die fünf anderen Villen, die zum Gut gehörten, waren nicht ganz so glimpflich davongekommen – einige waren von SS-Truppen besetzt worden – und eine Menge antiken Mobiliars, viele Wandteppiche und Ornamente waren verschwunden. Wer sie an sich genommen hatte, war unklar. Doch das war nicht so wichtig. Wesentlich war, daß die große Villa intakt erhalten war, und daß im Augenblick manierliche britische Offizieren dort einquartiert waren, und all die sagenhaften Schätze in Sicherheit waren. Wenn Harold auf diese gute Nachricht schon mit Verzückung reagierte, dann kann man sich die unbändige Begeisterung seines Vaters leicht vorstellen. Er lebte letztendlich für seinen Besitz, und wäre dieser zerstört worden, so wäre damit vermutlich der Hauptinhalt seines Lebens zerstört worden. Eine weitere Vorgabe für einen Henry James-Roman.

Zu seiner großen Freude wurde Harold im Oktober nach Paris versetzt. Seine Eltern blieben in Vevey zurück, denn der Krieg in Europa war bei weitem nicht beendet. Die französische Hauptstadt war jedoch in einer Hochstimmung, als hätte sie nie feindliche Soldaten gesehen. Gertrude Stein und Alice B. Toklas standen im Mittelpunkt des Interesses bewundernder G.I.'s Harold lud die beiden Damen in seine Offiziersmesse ein, wo Gertrude eine Sensation hervorrief und um Autogramme bestürmt wurde. Sie riet ihrem Gastgeber, seine Memoiren zu verfassen. Marie-Laure de Noailles gab ihre feinen Lunch-Partys und nahm Harold mit zu Besuchen bei Picasso, dessen Arbeiten der Florentiner Ästhet zwar für wertlos hielt, doch genügend Klugheit besaß, um diese Meinung für sich zu behalten. Er traf sich ziemlich häufig mit Cocteau, dessen Talente ihm mehr zusagten, und wurde dem Maler Christian Bérard vorgestellt, der zwar durchaus echte Begabung hatte, diese aber auf das Dekorative verschwendete, der aber gleich Harold ein Liebhaber der Opium-Pfeife war. In Bérards unglaublich schlampiger Unterkunft lernte Harold einen ausnehmend schönen jungen Mann in der Uniform eines französischen Leutnants kennen. Er war zusammen mit seinem Bruder von ihrer Schule in Amerika getürmt, um sich den *Français libres* anzuschließen, und sie hatten als Fallschirmjäger wahre Heldentaten vollbracht. Patriotische Idealisten, die sie waren, wurden sie jedoch durch den Umgang mit den zynischen Epikuräern verirrt und abgestumpft, die ihnen zwar einen Heldenempfang bereiteten, sie jedoch mit Drogen verführten. Der junge Leutnant, den Bérard ihm vorstellte, hieß François, und Harold riskierte mehrmals Ruf und Rang, indem er zwischen London und Paris hin- und herflog, um dem schönen Krieger das Opium zu besorgen. Sie gaben sich gemeinsamen Tagträumen von ekstatischen Orientreisen hin, doch letztlich war François doch zu weltklug für solche Höhenflüge der Phantasie und wurde bald von dem extravaganten Ehemann einer Enkelin John D. Rockefellers aufgelesen, dem Marquis de Cuevas, der beiden Brüdern ein Leben in ausuferndem Luxus ermöglichte.

Als im Mai der Krieg beendet war, wurde Harold in neuem Auftrag nach Deutschland zu einer Luftaufklärungseinheit nach Minden geschickt. Dort erhielt er endlich nach jahrelangem Schweigen einen Brief von seinem Bruder William, der Florenz besucht hatte und auch nach La Pietra gekommen war, wo er von der Dienerschaft mit Freudentränen begrüßt und mit Blumen und Früchten überschüttete wurde, und zu seiner großen Freude das Gut unbeschadet vorfand.

Dem älteren Bruder erschien dieser Brief wie ein gutes Zeichen nach den letzten Jahren, die für William als Gefreiter in einem Pionierkorps doch ziemlich gräßlich gewesen sein mußten. Er las darin keine Spur der depressiven Niedergeschlagenheit, die Harold während Williams letzter, vergeblicher Versuche, sich in London als Künstler durchzusetzen, so beunruhigt hatte.

Folglich muß der Schock umso gewaltiger gewesen sein, als einige Wochen später ein Anruf die Nachricht von Williams Tod in Ferrara brachte. Was die Todesursache betrifft, so behauptet Harold in dem zweiten Band seiner Memoiren schlichtweg, er habe sie nie erfahren. Ich weiß nicht wieso. Er besaß gewiß einen ausgeprägten Sinn für das, was die Konventionen der Gesellschaft für verwerflich hielten, dennoch gab es niemanden, der mehr Gefallen an skandalösem Klatsch hatte als er. Vielleicht genügt es zur Erklärung, seine Konditionierung durch katholische und viktorianische Erziehung anzuführen. Und doch, wie kommt es, daß der ikonoklastische Herausgeber des *Oxford Broom* nicht willens war, die Spinnweben aus den dunklen Ecken seiner eigenen Existenz zu kehren, wenn er Rechenschaft abzulegen hatte? Alle Leute, die ich je traf, welche die Familie Acton kannten, und es waren viele, sagten einhellig aus, wenn die Rede auf Williams Tod kam, daß es Selbstmord war. Harold schrieb, daß William bewußtlos im Bad aufgefunden wurde. Leute, die darüber Bescheid wissen mußten, behaupten jedoch, der Unglückliche habe sich aus einem Hotelfenster gestürzt. Ein bejahrtes Faktotum der Familie sorgte dafür, daß er in Florenz beigesetzt wurde, und zweifelsohne entspricht es den Tatsachen, daß es vor fünfzig Jahren nicht als schicklich gegolten hätte, einen Selbstmörder auf dem sehr wohlanständigen Allori-Friedhof zu bestatten, wohin ihm später seine beiden Eltern und sein älterer Bruder folgen sollten.

Hortense Acton brach vernichtet in sich zusammen, in untröstlichem Schmerz. Sie sperrte sich in ihrem Hotelzimmer ein und verweigerte sich allem und jedem. Es hatte für sie jetzt keinerlei Bedeutung mehr, ob sie nach Florenz zurückkehrte oder nicht.

Erst Ende Oktober 1945 wurde Harold schließlich aus dem Kriegsdienst entlassen und gelangte nach einer schwierigen und beschwerlichen Reise an die Pforte von La Pietra. Der lange Gang durch die Zypressenallee, die auf die im Abendlicht schimmernde Barockfassade der palastartigen Villa zuführt, in der er einundvierzig Jahre zuvor geboren wurde, muß ihn nach den langen Jahren in Indien, Ceylon, London, Paris und Deutschland zutiefst bewegt haben. Die Villa war unverändert. Das Rund der großen Eingangshalle war gedämpft bis auf das Tropfen des Marmorbrunnens in ein Becken mit Goldfischen. Auf seine Mutter traf Harold in dem riesigen *salone* dahinter, in eine Decke gewickelt, auf einem Samtdiwan ausgestreckt, die Augen geschlossen. Er störte sie nur ungern. Die Trauer ihres Ausdrucks, als sie zu ihm aufblickte, war erschreckend. Kein Lächeln, kein Heucheln von Wiedersehensfreude. Er begriff, daß es für sie unerträglich war, von William zu sprechen, oder auch, wie völlig anders alles für sie gewesen wäre, wenn anstelle von Harold William heimgekehrt wäre. Mrs. Acton war keine großherzige, zartfühlende Frau. Ihr Mann nahm Harold beiseite und befragte ihn nach dem Tod in Ferrara. So schreibt es Harold in seinen Memoiren, wobei er betont, er habe von allen am wenigsten gewußt, obwohl er hinzufügt, daß die Dienerschaft, die William bei seinem Besuch in La Pietra sah, ihn entsetzlich verändert fand, mit fleckiger Gesichtshaut und verschwommenem, schwer verständlichen Auftreten, seiner früheren Erscheinung ganz und gar unähnlich. Es ist durchaus möglich, daß irgendein großangelegtes Eingreifen im letzten Moment ihn hätte retten können. Wir werden es nie wissen und alle Spekulation ist müßig, und doch sprach Arthur Acton davon in einem Ton, als wäre Harold für das Wohlergehen seines Bruders verantwortlich gewesen. Wie dem auch sei, die wahre Todesursache William Actons kann den italienischen Behörden unmöglich verborgen geblieben sein und folglich auch für seine Familie und Freunde kein Geheimnis dargestellt haben. Ich kann mir nur einen einzigen Grund denken, weshalb das Vertuschen der Wahrheit vielleicht angebracht erschien: möglicherweise war William in den letzten Augenblicken seines Lebens nicht allein. Sollte dies der Fall gewesen sein, dann wäre der Beschluß, einen Skandal vermeiden zu wollen, verständlich. Es gab sechsundvierzig Jahre später noch ein ironisches Nachspiel zu diesem unseligen Mißgeschick, als Harold, nachdem er bereits Schwarz-auf-Weiß ausgesagt hatte, über die Begleitumstände des Todes seines Bruders nichts zu wissen, in einem Interview behauptete, William sei im Krieg gefallen.

Genau zu diesem ohnehin schon belasteten und schwierigen Zeitpunkt wurde Harold von weiterem Verdruß heimgesucht. Dieser war zwar dem Aufbau seiner Legende zweckdienlich, doch verminderte er die Genugtuung, die sie ihm bereitete, und ärgerte ihn bis ans Ende seiner Tage. Und wie hätte er voraussehen sollen, daß der Urheber eines solchen Mißvergnügens kein anderer sein sollte als sein Gespiele in den goldenen Zeiten seiner herrlichen Oxford Tage, der kleine Faun, Evelyn Waugh. Die beiden waren immer auf freundlichem Fuße geblieben, was nicht wenig über Harolds Taktgefühl aussagt, da der Jähzorn des Fauns mit der Zeit notorisch wurde, als er sich zu einer beleibten, rotgesichtigen und häufig betrunkenen Berühmtheit entwickelte, zum Katholizismus konvertierte, zahlreiche Kinder zeugte und während des Krieges waghalsige Strategien zu heroischen Eskapaden entwarf. Darum hatte Harold wohl kaum ein ungutes Vorgefühl, als er sich an die Lektüre von Waughs neuestem Buch, *Brideshead Revisited*, machte. Getränkt mit Sehnsucht nach einer verschollenen Welt, nimmt das Buch die Jahre in Oxford zu seinem Ausgangspunkt, da die beiden Schriftsteller ihre romantischen Träume miteinander teilten. Doch bald schon muß es Harold unbehaglich geworden sein: die von Waugh beschriebene Wohnung des Lord Sebastian Flyte, eines schönen, aber verlebten Dekadenten, einer der Hauptfiguren des Romans, ist ganz offensichtlich die nach Harolds höchst eigenem Geschmack eingerichtete Oxforder Wohnung. Außerdem tritt auch sofort ein unmöglich exaltiertes Zwitterwesen namens Anthony Blanche aufs Tapet, Poet und Ästhet par excellence, der seine Geringschätzung für den gemeinen Pöbel von Kulturbanausen dadurch ostentativ zum Ausdruck bringt, daß er durch ein Megaphon von seinem Balkon aus *The Waste Land* brüllt, ganz wie Harold es damals anläßlich einer Gartenparty zu Ehren des Völkerbundes tat. Blanche taucht im ganzen Buch sporadisch auf und wird nach und nach als eine dekadente, zynische Persönlichkeit bezeichnet, wenngleich von treffsicherer, bissiger Komik. Harold verstand sofort, daß Leser, die ihn kannten, annehmen würden, er habe dieser Romanfigur Modell gestanden. Vertraut wie er mit den Hintergründen war, erkannte er, daß diese Figur ein Konglomerat verschiedener Personen war, deren anderes Modell seine alte Flamme, Brian Howard, der Mitentzünder des *Eton Candle* war, der in aufsehenerregender Weise seine vielversprechenden Anfänge unerfüllt ließ, indem er zum trunkenen Drogenbold wurde, der sich in finsteren Kaschemmen herumtrieb. Er konnte noch immer ganz furchtbar komisch sein, doch hatte sein Gelächter jetzt einen makabren Unterton. Im Jahre 1958 beging er Selbstmord nach dem Unfallstod seines irischen Geliebten. Brian starb und wurde vergessen, doch Harold lebte und wurde zur Legende und wurde sein Lebtag lang mit Blanche identifiziert. Es ärgerte ihn maßlos. Er sprach von der »Blanche-Verleumdung« und fühlte sich beinahe vierzig Jahre lang zu wiederholten Beteuerungen gemüßigt, daß er eben nicht die von Waugh dargestellte Figur sei. Doch war ihm seine Freundschaft mit dem weltberühmten Faun viel zu wichtig, als daß er seine Klage unmittelbar an den Autoren von *Brideshead Revisited* herangetragen hätte, den er in seinen Memoiren durchgehend lobt, obwohl er eine literarische Bewertung des Romans sorgfältig vermeidet, welcher nicht zu Waughs besten Büchern zählt, wenngleich es das allgemein bekannteste ist.

Mit dem Anbruch des Atomzeitalters und der spannungsgeladenen Jahrzehnte des Kalten Krieges im Jahre 1946 hatte Harold ganz allgemein Grund genug für eine quälende Unzufriedenheit mit sich und seinen Lebensumständen. Als Schriftsteller war er gescheitert. Kahlköpfig und übergewichtig sah er wesentlich älter aus als seine einundvierzig Jahre, worauf Vater Acton nur allzugern hinwies. Er hatte keine Ahnung, was er mit sich anfangen sollte. In seinem Geburtshaus, La Pietra, fühlte er sich nicht wohl. Über seine Eltern schreibt er: »Ich schien mir wie ein Fremder, der mit gleichgültigen Fremden spricht.« Seine Mutter, die sich noch nicht mit ihrem Verlust abgefunden hatte, verharrte in bedrückter Verschlossenheit. Sein Vater, dem das Liebste in seinem Leben wiedergegeben worden war, machte sich unverzüglich daran, die fehlenden Stücke aus den anderen fünf Villen seines Besitzes aufzuspüren und zurückzuholen, die, insofern sie nicht von Vandalen verwüstet, größtenteils von Dieben geplündert worden waren. Mißtrauisch und geheimiskrämerisch wie er war, forderte er seinen Sohn nicht dazu auf, ihm bei diesem besessenen Unterfangen zu helfen, das ihn mehrere Jahre unter Ausschluß aller anderen Tätigkeit in Anspruch nahm.

Wäre eine Rückkehr nach Peking im Bereich der Möglichkeit gewesen, wäre Harold wahrscheinlich nach China zurückgekehrt.

Doch jene Welt war gleich Atlantis auf immer verloren. London winkte ihm natürlich, denn er hatte voller Voraussicht den Kontakt zu alten Freunden aus seiner Studienzeit nicht abreißen lassen: es gab die Sitwells, Mitfords, Waughs und andere mehr. Und Onkel Guy machte ihm das großzügige Angebot eines Hauses in Kalifornien und noch so einiges mehr, wenn der Neffe nur seine Staatsangehörigkeit zu ändern bereit wäre. Doch die Vereinigten Staaten waren nicht nach Harolds ästhetischem Geschmack. Die elterlichen Zuwendungen fielen wohl gerade etwas reichlicher aus, da sie ihm das Reisen ermöglichten, und Harold verreiste häufig. Doch die lästige Frage nach einem festen Wohnsitz blieb bestehen. Und dann waren da noch seine Eltern. Auch wenn sie ihn womöglich nicht liebten oder billigten, so waren sie doch da, und alterten in ihrer riesenhaften Villa, wohin die kultivierten, amüsanten, aristokratischen Freunde einer vergangenen Zeit niemals zurückkehren würden. Wie sähe es denn aus, wenn ihr einzig verbliebener Sohn sich anderswo niederließe und sie dort allein inmitten ihrer unsterblichen Schätze sterben ließe? Und außerdem gab es die Villa. Was sollte aus La Pietra werden, samt ihrem Inhalt und ihren Gärten, wenn die jetzigen Besitzer einmal nicht mehr wären? Arthur Acton besprach diese Angelegenheiten niemals mit seinem Sohn, doch Harold nahm an, daß ihm in Ermangelung irgendeines anderen Anspruchstellers eines Tages alles als Alleinerben zufallen würde. Welche Wahrscheinlichkeit hätte aber diese Erbschaft, so er sich für einen anderen Wohnsitz entschiede? Dann war da noch die Stadt Florenz selbst. Mehr als jede andere Stadt, sogar noch mehr als Peking, bot Florenz dem traurigen, entschlußlosen Ästheten spirituellen Trost und Unterhalt. Vom Garten auf die Türme und Kuppeln im Tal hinabblickend, schrieb er: »Alle Beengung, die mich bei meinen Eltern beeinträchtigte, löste sich in Luft auf, wenn ich dastand und diesen vertrauten Blick genoß. Dieser mächtigen Harmonie glaubte ich die poetische Ader in meinem Wesen zu verdanken, die nie ihren adäquaten Ausdruck gefunden hat.« So wurden unvermeidlich Florenz und La Pietra das ruhmreiche, lebenserhaltende Inventar seiner zweiten Lebenshälfte. Er hatte seinen alten Freund Osbert Sitwell um Rat gebeten, der ihm zuredete: »Du schuldest es der Villa, daß du dort bleibst.«

Doch was sollte er nur anfangen? Gertrude Steins Ermahnung beherzigend, und vielleicht auch der Tatsache eingedenk, daß ihre Autobiographie ihr sowohl Ruhm als auch Reichtum gebracht hatte, beschloß er, einen Band seiner Memoiren zu schreiben. Seine Motivation war, gelinde gesagt, gemischt. Er hatte keineswegs die »grobe Verunglimpfung seines Charakters« vergessen, die seine zweideutigen militärische Karriere vereitelt hatte. Diese Wunde schwärte unentwegt. Später schrieb er darüber: »Meine *Memoiren* waren ein Akt der Rechtfertigung.« Und außerdem bot sich dadurch auch die erfreuliche Gelegenheit, einige ausstehende alte Rechnungen zu begleichen, denn Harold besaß das Gedächtnis eines Mastodons, insofern es sich um erlittene Mißachtung handelte, mochte sie auch noch so geringfügig gewesen sein, oder um mangelnde Anerkennung seiner Talente. Also machte er sich ans Schreiben.

Im Hinblick auf Harolds gemischte Motivation mag die Frage hier angebracht sein, welcher Ehrgeiz einen Zweiundvierzigjährigen wohl beflügelt, der ein autobiographisches Werk zu schreiben beabsichtigt. Sein Leben ist mit aller Wahrscheinlichkeit erst halbgelebt, und doch muß er diese erste Hälfte für hinreichend einmalig, spritzig und überragend halten, daß ihr Bewahrtwerden vor gewöhnlichem Vergessen, einschließlich des eigenen, gerechtfertigt scheint. Er muß sich selbst bei aller gebührlichen Bescheidenheit für eine seltene Erscheinung halten. Und das ist er wohl tatsächlich, denn es gibt nicht viele Leute, die sich die Mühe des Schreibens machen, und noch viel weniger, die sich über sich selbst zu schreiben trauen. Ein Schriftsteller, der dies tut, riskiert sozusagen sein Leben, denn um seine Integrität und Individualität zu wahren, muß der Autobiograph seine Vergangenheit als eine exakt geschilderte Erzählung konstruieren können und wollen. Alles hängt an dieser Genauigkeit. Geht der feine und zarte Faden der Genauigkeit verloren, ist die Wirkung des Resultats gefährdet. Und ein Ehrgeiz ohne Wirkung ist wie ein Schoner ohne Segel, er ist sein eigener Herr, anstatt der Steuermann von Ideen, geschweige denn von Idealen, zu sein. Er obliegt seinen eigenen Gezeiten, ist ein gemaltes Schiff auf einem gemalten Meer, ein Bildnis anstelle einer Wirklichkeit. Harolds autobiographische Ambitionen waren von dieser Sorte. Als Ästhet, als wütender Gegner kulturellen Banausentums, hatte er die Acton'sche Legende entworfen, und die *Memoirs of an Aesthete* sind eindeutig zur Erhaltung und Erweiterung dieser Legende verfaßt. Das Buch spielt mit der Wahrheit, nimmt es leicht mit der Ehrlichkeit, betont alles Erhabene und Prestigewürdige, und läßt die Genauigkeit in der Flaute wehmütiger Spekulation dahintreiben. Wehmütig, da Harold durchaus ein Autor von edler Statur hätte werden können, hätte er nur die Stärke besessen, der Wahrheit ins Gesicht zu blicken und ehrlichen Bericht abzulegen über das, was er sah. Genau das hatte Gide schließlich eine Generation vor ihm getan. Doch Gide waren die Lady Cunards und die palastartigen Villen dieser Welt völlig einerlei, während sich Harold zutiefst der Welt des äußeren Scheins verpflichtet fühlte, welche eine dürftige Basis für Ambitionen abgibt. Kurzum, seine Memoiren sind ein Machwerk, das nicht auf Trug aus ist, das vielmehr eine befriedigende Vision für einen Mann mittleren Alters sein will, der von der Erinnerung an seine glorreiche Jugendzeit besessen ist und sich selbst zu überzeugen sucht, daß das im spiegelnden Gewässer erblickte Bild das nämliche ist, das er einst mit neunzehn Jahren so berückend fand.

Da Harold nie verschwieg, womit er sich gerade beschäftigte, sprach es sich bald herum, woran er arbeitete. Das nächste Mal, daß er Evelyn Waugh begegnete, schnauzte der Faun ihn an: »Dies ist wahrscheinlich das letzte Mal, daß ich mit dir rede,« da er offenbar befürchtete, Harold würde für ihn peinliche Details aus ihrer gemeinsamen Oxford Vergangenheit offenbaren, und auf die Weise seinem Ärger über die »Blanche-Verleumdung« Luft machen. Zwar schätzte er die Vielseitigkeit von Harolds Skrupeln falsch ein. Doch seine Besorgnis war durchaus berechtigt, denn er wußte sehr wohl, welches Gewicht die Wahrheit in der Waagschale professioneller Verantwortlichkeit hätte, wäre er an der Stelle seines Freundes. Als das Buch erschien, schrieb er darauf einen fast überschwenglichen Lobesbrief. Andere alte Freunde kamen darin nicht so gut weg wie der Faun. Es strotzt darin nur so von Spitzen. Die Banausen wurden mit peinsamer Genauigkeit gestreckt und geviertelt. Hätte er den Mut dazu besessen, wäre sein eigener Vater wahrscheinlich auch darunter gewesen, da er Harolds Schreiberei als profitloses Hobby einstufte und sich darüber ärgerte. Er bemerkte dazu, wie George III. angeblich zu Gibbon: »Kritzel, kritzel, kritzel.« Die Bemerkung war lächerlich und grob und um so verletzender, da Harold im Gegensatz zu seinem

Vater sicher wußte, daß Gibbon, – ein genialer Schreiber, der nicht nur das monumentale Werk *Decline and Fall* verfaßte, sondern auch eine Autobiographie, die zu Recht für eine der interessantesten und sensibelsten gehalten wird, die je in englischer Sprache verfaßt wurde – zu Lebzeiten kaum Anerkennung fand, persönlich häßlich war, von affektierter Manier und Sprechweise, und eine insgesamt lächerliche Gestalt abgab. Väterlicher Geringschätzung und mütterlicher Gleichgültigkeit zum Trotz brachte Harold seine *Memoirs of an Aesthete* doch zum Abschluß, wobei er das letzte Kapitel mit seiner Abreise 1939 von Peking beschließt. Er glaubte, einen stichhaltigen, lebhaften und exakten Bericht seines Lebens und seiner Zeit abgegeben zu haben, und er blieb ein für alle Mal unverrückbar bei dieser Meinung. In aller Fairneß muß man zugestehen, daß das Buch als Dokument seiner Zeit auch heute noch manch interessantes und unterhaltsames Element enthält, denn es wird immer wieder verlegt, sechsundvierzig Jahre nach seinem Erstdruck. Harold widmete es dem Andenken seines Bruders William.

Auch wenn Harold seine Memoiren für ein gelungenes Buch hielt, so teilten durchaus nicht alle diese Meinung, einschließlich einige seiner engeren Freunde. Raymond Mortimer, der über *Humdrum* noch etwas Wohlmeinendes zustandegebracht hatte, und den Harold schriftlich als einen »unserer besten jüngeren Kritiker« bezeichnete, konnte diesmal nicht an sich halten und schrieb im *The New Statesman and Nation*:

*Wohlhabend, frühreif, kosmopolitisch, den schönen Künsten zugetan … kann Mr. Acton nicht auf Nachsicht von seiten der Gegner günstiger Voraussetzungen rechnen … Seine Memoiren sind entstellt von häßlichen Pickeln der Bosheit, die bei einem so schicksalsbegünstigten Individuum schwer entschuldbar sind … Möglich, daß ein so rückhaltloser Ästhet wie er die stumpfsinnige Plackerei des professionellen Schreibens nicht erträgt. Er gleitet über die Erlebnisse hinweg anstatt sie auszuloten.*

Und Nancy Mitford, die Harold fast so nahestand wie eine Schwester, schrieb in einem Brief an ihre Schwester Diana: »Natürlich stimme ich mit Raymonds Kritik voll überein. Es ärgert mich, daß Harold nichts besseres zustande bringt und diese ganze schlampige Schreiberei von ihm (ist) so ungezogen, wirklich unverzeihlich. Trotzdem mochte ich sein Buch, und Raymond hat es auch gemocht.«

Wenn dem so war, dann genossen sie beide die zweifelhaften Freuden der Heuchelei.

In Florenz gab es wenig Unterhaltung und noch weniger Anregung. Letztere kam natürlich gelegentlich schon mal vor. In der Umgebung der Burg oder in den Hainen der öffentlichen Parkanlagen begegnete man oft mittellosen Soldaten, die für ein paar Päckchen Zigaretten zu allem bereit waren. Doch solange seine Eltern am Leben waren, wollte Harold sorgsam alles vermeiden, was böse Gerüchte oder gar Skandale entfesselt hätte. Die Erfahrungen seiner Mutter mit der Polizei waren lebhafte Erinnerung an die demütigende Behandlung, welche reiche und hochmütige Ausländer zu gewärtigen hatten, wenn sie den florentinischem Dünkel nicht genügend Beachtung schenkten. Obwohl Harold sich nicht leicht einschüchtern ließ, neigte er doch zur Vorsicht.

Seine Freunde in Florenz waren fast alle wesentlich älter als er. Der engste, interessanteste und hervorragendste unter diesen war Bernard Berenson, der unsägliche B.B., zu dem Harold eine fast an Verehrung grenzende Zuneigung empfand, und dessen Villa I Tatti in Settignano ihm mehr Heimat war als das freudlose La Pietra. Der im Jahre 1865 geborene B.B. hätte Harolds Großvater sein können, doch war er rüstig und geistig hellwach, interessiert nicht nur an Kunst, sondern auch an Physik, an Entomologie, am Finanzwesen und an fast allem in der Welt, einschließlich lüsternen Geredes. Trotz seiner brillanten Abhandlungen über Kunst fühlte auch er, daß er als schöpferischer Mensch unerfüllt geblieben war. Vielleicht war er zu sehr mit Ruhm und Geld beschäftigt, obwohl die abwegigen Verwicklungen seiner Beziehungen zu dem geldgierigen Galeristen Joseph Duveen damals noch nicht allgemein bekannt waren. Harold und B.B.. fanden viel Stoff für gemeinsame Gespräche, während sie ausgiebig die toskanische Landschaft durchstreiften und Ausblicke bewunderten, die den Hintergrund für Gemälde von Sassetta, Benozzo Gozzoli oder Pinturicchio hätten bilden können. Daneben gab es auch ein paar Prinzessinnen, Komtessen und den ein oder anderen Bürgerlichen, deren Gesellschaft Harold kommod war. Doch es verlangte ihn nach einem engeren, erregenderen und herzerwärmenderen Verhältnis als sich in Florenz finden oder unterhalten ließ. Also machte er sich auf die Reise. Er fuhr nach London, nach Irland, nach

Mexico, nach Yucatán und durch die ganzen Vereinigten Staaten von Amerika. Wo immer er landete, ließ er es sich angelegen sein, nicht nur die Kunst und Architektur zu studieren, sondern auch die Bekanntschaft interessanter, unterhaltsamer Leute zu machen, die entweder Freunde von Freunden oder Verwandten waren, die durch den einen oder anderen von ihm gehört hatten, vielleicht sogar schon eines seiner Bücher oder einen Artikel über ihn gelesen hatten, die wußten oder annahmen, daß er eine wichtige Persönlichkeit war, die mit Ruhm und Adel der Welt Umgang hatte, kurzum, eine ziemlich legendäre Figur. So wurde er überall begeistert aufgenommen, und um die Wahrheit zu sagen, vergalt Harold die ihm gezollte Aufmerksamkeit in außerordentlich reichem Maße, denn er war geistreich, hochgebildet, originell, ein wenig unziemlich mit seiner hochaufgeschossenen Statur, bebenden Sprechweise, seinem Jadering und seinem leicht schiefen Gang. Es gab keinen zweiten Harold Acton, es hatte nie zuvor einen gegeben, und es würde auch künftig keinen anderen geben. Er war einmalig einzigartig, er wußte darum und verstand auch, anderen dies mitzuteilen.

## 2

Der Sergeant kehrte nach den Jahren gesellschaftlichen Erfolgs nach New York zurück, sobald der Krieg vorbei war. Sein glänzender Ruf, von der Atlantiküberquerung nur leicht getrübt, erwies sich in Manhattan immerhin noch als recht beachtlich. Er etablierte sich in einem eleganten Apartment in der 71. Str. 350 East der Upper East Side und nahm ohne Schwierigkeiten einen prominenten Platz inmitten der gesellschaftlichen und homosexuellen Elite ein. Und warum auch nicht? Obwohl er langsam kahl wurde, sah er doch noch immer sehr gut aus, er war geistreich, ein umsichtiger und amüsanter Gastgeber, überaus darauf bedacht, es allen recht zu machen, und dank seiner glückhaften Vielseitigkeit hervorragend dafür ausgerüstet. Bald begann er für die *New York Times* Kunstkritiken zu schreiben, was sein Prestige noch steigerte. Seine Artikel waren geschliffen, gewandt und auf Gefälligkeit hin verfaßt. Doch mangelte ihnen genau das, was Lady Cunard bereits in Stuarts Unterhaltung vermißt hatte: nie stand in ihnen etwas Denkwürdiges, nie trugen sie maßgeblichen oder stichhaltigen Kommentar zu den revolutionären Kunstströmungen jener sehr denkwürdigen Zeit bei. Dieses brachten dafür Kritiker wie Clement Greenberg. Außerdem kümmerte es niemanden, ob Stuart für Pollock, Rothko, de Kooning & Co. irgendetwas bedeutete, solange seine flüssigen und verbindlichen Artikel allwöchentlich seinen Status als kultivierten Gentleman bestätigten, den es zu kultivieren galt. Es war passenderweise die Kunst, die uns beide zusammenführte. Ich durchstöberte die New Yorker Galerien aus reinem Vergnügen, er aus professionellem Interesse. Es ist ein leichtes Spiel, über Cézanne oder Picasso ins Gespräch zu kommen oder eine Bekanntschaft zu knüpfen. Im Dezember 1950 wurde ich das erste Mal mit Stuart bekannt. Er lud mich zum Essen ein.

Danach sah ich ihn häufiger und erfuhr zu meinem großen Vergnügen – oder sollte ich vielleicht sagen, wegen meines Vergnügens? – wie umfassend und zwingend sein Charme sein konnte. Außerdem war er sehr gut zu mir, lud mich auf seine Parties ein, nahm mich auf andere mit und stellte mich einer Menge von Leuten vor: Tom Prentiss und Zane Rhodes, Peter Mitchell, Keene Curtis, Ruth Ford, Cliff Baron, George Platt Lynes, Monroe Wheeler und Glenway Westcott, der mich seinerseits wiederum mit Kenneth Clark, Marianne Moore, der antiken Ava (Gardner?) und Lady Ribblesdale bekannt machte. Über Leute, an die ich mich nicht mehr erinnern kann, lernte ich Edward James und Tilly Losch kennen, Onni Sari, Andres Devendorf, Sheila St. Lawrence, Alan Shayne, Ima Ebin, Malcolm Dekker, Gene Waterbury, Joel Bennett und noch viele andere. Ganze Notizbüchlein voller Namen. Tagebucheintragungen von Lunchverabredungen mit Stuart, Abendessen mit Monroe und Glenway (einmal mit Dr. Kinsey), Kinobesuche mit Bill Miller, dem bestaussehendsten Mann seiner ganzen Generation, Abende in der Blue Parrot Bar mit Tennessee Williams, zahllose Nächte mit Boys, deren Namen ich nie erfuhr oder niederschrieb: all diese Leute, die teilweise kein Gesicht mehr haben, die zum Teil gar keine Identität hatten, denen ich heute nicht mehr bedeute als sie mir, sofern sie überhaupt noch am Leben sind, unbedeutende Figuren, herbeigerufen aus einem Leben, das von voreiligem Vertrauen auf fremder Leute Freundlichkeit bestimmt war. Ich hatte eine herrliche Zeit, während ich weiterhin bei meinen Eltern in Englewood, New Jersey wohnte, nur durch den Fluß von Manhattan getrennt, und in meiner Arroganz fortwährend versuchte, mich als Schriftsteller zu behaupten.

Am Samstag, den dritten Februar 1951, fuhr ich nach New York, um mir den italienischen Film *Riso Amaro* anzusehen, ein mittelmäßiges Melodrama der neorealistischen Kategorie. Nach dem Essen und ein paar Barbesuchen begab ich mich in eine der verrufensten Bars von New York. Dort begegnete ich Stuart und einem Mann namens Bernie Weinbaum, der mit allem und jedem bekannt war. Wir fanden es lustig, daß wir uns ausgerechnet in einem solchen Ambiente wiederbegegneten, und plauderten ein paar Minuten miteinander, bevor wir uns an unser schlüpfriges Vorhaben machten. Stuart erwähnte dabei, daß er am folgenden Abend eine Party für seinen alten Freund Harold Acton gäbe, und lud mich dazu ein. Ich hatte sowohl *Brideshead Revisited* als auch *Memoirs of an Aesthete* gelesen, so daß ich hinlänglich Bescheid wußte, wer Harold war und wofür er stand. Es war mir schon immer ein dringlicher Wunsch, mit den Männern und Frauen bekannt zu werden, die zu der künstlerischen Geschichte meiner Zeit beigetragen haben. Mit Picasso und Giacometti bekannt gewesen zu sein, Strawinski getroffen und mit Thomas Mann korrespondiert zu haben, bedeutet mir zum Beispiel weit mehr, als wäre ich mit Präsident Roosevelt oder Albert Einstein oder einem Papst auf vertrautem Fuße gewesen. Ich kann nicht sagen, warum, doch von frühester Jugend an sehnte ich mich danach, emotionale und intellektuelle Bewunderung zu empfinden und zum Ausdruck zu bringen, und als Objekte dieser Sehnsucht dienten mir immer schon Maler, Schriftsteller und Komponisten. Daher sagte ich Stuart mit dem größten Vergnügen zu. Ich weiß nicht, ob ich Harold je erzählte, an welch unfeinem Ort die Einladung ausgesprochen wurde, doch wahrscheinlich hätte er auf eine solche Mitteilung so etwas entgegnet wie: »Aber mein Lieber, was für eine überaus günstige Umgebung, um zu den Ufern der Venusinsel aufzubrechen!«

Ich kam pünktlich zur angegebenen Uhrzeit und war etwas bestürzt, daß alle anderen Gäste bereits anwesend waren. Außer Harold waren diese Tom Prentiss, ein schlaksiger, gutaussehender Jüngling mit Tizian-rotem Haar, Bernie Weinbaum, fleischig und gesprächig und ein schüchterner junger Mann namens Robin. Wir waren also zu sechst. Harold als der größte, älteste und berühmteste unter uns beherrschte die Soirée ohne weiteres. Da die Party ohnehin ihm zu Ehren gegeben wurde, hielt er es offenbar für eine selbstverständliche Verpflichtung, die Gesellschaft nicht nur zu dominieren, sondern ihr auch Niveau zu verleihen. Und genau das tat er auch, mit einem solch feingebildetem und natürlichen Schwung, daß nur ein Narr sich nicht genüßlich zurückgelehnt und die Vorstellung nicht mit Vergnügen verfolgt hätte. Es ist bereits so viel über Harolds lebhaften Unterhaltungsstil geschrieben worden, daß es fast wie eine Frechheit scheint, noch ein Wort hinzufügen zu wollen. Ich tue es aber trotzdem. Er schwebte wie ein Kolibri über seinem Vortrag, indem er von einem brillanten rednerischen Blütenkelch zum nächsten schwirrte, sei es durch feine Modulationen des Tons, durch ein

Funkeln des Auges, ein Winken der Hand, und auserwählte Zuhörer lud er zum Genuß exotischen Nektars ein. Man brauchte nicht einmal an dem Inhalt seiner Rede allzu interessiert zu sein. Gewiß war er interessant, hochgebildet usw., aber seine Unterhaltung war wie eine Art von Musik. Sie konnte von Witz sprühen, wie auch von Bosheit, und er fand seinen Gefallen an der Erörterung des ganzen Drum-und-Drans sexueller Betätigung, wie die Leute es miteinander im Bett trieben, oder etwa auch an Heizkörpern angekettet, oder nackt in den Parks von Peking. Er haßte New York und verabscheute die zeitgenössische Malerei, die dort florierte, und doch erregte ihn der hektische Rhythmus der Stadt, die plärrenden Radios, die Neonleuchtreklamen, das panische Verkehrschaos und das lässige Fieber von Zufallsbegegnungen. Wir verbrachten alle einen höchst vergnüglichen Abend miteinander, lachten, tranken und benahmen uns wie unartige aber gescheite Schüler, so wie sich Homosexuelle gern aufführen, wenn sie untereinander sind. Es traf sich, daß meine Eltern und Großeltern am vorausgegangenen Freitag nach Kalifornien abgereist waren, so daß ich das Haus ganz für mich allein hatte, einschließlich der liebenswürdigen und kompetenten Dienerschaft. Ich hatte den impulsiven Einfall, es könnte die Höhe des Vergnügens sein, diese Party am folgenden Samstag in Englewood noch einmal stattfinden zu lassen. Allen war diese Aussicht angenehm, und man verabredete sich auf den Abend. Da ich noch nach New Jersey zurückfahren mußte, stand ich um Mitternacht auf, um mich zu verabschieden, woraufhin Harold, der mir bis dahin keine besondere Beachtung geschenkt hatte, mich bat, ihn bei seinem Hotel abzusetzen. Ich tat ihm gern den Gefallen. Er wohnte im Blackstone an der Park Avenue, in der Fifty-second Street.

Sobald wir in meinem Wagen saßen, sagte mir Harold, er sei sehr beeindruckt gewesen von einer meiner Kurzgeschichten, die gerade vor einem Jahr in *Horizon* – der von Cyril Connolly herausgegebenen englischen Literaturzeitschrift – erschienen war, was für mich natürlich äußerst schmeichelhaft und berückend klang. »Nun wissen wir alle,« fuhr er fort, »daß Cyril ein fürchterliches Arschloch ist, der angeblich jedesmal die *Horizon*-Kasse stürzt, sobald ihn das Reisefieber befällt. Man sagt, er sei ganz besessen von der Schönheit seiner Geschlechtsteile, zum Ausgleich dafür, daß er die Physiognomie eines

Pavians besitzt, nehme ich an. Doch wenn es um Literatur geht, so hat er den Geschmack eines Engels. Was nur für dein Talent spricht, mein Lieber.«

Ich hielt es nur für fair, darauf zu antworten, wie sehr mir die *Memoirs of an Aesthete* gefallen hatten und wie sehr ich das Buch bewunderte. Harold entgegnete bescheiden, daß Cyril das Buch gräßlich gefunden hatte, und daß er sowieso weder Ehrgeiz noch Befähigung habe, es mit modischen, aber stillosen Autoren wie Norman Mailer oder Gore Vidal aufzunehmen, für welche er nur Geringschätzung empfand. Sein Stil, fügte er noch hinzu, beabsichtige nur einem Publikum zu gefallen, daß auf das Urteilsvermögen eines Pater und die Geschlossenheit eines Strachey eingestimmt sei. Daher habe er wohl kaum Aussicht auf Bestsellertum, welches der beste Weg in die Vergessenheit sei. Als wir bei seinem Hotel ankamen, meinte er, er würde sich freuen, wenn ich am folgenden Donnerstag mit ihm dinieren wolle. Dann könnten wir ausführlicher miteinander plaudern. Ich nahm die Einladung mit gewiß ungebührlicher Eile an.

Wir trafen uns um acht Uhr in der Hotelhalle. Harold war schon da, als ich ankam, und nahm sich in etwa aus wie eine gepflegte Erscheinung aus der Zeit King Edwards (dem ersten Jahrzehnt dieses Jahrhunderts), in seinem langen Mantel, seinem Homburg und grauen Wildlederhandschuhen. Er strahlte über das ganze Gesicht. Als wir uns auf die Tür zu bewegten, kam uns gerade ein hochgewachsener, gertenschlanker Herr in etwa Harolds Jahren entgegen. Sie begrüßten einander mit offensichtlicher Überraschung, und Harold sagte: »Und was, mein Lieber, führt dich in dieses Babel?«

»Ich b-b-bin hier um einen H-H-Hochofen zu k-k-kaufen,« antwortete der andere.

Es war Michael Duff, wie ich erfuhr, als Harold uns vorstellte. Er hatte es eilig und verabschiedete sich mit einem laschen Händedruck, wobei er Harold versprach, ihn in der Früh anzurufen. Er war der Besitzer riesiger Landgüter, Kohle- und Eisenbergwerke in Wales, und wohnte in großem Stil in einer herrlichen Villa namens Vaynol Park. Seine Mutter, Lady Juliet Duff, war während Diaghilevs goldener Zeit in London eine seiner vornehmlichsten Gönnerinnen. Das Stottern war belustigend und wurde zu diesem Zwecke eingesetzt, ähnlich wie das des Mr. Maugham, und ich fragte mich, ob Waugh diese Sonderlichkeit Anthony Blanches von Michael Duff übernommen hatte, da Harold nicht im geringsten stotterte.

Wir gingen in ein sehr elegantes und exklusives Lokal, das Le Pavillon hieß. Harold verlegte sich mit aller Macht aufs Charmieren, und er beherrschte diese Kunst aufs vortrefflichste. Er sprach von Italien, von B. B., Norman Douglas und den Sitwells, Evelyn Waugh und den Mitgliedern der Manchu-Dynastie, die er in China gekannt hatte. Er erzählte Geschichten von höchst respektablen Herren, die sich danach sehnten, in aller Öffentlichkeit angepißt zu werden, er beschrieb die immensen Tempel auf Ceylon. Ich kann unmöglich aufzählen, worüber er alles sprach. Und doch redete er keineswegs an mir vorbei, im Gegenteil, er verstand es meisterhaft, seinen Gesprächspartner mithineinzuziehen in einen Diskurs, der sich dessen Erfahrungsbereich vollkommen entzog, so daß er dem Zuhörer bei seiner Beschreibung der Wunder der Verbotenen Stadt ein Reagieren gestattete, als seien ihm all diese sagenhaften Paläste so vertraut wie das Rockefeller Center. Ich war geblendet, wie es ganz zweifelsohne Harolds Absicht entsprach. Doch gab es auf beiden Seiten nichts dagegen einzuwenden. Das Blendwerk war natürlich nicht umsonst entfacht worden. Beide Seiten nahmen vermutlich an, daß dies früher oder später zu einem sexuellen Manöver führen würde. Und wieso auch nicht? Harold war ein äußerst sensibler und kultivierter Gentleman, es gab also keinen Grund zur Annahme, das Manöver könnte brutal ausfallen. Er war physisch für mich nicht attraktiv und wirkte tatsächlich älter als seine sechsundvierzig Jahre. Ich war damals achtundzwanzig, also war der Unterschied bedeutend. Ich hatte aber schon mit Männern geschlafen, die noch älter und noch weniger attraktiv waren als er, einfach weil ich sie mochte. Es bedeutete für mich kein Opfer. Ich war froh, wenn ich Freude geben konnte, auch wenn darin für mich kein großer Lustgewinn lag. Ich dachte mir damals, daß ich mich auch freuen würde, wenn ich einmal älter war und attraktive Jungens mir hin und wieder einen Gefallen täten, und so ist es in der Tat auch gekommen.

Der Wein war ausgezeichnet. Wir leerten zwei Flaschen und waren beide ein wenig angetrunken, als wir das Lokal verließen. Auf dem Weg zurück ins Blackstone Hotel erzählte mir Harold von all dem wundervollen Chianti, den er auf Wanderungen mit Scott Moncrieff und Norman Douglas getrunken hatte, die sich nicht beherrschen konnten und in allen Dörfern, durch die sie kamen, an kleinen Jungens vergreifen mußten. Währenddem er sprach, stützte er sich auf meinen Arm und wir schlingerten ein bißchen auf unserem Weg die Park Avenue hinunter, ein ziemlich auffälliges Paar, will mir scheinen. Als wir zum Eingang des Hotels kamen, dachte ich, er würde mich auffordern, mit ihm einen letzten Drink auf seinem Zimmer zu nehmen, doch nichts dergleichen geschah. Er sagte lediglich, er freue sich bereits auf die Dinner-Party im Hause meiner Eltern in Englewood. Er habe einen Wagen gemietet und würde die ganze Gruppe mitbringen. Ich gab ihm genaue Anweisungen, wie das Haus zu finden sei dann dankte ich ihm für den wunderbaren Abend und verflüchtigte mich.

Die Party, wie in meinem Tagebuch vermerkt, schien mir ein großer Erfolg gewesen zu sein. Auf jeden Fall gab es ausreichend zu essen und zu trinken. Ich hatte keine Ahnung, was meine Gäste von dem konventionellen und etwas viktorianischen Dekor meines elterlichen Domizils hielten, aber sie waren ja höfliche Menschen. Als ich später La Pietra kennenlernte, ging mir auf, daß Harold das Haus in Englewood für eine bürgerliche Bruchbude von entsetzlich schlechtem Geschmack halten mußte. Ich fand es selbst ja auch ziemlich unschön, bis auf die Teppiche, die allesamt schön waren, von der Oma eher zufällig erstanden, die ja absolut keinen Blick hatte für die Qualität einer Innenausstattung. Nach dem Essen und ein paar weiteren Drinks, fuhren wir alle in Harolds gemieteter Limousine nach New York zurück und beschlossen den Abend im Blue Parrot.

Am nächsten Tag, dem Sonntag, traf ich mich zum Lunch mit Harold, Stuart und Tom Prentiss, dem Stuart verliebte Augen machte. Wir besuchten die Frick Collection, zwei Cocktailparties, und ich speiste allein mit Harold zu Abend. Das blendende Schauspiel war so lebhaft und verführerisch wie zuvor. Aber es fand kein Bocksprung statt. Dieser ereignete sich dafür am Dienstag Nachmittag, nur elf Tage nach unserem ersten Treffen. Er war vergnüglich genug, und zweifellos genoß ihn Harold durch und durch. Es gab zärtliche Worte, ein wenig peinlich für mich, da ich nicht recht mithalten konnte, aber das schien nichts auszumachen. Wir verbrachten auf jeden Fall einen angenehmen Nachmittag und nahmen den Tee in Harolds Zimmer.

Ich hatte mich zu der Zeit bereits entschlossen, bald nach Europa zurückzukehren, und es verblieben mir nur noch zehn Tage Zeit bis zu meiner Abreise auf der Queen Mary. Harold brachte sein Bedauern über meine bevorstehende Abreise zum Ausdruck, gedachte aber selbst bis Mitte April wieder in Florenz zurück zu sein und hoffte, ich würde ihn dort einmal besuchen. Ich sagte ihm, daß mich die Aussicht darauf zwar entzückte, daß aber meine Reisepläne von meinen Finanzen abhingen. Also müßte ich mal sehen.

Am folgenden Freitag speisten wir mit Michael Duff, der Schwierigkeiten bei der Beschaffung des verd-d-dammten Hochofens hatte, und sich über seine Mutter ärgerte, weil sie mit einem sehr viel jüngeren Mann zusammenlebte, der sich Simon Fleet nannte, aber in Wirklichkeit gar nicht Fleet hieß, sondern im Krieg in der Marine gewesen war, und danach den Namen Fleet (= Flotte) angenommen hatte, den er für wohlklingend hielt. »S-s-simon Cheap (= Billig)« sagte Michael. Aber er freute sich darüber, daß der Aga Khan seiner Mutter, Lady Juliet, einen goldenen, juwelenbestückten Elephanten zum Geschenk gemacht hatte. Er lud mich ein, ihn in Wales zu besuchen, doch ich sah ihn nach diesem einen Abend nie wieder.

Am nächsten Tag aß ich mit Harold und einer Dame namens Mrs. Costa zu Mittag, einem literarischen Blaustrumpf, die mich zu einer Party bei sich am folgenden Freitag einlud, auf der W. H. Auden einige seiner neueren Gedichte vortragen würde. Ich sagte gern zu. Danach gingen Harold und ich zurück ins Blackstone zurück, wo wir die längste Zeit des Nachmittags auf angenehme Weise verbrachten. Dann fuhren wir im Taxi zum Tee bei Stuart. Wir dinierten miteinander allein und gingen danach auf eine Party bei einem extravaganten Laffen namens Peter Lindamood.

Erst am folgenden Mittwoch, zwei Tage vor meiner Abreise, trafen Harold und ich uns wieder allein zum Essen, obwohl wir in der Zwischenzeit täglich miteinander telephonierten. Es waren erst zwei Wochen seit unserer ersten Begegnung vergangen, und wenn wir auch nicht Intimfreunde zu nennen waren, so waren wir doch sowohl intim als auch freundlich miteinander, und die Zukunft schien eine Verschmelzung von Freundschaft und Intimität zu verheißen, so daß sich eine hinlänglich herzliche Beziehung entwickeln konnte, die den Prüfungen der Jahrzehnte zu widerstehen vermochte.

Harold und ich speisten auch am nächsten Tag wieder miteinander, und noch einmal tags drauf, wonach wir auf Mrs. Costas Party gingen. Auden war wie versprochen anwesend und las mit heiterer Gelassenheit aus seinem neuesten Buch *Nones* vor. Eines der Gedichte, *The Fall of Rome* machte einen tiefen Eindruck auf mich. Ich hielt es für ein Meisterwerk und stellte mir vor, so ähnlich müsse es gewesen sein, wenn man Schubert beim Vorspielen einer seiner Sonaten erlebt hätte. Obwohl ich ihm hin und wieder begegnete, lernte ich Auden nie gut kennen und habe dies immer bereut. Ich mußte mich zeitig von der Party verabschieden, um an Bord zu gehen. Der Abschied von Harold und seine »Gute Reise« Wünsche waren zärtlich, aber wir hatten keine Ahnung, wann wir uns wieder sehen würden.

Ich war nur vier Monate von Paris fort gewesen, während mein Freund Bernard Minoret dort geblieben war, mit dem ich während meiner Abwesenheit in ständigem Briefkontakt stand. Seine Briefe waren abwechselnd voller Zärtlichkeit und dann wieder von grimmiger Gereiztheit. Ich glaube, ich erwähnte Bernard Harold gegenüber nicht, aber Bernard erzählte ich, daß ich Harold Acton kennengelernt hatte, was ihm auch gebührenden Eindruck machte, wohlbemerkt nicht Harold, der Ästhet, sondern Harold, der Salonlöwe, der Freund Lady Cunards und Sybil Colefaxens. Bernard war und ist noch immer intelligent und feinfühlig, aber es war ihm immer schon sehr um die Gesellschaft und die Aristokratie zu tun, und es beschäftigte ihn sehr, was die hübschen Larven trieben, obwohl viele von diesen entsetzlich fade waren. Und heute scheinen sie sogar noch fader als damals, vor vierzig Jahren.

Bernard hatte Pläne geschmiedet, was er damals noch bereitwillig tat, während es für ihn heutzutage schon ein ziemliches Unternehmen bedeutet, den siebten Arrondissement zu verlassen. Die Aussicht auf einen verregneten Frühling in Paris hatte wenig Reiz, darum beschloß er, daß wir nach Neapel reisen sollten, wo einer seiner ehemaligen Liebhaber, ein Pole namens Kot, sich damals mit seinen Eltern aufhielt – obwohl leider unter sehr reduzierten Umständen, da sie zuvor in Warschau zur wohlhabenden Prominenz gezählt hatten. Bernard meinte, Kot könne uns sicher helfen, ein angenehmes Quartier an einem netten Platz in der Umgebung Neapels zu finden. Wir sollten genau vierzehn Tage nach meiner Rückkehr abfahren.

Ein paar Tage vor der Abreise bekam ich von Harold einen Brief, den ersten von vielen, die er mir über einen Zeitraum von fünfunddreißig Jahren schrieb. Ich zitiere ihn in Ausschnitten:

*New York, am 6. März 1951*

*Liebster James,*

*Dein bezaubernder Brief hat mich soeben erreicht, und ich eile mich, ihn zu beantworten, bevor ich mich in den Diskurs eines weiteren hektischen Tages stürze. Deine Abreise hat mich traurig gestimmt, und alles verlor für mich vorübergehend die Farbe. Gewiß gewinnt sie sie bei unserer nächsten Begegnung zurück. Du hast mich zutiefst berührt, und ich hatte an Deiner Gesellschaft meine wahre Freude ... Doch muß ich gestehen, daß ich einen charmanten jungen Künstler kennengelernt habe, der sich in einem Lokal in Greenwich Village sein Brot verdient, und die seltsame Verbindung von Schönheit und Unbekümmertheit, die er besitzt, wie auch sein verschreckter Rehblick, haben es mir wirklich angetan, von dem Pathos und dem Elend seiner Lebensumstände ganz zu schweigen. Ich hoffe, ihm irgendwie nutzen zu können. Ich traf ihn bei einer phantastischen Ausstellung von Spitzen in Johnny Myers Galerie, und inmitten der Fächer aus dem achtzehnten Jahrhundert, der schwarzen Mantillas, der frühviktorianischen Parasole starrte ich wie gebannt auf den Künstler im blauen Jeansanzug, der träumend im leuchtend umrahmten Hintergrund stand. Ich fürchte, er bevorzugt seine eigene Altersgruppe, wie immer, und wahrscheinlich steht mir eine Zeit verzweifelter Frustration bevor – bis ich Dich wiedersehen kann, und dann wirst Du aber voll beansprucht sein, wie das Leben eben so spielt.*

*Dir viel Segen und viel Erfolg,*
*Dein Dich ewig liebender*
*Harold*

Ich antwortete ihm und teilte ihm mit, daß ich gerade mit einem Freund nach Neapel aufbräche, wo wir mit der Unterstützung unseres Freundes Kot ein blumiges Versteck zu finden hofften. Harold, der alle Leute kannte, hatte natürlich auch Kot schon getroffen. Wir reisten mit dem Nachtzug und kamen morgens um zehn Uhr dreißig an. Kot, der sich als charmanter, kultivierter und weltgewandter Mann erwies, war uns in der Tat eine große Hilfe, indem er uns die Küste entlang zu Städten wie Vico Equenso und Seiano führte, wo wir aber leider nichts Geeignetes fanden. Bernard schlug Capri vor, wovon Kot nicht gerade begeistert war, da sich gerade ein amerikanischer Maler namens Bernard Perlin, mit dem er ein Verhältnis hatte, auf der berühmten Insel aufhielt, und ihm die Aussicht, einen ehemaligen Geliebten in die Nähe des gegenwärtigen zu setzen, ihm gar nicht zusagte. Aber er fuhr trotzdem mit uns hin, und wir hatten großes Glück, indem wir eine geräumige Wohnung in einer riesigen Villa namens Ca' del Sole fanden. Die Villa besaß einen wunderbaren Garten, und war mit einer freundlichen Hausdame ausgestattet, die auch das Kochen und Putzen für uns übernehmen würde. Außerdem entsprach der Preis in etwa dem, was wir uns leisten konnten. Der Eigner der Villa war ein Grieche namens Mitsotakis, der offenbar nur selten dort auftrat. Also packten wir unsere Koffer aus, und schon am nächsten Tag machte ich mich daran, einen Roman zu schreiben, ein mittelmäßiges, hemmungsloses autobiographisches Werk, das erste Buch von mir, das veröffentlicht und merkwürdigerweise von der Kritik gelobt wurde.

Einige Tage später kam ein Brief von Harold:

*New York, am 24. März 1951*

*Carissimo James,*

*Frohe Ostergrüße! Bin seit kurzem aus Chicago zurück und trage Deinen Brief als eine Art Talisman mit mir herum. Du bist also unterwegs nach Neapel, ein weiser Entschluß. Ich wünschte, ich könnte jetzt mit Dir zusammen sein ...*

*In Capri wirst Du Norman Douglas und Kenneth Macpherson in der Villa Tuoro antreffen.*

*Ich denke, daß ich um den zehnten April wieder in Florenz sein werde ... um bis mindestens Ende Mai dort zu bleiben. Dann gedenke ich mich auch nach Neapel zu begeben und eine Wohnung zu suchen. Warum kommst Du nicht für eine Weile nach Florenz? Die Villa Natalia auf der Via Bolognese (ein von meinem Vater gemietetes Hotel) könnte Dir zusagen. Evelyn Waugh und Graham Greene waren davon begeistert und konnten gut dort arbeiten. Wir könnten zusammen ein paar Ausflüge unternehmen, obwohl ich eigentlich mehr in der Stimmung bin, mich irgendwo niederzulassen und mich auf*

*die Umgebung von Neapel zu konzentrieren, da ich auch ein Buch zu schrei-*
*ben habe und leider zu lange untätig gewesen bin. Was soll das heißen, Lieb-*
*ster, »einen Parasiten zum Trost«? Ich liebe Dich immer mehr und begreife*
*dies seit Deiner Abreise immer mehr. Zusammen könnten wir vielleicht den*
*Paradiesvogel des Glücks entdecken. Je t'embrasse tendrement.*

*Ewig Dein,*
*Harold*

Das Leben auf Capri war bezaubernd. Eine riesige Glyzinie in voller
Blüte bedeckte die eine Wand der Villa, und auf der Terrasse in ihrem
Schatten nahmen wir oft unser Mittagsmahl ein, welches uns die
mütterliche Haushälterin zubereitete und servierte. Dann gab es auch
Leute, die wir treffen wollten: Bernard Perlin und seine Freundin
Letitia Alvarez de Toledo, Kenneth Macpherson, der mir nicht be-
sonders zusagte, und sein Gast, der betagte Schriftsteller Norman
Douglas, den man fast täglich auf der Piazza beim Betätscheln irgendeines kleinen Jungen antreffen konnte. Man lud uns auf Partys ein.
Auf einer von einer lästigen Person namens Charlotte Schneersen
gegebenen Gesellschaft stellte man uns Edda Ciano vor, der Tochter
Mussolinis. Kot kam ziemlich oft von Neapel herüber. Frederic Pro-
kosch tauchte eine Zeitlang auf. Und die ganze Zeit über beschäftigte mich die Arbeit an meinem Buch. Von Harold kamen weiterhin Briefe.

*New York, am 3. April 1951*

*Liebster James,*

*Ich schreibe Dir in Eile ... Ich kann weiß Gott nicht sagen, warum ich mich*
*hier so lange aufhalte, denn mir hängt dieses ganze unergiebige gesellschaftli-*
*che Bla-Bla ordentlich zum Hals raus. Ein hübscher kleiner Narziß hat mich*
*ganz schön genarrt. Ich wußte bisher nicht, wie weit es bei solchen Narzißten*
*gehen kann. Wenn sie sich doch nur mit ihrer Onanie zufriedengeben wür-*
*den, anstatt alte Satyre wie mich zu belästigen! Diese Episode war für mich*
*einigermaßen quälend und hat mich ziemlich versäuert. Es tut mir leid, daß*
*Deine Familie Dir solche Schwierigkeiten macht, und ich hoffe, daß sie sich*
*künftig großzügiger erweisen werden.*

*In Ermangelung etwas Besseren sende ich Dir inzwischen einen kleinen*
*Scheck, den ich gern auf eine höhere Summe ausstellte, was mir jedoch meine*

*relative Dollar-Knappheit versagt. Leider liegt mein Geld größtenteils in Eng-*
*land ... Ich hoffe, dieser Brief erreicht Dich rasch, mit meinen herzlichen*
*Grüßen,*

*wie immer,*
*Dein Harold*

Der Scheck war über einhundert Dollar ausgestellt, zu der Zeit schon
ein beträchtliche Summe, und wurde mit großer Dankbarkeit empfangen. Ich hatte mich offenbar in meinem Brief an Harold darüber
beschwert, daß mir meine Eltern nicht genug Geld für mein Auskommen gaben, was nicht zutreffend gewesen wäre, wenn ich mich
zu einem sparsameren Lebensstil hätte entschließen können. Ironischerweise hatte ich fünf Tage vor Harolds Brief einen Scheck von
meiner Mutter erhalten, woraus hervorgeht, daß ich mich wohl ausgiebig beklagt haben muß.

Harolds nächster Brief kam aus La Pietra. Ich hatte ihm offensichtlich mittlerweile geschrieben, daß ich sehr gern nach Florenz
käme.

*Florenz, am 16. April 1951*

*Liebster James,*
*Ich habe mich sehr gefreut, Deinen Brief hier vorzufinden und zu hören, daß*
*es Dir so gut geht. Es ist absurd, daß Du Dir Gedanken machst wegen eines*
*Schecks. Ich löse solche Dinge immer auf der Stelle ein. Sollten Deine Schwie-*
*rigkeiten anhalten, läßt Du es mich hoffentlich wissen. Ich bilde mir ein, Dein*
*Vertrauen zu verdienen, und natürlich möchte ich Dich mir auch gern ver-*
*pflichten.*

*Triffst Du manchmal Norman Douglas? Ich vernahm mit Besorgnis, daß*
*man an ihm Zeichen von Abnutzung, wenn nicht Verschleiß bemerkt, und*
*von zu vielen Flaschen des ortsüblichen Weins. Bitte umarme ihn in meinem*
*Namen. Ja, Kenneth ist nie besonders freundlich, aber ich mag ihn im Zusam-*
*menhang mit Onkel Norman. ... Leider muß meine Reise in den Süden noch*
*für einige Zeit aufgeschoben werden. Da ich gerade erst zurückgekommen bin,*
*habe ich einen italienischen Vortrag vorzubereiten und alle möglichen hiesigen*
*Verpflichtungen. Teile mir Deine Ankunft mit, damit ich ein Zimmer für Dich*
*im Natalia reservieren kann, als mein Gast. Mein Vater bereitete mir den*
*denkbar frostigsten Empfang. Nach der in Amerika erlebten Wärme, war es*

*wirklich bedrückend, aber seit Jahren erlebe ich das schon so – soweit meine Erinnerung zurückreicht …*

*Die Beziehung zu dem Narzißten habe ich abgebrochen. Wahrscheinlich kennst Du ihn nicht, eine Schönheit, aber ein wahres Monster an Selbstsucht und Greenwich Village Arroganz. Ich konnte jedoch anderswo ein paar Nummern schieben, die mich von der durch ihn in mir entstandenen Frustration ablenken, und ich beginne mich langsam wieder zu beruhigen …*

*Ich traf erst gestern Abend hier ein, darum schreibe ich in Eile.*

*Dein Dir stets zärtlich zugeneigter*
*Harold*

Es klang so, als ob mich in Florenz ein ziemlich trübseliger Harold erwartete, was keine überaus reizende Aussicht war, und doch sah ich einem Wiedersehen mit Harold mit aufrichtiger Freude entgegen, und mit Aufregung dem Besuch der großartigen Villa und dem Treffen mit all den interessanten Leuten, einschließlich B.B.s, über den ich schon so viel gehört hatte. So hatte ich ein gewichtiges Gefühl, als ich am neunten Mai in der Pension Villa Natalia eintraf, die ihren Namen zu Ehren einer abgesetzten Balkankönigin trug, die vor dem Krieg hier residierte. Von Harold lag ein schriftlicher Willkommensgruß für mich vor, in dem er mich einlud, am Abend mit ihm in der Stadt zu essen. Er holte mich gegen acht Uhr ab, und wir fuhren mit dem Bus in die Stadt hinunter. Er erklärte mir, daß er keines der Familienautos benutzen dürfe, wobei dieses Verbot nur eine der Taktiken der Kampagne väterlicher Feindseligkeiten sei. Andere seien, daß er seine Post las, die Zahlungsabschnitte seines Scheckhefts studierte, und seine persönlichen Dinge durchwühlte, alles um sich frische Munition für verletzende Bemerkungen zu beschaffen, die er bei den Mahlzeiten oder beim Tee in Anwesenheit anderer Leute zu machen pflegte. Glücklicherweise begegnete er seinem Vater jedoch nicht sehr häufig, da er langsam an Krebs dahinsiechte, und die meiste Zeit in einem riesigen Badezimmer in oberen Stockwerk verbrachte, wo er Champagner trank, das Personal anschnauzte, und mit zwielichtigen Antiquitätenhändlern tratschte. Seine Mutter befand sich stets auf der scharfen Kante der Hysterie. Und er, obwohl er sich nach danach sehnte, diesem nervenzerreibenden Gewirr von Schikane zu entkommen, war gelähmt von einem Gefühl einerseits der Verpflichtung gegenüber den Eltern, die nichts für ihn übrig hatten, und andererseits seinem Verlangen, ein unabhängiges Leben für sich aufzubauen und seine literarischen Ambitionen auszuleben. Es war, wie ich zugeben muß, ein unglückseliges Dilemma. Und ich hatte La Pietra noch nicht einmal besucht, welches dem traumatischen Knoten noch eine weitere Dimension verlieh. Außerdem gab es, wie ich später noch erkennen würde, noch andere Demütigungen, fügte Harold hinzu. Doch während unseres Essens behauptete sich, von viel Wein begünstigt, Harolds natureigene gute Laune. Er erzählte mir von seinem Besuch in Chicago, nachdem ich abgereist war, sowie alle Einzelheiten seiner Verwicklung mit dem biestigen Narzißten, die im Nachhinein teilweise entsetzlich komisch waren. Wir amüsierten uns prächtig, und saßen nach dem Essen in einem Café vor dem Palazzo Vecchio und tranken Grappa.

Es war schon spät, als wir aufbrachen. Es fuhren keine Busse mehr, so daß wir ein Taxi nehmen mußten. Harold gab dem Taxifahrer Anweisungen, dann fragte er mich, ob es mir etwas ausmachen würde, ihn zum Hintereingang der Villa zu begleiten, da das vordere Haupttor um zehn Uhr zugeschlossen wurde. Auf diese Weise müßte ich dann die letzten paar hundert Meter zur Villa Natalia die Via Bolognese zu Fuß hinuntergehen. Das Taxi setzte uns an der Hauptstraße ab, und wir gingen im Dunklen auf einem Fußweg entlang der Rückwand der Villa. Wir waren noch nicht sehr weit gekommen, da legte mir Harold die Hand auf die Schulter. Es folgte ein reizbares, amouröses Gefummel in der lauen Maiennacht. Wir legten uns im Grase nieder. Ich fragte mich, ob dies wohl der Feldweg sei, auf dem Harold als Knabe verliebte Paare beobachtet hatte, und ihnen später ihr unschuldiges, heterosexuelles Vergnügen geneidet hatte. Nachher sagte Harold, »Und jetzt, mein Lieber, muß ich über die Mauer klettern. Ich besitze nicht mal einen Schlüssel für die Hintertür, mit sechsundvierzig Jahren, ist das nicht die Höhe? Mein Vater ist wahrhaftig ein Biest.« Wenn er am Abend ausging, erklärte er mir, mußte eine Tür oder ein Fenster für ihn offengelassen werden, eine Maßnahme, die den alten Mann in Rage gebracht hätte, so er davon erführe, da er in ständiger Angst vor Dieben lebte. Am nächsten Morgen, nach dem Frühstück, sagte mir Harold, müsse ich über die Felder von Natalia nach La Pietra wandern, und er würde mich durch die Villa und die Gärten führen. Damit kletterte er mit bemerkenswerter Geschicklichkeit über die ziemlich hohe Mauer, winkte mir von ihrer Höhe aus noch munter zu und verschwand in der Dunkelheit. Es wirkte wie eine Szene aus *Alice im Wunderland*. Später fand ich heraus, daß er die Mauer immer an derselben Stelle überquerte, wo Griffe für Hand und Fuß ins Mauerwerk eingelassen worden waren. Dennoch war und blieb es grotesk, daß der einzige Sohn und Erbe dieses riesigen Besitzes bei einer spätnächtlichen Heimkunft über die rückwärtige Mauer seines Hauses steigen mußte.

Am nächsten Tag wanderte ich über die Felder von silbrig schimmernden Olivenbäumen, unter denen Wildblumen in Hülle und Fülle blühten, und erreichte La Pietra, das am Ende einer langen, beidseits mit Zypressen bestandenen Allee lag. Es wäre schwer, die Villa beschreiben zu wollen, sie ist zu riesenhaft und großartig, mit zu vielen Statuen, Urnen und Toren. Am vorderen Haupteingang wurde ich von einem Majordomus in dunkelblauer Livree eingelassen, die aus einem Frack mit Silberkette und großen silbernen Knöpfen bestand. Er führte mich durch einen Vorhof in eine Halle, die mit geschnitzten Truhen, Marmorstatuen und vielen Bildern in mattgoldenen Rahmen überfüllt war, von dort aus weiter in einen Rundbau, durch dessen hohes, gläsernes Kuppeldach gedämpftes Licht drang und auf einen kaum rieselnden Brunnen fiel, und von wo eine breite Treppe sich hoch und höher schwang. Fresken à la Tiepolo liefen die Wände entlang, doch nicht von des Meisters eigener Hand. Dies alles war ziemlich überwältigend und war zweifellos auch so beabsichtigt. Harold erwartete mich in einem riesigen Salone, der auf den Garten hinaussah. Ein Deckengewölbe, hohe, tief eingelassene Fenster, mit Gemälden vollgehängte Wände, auf Sockeln stehende Skulpturen, rote Samtmöbel und Lacktischchen, edelsteinbestückte Schnupftabaksdosen, silbergerahmte Porträts blaublütiger Personen, die in der Villa gastiert hatten. Mein Gastgeber war jovialer Stimmung, und falls er wahrnahm, daß ich von soviel Pracht ganz benommen war, ließ er es sich taktvollerweise nicht anmerken. Er geleitete mich durch die großen Räume im Erdgeschoß, zeigte dabei auf Werke des einen oder anderen Künstlers, die mir fast alle Unbekannte waren, obwohl ein kleiner, marmorner Torso Michelangelo »zugeschrieben«

wurde, und ein Marmorfries der heiligen Jungfrau mit Kind von Donatello in dem riesigen Speisezimmer hing. Dann gingen wir hinaus in die Gärten, die ebenfalls eindrucksvoll und weitläufig waren, voller Statuen und unerwarteter Aussichten, die ich sämtlich unmöglich beschreiben könnte. Harold war ein hervorragender Führer, er kannte den Namen einer jeden Statue und häufig auch den des Bildhauers. Er hatte zu fast jeder Ecke und Biegung des Weges etwas zu sagen, und im Laufe der Zeit fand ich heraus, daß es unweigerlich immer derselbe Ablauf war – sowohl der Führungsweg, als auch der Kommentar. Von allen Gärten gefiel mir am besten die sogenannte *limonaia*, der Küchengarten, mit seinen Zitronenbäumen, die in riesigen Terrakotta Töpfen wuchsen, und den Gemüsebeeten, die von hohen gelben Mauern umgeben waren, welche mit Rokokomustern aus eingearbeiteten Muscheln und Kieselsteinen verziert waren. Durch einen Seiteneingang gelangte man wieder in die Villa zurück, entlang eines mit marmornen römischen Porträtbüsten gesäumten Korridors. Die Führung nahm insgesamt zwei volle Stunden in Anspruch. »Manchmal komme ich mir vor wie ein angestellter Fremdenführer,« sagte Harold, »doch die Belohnung, mein Lieber, die Belohnung! Das ist eine Sache für sich!« Damals verstand ich noch nicht genau, was er meinte. Dann erklärte er mir, daß man zum Mittagessen Gäste erwarte, und daß ich daher mein Mittagessen in der Villa Natalia einnehmen müsse, da er es sich nicht erlauben könne, mich zum Essen einzuladen. Diese Einladung müsse durch seine Mutter erfolgen, was mit der Zeit auch sicherlich geschähe. Bis dahin wäre ich aber täglich zum Tee willkommen, wenn ich wollte, und wir könnten auch oft gemeinsam in der Stadt zum Essen ausgehen, doch aus Gründen der Diskretion könne er mich nicht in meinem Zimmer in der Villa Natalia besuchen, da die Dienerschaft so schwatzhaft sei und seinem Vater nur allzugern Tratschgeschichten hinterbrächte. »Sie sind alle Kommunisten,« sagte Harold, »sie klauen Lebensmittel, als wären sie am Verhungern. Schamlos. Nicht etwa, daß sie nicht anständig bezahlt würden – die Gärtner und Lakaien zehn Dollar im Monat, der Haushofmeister, der Butler und der Küchenchef sogar fünfzehn. Aber es reicht ihnen nie.« Zehn Dollar im Monat war im Jahre 1951 vielleicht genug, um zu überleben, doch war es gewiß kein großzügig bemessenes Einkommen.

Zum Tee war ich wieder da und hatte meine erste Begegnung mit Mrs. Acton, einer sehr denkwürdigen Dame. Sie war in der Tat ungewöhnlich klein, mit silbergrauem Haar verkniffenen Zügen, grell rotgeschminkten Lippen, zum Tee unweigerlich angetan mit einem herrlichen japanischen Kimono, von welchen sie sicher ein große Kollektion besaß. An ihrem linken Handgelenk trug sie zwei biegsame Diamantarmbänder, wie sie in den dreißiger Jahren beliebt waren. Zu ihrer Zeit – fast bin ich versucht zu sagen: unter ihrer Herrschaft – verlief die Teestunde in La Pietra nach einem strengen Ritual. Das feuervergoldete Teegeschirr stand links hinten im großen *Salone* unterhalb des Fensters auf einem großen Tisch vor der samtbezogenen Couch aufgedeckt. Sie schenkte ein, und zwei livrierte Lakaien reichten den Gästen die Teetassen, wobei jeder Gast einen kleinen Lacktisch in seiner Nähe stehen hatte. Es gab hauchdünne, köstlich belegte Brote, aber kein süßes Gebäck. Das Gespräch wurde sehr allgemein gehalten, war nicht unbedingt von gehobenem oder intellektuell anspruchsvollem Niveau, und jedes nicht anzügliche Thema war zugelassen, Klatsch und Tratsch gerngehört. Zum Tee in La Pietra waren Leute jeglicher Auszeichnung willkommen, die Freunde von Freunden, und sogar solche mit nur ganz flüchtigen Verbindungen. An meinem ersten Tag dort waren wir zu sechst oder siebt. Einer der anderen Gäste war Angus Wilson, der damals noch nicht berühmte britische Schriftsteller, der zu der Zeit erst Kurzgeschichten veröffentlicht hatte. Nach dem Tee kam die unvermeidliche Führung durch die Gärten, exakt wie ich es schon am Morgen erlebt hatte, wobei Harold ganz genau denselben Kommentar lieferte. Er muß ihn auswendig gekonnt haben.

Die Teegäste bekamen die Innenräume der Villa nicht vorgeführt. Nach der Tour durch den Garten folgte die Cocktailstunde, das Teegedeck mit den Tassen war mittlerweile abgeräumt. Als Cocktail gab es immer trockene Martinis, die Mrs. Acton mit einigem Umstand in einem großen, silbernen Mixbecher herstellte. Dabei kam etwa ein Fingerhut voll Vermouth auf eine Flasche Gin, welcher über ein Weniges an Eis gegossen wurde, um dann von der Gastgeberin gerührt, aber nicht geschüttelt zu werden. Die Lakaien reichten die Gläser herum. Mrs. Acton liebte ihre Martinis und sah es gern, wenn ihre Gäste sie auch mochten. Nach der ersten Runde ging sie mit dem

Mixbecher herum und forderte alle auf, auszutrinken. An jenem ersten Nachmittag machte sie eine Bemerkung, die mir meinen ersten Einblick in ihre Persönlichkeit ermöglichte. Alle Gäste außer mir hatten sich bereits verabschiedet und wurden von Harold zur Tür begleitet. Mrs. Acton war allein am Cocktailtisch stehengeblieben, und als ich mich näherte, um mich für ihre Gastfreundlichkeit zu bedanken, hob sie den Mixbecher und schüttelte ihn hin und her. Es war noch etwas darin, und sie sagte, »Trinken Sie doch noch einen.«

»Aber ich habe doch bereits schon drei getrunken, Mrs. Acton,« wandte ich ein, »und noch ein Martini wäre wohl zuviel für mich«.

»Nun kommen Sie schon,« beharrte sie, »es ist jetzt sowieso fast nur noch Eiswasser, und ich will der Dienerschaft keinen Tropfen davon überlassen.«

Ich konnte mich dem schlecht entziehen, obwohl es keineswegs nur Eiswasser war. Als Harold wiederkam, war er erstaunt, mich mit noch einem Cocktail in der Hand anzutreffen. Ich ging, sobald ich nur konnte, viel zu beschwipst für meinen Geschmack. Harold, der selber gar nicht so wenig trank, bemerkte, als er mich zur Tür begleitete, er habe gar nicht gewußt, daß ich auf Cocktails so versessen sei. Ich konnte es ihm nicht gut erklären, machte aber geltend, daß ich wieder vollkommen nüchtern sein werde, wenn er mich abholen käme, um in der Stadt essen zu gehen. Danach war ich noch oft geladener Teegast in La Pietra, verabschiedete mich aber nie wieder als letzter von Mrs. Acton. Und wenn ich es mir recht überlegte, schien mir, daß die Dienerschaft, sollte sie tatsächlich aus Kommunisten bestehen, unter diesen Umständen durchaus entschuldbaren Anlaß zu ihrer Überzeugung hätte.

Ich traf mich fast täglich mit Harold, entweder zum Lunch, zum Tee oder zum Dinner, manchmal zu allen drei Gelegenheiten. Wir hatten sehr gute Zeiten miteinander, lachten viel und betranken uns auch mehr als einmal. Er war ein überaus kompetenter Führer durch Florenz, kannte jeden Winkel der Stadt eingehend und wies mich auf viele wundervolle Dinge hin, die ich sonst übersehen hätte. Er nahm mich mit auf Cocktailpartys in Palästen, und zu Diners in Villen der weiteren Umgebung. Auf einer dieser Cocktailpartys, – eigentlich war es ein Empfang, den die Gräfin Serristori in ihrem immensen Palazzo gab, – faßte mich Harold plötzlich beim Arm, und flüsterte mir zu: »Schau dich nicht um. Wir müssen sofort von hier verschwinden. Ich erkläre es dir draußen.« Als wir in Richtung Ponte Vecchio zurückliefen, erklärte er mir, daß eine Frau, die ich nicht bemerkt hatte, ihm durch die Menge gefolgt sei, und er befürchten mußte, sie werde eine peinliche Szene machen, wie man es schon bei früherer Gelegenheit von ihr erlebt habe, da sie behauptete, Harolds Halbschwester zu sein, eine von Arthur Actons unehelichen Kindern. »Es ist einfach schändlich von ihm, daß er uns dies antat,« murmelte Harold, »zu allem anderen noch dazu.«

Dann war da noch der zeremonielle Besuch in I Tatti bei dem verehrungswürdigen B. B., der sechsundachtzig Jahre alt war, dabei aber rüstig und gewitzt. Ich mochte ihn nicht, da mir seine Selbstverherrlichung beinahe schamlos vorkam und mich die kriecherische Haltung seines Gefolges und seiner Bewunderer, darunter auch Harold, peinlich waren. Harold stellte mich aber auch einer Menge anderer Leute vor, von denen einige entzückend waren und zu meinen Freunden wurden, Henry McIlhenny, andere wiederum eitel und fade, wie Violet Trefusis. Stuart Preston war eben auch in der Stadt, sowie Somerset Maugham mit seinem Sekretär Allan Searle, und John Horne Burns, einem mittlerweile vergessenen amerikanischen Schriftsteller, mit seinem italienischen Boyfriend. Die Bar des Hotel Excelsior war täglich vor der Essenszeit ein vielbesuchter Ort.

Genau zwei Wochen nach meiner Ankunft in Florenz erhielt ich eine Einladung zum Mittagessen in der Villa La Pietra. Dieser Anlaß bot mir weitere Gelegenheit, den Charakter der Dame des Hauses zu studieren. Wir waren insgesamt vierzehn Leute um den großen runden Tisch in dem ziemlich düsteren Speiseraum, einem der wenigen Räume der Villa, an dem seit dem fünfzehnten Jahrhundert nichts verändert worden war. Zu meiner Überraschung war einer der Vierzehn Arthur Acton. Dies war das einzige Mal, daß ich ihn je getroffen habe, und er erschien mir in der Tat wie ein ziemlich unsympathischer, mürrischer Mensch, der wenig sprach und die Gäste finster anstarrte. Da ich ihn aber während der Mahlzeit ab und an beobachtete, fiel mir auf, daß zuweilen sein Blick an den Wänden entlangstreifte und auf die sie zierenden Kunstwerke fiel, und daß seine Züge sodann mit einem sanften, geradezu mildmütigen Ausdruck von Zufriedenheit verklärt wurden. Offenbar erweckten jene unbesiegten

Schöpfungen in ihm eine Gemütsbewegung und einen Stolz, den menschliche Beziehungen in ihm nicht auszulösen vermochten.

Mrs. Acton, der aus irgendwelchen Gründen die Gebote des Protokolls gleichgültig waren, hatte mich sich zur Rechten placiert, obwohl Mr. Maugham, der älter, bei weitem ranghöher als ich, und gleich mir Ausländer war, dieser Ehrenplatz gebührt hätte. Zu ihrer Linken saß anstelle eines Mannes eine Frau, und tatsächlich saßen an dieser Tafel mehr Frauen als Männer. Diese Frau stammte wie Mrs. Acton (und ich) aus Amerika, und ihre unkonventionelle Herkunft und bewegte Vergangenheit hätten Edith Wharton großartigen Stoff geliefert. Ihre Geschichte ist leider zu lang, um hier wiedergegeben zu werden. Sie hatte einen britischen Adligen namens Lord Bateson geehelicht, verbrachte einen Teil des Jahres in London und einen Teil in Monte Carlo und kam jedes Jahr im Frühjahr nach Florenz, wo sie im Grand Hotel abstieg und beinahe täglich üppige Lunchpartys gab, denen Bridge-Nachmittage folgten. Sie war ein Liebling von Willie Maugham, der ein geschickter und leidenschaftlicher Bridge-Spieler war. Auf jeden Fall, während dieses Mittagessens gab sie etwas vom neuesten Klatsch aus Monte Carlo zum Besten. Offenbar hatte eine äußerst vermögende ältere Dame, die den Winter zumeist im Pariser Ritz und den größten Teil des Sommers im Hotel de Paris in Monte Carlo verbrachte, zum Erstaunen ihrer Freunde ihren Rolls Royce an eine monegassische Werkstatt verkauft, ihren Chauffeur aber behalten und das Auto von der Werkstatt ausgeliehen. Eines Tages fand man sie tot in ihrer Hotelsuite, Selbstmord. Es stellte sich heraus, daß sie ihr Vermögen verloren oder verplempert hatte, aber entschlossen war, im gewohnten Stil weiterzuleben, bis auf den letzten Pfennig, und dann ihrem Leben ein Ende zu setzen.

»Und wie hat sie dies angestellt?« wollte Mrs. Acton wissen, die der Erzählung mit Interesse zugehört hatte.

»Pillen,« sagte Lady Bateman.

»O, das finde ich sehr vernünftig,« rief Mrs. Acton aus, »viel vernünftiger als all diese lächerlichen Kerle, die aus dem Fenster springen.«

Nach dieser Bemerkung mußte ich für den Rest der Mahlzeit nur noch an ihren eigenen Sohn denken. Ich bin mir sicher, daß Harold es nicht gehört hatte, da er auf der anderen Seite des Tisches bei seinem Vater saß. Natürlich erwähnte ich ihm gegenüber diesen Vorfall nie, sondern verließ gleich nach dem Kaffee die Villa La Pietra und eilte ins Natalia, um niederzuschreiben, was sich ereignet hatte.

Bernard war nach Paris zurückgekehrt, von wo er mir wortreiche Briefe schrieb, in welchen er darauf bestand, mich spätestens Mitte Juni in Österreich zu treffen. Es war klar, daß ich nicht endlos als Harolds Gast in Florenz bleiben konnte, noch war es mein ehrlicher Wunsch. Harold sehnte sich selbst auch nach einem Urlaub in der Nähe von Neapel, zur Abwechslung von der bedrückenden und demütigenden Routine in La Pietra. Doch erst wollte er mit mir zusammen eine kleine Reise an einen friedlichen Ort machen, wo wir ganz allein miteinander sein konnten. Ich sagte ihm gerne zu. Er entschied sich für Lucca, einem kleinen Städtchen von großer Schönheit und unerreichtem Reiz, wo ich später mehrere zauberhafte Sommer verbrachte. Wir fuhren am Donnerstag, den siebten Juni mit dem Bus dorthin und verbrachten ein paar Tage im Hotel Universo in der Stadtmitte. Harold kannte sich in Lucca beinahe so gut aus wie in Florenz und zeigte mir all die Sehenswürdigkeiten des Orts, derer es viele gab. Vor dem Abendessen saßen wir dann auf der Terrasse des Cafés an der Piazza San Michele, tranken Weißwein und rauchten Zigaretten, indes die Sonne hinter der ungewöhnlichen Kirche und dem Geburtshaus Puccinis unterging. Nach dem Dinner spazierten wir unter den riesigen Platanen entlang des befestigten Stadtwalls, der noch in seiner ganzen Ausdehnung erhalten war, und Harold berichtete mir von der Geschichte der Stadt Lucca von der Römerzeit an – Geschichten von den Kämpfen zwischen Welfen und Ghibellinen, Kriege zwischen Florenz und Pisa, die Herrschaft von Tyrannen wie Castruccio Castracani, Napoleons Umwandlung des Ortes von einer Republik in ein Fürstentum für seine Schwester Elise und seinen Schwager Felice Baciocchi, usw. Es schien, als habe er die beschriebenen Menschen und Ereignisse persönlich gekannt und erlebt. Ihm zu lauschen war bezaubernd, er verstand es durch Nuancen des Tonfalls und mit Hilfe eines schier unerschöpflichen Vokabulars jede gewöhnliche Anekdote in ein ganz außergewöhnliches Ereignis zu verwandeln. Im Zusammensein mit ihm fühlte man sich auf seltsame Weise privilegiert, da er überall gewesen war, und alle gekannt hatte, und dieses ausgeprägte Gefühl von Privileg, das man in seiner Gegenwart empfand, bestätigte eben diesen Sachverhalt zur Genüge. Am nächsten Tag besichtigten wir ein nahegelegenes Städtchen namens Collodi. Dort zeigte mir Harold ein allerliebstes barockes Badehaus, das in den Gärten der Villa Garzoni versteckt lag, wo in vergangenen Jahrhunderten auf einem diskreten, geschweiften Balkon Kammermusik gespielt wurde, während die vornehmen Herren – und Damen? – der Villa sich im daruntergelegenen Becken planschend vergnügten. Wir verbrachten miteinander zwei glückliche Tage in Lucca und kehrten am Samstag mit dem Bus nach Florenz zurück.

Beim Tee desselben Tages lud mich Mrs. Acton ein, mit Harold und ihr zusammen am folgenden Nachmittag in die Oper zu gehen, um eine sensationelle, noch wenig bekannte Sopranistin namens Maria Callas zu hören, die einer aus ungeklärten Gründen noch nie aufgeführten Haydn-Oper sang. Das Werk handelte von Orpheus und Eurydike, ein reizendes und liebenswürdiges Stück, doch keineswegs ein Meisterwerk. Die Callas, damals noch fett, sang hinreißend und erhielt stürmischen Applaus. Nachher begaben wir uns zu Doneys und nahmen dort unseren Tee. Mrs. Acton war an jenem Tag sehr liebenswürdig, doch glaube ich nicht, daß ich mich in meinem Urteil über sie getäuscht habe. Hortense war innerlich hart wie Krupp-Stahl. Ich habe mich immer gefragt, was sie wohl von meinem Status als Harolds »Gast« halten mochte. Ob ihr wohl bewußt war, daß wir miteinander enger verbunden waren, als in einer Freundschaft gewöhnlich der Fall ist? Vermutlich wußte sie es, und es kümmerte sie nicht, da ihr Bewußtsein von einer tiefen Gleichgültigkeit bezüglich des Wohlergehens und der Selbstverwirklichung ihres älteren Sohnes erfüllt war. Später lernte sie Freunde von Harold kennen, die ihm noch wesentlich näher standen als ich es je tat, und sie scheint auch diese mit unbeteiligter Gelassenheit aufgenommen zu haben.

Es verblieben nur noch drei Tage bis zu meiner Abreise nach Innsbruck und Wien, wo ich mich mit Bernard treffen wollte. Ich fuhr ungern ab. Mein Aufenthalt war überaus angenehm gewesen, (bis auf die Nachtigallen, die so ausdauernd in den Zypressen schlugen, daß ich oft aufstehen mußte und mein Fenster schloß, um schlafen zu können). Ich war ganz gut mit der Arbeit an meinem Roman vorangekommen, hatte eine Menge ungewöhnlicher Leute kennengelernt und in Harold einen Freund fürs Leben gefunden. Vor meiner Abreise schenkte er mir ein Photo, das Cecil Beaton von ihm gemacht hatte, auf dessen Rückseite er diese Widmung schrieb: »Dem lieben James, in der Hoffnung auf glückliche Ausflüge miteinander in Welten von Schönheit, von seinem liebevollen Harold«.

Wir aßen am Mittwoch, dem dreizehnten, gemeinsam in der Stadt zu Mittag, danach begleitete mich Harold zum Bahnhof. Wir umarmten uns, und ich sagte, ich käme sicher bald wieder nach Florenz. Es sollten jedoch fünf Jahre vergehen, bis sich dies bewahrheitete. Die Frische unserer Beziehung wurde jedoch durch unseren Briefwechsel aufrechterhalten, und auch, so glaube ich, durch unsere spontane Sympathie füreinander und die gemeinsamen Interessen, die uns von Anbeginn zueinander hinzogen.

Die Briefe aus La Pietra waren für gewöhnlich lustlos und matt, wenn nicht gar düster im Ton, wie z. B. dieser:

*Florenz, am 25. 7. 1951*
*... Was ich angeht, so fühle ich mich ziemlich bedrückt, aber darauf brauche ich hier nicht eingehen ...*

*Es geht mir nicht richtig schlecht, aber glücklich bin ich gewiß nicht. Am zehnten August werde ich, so Gott will, Clotilde in Neapel besuchen, dann mit Alda Anrep nach Forio d'Ischia fahren, obwohl man mich warnt, daß die mangelhaften sanitären Anlagen mich abschrecken werden. (In China wäre das nicht der Fall.)*

*Ich wünschte mir Dich in meinen Armen.*
*Dein Dich liebender*
*Harold*

Sobald er sich von La Pietra entfernte, verbesserte sich seine Stimmung sofort:

*Neapel, am 12. 8. 1951*
*Schon auf dem Wege nach Ischia fühle ich mich wie neugeboren ... Es ist eine himmlische Abwechslung nach der drückenden Schwüle des »Familienlebens.«*

*Forio d'Ischia, am 23. 8. 1951*

*Dieser Ort entzückt mich, nie ist es mir besser ergangen als jetzt, da ich in der Fleischeslust schwelge ... Auden & Co. sind hier, aber ich gehe schwimmen und trinke die hervorragenden Weine hier, allen und jedem zum Trotz. Unmöglich inmitten all des Trubels zu arbeiten.*

*In Liebe,*
*Harold*

Mitte Oktober, nach einem Aufenthalt in Venedig, wohnte er bei seiner Freundin Clotilde in der Nähe von Neapel und hoffte, eine Wohnung in der Stadt zu finden, da er beschlossen hatte, eine Geschichte der Bourbonenherrschaft in Neapel zu schreiben und dazu ein genaues Quellenstudium erforderlich war. »Es kostete mich viel Energie,« schrieb er mir, »angesichts des Widerstands meiner Familie, mich hierher zu versetzen, aber ich mußte mich endlich wieder an die Arbeit machen, und in Florenz ist das nicht möglich.« Er fand auch bald eine Wohnung in der Via Posilippo Nr. 37, einige Räume, die über der Bucht lagen und einen fabelhaften Blick boten. Dort setzte er seine Nachforschungen fort und las zahlreiche Bücher »von umwerfender Langatmigkeit und Langeweile«. Aber er war dabei glücklich. »Mein körperlicher und geistiger Zustand hat sich, seitdem ich hier bin, fast wie durch ein Wunder gewandelt. In Florenz fühlte ich mich bereits ziemlich kränklich, werde aber doch zu Weihnachten und Neujahr in die ganze Trübsal dorrt zurückkehren müssen. Doch habe ich vor, ab und an noch so manchen Monat hier in Neapel zu verbringen.«

Zehn Tage später hatte das Grauen vor der bevorstehenden Rückkehr nach La Pietra schon schreckliche Gestalt angenommen.

*Neapel, am 15. 12. 1951*

*Nächste Woche kehre ich für etwa zehn Tage nach Florenz zurück. O je, welch trübe Aussichten! ... Mir graut jetzt schon vor den Mahlzeiten, vor den Gesprächen: man wird mir vorhalten, daß ich flüstere, daß ich die Worte verschlucke, man wird immer dieselben schwachköpfigen Dinge sagen. Aber ich hoffe, mich mit Berenson treffen zu können, und zweifellos werde ich wegen des Kontrasts die Freiheit in Neapel umsomehr genießen können ...*

Die Freiheit von Neapel. Die Freiheit, die er in China bis zur Ekstase genossen hatte. Freiheit! Freiheit wovon? Von der eigenwilligen Selbstsucht und Feindseligkeit seines Vaters? Der harten und traurigen Gleichgültigkeit seiner Mutter? *Sie* waren La Pietra. Die Villa, die Sammlungen, die Pracht, die Bewunderung der Mitwelt, alles, wofür La Pietra stand, war vornehmlich von Arthur Acton geschaffen und verkörpert, der jede Einzelheit überwacht hatte, und von Hortense, die alle Rechnungen bezahlt hatte. Wie konnte es Harold nur entgehen, daß nur Befreiung von La Pietra als solchem seine Erlösung und letztliche Befreiung sein könnte? Eine Antwort auf diese Frage gab es wohl, die Zeit sollte sie geben, um dann ihren Preis dafür einzufordern.

In den folgenden vierzehn Monaten, während derer sich seines Vaters Zustand stetig verschlechterte, reiste Harold zwischen Florenz und Neapel hin und her. War er im Süden, so plagte ihn sein schlechtes Gewissen, war er in Florenz, so war die Qual noch größer. »Durch den langen Aufenthalt in La Pietra bin ich in Wahrheit schon ganz angekränkelt, da ich dort doch nur mit den sehr Alten zusammen bin, und die Belanglosigkeit der Gespräche, die Arztvisiten und die ganze Dunstglocke von Trübsinn und Verstimmung, wenn ich einmal ausging, brachten mich vor Langweile fast um.«

Als Arthur Acton Anfang April 1953 im Alter von 79 Jahren dann endlich verschied – man kann sich seinen grimmigen Widerwillen gut vorstellen – empfand Harold gewiß nicht allzuviel aufrichtige Trauer. Zwei Monate später wurde er »höllisch in Anspruch genommen von juristischen und anderen lästigen Angelegenheiten« und sehnte sich danach, den zu entkommen. Doch so oft er in Florenz war, versah er immer gewissenhaft seine Rolle als Hüter der Gärten und Sammlungen La Pietras, empfing die Besucher und veranstaltete die rituelle Führung. Ende Mai empfing er sogar meine Eltern mit einigen ihrer Freunde, die sich auf einer Autoreise durch Italien befanden. Doch Anfang Juli plante er eine Reise nach Neapel und Ischia, im September wollte er für eine Zeit in Venedig sein. Im Januar fuhr er für vierzehn Tage nach London, danach nach New York, Chicago und Kansas City, Missouri, wo durch ein umwegiges Wunder einige der kostbarsten Schätze, die er 1939 in Peking hatte zurücklassen müssen, im dortigen Museum »aufgetaucht« waren. Es bewegte ihn tief, sie wieder zu sehen, vor allem das T'ang-Pferd, eines der größten und schönsten, die man kennt, mit seiner »saftigen Farbe von Devonshire Rahm«. Doch willigte er ein, daß sie in Kansas City blieben, da ihm klar war, daß sie unter den Sammlungen seines Vaters ebenso fehl am Platze wären, wie er selbst sich oft vorgekommen war. Nun, da der Alte fort war, und trotz der angeblichen Zuneigung, die er für seine Mutter empfand, wollte er sich offensichtlich von Florenz entfernen. Abgesehen von Auslandsreisen, verbrachte er viel Zeit in Neapel mit Nachforschungen und Arbeiten an seinem Buch über die neapolitanischen Bourbonen, und er gönnte sich Anspielungen auf den »ehemaligen Acton-Palast an der Riviera di Chiaia«, obwohl erwiesenermaßen keiner seiner Vorfahren je darin gelebt hatte. Trotzdem vermochte der ganze Fleiß seiner intellektuellen Bestrebungen nicht, das Gefühl ausdörrender Leere im Herzen aufzuwiegen.

*Florenz, am 19. 11. 1955*

*Mein lieber James,*

*aha, Du bist also im guten alten New York gelandet, ich habe mich schon gefragt, wo Du steckst. So sehr ich Stuart und die anderen Freunde dort auch schätze, und obwohl mich die dortige Dynamik anregt (zumindest augenblicklich), so wirkt sich das alles doch chaotisch auf meine Gesundheit aus, in körperlicher wie in seelischer Hinsicht. Regelmäßig falle ich dann doch wieder auf irgendeinen herzlosen niedlichen, total verdrehten Burschen »drauf rein«, der, solange die Wirkung des Alkohols anhält, das Allerbeste verspricht, aber dann – die Geschichte wiederholt sich einfach mit gar zu erbärmlicher Regelmäßigkeit! Ich fürchte mich vor einer weiteren Wiederholung – allmählich bin ich zu alt, um das zu verwinden. Es klafft noch eine offene Wunde vom letzten Mal. Es ist für mich viel besser, hier zu bleiben und zu arbeiten und mich hin und wieder in die griechische Mythologie der Bucht von Neapel zu versenken. Bloß keine de coeur. Mein erster langer Band ist fertig und wird, nehme ich an, irgendwann im kommenden Jahr veröffentlicht, womit mir ein großer Stein vom Herzen fällt. Ich arbeite mittlerweile an seinem Nachfolgeband ...*

Im Frühjahr 1956 entschlossen wir uns, mein Freund Bernard und ich, ein paar Monate in Florenz zu verbringen, und kamen am

4. April dort an. Nach einer Woche schon hatten wir das außerordentliche Glück, eine überaus geräumige Wohnung im obersten Stockwerk des Palazzo Serristori mieten zu können, demselben, in den mich Harold fünf Jahre zuvor auf einen Empfang mitgenommen hatte, wo er von seiner vermeintlichen Halbschwester verfolgt worden war. Mit zum Inventar gehörte auch eine äußerst gesellige Haushälterin, die ganz begierig danach war, daß wir Gesellschaften gaben und beinahe jeden Tag uns als erstes die Frage stellte: »*Niente cocktail oggi?*« Wir gaben dann auch tatsächlich häufig Gesellschaften, da die Haushälterin eine ausgezeichnete Köchin war und zweifellos bei den Einkäufen einen guten Schnitt für sich machte. Während der ganzen zwei Monate, die wir in Florenz verbrachten, war Harold in La Pietra bei seiner Mutter, und wir trafen uns oft mit ihm. Da ich diesmal ein Auto besaß, brauchte er nicht mehr immer mit dem Bus zu fahren. Wir trafen irrsinnig viele Leute, statteten B.B. den rituellen Besuch ab, der mir genauso unsympathisch war wie beim ersten Mal. Wir gingen in die Oper, wurden zu Bällen in umliegenden Villen geladen, und amüsierten uns königlich. Harold schien immer bester Stimmung zu sein, doch lag es auch an seiner erlesenen Höflichkeit, daß er sich nie gestattet hätte, eine Verstimmtheit zu zeigen, wie sie sich in seinen Briefen zuweilen offenbarte. Er führte uns in hervorragende, entlegene Restaurants, wo wir viel zu viel tranken, und Harold florentinische und neapolitanische Lieder anstimmte. Er hatte eine tönende Bariton-Stimme und konnte recht melodisch singen. Sein Lieblingslied war »Madame Fiorentina«. Nachher drehten wir auf dem Heimweg manchmal eine Runde um die Festung und bandelten mit den Soldaten an, die unter den Bäumen herumlungerten. Antiquarisch stieß ich auf ein Exemplar der *Memoirs of an Aesthete*, dessen Vorsatzblatt der ehemalige Besitzer herausgerissen hatte – was Harold sehr belustigte – und ich bat ihn, mir eine Widmung hineinzuschreiben. Er schrieb: »Für den lieben James, in Liebe und Anerkennung seiner vielen Gaben – der ästhetischen wie der physischen – von seinem alten Freund Harold.« Die Komtesse Rucellai lud uns zu einem Kammermusikkonzert in ihrem von Alberti erbauten Palazzo ein. Mrs. Acton, jetzt weit über achtzig und so grimmig wie eh und je, wenn auch nahezu kahl, verwaltete noch immer den Cocktail-Shaker, und es gab gar keinen Zweifel daran,

daß sie sowohl ihre Domäne als auch ihren Sohn beherrschte. Eines Nachmittags bemerkte sie: »Die Zivilisation ist jetzt aufgespalten in Leute, die Bedienstete haben und in solche, die keine haben,« eine Bemerkung, die von Lady Cunard hätte stammen können. Wir trafen zuweilen auch die betagte Gräfin Serristori, vierundachtzig Jahre alt, die vor dem russisch-japanischen Krieg in St. Petersburg gewesen war, da ihr Bruder, Prinz Pio dort spanischer Botschafter war. Sie hatte die Zarenfamilie gekannt und erzählte, sie seien wirklich ganz einfache, natürliche Leute gewesen, mit der typisch russischen, ziemlich kindlichen Neigung zu Schwärmereien wie auch zur Depressivität, viel mehr Dostojevski als Tolstoi. Es tat uns leid, daß wir am 31. Mai abreisten.

Im Herbst jenes Jahres ereignete sich der Ungarnaufstand in Budapest. Dieses Ereignis ging mir sehr nahe, und da Picasso der einzige Kommunist war, den ich kannte, und einer der wenigen in ganz Frankreich, der mit keiner Silbe gegen die brutale Unterdrückung durch die Sowjets protestierte, schrieb ich ihm einen heftigen Protestbrief, den ich, als er mir darauf nicht antwortete, an die Presse weiterleitete. Komischerweise werde ich jetzt, vierzig Jahre später, wo die absolute Infamie von allem, was mit dem Kommunismus zusammenhing, offen zutage liegt, hin und wieder für die »Unverschämtheit« jenes Briefes gerügt. Ich sandte eine Kopie an Harold, da ich dachte, zumindest er werde mir zustimmen. Doch konnte ich nicht ahnen, daß ich damit einen so tiefen und enthüllenden Ausdruck seiner Einstellung zur zeitgenössischen Kunst provozieren würde.

*Florenz, am 3. 12. 56*

*Mein lieber James,*
*eilends will ich mich bei Dir für die Zusendung Deines Briefes an Picasso*
*danken. Obwohl ich Deiner Einschätzung seines Werks nicht zustimme – hat*
*er sich doch wissentlich von der* SCHÖNHEIT *abgewandt, um der Hauptapostel*
*der* SCHEUSSLICHKEIT *zu werden – finde ich Deinen Brief großartig, gewandt*
*formuliert und bewegend. Doch befürchte ich, daß Picasso von allen hartge-*
*sottenen Zynikern der abgebrühteste ist, und ein Genie, was Publicity anbe-*
*langt. So lang man nur überhaupt von ihm spricht – gut, ich weiß, Du wirst*
*mir nicht Recht geben wollen, aber Picasso gehört, wie die Pariser Couturiers,*
*vielmehr zur Welt der Mode als zur Welt der Kunst. Und ich glaube, wir*

*werden sein dégonflement schon noch erleben und die Rückkehr der Kunst zu ihren Ursprüngen. In Anbetracht seines derzeitigen Weltruhms ist Dein Brief zu bewundern und dringend nötig gewesen. Heute Abend speise ich mit B.B. und werde ihm Deinen Brief zeigen. Ich bezweifle nicht, daß er ihn voll und ganz befürworten wird!*

*Janet Flanner gab mir ihren Artikel über Braque zu lesen. Er ist überaus lesbar und sehr gut gemacht, doch wo sind die ästhetischen Kriterien einer solchen Person geblieben? Nichts als Parolen, Modewörter des gegenwärtigen Augenblicks. Ich weiß nicht, was ich ihr darauf antworten soll. Niemals ist größerer Blödsinn über Malerei und Bildhauerkunst geschrieben worden. Dagegen ist es eine Wohltat, Vasari und Winckelmann wiederzulesen, die wenigstens eine Ahnung hatten, wovon sie sprachen, anstatt nur leere Worte zu drechseln ...*

*Meine allergutesten Wünsche für den neuen Roman*
*und liebe Grüße wie stets,*
*von Deinem Harold*

Einen Monat später erfuhr ich, daß B.B. den Brief tatsächlich »sowohl zeitgemäß wie auch beredt« fand. Harold fügte hinzu: »Picasso entzieht sich vermutlich dem Zugriff des gewöhnlichen Sterblichen. Selbst Michelangelo hatte zu Lebzeiten keinen derartigen Erfolg.« Nun gut, vielleicht genoß er nicht denselben Weltruhm, doch die seltene Qualität seines Erfolgs, die Verehrung seiner Kollegen und Anhänger nämlich, konnte sich Picasso wahrscheinlich nicht gut vorstellen. Im selben Brief klagt Harold mit einer Bemerkung zum ersten Mal über seine Gesundheit; er reise noch am selben Tag nach Neapel ab und sähe sich genötigt, »mit einer ganzen Apotheke zu reisen! Die Nachwirkungen meines langen Aufenthalts im Fernen Osten, nehme ich an.«

Der erste Band von *The Bourbons of Naples* war 1956 erschienen und erhielt im großen Ganzen günstige Kritik. Harolds alter Freund Osbert Sitwell hatte es für das Sunday Times Symposium zum »Buch des Jahres« gekürt, so daß Harold sich »ganz wie *couronné par l'Académie*« vorkam. Dieser Band, ebenso wie der zweite Band, *The Last Bourbons of Naples*, der 1961 folgte, waren beide das Ergebnis fleißiger und gewissenhafter Nachforschungen, reich an verwickeltem, faktischen Detail, das für Fachhistoriker dieser zwei turbulenten Jahrhunderte der neapolitanischen Geschichte durchaus von Interesse sein mußte. Doch weisen beide Bände dieselben Fehler auf, die Raymond Mortimer bereits beim Erscheinen der *Memoirs of an Aesthete* bemängelt hatte: Harold war ein guter Arbeiter, doch kein professioneller Schriftsteller. Er glitt lieber über die Oberfläche eines Stoffgebiets, anstatt in seine Tiefen zu tauchen. Seine wahre Begabung lag im berauschenden Fluß der gesprochenen Rede, sowohl der scherzhaften wie auch der ernsten. Große Plauderer waren nie literarische Genies ersten Ranges, wie durch Cocteau und Wilde hinlänglich bewiesen. Harold war sich dessen, vermute ich, bewußt, obwohl er darüber wahrscheinlich auch hinwegglitt.

Die Tiefen, in die er sich gelegentlich doch stürzte, waren die seiner eigenen Gefühlswelt, vor allem in die der Einsamkeit und des Mangels einer emotionalen Bindung an ein anderes Wesen in seinem Leben. Einige seiner engsten Freunde hielten ihn für einen »ziemlich kalten Fisch«, und es schien, als schreckte er vor der inneren Verantwortung und der geforderten Selbstaufgabe zurück, die eine dauerhafte Liebesbeziehung unweigerlich mit sich bringt. Er träumte wohl vom »Paradiesvogel des Glücks«, doch landet dieser kaum je in der Reichweite dessen, der nicht bereit ist, seinetwegen tödliche Risiken einzugehen. Dennoch beklagte er dessen Fehlen. Im Februar 1958 schrieb er von Neapel: »Ich bin verzweifelt über die fehlende ›Liebesbeteiligung‹ in meinem Leben. Sex gibt es hier jede Menge: aber *cela ne me suffit pas*. Ich bin stets auf der Suche nach tieferer Übereinstimmung, gemeinsamen Interessen usw., in meinem Alter einfach absurd.«

Im Sommer des Jahres 1962 erkrankte Hortense Acton und starb im November. Trotz ihrer relativen, aber lebenslangen Lieblosigkeit gegen Harold, war dieser von aufrichtiger Trauer überwältigt, so wie jeder Sohn, und ganz besonders ein homosexueller Sohn, beim Verlust der Mutter empfindet.

*Florenz, am 6. 12. 62*

*Mein lieber James,*
*es war dies ein schreckliches Jahr für mich. Meine Mutter erkrankte im August ernstlich (gerade wenn in Florenz kein Arzt und keine Schwester zu finden ist), doch schien sie sich ausgezeichnet erholt zu haben. Ich fuhr dann für zehn*

*Tage nach London. Es schien ihr noch immer gut zu gehen, da trat ganz plötz-*
*lich eine Verschlechterung ihres Zustands ein – welche* <u>*Qual*</u>*, solches Leiden*
*mitansehen zu müssen. Das Grauen und der Schock gehen mir noch immer*
*nach, und ich hoffe, daß ich es schaffe, Weihnachten nach Paris zu fahren.*
*Ich hatte gehofft, Dich vielleicht dort treffen zu können. Es ist schon ewig her,*
*daß ich in Paris war, und werde mir in etwa vorkommen wie ein Sieben-*
*schläfer – auf jeden Fall anonym und inkognito.*

*Ich brauche ein paar Freunde, die mich aufheitern, denn ich fühle mich*
*außerordentlich elend und hatte schon lange keine amourösen Erlebnisse mehr*
*– nicht etwa, daß ich in meinem Alter noch viel erwarte, obwohl ich mich*
*gar nicht so antik fühle, wie ich vielleicht erscheine!*

*Dein Dich immer liebender*
*Harold*

Seine Trauer und seine Beraubung waren zweifelsohne aufrichtig empfunden, und möglicherweise wurden durch sie die Sehnsucht nach
einem amourösen Abenteuer verschärft, trotzdem überraschte es mich
leicht, die Klage über diesen Mangel so unmittelbar auf die Mitteilung vom Grauen und Schock des mütterlichen Todes folgend zu
vernehmen. In *More Memoirs of an Aesthete* spricht er von ihr als einer
Frau von idealer Vergeistigung und feiner Bildung, die mit einem seltenen Sinn für das Schöne und scharfsinniger Finesse des Urteils-
vermögens begnadet war. Es gab aber durchaus Leute, die sie gut
gekannt hatten, die sich dieser Beurteilung nicht angeschlossen hätten. Nichtsdestotrotz verfiel Harold mit den Jahren immer mehr der
Neigung, seine Mutter beinahe als Heilige zu bezeichnen. Dies
erleichterte ihm zweifellos zu vergessen, wie er doch in früheren Jahre
das Leben daheim als Problem empfunden hatte, »dessen einzige
Lösung in der Flucht zu bestehen schien.«

Nun, mit achtundfünfzig Jahren, war er endlich allein in der riesenhaften Villa, der er so oft hatte entfliehen wollen, und tatsächlich auch oft entflohen war, einmal sogar bis nach China. Die Schätze
darinnen waren jetzt die Seinen. Die ungeheuren Gärten und die
anderen fünf Villen auf dem Grundstück gehörten ihm. Das Palazzo
in Florenz gehörte ihm. Das Vermögen aus Chicago gehört ihm.
Osbert Sitwell hatte ihm geraten, dort zu bleiben und die Prüfungen des Familienlebens auf sich zu nehmen, um der Villa willen.

Dies hatte er getan. Jetzt, da sie ihm gehörte. erhob sich die Frage, was er damit anfangen sollte. Oder vielleicht lautete die Frage richtiger: was die Villa jetzt mit ihm anfangen sollte. Er war jetzt ein sehr reicher Mann, eine geachtete Persönlichkeit in der internationalen Gesellschaftsszene, ein von ausgesucht Wenigen aufrichtig geschätzter Schriftsteller – und er war frei, vollkommen und unmißverständlich frei. Er konnte reisen, wohin er wollte, wohnen, wo es ihm beliebte, wohin seine Laune, seine Einbildung, seine innerste Sehnsucht ihn führten. Und Freiheit war es doch gewißlich, wonach er sich immer gesehnt hatte. In China damals – in der duftenden Ekstase seiner Gärten, seiner Pfeife, und seiner seidenhäutigen jungen Freunde – dort hatte er die Freiheit erlebt. Doch von dem China jener längstvergangenen Tage verblieb ihm nichts als die Erinnerung, und sein Ring aus Jade. Die Freiheit ist eine harte Herrin. Sie fordert Rechenschaft und fällt das Urteil, denn das scheinbare Fehlen aller Zwänge ist eine gefährliche Illusion, wie Harold zu seinem Leidwesen erfahren hatte, als »böswillige Nachrede« seine Ambitionen der Kriegsjahre schmälerte. Freiheit ist eine Berufung wie jede andere, und die Qualität des Lebens in Freiheit wird bestimmt durch die schöpferische Kraft ihrer Selbstzucht. Ein keineswegs einfaches oder leichtes Unterfangen, und eines, das alle Philosophen verblüfft hat, seitdem Plato sein Werk, »Der Staat« schrieb. Über solches und anderes hatte Harold zu grübeln, während er im Winter des Jahres 1963 auf dem Samtdiwan im hintersten Winkel des großen *Salone* von La Pietra ganz für sich allein saß.

Doch glaube ich nicht, daß es hier für ihn viel Zweifeln oder Zögern gab. In diesem Hause war er geboren. Alle Demütigungen und Sorgen, die er hier ausgestanden hatte, würden durch die Zeit verwischt werden. La Pietra war unveräußerlicher Bestandteil der Acton'schen Legende. Schon während seiner Tage in Eton und Oxford war er als Bewohner eines florentinischen Palasts gefeiert worden, der so prächtig war wie nur irgendeiner in England. Er hatte große Opfer gebracht, indem er Osbert Sitwells Rat befolgte. Jetzt war die Zeit gekommen, da er zusehen mußte, wie er sich sein Opfer zunutze machen konnte. Er kann nicht viel Ungewißheit für ihn gegeben haben. Seine Freiheit würde dadurch vollendet werden, daß er die Villa genauso erhielt wie sein Vater sie ihm hinterließ, wobei

er selbst darin wie ein kostbares, prähistorisches Insekt in einem Bern-
steintropfen verwahrt – oder versiegelt – bliebe. Auf diese Weise
würde er versuchen, die Demütigungen der Vergangenheit aus der
Verbitterung zu lösen, und die Enttäuschungen, die er so unabsicht-
lich verursacht hatte, zu sühnen. Es war ein anspruchsvoller, aber
mutiger Weg.

Im Mai dieses Jahres muß Harolds Stimmung einiges an Aufschwung bekommen haben, als sich zeigte, daß die Harold-Acton-
Legende den Gipfel gesellschaftlicher Anerkennung erreicht hatte,
und daß die »böswillige Nachrede« und die »Blanche-Verleumdung«
anscheinend vergessen waren. Am 24. Mai 1963 bemerkt Evelyn
Waugh in einem Brief an Nancy Mitford: »Prinz Richard von Glou-
cester wird zu Harold Acton geschickt, um seinen (s.m.) Horizont zu
erweitern. Harold wurde vom Herzog überprüft und für höchst geeignet befunden.« Dies war Harolds erster persönliche Kontakt mit dem
englischen Königshaus und muß ihm außerordentliche Genugtuung
bereitet haben, da ihn die Nähe von Mitgliedern der königlichen
Familie mehr bewegte als jeden anderen. Darüberhinaus war er bestimmt mit äußerster Umsicht und Aufmerksamkeit darauf bedacht,
den Horizont des jungen Prinzen zu erweitern, denn Harolds eigener Horizont war unglaublich weitgesteckt und umspannte in er-
staunlicher Weise das ganze Gebiet zivilisierter Errungenschaften. Es
folgten weitere prestigebereichernde Kontakte zu Angehörigen des
Königshauses, was für den stolzen Eigner von La Pietra nachgerade
rauschhaft sein mußte.

Im Spätherbst des Jahres kam Harold nach New York, wo ich schon
seit über einem Jahr mit meinem Freund Larry Hager zusammenlebte. Er rief mich während der Morgenstunden des 22. 11. an, – ein
Tag, der für jeden Amerikaner, der damals, sagen wir, über achtzehn
Jahre alt war, unvergeßlich bleibt, da bereits am Mittnachmittag die
ganze Nation, ja, die ganze Welt wußte, daß unser Präsident in Dal-
las einem Attentat zum Opfer gefallen war. Ich entsinne mich, daß
auf der Madison Avenue Leute in aller Öffentlichkeit weinten. Am
nächsten Tag traf ich mich mit Harold zum Lunch. Obwohl er doch
Halbamerikaner war, berührte ihn die nationale Tragödie keineswegs
so tief, wie ich es für natürlich hielt. Er sagte wenig dazu, tratschte
stattdessen lieber über alte Freunde, sprach über Kunst und jammerte

über die Kolitis, an der er litt. Nach dem Essen besuchten wir ein paar Galerien, wo es aber nichts für Harold zu bewundern gab. Insbesondere erregten einige riesige Gemälde von Clyfford Still seinen Zorn, und als ich bemerkte, daß sie vielleicht einen interessanten Hintergrund für irgendeine Bühnenaufführung abgeben könnten, erwiderte er: »Das einzige, was sich vor einem solchen Bild machen ließe, wäre sich davor zu hocken und da hinzukacken.« Aus Harolds Mund kam eben nicht nur Wohlklang, sondern zuweilen auch äußerst herbe Töne. Einmal sagte er zu mir: »Ich möchte nichts mehr von Truman Capote wissen.« Als ich mich erkundigte, warum denn nicht, antwortete er: »Weil er so schrecklich schlecht über Dich spricht.« Das ist, denke ich, eine Kostprobe von Harolds nicht zu unterdrückender Biestigkeit, die sich mit voranschreitendem Alter noch verschärfte. Außerdem bezweifle ich, daß die Geschichte so ganz stimmt, da ich Capote nie gut kannte, ihn über die Jahre hin recht wenig sah und noch weniger mir auch recht gewesen wäre.

Zwei Tage später gab Stuart Preston, der mittlerweile ein nobleres Quartier in der 72nd St. East bezogen hatte, Harold zu Ehren eine Lunchparty. Es war ein schlechtgewählter Zeitpunkt, da es ein Nationaltrauertag war und alle Geschäfte wegen der zu Mittag stattfindenden Beerdigungsfeierlichkeiten für den ermordeten Präsidenten geschlossen waren. In Stuarts Wohnung lief der Fernseher, und die Aufmerksamkeit der Anwesenden war auf ungute Weise geteilt: einerseits das oberflächliche Geplänkel einer rein männlichen Gesellschaft, andererseits das emotional geladene Erleben des dramatischen Zeremoniells am Bildschirm. Harold war der einzige unter den Anwesenden, der offensichtlich von dem feierlichen Ernst des in Washington sich abspielenden Rituals ungerührt blieb, und unentwegt ziemlich belangloses Zeug plauderte. Damals war ich ziemlich schockiert, heute aber frage ich mich, ob er, der ein scharfsinniger Beobachter war, aus seiner überseeischen Entfernung nicht damals schon wahrnahm, daß John F. Kennedys berühmter Charme, seine Brillanz, seine politische Treffsicherheit und moralische Rechtschaffenheit alles ein bißchen erfunden waren.

Ein paar Tage nach dem Lunch bei Stuart, am siebenundzwanzigsten, meinem Geburtstag, lud Harold Larry und mich ein, mit ihm in der Plaza zu essen. Kennedy wurde nicht erwähnt, und wir hatten einen sehr lustigen Abend. Gore Vidal saß zufällig mit einem Freund an einem der Nachbartische, und nach dem Essen kamen sie auf einen Drink zu uns an den Tisch. Harold war überaus liebenswürdig und gesellig, obwohl ich wußte, wie sehr ihm Vidals aufgeblasene Arroganz und aalglatte Schlagfertigkeit zuwider waren. Dadurch wurde uns der Abend ein wenig verdorben, was ich sehr bedauerte, da ich Harold während dieses Besuches nicht wieder sah.

Ein Jahr darauf, mit nunmehr sechzig Jahren, befiel ihn eine beinahe tödliche Katastrophe in London. Seit langem klagte er über seinen häufig schlechten Gesundheitszustand, über Duodenalkrämpfe und Kolitis. Jetzt zeigte sich aber bei einer gründlichen und fachgerechten Untersuchung, daß er eigentlich an einem bösartigen Tumor litt. Ein sofortiger chirurgischer Eingriff war erforderlich. Die Prognose war zwar günstig, doch keineswegs garantiert, da der Krebs ein heimtückischer und unberechenbarer Gegner ist. Harold wurde am 25. II. 1964 in der Klinik aufgenommen, fünf Tage später fand die Operation statt. Sie war erfolgreich, obwohl es während der langen Konvaleszenz Augenblicke gab, da der Patient sich dem Tode nahefühlte. Robust und resolut in seinem Lebenswillen wie Harold war, überlebte er, aber eine höchst unangenehme Folge war unvermeidlich. Hinfort und für den Rest seines Lebens würde er sich mit der entwürdigenden Behinderung eines künstlichen Darmausgangs abfinden müssen. Gewiß erfuhr er viele Jahre später, daß eine weitere Operation ihn von dieser Unannehmlichkeit befreien könnte, doch bis dahin hatte er sich damit abgefunden und wollte sich nicht nochmals einer Operation unterziehen. Trotzdem war es für einen so verfeinerten Menschen wie Harold eine demütigende Angelegenheit, und er ertrug sie standhaft und mit Fassung, so daß, wer nicht in den Tatbestand eingeweiht war, nie geahnt hätte, daß er mit einer so uneleganten und beständigen Plage umzugehen hatte. Einem Mann von Harolds Temperament mußte dieser bekümmernde Umstand noch wesentlich schlimmer erscheinen, da dieser fast unweigerlich die Suche nach amourösen Erlebnissen erschwerte. Die Freude, das Glück, das Plaisir einer dauerhaften und erwiderten Liebe, nach welcher sich alle Menschen und viele andere Geschöpfe sehnen, war noch nie sein gewesen. Im Verlauf der Jahre hatte er diesen Mangel oft beklagt. Und nun muß ihm die Einsicht, daß dieser Mangel mit aller Wahrscheinlichkeit bestehen bleiben werde, vermutlich mit Melancholie erfüllt haben. Doch schon bald sollte ihm eine tröstliche Entschädigung zukommen, oder, vielleicht präziser ausgedrückt, würde er sich eine solche anschaffen.

Etwa elf Monate nach seiner Operation kam Harold zur Nachuntersuchung wieder nach London, und seine Ärzte befanden seinen Zustand ausgezeichnet und erklärten ihn für vollständig genesen. Zufällig war ich zur selben Zeit auch gerade in London, und so trafen wir uns am 16. 10., einem Samstag, zum Essen. Mein Freund schien mir deutlich gealtert zu sein, doch in seiner Lebensfreude keineswegs geschmälert, noch in seinem kräftigen Appetit, oder in seinem Gefallen an schelmischen, despektierlichen Bemerkungen. Er hatte sogar unlängst einen Roman herausgebracht, *Old Lamps for New*, eine Satire über zwielichtige und alberne Geschichten in der Kunstwelt. Wie alle Belletristik Harolds war auch dieses Buch eine etwas dürftige Kriegslist. Er beherrschte den Umgang mit der Satire, oder wenn man so will, mit der englischen Sprache selbst, nie so perfekt wie sein alter Freund, der Faun, der jetzt siech und verzweifelt sein letztes Stündlein erwartete. Er starb im darauffolgenden Jahr. Harold und ich speisten vorzüglich miteinander, betranken uns ein bißchen, und versprachen einander ein baldiges Wiedersehen. Doch bis dahin vergingen noch acht Jahre.

Wir blieben jedoch durch unseren Briefwechsel miteinander in Verbindung, und ich vernahm von den Ereignissen in seinem Leben entweder von ihm direkt, oder durch gemeinsame Bekannte. Im März 1968 schrieb er mir, daß er an dem Band *More Memoirs of an Aesthete* arbeite. Die Wunde der »üblen Nachrede« aus Kriegszeiten wollte einfach nicht abheilen, und in seiner Einleitung zu dem Buch fragte sich Harold abermals, wer wohl der Urheber dieser anonymen, aber offiziellen Denunziation gewesen sein könnte. »Ganz offenbar irgendein hermaphroditischer Tropf vom Auswärtigen Amt,« schreibt er. »Seine Wut über meinen nonkonformistischen Lebensstil war die Wut der ewigen Schlange im Grase, die des neidischen Philisters.« Ein Tropf war der unbekannte Autor ganz sicherlich, doch wieso »hermaphroditisch« – ein Wort, das im allgemeinen Sprachgebrauch »effeminiert« bedeutet? Wie konnte Harold nur so unbesonnen sein, seinem Ankläger eine Eigenschaft anzudichten, die gewiß im Mittelpunkt der Anschuldigungen gegen seine eigene Person standen? Bildete er sich tatsächlich ein, daß keiner über ihn Bescheid wußte? Er bezeichnet seinen Lebensstil als nonkonformistisch. Das war er ganz gewiß, und man darf nicht vergessen, daß derartiger Nonkonformismus damals noch für ein kriminelles Delikt galt. Wäre es nicht letztenendes vernünftiger und auf alle Fälle klüger gewesen, die ganze Angelegenheit schlichtweg zu vergessen? Doch der Ästhet war eitel, und die Eitelkeit besitzt ein hartnäckige, unversöhnliches Gedächtnis. Die *New York Times* bat mich, das Buch zu besprechen, was ich jedoch ablehnen mußte, da der zweite Band der Memoiren nicht besser war als der erste, und ich, im Gegensatz zu Raymond Mortimer, unmöglich ein hartes Wort schreiben konnte über einen Mann, der mir seit über zwanzig Jahren nur Güte entgegengebracht hatte. Außerdem hatte er ausnahmslos wohlwollenden Kommentar zu meinen eigenen literarischen Bemühungen abgegeben, die sicherlich wesentlich geringere Leistungen darstellten als die seinigen, vor allem über ein kurzes Büchlein, das ich 1964 über meine Porträtsitzungen für Giacometti geschrieben hatte. Und jetzt, 1968, bemerkte er: »Ich wünschte mir, Du würdest etwas über Deine Pariser Periode schreiben, Deine Besuche bei Picasso usw. Dein Giacometti-Essay war wirklich sehr gelungen, und ich finde, Du solltest in diesem Stil ruhig noch mehr schreiben.« Doch sein Brief endete in eher traurigem Ton:

*Vermißt Du nicht manchmal Paris? Ich vermisse es oft – doch meine Freunde sind zum Großteil fort, und so sitze ich denn hier unter den alljährlichen Touristen, in leider Gottes fraglichem Gesundheitszustand.*

*Herzliche Grüße,*
*Harold*

Schon seit einigen Jahren wußten Harolds Freunde, daß es einen Lebensgefährten gab, der wie es sich erwies, für den Rest seines Lebens mit Harold zusammenbleiben sollte. Mit dem Erscheinen seines Buches *More Memoirs of an Aesthete*, 1970, wurde dieser Mann jedoch der Öffentlichkeit vorgestellt, wenn auch nur mit den delikatesten Andeutungen, die nur jenen überhaupt verständlich waren, die auf solche zarten Hinweise eingestimmt waren. In der Liste der Danksagungen werden die Namen von dreizehn Personen angegeben, die zur Fertigstellung des Bandes beigetragen hatten. Davon waren jedem, der Harolds Vorleben einigermaßen kannte, alle bis auf einen bekannt. Der unbekannte neue Name war: Alexander Zielcke, dem hier für seine »vorzüglichen Photographien« gedankt wird, fünf der insgesamt zwölf Abbildungen des Buches, vier davon Ansichten La Pietras, die fünfte ein Porträt Sir Osbert Sitwells, »am Ende«, also etwa um 1968. Es muß also irgendwann Mitte der sechziger Jahre gewesen sein, daß der Photograph eine Rolle in Harolds Leben einnahm, wofür ihm dieser gern seinen Dank aussprach. Im Text von *More Memoirs of an Aesthete* selbst erscheint jedoch nirgends der Name Zielcke. Der Autor tat sich immer etwas schwer mit der Offenheit, zumindest in Druck.

Wir wüßten gern mehr über einen Menschen, der in Harolds Leben eine so wichtige Rolle spielte, als wir es tun. Was über ihn bekannt ist – vieles davon durch Hörensagen – ist wahrscheinlich ausreichend, und vielleicht sogar ein wenig zuviel. Alexander Zielcke, den alle später schlichtweg als Alexander kannten, war halb deutscher, halb polnischer Herkunft, und muß zu eine Zeit geboren sein, da die Zustände in beiden Ländern, gelinde gesagt, schwierig waren. Die entscheidenden Bildungsjahre können, von schwierigen Umständen dunkel beschattet, schwerlich hell und licht gewesen sein. Zu seinem guten Glück sah er jedoch gut aus. Diese Eigenschaft kann, wenn sie mit genialer Findigkeit einhergeht, sich als ein unschätzbarer Vorteil erweisen. So verhielt es sich bei Alexander. Er muß wohl mit einem gewissen Maß an Vornehmheit erzogen worden sein, und eine einigermaßen gute Ausbildung erhalten haben, da er sich später durchaus den Erfordernissen gebildeter Konversation und gesellschaftlicher Sicherheit gewachsen zeigte. Doch offensichtlich besaß er keine vermarktbaren Fähigkeiten, oder war nicht geneigt, sich solche zu erwerben. Zumindest befand sich der junge Mann in einem Alter, in dem es von ihm erwartet oder gefordert wird, daß er die Verantwortung für seine Zukunft übernehme, in Hamburg, einer Stadt, deren Ruf keiner weiteren Erklärung bedarf. Damals wie heute zog sie viele hübsche, arbeitslose junge Männer an, die sich vornehmlich in den Bars, Cafés, Restaurants und anderen Treffpunkten sammelten, wo man aus seinem guten Aussehen Kapital schlagen konnte. An einem dieser Orte begegnete Alexander einem wohlhabenden Herrn, angeblich einem Ägypter, der den jungen Mann einlud, ihn auf seinen Auslandsreisen zu begleiten. So geschah es, daß Alexander nach Italien kam. Sein Wohltäter, zweifelsohne ein Mann von Geschmack wie auch ein großzügiger Mensch, muß wohl einiges zum Schliff seines Schützlings beigetragen haben, wie zu dessen Kultiviertheit und gesellschaftlichen Umgangsformen. Die Dauer ihrer Beziehung ist ein weiteres irrelevantes Detail. Sie unternahmen gemeinsame Reisen und besuchten u. a. Florenz. Nahezu jeder kultivierte Herr von Welt, zumal einer, der in Gesellschaft eines hübschen jungen Burschen reiste, war mit großer Wahrscheinlichkeit mit Harold Acton, oder zumindest mit einem Bekannten von Bekannten hinlänglich gut bekannt, daß ein Anruf in La Pietra gerechtfertigt war, was die rituelle Einladung zum Tee nach sich zog.

So geschah es, daß Alexander das große Tor der Via Bolognese Nr. 120 durchschritt, die herrliche Zypressenallee entlangging und die fabelhafte Villa das erste Mal betrat. Es wäre allerdings eine gewagte Mutmaßung, wollte man versuchen, sich seine Eindrücke vorzustellen. Einem jungen Burschen aus der Umgebung von Hamburg muß das Innere von La Pietra wie die Höhle des Ali Baba vorgekommen sein. Und war er tief davon beeindruckt, so war sein Gastgeber nicht minder tief beeindruckt, wenn auch auf ganz andere Weise. Harolds scharfes und erfahrenes Auge, das stets auf jugendliche Schönheit ansprach, erhaschte in Alexanders Antlitz die Möglichkeit eines Aufflattern des Paradiesvogels des Glücks, von dem er so oft und so inbrünstig, und zu seinem Leidwesen so vergeblich geträumt hatte. Mag sein, daß er nicht vom reinsten Azur war, doch einem optimistischen Himmelsbeobachter würde er mit der Zeit schon dem Himmelsblau annähernd ähnlich erscheinen. Er besaß natürlich bei weitem zu viel Diskretion , um eine derartige Wahrnehmung sofort kund zu tun, zumal sich Alexander ja in Begleitung eines anderen Mannes befand. Wieviel Zeit zwischen diesem ersten Treffen und dem Wiedersehen der beiden verstrich, ist ungewiß und wiederum unwesentlich. Alexander kehrte mit seinem Freund nach Rom zurück. Einige Zeit später, wahrscheinlich nicht allzu lange danach, scheinen die Vermögensverhältnisse des Freundes einen Rückschlag erlitten zu haben, was ihn nach London zurückzwang. Alexander, etwa fünfundzwanzig Jahre alt, blieb ohne Mittel und Zukunftsaussichten in Rom zurück. Diese mißliche Lage erforderte Mut und Phantasiebegabung. Möglicherweise hatte Alexander das Aufblitzen von Interesse in Harolds Blick bemerkt, wie sich bei jungen Männern in seiner Lage durchaus annehmen läßt. Er telephonierte auf alle Fälle nach La Pietra , wobei er zweifellos andeutete, daß seine Situation sich nicht nur verändert habe, sondern auch ein wenig prekär sei. Harold forderte ihn auf, unverzüglich nach Florenz zu kommen. Was sie miteinander sprachen, zu welchem Übereinkommen sie gelangten, welche Vorkehrungen sie für die Zukunft trafen, werden wir nie erfahren. Noch ist es unser Wunsch, denn schließlich gibt es im filigranen Geflecht menschlicher Vertraulichkeit Dinge, von welchen sogar der herzloseste Biograph respektvoll sein Auge abwendet. Es genüge daher die Feststellung, daß Alexander an die dreißig Jahre lang den zentralen Platz in Harolds Leben einnahm. Zentral, unentbehrlich, und doch gleichzeitig ein bißchen schräg, leicht zweideutig, aber absolut lebenswichtig. Ich glaube, es war eher Zufriedenheit als Glück, was die beiden aneinanderband und zusammenhielt, und als dauerhafte Bindung ist Zufriedenheit sicher verläßlicher als das Glück.

Eine Sache, die sie sicherlich beide beschäftigte, war die zwiefältige Frage nach Alexanders Status und nach seinem Beruf. Wenn er auch der offizielle Geliebte war, so mußte er doch auch irgendetwas tun. Stets der Kriterien der guten Lady Cunard eingedenk, hätte es Harold sicher gefallen, wäre etwas Denkwürdiges dabei herausgekommen. Es ist eine wohlbekannte Tatsache in der heutigen westlichen Welt, daß junge Leute ohne besondere Eignung für einen der üblichen Berufe sich häufig der Photographie zuwenden. Schließlich kann jeder eine Kamera auf etwas richten und auf einen Knopf drücken, und selbst die mittelmäßigsten Resultate bringen zuweilen Anerkennung, wie Andy Warhol uns bewiesen hat. Alexanders Photos in *Weitere Memoiren* sind nicht viel mehr als Amateurphotos, mit Ausnahme des erschreckenden Bildnisses des sterbenden Osbert Sitwell. Doch selbst wenn die Übung nicht unbedingt den Meister macht, so verdankt ihr ein vorzügliches Ergebnis bei seiner Entstehung doch einiges. Wenn auch Harold den Blick des Freundes schärfte und leitete, so mußte doch ein Talent vorhanden sein, um von der Führung profitieren zu können. Schon drei Jahre nach dem Erscheinen der Memoiren kam ein Luxusband mit dem Titel *Toska-*

*nische Villen* heraus, ein brillanter Text, worin Harold die prächtigsten dieser Villen beschreibt, den Alexander mit nicht weniger brillanten Photographien illustriert, viele davon Farbphotos. Dies war sicherlich nicht mehr das Werk eines Amateurphotographen. Die Namen Acton und Zielcke waren in Goldlettern auf dem Buchrücken eingestanzt, die Partnerschaft so besiegelt, und diese symbolische Vereinigung muß ungewöhnlich befriedigend gewesen sein für Harold, der immer von gemeinsamen Interessen träumte, denn sie schien nicht nur die intime Nähe der beiden zu bestätigen, sondern auch die Aussicht auf weitere Zusammenarbeit und eine glänzende Karriere für den Photographen zu bedeuten. Doch diese letztere sollte nicht stattfinden. Das Buch war »dem Andenken Arthur M. Actons« gewidmet. Dieser Anflug von Kindesliebe mutet wie ein Zynismus an, doch mag es schon sein, daß Harold etwas an posthumem Respekt für den Vater empfand, der ihn so schäbig, La Pietra hingegen so gut behandelt hatte. Es bedarf jedoch nur geringer Phantasiebegabung, um sich vorzustellen, was jener garstige Mann von der Beziehung gehalten hätte, die seinem Andenken diesen Tribut zollte.

Was Alexanders Status betrifft, so war die damit aufgeworfene Frage nur für die beiden wichtig, die sie notgedrungen ernst nehmen mußten, um nicht von frivoler Unwissenheit ruiniert zu werden. Wissen kann grausam sein und bedarf schon eines goldenen Herzens, um der harten Wirklichkeit mit Barmherzigkeit zu begegnen. Harold, der die Subtilität eines Mandarins besaß, kann es nicht entgangen sein, daß Alexander sich seiner Natur nach nicht zu seinen Geschlechtsgenossen hingezogen fühlte, und ich nehme an, daß dadurch die Dinge für beide einfacher wurden. Alexander war sehr gut zu Harold, sah aufmerksam nach seinen Wünschen und Bedürfnissen, kurzum, er war sehr gut *für* ihn. Alle alten Freunde waren sich darin einig. Sie fragten sich allerdings auch, worüber in aller Welt die beiden wohl redeten, wenn sie miteinander allein waren. Harold war immer »auf der Suche nach tieferer Übereinstimmung«. Annähernd fand er diese bei Alexander bestimmt, wenn auch nicht von jener Tiefe, die er bei dem schon langverstorbenen B. B. so sehr geschätzt hatte. Alexander war kein Intellektueller, – die ernsten Fragen der hohen Kultur waren ihm böhmische Dörfer, und er machte sich nichts aus dem Spiel der Gedanken, obwohl er sich mit denen,

die es taten, ausreichend gut unterhalten konnte. Die rituellen Teepartys, bei denen Harold jahrein jahraus eine Unzahl von Gästen
empfing, – indes er fortwährend darüber jammerte, wie unmensch-
lich langweilig es sei, – sagten Alexander nicht zu, und er ließ sich
dabei nicht blicken. Diese Zurückhaltung läßt sich gut verstehen,
denn die Teepartys, denen der unerbittliche Rundgang durch die Gärten folgte, und danach die Drinks, waren für jeden, der sie mehr als
ein Dutzend Mal erlebt hatte, von unerträglicher Langweiligkeit. Es
war Harold persönlich, sein Charme, sein Geist, seine Intelligenz und
seine Despektierlichkeit, die einen immer wieder nach La Pietra zog,
und nicht die anderen Gäste, die sehr oft sehr fad waren. Vielleicht
war es wie auch bei seiner alten Freundin Gertrude Stein, daß ausschließlich Harold redete, wenn Alexander und er allein zusammen
waren. Das mußte eine ganz außergewöhnlicher Bildungsweg sein,
gespickt mit einer Menge giftiger Spitzen. Doch selbst wenn Alexander es vorzog nicht in Erscheinung zu treten, um der Langeweile
zu entgehen, und vielleicht auch den Peinlichkeiten der wissenden,
versteckten Andeutungen, so war er doch immer in Harolds Reichweite, so oft der Wunsch oder der Stolz eine Vorführung des Erb-
prinzen erforderte, für den ihn bald alle Welt hielt. Doch wohnte er
eigentlich nie in La Pietra. Ein Schlafzimmer in der Villa war zwar
genaugenommen Seines, doch ist es fraglich, ob er oft dort schlief,
wenn überhaupt, bis ganz am Ende. Es wurde eine Wohnung für ihn
in der Stadt gefunden, die er auch bald mit einer Freundin teilte.
Harold wußte ganz sicher davon und akzeptierte dies wohl als normale Manifestation der menschlichen Natur, was es ja auch war.

Doch was sollte mit La Pietra geschehen? Das war die Frage, die
seit Arthur Actons Tod wie die düstere Drohung der Verwaisung über
der Villa schwebte. Harold und seine Mutter hatten darüber gesprochen. Beide waren sich darin einig, daß ein immerwährendes Instand-
halten die ideale Antwort wäre. Doch wie diese utopische Lösung
auszuführen wäre, das konnte sich keiner von beiden so recht vorstellen. B.B. hatte I Tatti seiner Alma Mater, Harvard vermacht, doch
hatte er nicht ausreichende Mittel zur Instandhaltung seines Vermächtnisses hinterlassen können. Harold wußte sehr wohl, daß Harvard die Verantwortung, die Villa als Zentrum für Renaissance-
Studien zu erhalten ziemlich widerwillig trug, trotz der in der Villa

befindlichen Meisterwerke und der herrlichen Bibliothek. La Pietra der Stadt Florenz oder dem italienischen Staat zu vermachen stand gar nicht zur Debatte, denn allzuviele solche Vermächtnisse waren bereits völliger Verwahrlosung anheimgefallen und waren so gut wie verkommen. Sammlungen von unschätzbarem Wert wurden oft ungestraft gestohlen, wahrscheinlich von ihren bestellten Wächtern. Nach Mrs. Actons Tod, und als seine eigene Gesundheit Anlaß zur Besorgnis wurde, steigerte sich Harolds Sorge um die Villa beinahe ins Zwanghafte. Er war fest entschlossen, alles so zu regeln, daß die Villa in alle Ewigkeit so erhalten bliebe, wie sie war, wie er sie seit seiner Kindheit kannte, wie von seinem Vater so liebevoll eingerichtet, die einzige wahre Liebe seines Lebens. Sie sollte als Andenken an jene Liebe bewahrt bleiben, und an jenen Mann, der sich ihr so leidenschaftlich gewidmet hatte. Allein, welche Gedanken, welche Gefühle, welche Erinnerungen müssen im Zuge seiner Überlegungen aufgetaucht sein, wie sich die Sicherung dieser Gedenkstätte am ehesten bewerkstelligen ließe? Konnte er wirklich in seinem innersten Herzenskämmerlein jenem Mann zu Ehren ein Denkmal setzen, der so herzlos die Gefühle und die Integrität sowohl seiner Frau als auch seines einzig überlebenden Sohnes mißachtete? Hatte er die Kränkungen und Demütigungen vergessen, die ihm der eingefleischte Schürzenjäger zufügte, der gewiß von den abweichenden Neigungen seines Sohnes wußte und ihn deshalb verachtete? Wer weiß? Ein gutes Gedächtnis ist nicht immer der beste Freund. Wie B. B. dachte auch Harold zuerst an seine Alma Mater. Es war in Oxford gewesen, daß sich Harold vor langer Zeit glänzend hervortat, und sein eigenes Gedächtnis könnte dort vielleicht verewigt werden, sollte La Pietra eine Erweiterung von Christ Church werden. Doch Oxford lehnte ab, da es schon ohne eine riesige Villa in Florenz genug an Lasten zu tragen hatte, so grandios sie auch sein mochte. Desillusioniert dachte Harold an das Ursprungsland all der Gelder. Nach einer sorgfältigen Suche und vorsichtigen Beratungen mit Anwälten wählte er Anfang de siebziger Jahre die New York University (NYU), welche bereits in einer großen Villa an der Fifth Avenue ein hochangesehenes Institut der Schönen Künste unterhielt. Es gab langwierige Überlegungen und gewissenhaft aufgesetzte Verträge, und NYU ließ sich gnädigerweise dazu herbei, das Vermächtnis anzunehmen.

Nur, daß zu jener Zeit niemandem, weder dem Stifter noch dem Empfänger völlig klar war, was dies bedeuten würde.

Da er nun das Schicksal der Villa geregelt hatte, konnte Harold sich endlich ungehindert seinem eigenen zuwenden. Noch nicht einmal siebzig, war er bei ausgezeichneter Gesundheit, trotz der beschwerlichen Begleiterscheinung seiner Krebsoperation. Beide Eltern waren alt geworden, und es gab keinen Grund anzunehmen, daß nicht auch er ein langes Leben haben werde. Die Frage, die sich aber stellte, war die: was sollte er während des Wartens mit sich und seiner Zeit und seinen Talenten anfangen? Die Möglichkeiten der Zukunft in einer Umgebung zu erwägen, die ganz den Leistungen der Vergangenheit geweiht war, mutet zumindest seltsam an. Hatte Harold denn vergessen, wie oft er sich zur Flucht aus La Pietra und aus Florenz getrieben fühlte, als sei es um Leben oder Tod gegangen? Gewiß war er hauptsächlich vor der vertrackten Tyrannei seiner Eltern geflohen. Doch diese Tyrannei hatte sich mit deren Tod nicht vollständig aufgelöst. Sie besaß in der Villa eine Existenz für sich. Jede Statue, jedes Gemälde, jeder Wandteppich, jedes Möbelstück, jeder Teppich, jedes Stück Nippes und jeder Aschenbecher hatte seit über einem halben Jahrhundert seinen ihm zugewiesenen, unveränderlichen Platz, war von Mama und Papa Acton gewählt und dorthingestellt worden. Und in ihrer überreichlichen, überwältigenden Dauerhaftigkeit besaßen diese Gegenstände die Macht von Gespenstern, die auf dem Gelände herumgeisterten, und Harold, der darüber herrschte, soweit sein Auge reichte, besaß weder Wunsch noch Willen, daran etwas zu verändern. Die Villa La Pietra hatte seine Ankunft hier auf Erden miterlebt, und würde dereinst auch seinem Abschied beiwohnen. Das schien nun einmal unabwendbar, wie ein historisches fait accompli. Er brauchte nun nicht mehr mitten in der Nacht über Mauern zu klettern, um in sein Haus zu gelangen, aber die Mauern gab es noch, nur, daß sie nun nicht mehr seine fragwürdige Freiheit symbolisierten, sondern ihn vielmehr innerhalb ihrer prachtvollen Domäne gefangen hielten, so wie die Mauern seiner geliebten Verbotenen Stadt einstmals die absterbende Pracht des kaiserlichen Chinas einschlossen. Es muß jedoch betont werden, daß dies Harolds bewußte und eindeutige Wahl war. Er hatte schon immer am Prunkvollen seinen Gefallen gehabt. Trotz der beschwerlichen Langeweile, die ihm öde Touristen verursachten, die sich den Hügel heraufschleppten, um in der Villa den Tee zu nehmen, gefiel es ihm, die durch La Pietra unweigerlich hervorgerufene Ehrfurcht in ihnen zu beobachten. Mit peinlicher Genauigkeit veranstaltete er die Führung durch die Gärten, selbst dann, als er schon auf einen Stock gestützt herumhumpelte. Der Gartenführung zu entgehen war selbst für einen greisen Besucher der Villa keine leichte Sache. Mit zunehmendem Alter wurde Harold immer ehrwürdiger und legendärer. La Pietra nährte seine Legende ganz vortrefflich, und er genoß ganz unverkennbar das Machtgefühl, das sich in ästhetischer wie in gesellschaftlicher Hinsicht durch seinen Besitz auf ihn übertrug. Er muß letztlich zum Schluß gekommen sein, es sei nicht nur das Richtige, sondern auch das Ruhmreiche, dortgeblieben zu sein. Und es wäre menschenunwürdig, den dafür gezahlten Preis ausrechnen zu wollen.

Im Februar 1973 schrieb Harold, daß in diesem Winter seine einzige Reise ins Land der Influenza und Bronchitis gegangen sei, und klagte über seine mittelmäßige Gesundheit, fügte aber hinzu: »Die Zärtlichkeit verschiedener Burschen hält mich bei Laune.« Bei den fraglichen Burschen handelt es sich natürlich in der Hauptsache um Alexander. Im Juni fühlte er sich hinlänglich genesen, um nach New York zu reisen, wo NYU ihm einen Ehrendoktortitel der Literatur verleih, eine bescheidene Geste in Anbetracht der Goldgrube, die sie erwartete. Ein paar Wochen nach seiner Rückkehr kam ich auf dem Weg nach Griechenland durch Florenz. Harold und ich speisten zusammen in einem Restaurant in der Stadt, weil sein Koch erkrankt war und ihn sitzengelassen hatte. Er beklagte den Personalmangel heutzutage, wobei gutes Personal so rar geworden sei wie der Eisvogel, wie er sich ausdrückte. Momentan gäbe es in der ganzen riesigen Villa nur zwei Bedienstete. Sie trugen jetzt weiße Jacketts, die förmliche Livree einer früheren Zeit war nach Mrs. Actons Verscheiden abgelegt worden.

Harold sprach ziemlich viel von Alexander, lobte sein gutmütiges Wesen, seine umgängliche Treue und lässige Toleranz gegenüber den Eigenheiten eines alten Mannes. Zu diesen gehörte, wie ich bald erfahren sollte, auch ein gewisses Maß an Kritik an seinem jungen Freund – liebevolle Kritik, aber nichtsdestotrotz Kritik. Sein vornehmlichster Grund zur Klage war, daß Alexander sich nicht mehr

90

um eine Photographenkarriere bemühte, was in doppelter Hinsicht schade sei, da er einmal sein Talent bereits bewiesen habe, und zum anderen Harold ihm den Weg hätte ebnen können. Einige Jahre später ließ er sich zwar doch noch herbei, einige venezianische Palazzi zu photographieren, doch der Begleittext stammte nicht von Harold. Jetzt hatte er vor und arbeitete daran, Maler zu werden. Eines der Zimmer im oberen Stockwerk, mit Blick auf die *Limonaia* war in ein Atelier umgewandelt und mit allem eingerichtet worden, wovon ein Maler nur träumen konnte. Dort verbrächte Alexander nun täglich viele Stunden und bemalte eine Leinwand nach der anderen. Und wie sahen sie aus, diese Bilder? In einem Haus, das mit Meisterwerken geradezu überfüllt sei, rief Harold aus, woher bezog Alexander seine Inspirationen? Aus dem Nichts! Riesige, abstrakte Gemälde stelle er her, enorme häßliche Kleckse, die nichts besagten, nichts bedeuteten, nichts darstellten. Er sei keiner Vernunft zugänglich. Außerdem hielte ja auch die Zuneigung die Zunge des Kritikers im Zaum. Ich entsann mich der Bemerkung, die Harold zu den Bildern Clyfford Stills gemacht hatte, und hoffte, das Zaumzeug werde weiterhin kräftig seine Wirkung tun.

Es gab noch einen anderen Grund zur Klage. Alexander habe einen teuren Geschmack, vor allem, wenn es um Autos ginge. Das überraschte mich, denn ich hatte eben an diesem Nachmittag das Auto des jungen Mannes dort stehen sehen, einen VW-Cabriolet in einem ziemlich mittelprächtigen Zustand. Bei allen folgenden Besuchen sah ich keinen anderen Wagen. Wenn er teure Autos besaß, so fuhr er damit nicht nach La Pietra. Tatsächlich aber war es so, daß Harold in seinem Alter einen ziemlichen Geiz entwickelte, was bei älteren Leuten nichts Ungewöhnliches ist. Dies fiel mir an jenem Abend zum ersten Mal auf, da er es nach nur schwächsten Protesten zuließ, daß ich unsere Rechnung bezahlte, was ich ja auch gern tat. Doch konnte ich nicht umhin zu bemerken, daß es auch fortan dabei blieb, und ich für jede unserer in Restaurants eingenommenen Mahlzeiten zahlen durfte. Wie großzügig war er dagegen in der Vergangenheit gegen mich gewesen! – nicht nur in Bezug auf Mahlzeiten, Hotels und ein paar Schecks, sondern vor allem mit seiner Zuneigung, seinem Charme, seinem unnachahmlichen Witz und natürlich seinem unvergleichlichen ästhetischen Urteil.

Die Erweiterung des Horizonts des Prinzen Richard von Glouce-
ster unter Harolds Anleitung muß auf die königliche Familie einen
guten Eindruck gemacht haben, da ihm bald darauf seine Cousine,
Prinzessin Margaret folgte, die recht gern in anderen Palästen als dem
ihrer Schwester zu Gast war. Margarets Anwesenheit war La Pietras
Prestige sehr zuträglich, indem sie dem legendären Herrn der Villa
zu einem königlichen Flair verhalf. Doch ihr Besuch war für ihn auch
anstrengend, da er sich nicht zurückziehen konnte, bevor sie es nicht
wünschte, und sie blieb recht gern spät auf, bis tief in die Nacht
plaudernd und Whisky trinkend, wobei sie einen reichlichen Vorrat
ihrer Lieblingssorte, Famous Grouse, mitgebracht hatte, damit auch
ja keine Knappheit einträte. Trotzdem muß man sagen, daß Harold
von ihrer Anwesenheit unter seinem Dach derart beglückt war, daß
er auch gern bis zur Morgendämmerung mit seinem königlichen Gast
aufgeblieben wäre. Prinzessin Margaret besuchte La Pietra mehr als
nur einmal, doch ein regelmäßiger Gast wurde sie nicht, da die Villa
keinen Swimmingpool besaß. Sie war jedoch eine Dame, die wußte,
was sich gehört und die Gastfreundschaft anerkennend entgegennahm, und an gebührender Stelle auch die Zeichen ihrer Dankbarkeit anzubringen verstand. Es ist logisch anzunehmen, daß sie dafür
verantwortlich war, daß Harold 1974 von ihrer Schwester geadelt
wurde. Denn ein Autor ziemlich obskurer literarischer Werke, der sein
Leben lang im Ausland gelebt hatte, konnte kaum erwarten, daß ihm
solche Anerkennung für seine Leistungen ganz natürlicherweise
zufließen würde. Neun Jahre zuvor war zum c.o.b.e. (Commandeur
des Britischen Empire Ordens) gemacht worden, eine Ehrung, die
zweifellos auf seine gewissenhaften Bemühungen um das British Institute in Florenz zurückgeht. Im normalen Verlauf der Dinge hätte dies
kaum eine automatische Erhebung in den Adelsstand zur Folge
gehabt. Auf alle Fälle war Harold davon entzückt, wahrscheinlich
zum Teil auch deshalb, weil diese Ehrung seinen ständigen Beteuerungen mehr Glaubwürdigkeit verlieh, die Actons von Florenz seien
in der Tat und nicht nur in der Phantasie mit den wahrhaft bedeutenden Actons von Neapel verwandt. Von nun an ließ sich Harold
von seinen Bediensteten unweigerlich *Signor Barone* rufen, obwohl er
nicht einmal ein Baronet war. Doch schien es, als habe La Pietra
einen Titel verdient, der wiederum der Legende noch mehr Glanz

verlieh, und sollten hinter seinem Rücken die Leute über ihn ge-
kichert haben, so drang kein Echo ihrer Belustigung durch die Pfor-
ten der Villa hinein.

Ich kam erst wieder Anfang September 1980 nach Florenz und La
Pietra. Das Personalproblem hatte sich mittlerweile offenbar durch
das Aufspüren einiger Eisvögel beheben lassen, denn ich wurde am
Abend meiner Ankunft zum Essen in die Villa geladen. Sieben Jahre
waren seit meinem letzten Besuch dort vergangen, und vielleicht war
mir die Vertrautheit mehr als eines Vierteljahrhunderts abhanden
gekommen. Mich überraschte es, alles absolut unverändert vorzufinden. In der Vorhalle, in der Rotunda, im großen *Salone* befand sich
jeder einzelne Gegenstand genau an dem Platz, an dem er immer
gestanden hatte. Die befransten Lampenschirme, Lacktischchen, Kel-
che von Bergkristall, der venezianische Moor aus dem achtzehnten
Jahrhundert, der eine Schatulle hielt, aus welcher Perlensträge quol-
len, die bewegungslos im Raum hingen. Die samt- und damast-
bezogenen Polstermöbel standen an denselben Plätzen, an denen sie
immer schon standen, die Bilder, die Tapeten – alles war unverändert, und mir war, als sei ich in ein anderes Zeitalter zurückversetzt.
Die Romanfiguren aus *The Porträt of a Lady* könnten ohne weiteres
diesen Raum durchquert haben, ohne sich auch nur an einem unstim-
migen Gegenstand zu stoßen. Vielleicht hatte sogar der rundliche
Autor jener herrlichen Seiten einmal selbst hier gesessen und eine
Zigarette geraucht, bevor die Actons einzogen. Harold selbst nahm
sich darin ebenfalls nicht wie eine Neuerscheinung aus. Doch ihn
fand ich verändert, sehr deutlich gealtert, und seinen Bewegungen
fehlte die frühere Lässigkeit. Doch im Gespräch war er noch immer
so lebhaft, scharfzüngig und unterhaltsam wie eh und je. An jenem
Abend hatte er es seltsamerweise auf einen der führenden Kunst-
geschichtler und Kunstkenner der Epoche abgesehen, Kenneth Clark,
einer von B.B.s Lieblingen, und ehemaliger Direktor der National
Gallery in London. Er hatte mehrere vielgepriesene Bücher über
ästhetischen Diskurs geschrieben, außerdem zwei gutbesprochene
Bände einer Autobiographie, er war eine bekannte Fernsehpersön-
lichkeit, und überdies ein Lord, der in einem großen Schloß lebte,
in dem bedeutende Werke so diverser Meister wie Turner und
Cézanne hingen. Harold bezeichnete ihn als Emporkömmling. Ich

fürchte, es klang leider wie der Fuchs und die sauren Trauben, aber keiner ist schließlich frei von Fehl, und Harold war zuweilen von ausgesprochen hämischer Bosheit.

Wir dinierten ganz allein in dem riesigen Speisezimmer und wurden von einem uralten Butler bedient, der hinter einer spanischen Wand wartete und gelegentlich hervorlugte, um zu sehen, wie wir vorankämen. Harold sagte, er habe Alexander von meinem bevorstehenden Besuch erzählt, und sein Freund wolle mich gern kennenlernen, um mit mir über Malerei zu reden, da er noch immer, wie Harold mit einem müden Seufzer hinzufügte, eifrigst damit zugange sei, riesige Bilder zu produzieren, die niemand ausstellen wollte, geschweige denn kaufen. Ich sagte also für den nächsten Nachmittag zum Tee zu, und ich war sehr neugierig auf den jungen Mann, über den ich mittlerweile von vielen gemeinsamen Freunden schon so manches gehört hatte.

Als ich eintraf, saßen die beiden nebeneinander auf dem Samtdiwan, auf dem Harolds Mutter so lange Zeit amtiert hatte. Auf den ersten Blick war ich von Alexander nicht enttäuscht. Wie ich erwartet hatte, war er gutaussehend, wohlgebaut, obwohl in seinem Blick etwas versteckt Einschmeichelndes lag. Er schien sich in diesem prächtigen Ambiente völlig unbefangen zu bewegen, als fühle er sich darin ebenso zuhause wie Harold selbst, und ich mußte annehmen, daß dies sowohl auf Harolds Wunsch als auch auf sein Zutun zurückzuführen war. Das Gespräch mit ihm verlief leicht und spontan. Alexander zögerte nicht, seine Meinung zu äußern. Harold ließ sich des längeren über die Sorgen aus, die ihm verschiedene Einbrüche in die Villa bereiteten. Es hatte deren einige gegeben, und die Räuber waren mit mehreren wichtigen Bildern und Gegenständen entkommen. Jetzt hatte man ein raffiniertes Alarmsystem einbauen lasen, und einige der unteren Räume waren jetzt mehr oder weniger ständig verschlossen. »Es ist so, als sei die halbe Villa in ein irreversibles Koma verfallen,« bemerkte Harold betrübt. Er schnitt bald von sich aus das Thema zeitgenössischer Malerei an, und ließ Alexander ungehindert über seine Arbeit reden. Dies tat der Jüngere auch, wieder ohne jedes Zaghaftigkeit, mit Begeisterung und Überzeugungskraft. Über seinem Gefühl von Berufung schien keinerlei Unsicherheit zu walten, und in Anbetracht dessen, was mir Harold unter vier Augen von seiner

Meinung dazu mitgeteilt hatte, bewunderte ich die aufmerksame Sympathie, mit welcher Harold seinen Freund dabei ermunterte, seinen Ernst und seine Sensibilität zu erklären. Innerhalb der Mauern von La Pietra kann Alexander unmöglich viel über zeitgenössische Malerei erfahren haben, sogar in Florenz wäre es schwergefallen, da es dort damals keinen Galeristen gab, der solche Werke ausstellte oder verkaufte, und junge Künstler sich zumeist in die belebteren Metropolen von Rom oder Mailand begaben. Daher war seine Kenntnis von der Kunstszene rückständig. Die Maler, die er am meisten bewunderte, gehörten bereits einer früheren Generation an, vor allem die abstrakten Expressionisten der New Yorker Schule – de Kooning, Pollock, Kline und Rothko. Vielleicht hatte das auch sein Gutes, denn die Künstler seiner eigenen Altersgruppe – Robert Rauschenberg, Jasper Johns, Frank Stella – hatten an ernsthafter ästhetischer Entwicklung nie besonders viel vorzuweisen, während die vorige Generation von Malern, obwohl man sie kaum mit Künstlern wie Picasso, Matisse, Masson, Braque vergleichen kann, dennoch dem Kontinuum kulturellen Fortschritts einen durchaus wesentlichen Beitrag geleistet haben. Ich fragte Alexander, ob ich einige seiner Arbeiten sehen dürfe, wußte ich doch, daß im Stockwerk über uns sich eine Unzahl seiner Bilder befand, doch da zögerte er plötzlich beflissen und wandte ein, er sei bisher mit allem, was er gemacht hatte, unzufrieden, und habe nichts, was sich zu zeigen lohne. Ich konnte schlecht auf meinen Wunsch bestehen, und Harold sagte dazu nichts. Unvermeidlich kam die Rede auf Giacometti, da ich damals gerade mitten im Schreiben seiner Biographie steckte, und Harold erwähnte Alexander gegenüber das kleine Büchlein, das ich geschrieben hatte, in dem ich die Sitzungen für mein Porträt beschreibe. Er sagte, er würde sich sehr über ein Exemplar freuen, und ich versprach, ihm eins zu schicken. Es fand an jenem sehr heißen Nachmittag zum Glück keine Gartenführung statt. Wir blieben in dem kühlen *Salone* sitzen, tranken Whisky – seit dem Ende der Mrs.-Acton-Ära keine Martinis mehr – und wir plauderten. Ich mußte feststellen, daß nicht nur ich mich gut unterhielt, sondern selten hatte ich Harold so heiter und gutgelaunt erlebt. Keine Spur von boshafter Häme an diesem Tag. Mit einem gewissen Bedauern verabschiedete ich mich schließlich und wandte mich zum Gehen. Ich habe Alexander leider nie wiedergesehen, doch habe ich ihm das Giacometti-Buch zugeschickt, worauf er mir einen sehr schmeichelhaften Dankesbrief schrieb, in dem er die Lektüre des Buches als »hinreißend« bezeichnet.

Im Januar 1984 kam Harold kurz nach Paris, um Autogramme für die französische Übersetzung von *The Last Medici* zu verteilen, die jetzt, über ein halbes Jahrhundert nach dem ersten Erscheinen des Buches herauskam. Ich veranstaltete ihm zu Ehren eine Party, zu der ich die hübschesten jungen Männer einlud, die ich finden konnte. Es gefiel ihm sehr gut, die Flamme zu sein, welche all die schönen, männlichen Motten aufmerksam umschwirrten. Er schien voller Elan und bei bester Gesundheit zu sein und durchaus bereit, ein paar Flügel zu versengen, sollte sich die Gelegenheit dazu bieten. Es war schwer zu glauben, daß er in ein paar Monaten schon achtzig würde.

Den folgenden Sommer plante ich in der Toskana zu verbringen, und hatte in der Nähe von Lucca eine Villa gemietet, in jener zauberhaften Stadt, die vor dreiunddreißig Jahren Harold und ich gemeinsam besucht hatten. Ich schrieb ihm also von meinen Plänen und meinen Erwartungen, ihn besuchen zu dürfen, da Florenz nur etwa siebzig Kilometer weit entfernt lag. Er erwiderte, daß er den ganzen Sommer in La Pietra zuzubringen gedachte, abgesehen von ein paar Tagen in London Anfang Juli, wo ihm die Prinzessin zu Ehren seines achtzigsten Geburtstags eine Party geben wolle. Die Beziehungen zum englischen Königshaus waren mittlerweile noch um einiges enger geworden, denn Prinz Charles und Prinzessin Diana, damals nach außen wenigstens noch immer der Inbegriff eines romantischen Märchens, sollten im folgenden Frühjahr in La Pietra zu Gast sein. Ihr Aufenthalt in seinem Hause muß ihm wie die Apotheose des Ruhms der Villa und der Legende ihres Bewohners erschienen sein. Und doch – betrachtet man die Situation jenseits des äußeren Scheins und berücksichtigt die spirituelle Tragweite der Legende wie auch des Ruhms, scheint es dann nicht fast, als sei nach einem langen, ganz auf eine ästhetische Idee verwendeten Leben, doch nichts besonders Tiefschürfendes dabei herausgekommen? Jedenfalls schwelgte Harold im Prestige und der Publicity des königlichen Besuchs. Er schwelgte vielleicht ein wenig zuviel, denn ein *aide-de-camp* deutete ihm an, es möchte wohl für ihn zu ermüdend sein, den Prinzen und die Prinzessin bei ihren obligaten öffentlichen Auftritten zu begleiten, wenn sie die Museen und Denkmäler von Florenz besuchten. Doch Harold ließ sich nicht so einfach zur Seite drängen. »Nichts würde mir größere Freude bereiten,« antwortete er, »als all diese Meisterwerke der Kunst und der Schönheit wiederzusehen.« So war er bei jedem öffentlichen Auftritt von Charles und Diana dabei, und da er an Körperlänge fast alle anderen Anwesenden überragte, erschien er wie einer der eminentesten Mitglieder der königlichen Equipage. Sein Bild erschien zusammen mit dem des Prinzen und der Prinzessin in zahllosen Zeitungen, Zeitschriften und Fernsehbildschirmen ganz Italiens. Es war Harold eine große Genugtuung, und seine Freude daran führte später zu der weiteren Enthüllung eines Charakterfehlers, der sich bereits zur Genüge offenbart hatte. Mitnichten ein tragischer Fehler, lediglich ein Makel auf der legendären Patina.

Die Party, die Prinzessin Margaret für ihn gab, war nicht die einzige Ehrung, die ihm anläßlich seines Eintritts in das neunte Lebensjahrzehnt zuteil wurde. Einige seiner Freunde beschlossen, einen Band mit Schriften zu verschiedenen Themen herauszugeben, persönlicher als auch professioneller Art, die die breite Streuung seiner Interessen und Erfahrungen wiedergaben, und seiner Bedeutung ein greifbares Denkmal setzen sollte. Unter den Freunden und Bekannten wurde gesammelt, um die Produktionskosten zu decken, und das renommierte Verlagshaus Thames & Hudson erklärte sich bereit, den Band unter seiner Druckerlaubnis erscheinen zu lassen. Neunundzwanzig Gedichte und Artikel hervorragender Schriftsteller, einschließlich des britischen Hofdichters, davon die meisten persönliche Freunde, stellten ein sehr ansehnliches Buch zusammen, mit einem von Alexander photographiertem Porträt Harolds als Frontispiz. Doch in dieser üppigen Anlagerung feiertäglicher Salbung verbarg sich trotz allem eine winzige, ärgerliche Fliege. Man hatte die Vorbereitung dieses Bandes heimlich und ohne das Wissen des Jubilars unternommen, den zu ehren und zu erfreuen seine erklärte Absicht war. Infolgedessen war das Buch, *Oxford, China and Italy, Writings in Honour of Sir Harold Acton on His Eightieth Birthday* ein fait accompli, und wurde ihm gedruckt und gebunden überreicht, als eine hübsche, ihn überraschende Huldigung. Ganz bestimmt war es ihm auch eine willkommene Überraschung, die ihn ehrte, doch mit Sicherheit vergällte ihm einer der Beiträge daran die Freude, als er ihn las. Dieser trug den Titel *An Oxonian Aesthete*, und handelte von seinen frühen Jahren in Oxford. Der Autor war Christopher Sykes, seit über fünfzig Jahren Harolds Freund und der Biograph des verstorbenen Fauns. Den phänomenalen Harold jener längstverflossenen Tage schildernd, schrieb er: »In Evelyn Waughs Buch *Brideshead Revisited* findet sich in dem Porträt der Romanfigur des Anthony Blanche nachgerade eine Beschreibung von Harold.« Daß die »Blanche-Verleumdung«, die er gut und gerne vergessen hoffte, ausgerechnet von einem alten Freund wieder aufgewärmt wurde, muß für ihn äußerst ärgerlich gewesen sein. Noch dazu fand sich darin keinerlei Hinweis auf den skandalösen Brian Howard, den Harold viel mehr als sich selbst für ein Modell der Figur hielt, die vom Romanhelden als »mein schwuler Freund« bezeichnet wird. Der gallige Trunk wurde für Harold wahrscheinlich noch sehr viel bitterer dadurch, daß er wußte, daß *Brideshead Revisited* in sehr viel größerer Auflage erschienen war, als all seine gesammelten Schriften zusammengerechnet. Und bald bot sich ihm noch Gelegenheit zu zeigen, daß die »Verleumdung«, falls es tatsächlich eine war, eine bei weitem zwingendere symbolische Kraft besaß, als daß Harold ihr zu widerstehen vermocht hätte.

Nancy Mitford, Harolds witzige, talentierte und enge Freundin war einige Jahre zuvor nach langem, qualvollen Leiden gestorben. In seiner Trauer über den Verlust einer ganz genau gleichaltrigen Freundin, die er seit über einem halben Jahrhundert gekannt hatte, unternahm es Harold, eine Gedenkschrift auf sie zu verfassen, die Buchlänge annahm. Es ist eine liebevolle Erinnerung an eine wunderbare Frau, an ihre Familie, ihre Freunde, an ihre Zeit. In Harolds üblichem Stil von etwas gestelzter Eleganz verfaßt, entsteht trotzdem kein recht lebendiges Bild der Dame, und er vermeidet prüde jede Erwähnung ihrer zutiefst unglücklichen Liebesbeziehungen. In seiner Einleitung beschreibt er das Buch als »eine Kurzbiographie einer teuren Freundin«, und an seiner Zuneigung kann es keinen Zweifel geben, doch fanden wenige, daß er damit Nancy gerecht wurde. Eine offenere, faktisch genauere, sachlichere Bewertung wäre wünschenswert gewesen, und ein paar Jahre später wurde auch ein solches Buch geschrieben. Harold erhielt einen Vorabdruck und war entrüstet, sich darin Schwarz auf Weiß als Homosexuellen bezeichnet zu sehen. Dies war ihm noch nie zuvor begegnet – außer vielleicht in dem offiziellen Memorandum, das ihm im Krieg soviel Verdruß bereitet hatte – und er beschloß, dagegen vorzugehen. Der Verleger, der übrigens ein Freund Harolds war, wurde unverzüglich benachrichtigt, daß die fragliche Stelle zu streichen sei, andernfalls juristische Schritte wegen schriftlicher Verleumdung eingeleitet würden, um das Erscheinen des Buches zu verhindern. Entsprechend wurde die Stelle gestrichen, aber es gab doch einiges böses Blut, da der Verleger verständlicherweise empört war, eine Tatsache unterdrücken zu müssen, auf welche der Kläger selbst häufig und ungeniert verwiesen hatte. Es sprach sich allmählich herum, was vorgefallen war. Einer von Harolds alten und engen Freunden fragte ihn, warum er sich so darüber aufgeregt habe, wo doch seine Homosexualität fast allgemein bekannt sei.

»Das will ich gar nicht leugnen,« sagte er, »doch ist meine Lage jetzt ein wenig delikat geworden, da ich der königlichen Familie so nahe stehe. Was würde Prinzessin Diana von mir denken, wenn sie so etwas über mich läse?« Was Prinzessin Diana gedacht hätte, wenn sie überhaupt an Harold und/oder seine Homosexualität dachte, ist eigentlich kein Thema. Viel dringender bedarf aber Harolds Apologie der Beachtung. Es ist auf der ganzen Linie unglaubwürdig, daß er auch nur einen Augenblick ernstlich geglaubt haben könne, irgendein Mitglied der königlichen Familie schere sich einen Deut um seine sexuellen Präferenzen. Dazu war er ein viel zu erfahrener und zynischer Mann von Welt und wußte sehr wohl, daß es jede Menge hochrespektabler Lords gab, die alle frei wie der Wind waren und doch schon von der Polizei in öffentlichen Bedürfnisanstalten aufgegriffen worden waren. Was vielmehr zu ernstlichen Bedenken Anlaß gibt, ist seine Behauptung, daß er gar nicht leugne, das zu sein, was er war, weil doch seine Drohung an den Verleger eben gerade diesen zentralen Aspekt seiner Natur ausdrücklich in Abrede stellte. Kurzum, Harold befand sich im Kampf gegen sich selbst, und es ist schwer sich der Vermutung zu entziehen, daß sich seine bessere Hälfte zur Niederlage bekannte. Wohlbemerkt, nicht zur schmählichen Kapitulation, sondern zur stillschweigenden, insgeheimen, fatalistischen Resignation. Mit zwanzig hatte er den Ruhm gekostet, und die Zukunft hatte sich vor ihm ausgedehnt wie eine königliche Allee, gesäumt von Triumphbögen und Denkmälern an den Bestand seiner

Errungenschaften. Doch der Ruhm ist ein unversöhnlicher Despot und kein nebenberuflicher Hersteller von legendären oder gefeierten Persönlichkeiten. Der Ruhm erfordert eine glühende Hingabe an das Absolute, Selbstzucht bis hin zur Selbstaufgabe, und einen Charakter, der gegen die Schmeicheleien des Ruhmes selbst gefeit ist. Von diesen wesentlichen Eigenschaften besaß Harold leider keine einzige. Anstatt sich der Ungewißheit einer Zukunft in England auszusetzen, floh er ans andere Ende der Welt, wo er sich dem Kult der Vergangenheit hingab, dem Pseudo-Paradies der Opiumpfeife und den wohligen Wonnen des Fleisches. Und als es dann zu spät war für eine großartige und kompromißlose Apotheose, da kletterte er noch über die rückwärtige Mauer einer Villa, in welcher er letztlich als die legendäre Person eingeschlossen sein würde, die man als Sir Harold Acton kannte. Klug und wachsam wie er war, muß er sich selber gefragt haben, wie es jener Person bloß gelungen war, den Preis der Villa so viel höher zu setzen, als daß der Autor von *Aquarium* sie sich je hätte leisten können. Sein alter Freund, der Faun, hätte es ihm wahrscheinlich sagen können, doch der war tot, und der stolze Hüter von La Pietra ließ sich nicht dazu herbei, andere um seines Rätsels Lösung anzugehen.

Mit fortschreitendem Alter machte sich Harold große Sorgen um sein Geld. Während des Sommers 1984, dem ersten von mehreren, die ich in Lucca verbrachte, fuhr ich einige Male nach La Pietra zu Besuch. Während einer Gruppenführung durch die Gärten beklagte sich Harold über die hohen Auslagen für Instandhaltung, die Reparatur der Pergola, Restoration der Statuen, die himmelhohen Gärtnergehälter. Bei anderer Gelegenheit lud ich Harold ein, mit mir und fünf oder sechs anderen Freunden zum Essen auszugehen, die in meiner gemieteten Villa gastierten, welche verglichen mit La Pietra eine schäbige Hütte war. Wir gingen in ein Restaurant in der Nähe der Piazzale Michelangelo, und als wir uns zum Niedersetzen anschickten, flüsterte mir Harold verstohlen zu: »Mein Lieber, Du weißt doch hoffentlich, daß ich es mir unmöglich leisten kann, all diese Leute zum Essen einzuladen?«, woraufhin ich ihn daran erinnern durfte, daß es schließlich meine Einladung gewesen sei. In den folgenden Jahren gingen wir noch häufig zum Essen aus, vor allem in einem sehr guten Lokal, das hoch oben in den Bergen an der Straße nach

Bologna lag, und immer war ich es, der die Rechnung bezahlte – was, wie schon gesagt, das mindeste war, was sich von mir erwarten ließe. Dennoch konnte man sich schwer vorstellen, daß Harold in finanziellen Schwierigkeiten stecken könnte. Er bestand aber darauf, daß es so sei, und schließlich konnte man ja nicht wissen, welche Rückschläge es auf dem Börsenmarkt gegeben haben mochte. Vielleicht war ja auch die Illinois Trust und Savings Bank in Schwierigkeiten geraten, keiner wußte es genau, aber man verwunderte sich doch darüber.

Sollte Harold auch an einer Mißbefindlichkeit des Geldbeutels gelitten haben, so schien sich doch seine Gesundheit beim Nahen des wahren Greisenalters gut gehalten zu haben. Da er einen Besucherschwall nun nicht mehr so leichtfüßig wie bisher durch die Gärten führen konnte, nahm er sich manches Mal einen Gehstock zu Hilfe, den er zuweilen eher wie einen Zauberstab herumschwenkte, um auf bezaubernde Aussichten oder mythologische Statuen hinzuweisen. Seine Rede war nach wie vor schillernd, witzig und boshaft, obwohl mit der Zeit der giftige Wespenstachel mehr zum Mückenstich verkam. Nun da La Pietras Zukunft jetzt vermutlich ein abgesichertes fait accompli war, sehnte sich Harold manchmal nach sorglosen, längstverflossenen Tagen. Die denkwürdigen Lunchpartys bei Lady Cunard, das heidnische Pläsir von Ischia und Neapel, sogar die Wonnen der wohlduftenden Abende in Peking. Nur noch selten verließ er die Villa. Einige seiner getreuen alten Freunde hatten das Gefühl, er gehe ihnen aus unerfindlichen Gründen aus dem Wege, und sie glaubten, Alexander schlüge womöglich aus der verminderten Energie seines Freundes seinen Vorteil, um die Dinge nach seinem Wunsch oder zu seinen Gunsten zu regeln. Wer weiß? Ironischerweise beschwerte sich Harold hinter dem Rücken einstiger Freunde über deren Geiz, behauptete, man schicke ihm unfrankierte Briefe und riefe nur sonntags an, wenn es billiger sei. Insgesamt schien er nicht mehr der Happy Harry von anno dazumal. Es war jetzt unvorstellbar, daß er einmal lauthals »Madame Fiorentina« gesungen hatte, oder zwischen den Bäumen unterhalb des Forts auf der Suche nach geselligen Soldaten herumgestolpert war.

Eines nachmittags Mitte August 1986 – bei afrikanischer Hitze, wie Harold meinte – traf ich ihn in Hemdsärmeln allein im Salone an.

Zum Glück waren an dem Tag keine anderen Besucher zu erwarten. Alexanders zerbeulter vw stand zwar vor der Tür, aber er hatte sich natürlich nach oben verzogen. Wir plauderten angenehm miteinander, tranken Gin Tonic und ergingen uns in schönen Erinnerungen. Plötzlich beugte Harold sich vor, legte mir seine Hand aufs Knie und sagte: »Es ist gräßlich, so alt zu sein und hier in diesem Bau, der sowieso schon wie ein Mausoleum ist, auf das Ende zu warten. Weißt du, mein Lieber, es gibt Momente, in denen ich einfach nicht mehr verstehe, warum ich es getan habe.« Dann ließ er sich seufzend wieder auf dem Diwan zurücksinken.

Die Traurigkeit in seinem Ton und Ausdruck war derart, daß es mir unverschämt erschien, die Frage zu stellen, was er denn genau damit meine. Aber ich fragte es mich doch, und frage es mich noch immer. Was hatte er getan, und aus welchem Grunde, das er nicht mehr verstehen konnte? Es mußte, wie ich glaube, mit seinem Leben insgesamt zusammenhängen, und mit der unwiderstehlichen Beherrschung durch die Villa. Sollte es möglich sein, – nun, da die Zukunft für immer festlag, nun, da es zu spät war, irgendetwas ungeschehen zu machen, was sich seit dem Tage seiner Geburt in diesem Hause abgespielt hatte, bis hin zu seinem Todestage – war es denn möglich, daß er das alles bereute? Die Villa hatte maßgeblich zu der Legende des Harold Acton beigetragen. Doch hatte er diesen Beitrag vielleicht mit seinem Leben bezahlt? War es das, was er jetzt nicht mehr verstehen konnte? Sein Bruder William hatte vorsätzlich seinem eigenen Leben ein Ende gesetzt. Ist es denkbar, daß Harold letztlich auch das Gefühl hatte, auf eine gewisse Art dasselbe getan zu haben? Alexander kannte vielleicht die Antwort. Vielleicht *war* Alexander sogar die Antwort.

Wir redeten von anderen Dingen: Rom, Amalfi, Venedig, die Orte, die ich als nächstes besuchen wollte. B.B., die Sitwells, Lady Ottoline Morrell mit ihrem unsäglichen Zinken. Es gab keine weitere Spur jener Traurigkeit, noch irgendeine Andeutung von Kummer oder Bedauern. Ich dachte, ich hätte vielleicht etwas mißverstanden, oder es mir etwa eingebildet, aber das war nicht der Fall, und es tat mir sehr leid.

Mein letzter Besuch in La Pietra fand an einem Montag statt, dem 1. 8. 1988. Ich fuhr von Lucca aus hinüber und kam um Punkt sechs

Uhr dort an. Wie ich erwartet hatte. war in der Villa alles wie immer. Wären Arthur und Hortense Acton auf einen Überraschungsbesuch aus dem Jenseits, so hätten sie nichts zu bemängeln gefunden. Harold war wieder in Hemdsärmeln, – die afrikanische Hitze – doch diesmal schlüpfte er schnell in ein elegantes Seidenjackett. Er war sehr lebhaft, gerade erst seit vierzehn Tagen aus London zurück, wo er sich trotz der Hitze und der Menschenmassen gut amüsiert hatte, vor allem bei einem Diner, bei welchem »unser bezaubernder Prince of Wales« zugegen war. Kürzlich war ihm ein Literaturpreis in Neapel überreicht, und er war zum Ehrenbürger von Florenz ernannt worden. So viel Aufsehen und Ehrung zog eine ganze Menge von Langweilern an, – wie unbeholfene Bären auf der Suche nach Honig – doch er fühlte sich durchaus imstande, mit ihnen fertig zu werden. Vor kurzen hatte er auch in Zusammenarbeit mit einem Freund namens Edward Chaney einen Fremdenführer durch Florenz fertiggestellt, *Florence, A Traveler's Companion.* Wir plauderten und plapperten ein bißchen über Leute, tranken Gin Tonic und knabberten an winzigen Sandwiches, die uns ein Butler in einem weißen Jackett anreichte. Es gab keine Anspielung auf den melancholischen Moment bei unserem letzten Treffen. Wir sprachen sogar von den Pläsiren und Perversitäten des Sexus, wobei es mich überraschte, daß dieses Thema für einen Vierundachtzigjährigen noch immer einen Reiz hatte. Wir hatten uns vorher abgesprochen, daß ich nur auf einen Drink vorbeikommen sollte, da ich mich zum Essen mit Freunden in der Stadt verabredet hatte und Harold in der Hitze nicht ausgehen wollte. Kurz bevor ich ging, erwähnte er das Fortbestehen seines Übereinkommens mit der NYU, der er seinen Besitz als ein Zentrum für Renaissancestudien vermachen wollte. All die kniffligen juristischen Details seien zu seiner Zufriedenheit geregelt worden, und er schien darüber froh und gar nicht traurig, daß er sich dazu entschlossen hatte, obwohl er mit einem Lächeln bemerkte: »Das Leben hier ist jetzt wie ein magischer Widerspruch, denn nur mein Tod wird diesem Ort Leben verleihen.« Dann fügte er nach einer Pause dazu: »Ich habe keine Illusionen. Ich weiß ganz genau, daß ich wegen La Pietras in die Nachwelt eingehen werde, und nicht wegen einer Zeile, die ich geschrieben habe.« Diese Bemerkung klang ganz sachlich, und nicht wie eine larmoyante Abschiedsfloskel. Bald darauf stand ich auf, um mich zu verabschieden, und küßte Harold wie immer auf die Wange. Dann hinterließ ich ihn in der unwandelbaren Pracht und empfand großes Bedauern darüber, daß ich ihn mit großer Wahrscheinlichkeit nie wiedersehen würde.

Während ich den Hügel hinabfuhr, dachte ich über seine Abschiedsbemerkungen nach und fand sie zu meinem Leidwesen ganz und gar unzutreffend. Harolds Tod würde der Villa kein neues Leben schenken. Im Gegenteil. Nur durch sein Überleben war in der Villa La Pietra der überzeugende Eindruck noch gewahrt worden, daß ein lebendiger Zusammenhang mit einer Welt und einem Leben bestand, wovon die unverrückbaren Schätze und Gegenstände nur das flüchtige Dekor bildeten. Die Villa würde zum Museum werden, und allein schon die Existenz eines Museums betont ja gerade den entscheidenden Nutzen, den die Sterblichkeit des Menschen für die Menschheit hat, und überträgt überdies auf künftige Generationen das Vorrecht der Umgestaltung und Revision, mutatis mutandis, des kulturellen Nachlasses der Vergangenheit.

Ebenso war ich davon überzeugt, daß sich Harold bezüglich des Urteils der Nachwelt täuschte. Es ist unwahrscheinlich, daß man sich seiner La Pietras wegen entsinnen wird. Der Name Acton mag zwar mehr oder minder damit in Zusammenhang gebracht werden, aber Harold als Person gewiß nicht. Stifter, die sich auf ihre Schenkungen verlassen, auf daß sie ihnen zu posthumem Ruhm verhelfen, spielen mit dem Feuer eitler Selbstverherrlichung. Wer kennt heute noch, wen kümmert das Leben und die Person von Stiftern wie Oskar Reinhart, Lord Iveagh, Duncan Philips, oder auch des unseligen Henry Clay Frick? Und doch ziehen alljährlich ungezählte Menschenmengen hin, um die Villen zu besuchen, die sie als Museumsstiftungen hinterließen, in denen diese Sammler so viele Meisterwerke zusammentrugen. Und dort handelt es sich wirklich um Meisterwerke. In La Pietra gibt es leider Gottes nicht einmal ein einziges. Zwar befinden sich dort zahlreiche interessante und auch schöne Werke der Kunst, die in Zukunft für Kunsthistoriker von Interesse sein werden, aber keines davon ist von einem Künstler ersten Ranges, ja, nicht einmal von zweitrangigen Künstlern geschaffen. Sogar der angebliche Donatello, auf den Harold so stolz war, wird von kompetenten Fachleuten nicht als echtes Werk des Meisters anerkannt. Die Villa trug zu seinen Lebzeiten ganz erheblich zu Harolds Legende bei, doch die Zukunft, wenn die Villa voll von jugendlichen Studenten oder einfallslosen Touristen ist, die noch nie von den Sitwells, Norman Douglas oder Lady Cunard gehört haben, wird ihn einfach übergehen. Zweifellos werden sich Erforscher der neapolitanischen Geschichte Harolds entsinnen, sowie eine Handvoll von Leuten, die Interesse haben an den eigenbrötlerischen Grübeleien eines hochkultivierten Exzentrikers, der auf der künstlerischen und gesellschaftlichen Bühne seiner Zeit kleinere Nebenrollen spielte. Es ist jedoch fraglich, ob die Nachwelt viel für seine Memoiren übrig haben wird, denn, wie Raymond Mortimer so scharfsinnig bemerkte, mangelte es Harold an Entschlußkraft, um ein professioneller Schriftsteller zu werden. Er entwickelte nie einen gebietenden persönlichen Stil, und womöglich ist ja der Stil der Schlüssel zum Gedächtnis der Nachwelt. Sein Haupttalent galt dem gesprochenen, nicht dem geschriebenen Wort, und das ist sehr schade, denn so kunstvoll der Gobelin seiner Rede auch gewebt war, so ließ sich die Raffinesse seines Entstehungsmoments doch nicht verewigen. Selbst der schwindelerregendste Höhenflug der Redekunst hat vergängliche Schwingen. Die brillanten Epigramme Oscar Wildes, die blendenden Bonmots Cocteaus besitzen in niedergeschriebener Form nur scheinbare Vitalität, und Harold zählte nicht zu ihresgleichen.

Er lebte noch einige Jahre weiter in seinem unveränderten Prunk und wurde mit jedem Jahr, das verging, immer mehr zur Legende, der einzig Überlebende eines Reiches, das so manchem erschien wie das sagenhafte, versunkene Atlantis, in welchem noch Luxus, Schönheit und Ritterlichkeit herrschten. Seine Meinungen und Erinnerungen waren bei Kunsthistorikern, Biographen und Fernsehinterviewern gefragt. Der Besuch in La Pietra wurde für alle Besucher der Lilienstadt, die sich eines annähernd vollkommenen Aufenthalts dort rühmen wollten, ein notwendiger Punkt ihres Programms. Harold führte ab und zu Touristen noch immer auf einer Bahn, die so festlag wie die des Kometen Halley, durch die Gärten, und gab dazu den erläuternden Monolog, der sich seit vierzig Jahren nicht verändert hatte. Er wurde selbst jetzt noch hin und wieder gebeten, Artikel oder Buchbesprechungen für den *Spectator* oder *Books and Bookmen* zu schreiben. Doch die Villa verließ er so gut wie überhaupt nicht mehr.

Und dann begann seine Lebenskraft zu versagen. Stück um Stück verließ ihn seine körperliche wie seine geistige Spannkraft. Er begab sich auf sein Lager. Aus der legendären Figur wurde ein steinalter Mann, dessen brillante Konversation zu einem Flüstern geschrumpft, dessen Gedächtnis verwittert, dessen Bewußtsein sogar etwas willkürlich geworden war. Seine nächsten Freunde, die wenigen, die ihm noch blieben, kamen manchmal und setzten sich zu ihm an sein Lager. An manchen Tagen erkannte er sie, an anderen Tagen wiederum nicht. Das ein oder andere Mal versuchte er, ein altes neapolitanisches Lied anzustimmen, das er vor langer Zeit so geliebt hatte, doch kam jetzt nur ein erbärmliches Krächzen hervor. Während dieser letzten Monate, wachte Alexander umsichtig über ihn, beaufsichtigte die Arztvisiten und die Instandhaltung der Villa, er hielt Besprechungen mit Rechtsanwälten und Notaren bezüglich der Zukunft des Besitzes, er reiste mehrmals nach New York und handelte, wie allgemein bemerkt wurde, insgesamt so, als sei er Harolds Erbe, der er ja gar nicht war. Die Beamten des British Institute, das in Harolds Palazzo Lanfredini am Lungarno untergebracht war, hatten immer angenommen, das gesamte Gebäude würde ihnen eines Tages vermacht werden, wobei die Mieten der Läden und Wohnungen darin eine wichtige Einkommensquelle darstellten. Zu ihrer unliebsamen Überraschung erfuhren sie jedoch einige Monate vor Harolds Tod, daß eine gewisse Zahl von Geschäften und Wohnungen ohne Vorwarnung oder Erklärung kurzerhand verkauft worden waren. Das mußte ihnen seltsam vorkommen, war doch Harold stets ein großzügiger und enthusiastischer Förderer dieser Einrichtung gewesen, der er in nicht unwesentlichem Ausmaß für die Verbreitung und den Glanz seiner Legende zu Dank verpflichtet war. Doch wer weiß schon, was sich an Umkehr und Reue im benebelten Hirn eines Sterbenden abspielen mag.

Harold starb am 27. 2. 1994, nachdem er die letzte Ölung erhalten hatte, wie es seiner katholischen Herkunft entsprach, obwohl er sein Lebtag lang keine kirchlichen Bräuche befolgt hatte. Die Bestattung fand in der Kirche von San Marco statt, in der sich über vierhundert Teilnehmer dichtdrängten, darunter viele italienische Staatsbeamte, wie auch der britische Botschafter, stellvertretend für Prinz Charles. Das Zeremoniell war wunderschön und feierlich, reibungslos von

Alexander organisiert, mit herrlichen Blumen und passender Musik. Harold wurde auf dem Allori-Friedhof beigesetzt, neben seinem Vater, seine Mutter und seinem Bruder. Die Wichtigkeit und Würde, die seinem Tode beigemessen wurde, hätte Harold gewiß gefallen.

Durch des Schicksals schrullige Laune traf es sich, daß Harolds Tod beinahe auf den Tag genau zusammenfiel mit dem des letzten Überlebenden, der die Traditionen und Ideale der glücklichsten Zeit in Harolds Leben verkörperte. Am 28. 2. nämlich starb im fernen Peking der Prinz Pu Jie, der jüngere Bruder des letzten Kaisers von China und der letzte Sproß der Manchu-Dynastie, welche von 1644 bis 1911 regiert hatte. Die Verbotene Stadt, in der der Prinz als Kind gelebt und die später Harold im Verzückungstaumel durchstreifte, beherrschten nun die Führer eines tyrannischen Regimes, welche die Zivilisation, die diese beiden Männer verehrten, auf brutale Art verstoßen hatten. Das beinahe gleichzeitige Verscheiden dieser beiden Menschen scheint das Schwinden aus der Welt von Werten und Tugenden zu versinnbildlichen, die die Menschheit besser in Ehren gehalten und bewahrt haben sollte.

Wenn auch die zahlreichen Nachreden Harold gefallen hätten, so wäre ihm doch sicherlich auch Mißvergnügen daraus erwachsen, daß einige von diesen wieder einmal die »Blanche-Verleumdung« erwähnten, die ihn als das Modell der »dekadenten« Romanfigur in Evelyn Waughs Buch bezeichnet. Solange *Brideshead Revisited* noch gelesen wird, was noch für längere Zeit wahrscheinlich scheint, erlangt Harold durch die Identifikation mit der grotesken Ausgeburt der Phantasie des Fauns vielleicht eine Art von Unsterblichkeit. Bedenkt man dabei die wechselhaften Launen der Unsterblichkeit, dann mutet dies nicht einmal allzu übel an, denn so wenig er auch den Fortbestand dieses berüchtigten Ruhms schätzte, so schätzte er das Vergessenwerden doch noch sehr viel weniger.

Die Einzelheiten des Vermächtnisses an die NYU erregten viel Aufsehen in der Presse: sechs Villen auf siebenundfünfzig Morgen Land mit Blick auf Florenz, einschließlich der Kunstsammlung und einer Stiftung in bar von 25 Millionen Dollar. Dieser letzte Punkt überraschte Harolds sämtliche Freunde, die die Pfennigfuchserei der letzten Jahre erstaunt miterlebt hatten, aber seine Beteuerungen von finanzieller Not geglaubt hatten. Ein sehr, sehr reicher Mann war

Harold also gewesen und hatte dabei in den letzten Jahren etwas von einem Silas Marner angenommen, was die Legende dann doch ein wenig trübte. Alle nahmen an, daß Alexander großzügig bedacht worden war, doch wußte keiner, in wie weit, denn Harolds Testament zufolge sollte er lediglich den Schmuck erhalten, der Hortense und Harold gehört hatte.

Hauptbegünstigt war also NYU. Diese Einrichtung hatte ursprünglich ihre Freude und Dankbarkeit mit gebührend wohlgesetzter Rede bekundet, in der Aussicht auf das Vermächtnis. Nun, da er verschieden war, hatten die NYU Instanzen jedoch Gelegenheit, sich die bevorstehende Erbschaft näher zu besehen, und da regte sich doch ein gewisses Unbehagen. Den Bedingungen der ursprünglichen Übereinkunft zufolge, war der Universität eine gewisse Frist nach Harolds Ableben zugestanden, während der sie zu ihrer endgültigen Entscheidung kommen sollte, ob sie das Vermächtnis annehmen wolle oder nicht. Sollte sie es ablehnen, dann würde La Pietra dem Art Institute of Chicago angeboten – immerhin der Stadt, aus der das ganze Geld stammte. Bei genauer Betrachtung stellte sich jetzt heraus, daß Harolds hartnäckige Entschlossenheit, überhaupt nichts an der Villa zu verändern, ein drastischer, wenn auch zwanghaft bedingter Fehler gewesen war. La Pietra, das Gebäude, was darin war, sowie die Gärten waren alle in einem äußerst reparaturbedürftigen Zustand. Installationen und elektrische Einrichtungen waren seit über sechzig Jahren nicht ausgewechselt worden. Unbezahlbare Gobelins hingen in Fetzen herab. Das antike Mobiliar ächzte bedenklich, wenn man sich daraufsetzte. Erlesene Teppiche waren fadenscheinig geworden. In den Gärten waren die Statuen, Balustraden, Pergolas, Urnen und Bänke voller Risse und von Unkraut überwuchert. Harold hätte gut daran getan, ein oder zwei Millionen dafür auszugeben, um das Gut in einem Zustand zu hinterlassen, der der ehrfürchtigen Idee, alles in der überkommenen Verfassung zu bewahren, in etwa entsprach. Ist es denkbar, daß ihm der Verfall – und Verlust –, der nach und nach alles befiel, was ihm angeblich am teuersten war, schlichtweg entgangen ist? Einiges war tatsächlich trotz der ausgeklügelten Alarmsysteme aus der Villa entwendet worden. Zum Beispiel waren alle Briefe Evelyn Waughs an Harold verschwunden, das unschätzbare Dokument einer persönlichen und literarischen Intimität von vierzig

Jahren. Wer kann gewußt haben, daß sie wertvoll waren, oder wo Harold sie sorgfältig aufbewahrte? Es fehlte außerdem auch eine ganze Menge Tafelsilber. Und während Harold halbbewußt im Oberstock lag, bemerkten die Angestellten, daß kleine Gegenstände manchmal an Plätzen auftauchten, wo sie sonst nie gesehen worden waren, und bald sah man sie überhaupt nicht mehr. Unwillkürlich fragt man sich, aus welchen Motiven, die von unglücklichen, in den Kellergewölben des Bewußtseins hausenden Erinnerungen gestärkt wurden, er letztendlich das Wohl des väterlichen Erbes vernachlässigte, dem er doch so viel geopfert hatte. Vielleicht, weil er zuviel geopfert hatte.

Dann gab es noch ein anderes Dilemma, welches sich den künftigen Verwaltern La Pietras als einem Zentrum für Renaissancestudien stellte. Selbst dann, wenn die Villa, die Gärten und die Nebengebäude für den Gebrauch von Studenten ordentlich restauriert würden, welches akademische Material stünde ihnen denn zu ihrem Studium zur Verfügung, außer einer mittelmäßigen Kunstsammlung und natürlich den unvergleichlichen Schätzen der Stadt Florenz selbst. B. B. hatte es schlau angestellt, als er Harvard I Tatti ohne eine Geldstiftung vermachte, denn zusätzlich zu den offiziell anerkannten Meisterwerken hinterließ er eine beispiellose Bibliothek von fünfzigtausend Bänden, von den viele Seltenheitswert besaßen. Kein einigermaßen vernunftsbegabter Universitätsbürokrat kam an einem solchen Köder ungeschoren vorbei. Doch La Pietra besaß weder Bibliothek noch Meisterwerke. Sie besaß lediglich ihre eigene Schöheit und die intensive Erinnerung an eine Lebensart, die mittlerweile fast so weit zurückzuliegen schien wie das Renaissance-Zeitalter selbst.

Harold hatte beabsichtigt, seine 25 Millionen für immer zusammenzuhalten, und nur den Zins davon für die Instandhaltung der Villa und des Grundstücks verfügbar zu machen. Wird dies wohl genügen? Nichts davon soll veräußert werden, und zwei der anderen Villen sind an die Firma Olivetti verpachtet, die sie im Prinzip in ein paar Jahren aufgeben muß. Doch in Italien kann das Abtreten eines Vertrages zu einer sehr kniffligen Angelegenheit werden, vor allem, wenn eine Gesellschaft von einer Stärke wie Olivetti Vertragspartner ist. Der Präsident von NYU hat das Gesamtvermächtnis auf einen Wert von zwischen 500 Millionen und einer Milliarde Dollar geschätzt. Das ist eine gewaltige Menge Geldes, eine Summe, bei der es gewiß lohnenswert erscheinen muß, jeden noch so dubiosen Anspruch auf eine Beteiligung geltend zu machen. Harolds Furcht vor unberechtigter Habgier erweist sich also als durchaus begründet und die Frage der letztendlichen Verfügung seines Nachlasses ist dadurch noch weiter kompliziert. Außerdem hat die angebliche Halbschwester, vor der Harold auf Hortensia Serristoris Empfang fortlief, Prozesse in New York und Florenz angestrengt, und fordert die Hälfte der Erbmasse. Sollte sie diese Prozesse gewinnen, so müßten Villen, Grundstücke und Kunstwerke verkauft werden, um die Angelegenheit ein für alle Mal zu bereinigen. NYU würde sich kaum der Restbestände annehmen wollen, und ein Beamter der Universität hat bereits erklärt, daß sie nicht willens sei, für die Instandhaltung von La Pietra Geld auszugeben, das für Stipendien verwendet werden könnte. Wer würde das schon tun? Ist es im Bereich der Möglichkeit, daß La Pietra selbst zu einem kümmerlichen, unerwünschten Überrest von Harolds ambivalentem und zweitklassigen Traum verkommt? Die kommenden Jahrzehnte, um nicht zu sagen Jahrhunderte, werden beweisen, ob all die geschätzten Millionen ausreichen, um für ein bleibendes Gedächtnis zu sorgen, so daß sich am Ende herausstellt, in wie weit der finanzielle Aufwand dem menschlichen Preis für die Villa entsprach.

IN SANTO-SOSPIR

JEAN COCTEAU

# I

Eines morgens am Strand von Golfe-Juan fragte mich Picasso:
»Kennst du eigentlich Cocteau?« Ich antwortete, daß ich ihn nicht
kenne, worauf Picasso meinte: »Du solltest ihn ruhig einmal kennenlernen, für dich als Schriftsteller wäre das sehr nützlich. Außerdem, wenn du dir seinen Monolog angehört hast, brauchst du sein
nächstes Buch nicht zu lesen.«

Es war Mitte Juli, 1950. Ich verbrachte den Sommer in Villefran-
che-sur-Mer, einem etwa fünfundzwanzig Kilometer weit entfernten
Städtchen, das damals noch ganz unberührt war, und ich fuhr oft mit
dem Motorrad nach Vallauris, um Picasso zu besuchen, der mit
Françoise Gilot und den beiden kleinen Kindern, Claude und Paloma,
in einem sehr bescheidenen Haus namens La Galloise wohnten, oder
an den Strand von Golfe-Juan, wo sie fast jeden Tag schwimmen gingen. Das in Villefranche gemietete mittelmäßige Apartment teilte ich
mit einem jungen Franzosen namens Bernard Minoret. Er fuhr ungern
mit mir mit, da der Rücksitz meines Motorrads ihm zu unwürdig und
auch unsicher war, aber gelegentlich begleitete er mich doch, vor allem,
wenn ich Picasso besuchen ging. So kam es, daß er dabei war, als
Picasso mir den Vorschlag machte, Jean Cocteau kennenzulernen. Ich
war mir dabei etwas unsicher.

»Aber wie sollte ich das denn anstellen?« wandte ich ein. »Ich
kann doch nicht einfach zu ihm gehen und an der Tür klingeln,
selbst wenn ich wüßte, wo er wohnt, und erwarten, daß er mich dann
freundlich einlädt?«

»Und wieso zum Teufel eigentlich nicht,« rief Picasso lachend, »Bei
mir hast du's doch auch so gemacht, und sieh nur, wie gut das
geklappt hat. Du sagst Cocteau einfach, daß ich dich geschickt habe,
und du wirst schon sehen, alles wird gut gehen.«

»Vielleicht,« sagte ich, obwohl ich jetzt nicht mehr dieselbe Vermessenheit besaß. »Aber es wäre mir peinlich, ich wüßte gar nicht, was ich sagen sollte.«

»Umso besser,« rief Picasso, »Cocteau redet sowieso die ganze Zeit. Er bewohnt irgendwo auf dem Cap-Ferrat die Villa einer reichen Dame, die Weisweiller heißt. Das ist nicht weit von Villefranche. Wenn du sogar mich finden konntest, kannst du ihn gewiß auch finden. Du fährst mit deinem Motorrad einfach hin und sagst, ich hätte dich geschickt. Cocteau wird sich freuen, dich zu sehen, das verspreche ich dir.«

»Naja,« sagte ich zweifelnd, »wenn du meinst, kann ich es ja mal versuchen.«

»Und wenn du ihn triffst,« fügte Picasso noch hinzu, »dann vergiß nicht, ihm meine herzlichsten Grüße auszurichten. Es ist schon so lange her, daß wir uns gesehen haben. Er war einer meiner Trauzeugen. Anno dazumal. Die anderen sind alle tot. Und vielleicht würde er auch ganz gern mit dir auf deinem Motorrad spazierenfahren.«

»Sogar Bernard vermeidet lieber dieses Risiko.«

»Es gibt kaum ein Risiko, daß Jean nicht eingige, um vom Jungbrunnen zu trinken. Vielleicht lernst du auch Jean Marais kennen. Aber ich glaube, er hat jetzt einen neuen Freund, was im übrigen nicht viel ausmacht. Sie sind sowieso alle ein und dieselbe Person.«

Picasso beschäftigte sich weiter damit, groteske Masken in den feuchten Sand zu zeichnen, die von jeder neuanrollenden Welle wieder fortgewaschen wurden. Zu meiner Erleichterung wurde nicht mehr von Cocteau gesprochen.

Ich verspürte nicht den geringsten Wunsch, die Bekanntschaft dieses berühmten Schriftstellers zu machen, was merkwürdig war, da ich von zartem Alter an davon träumte, Menschen zu treffen, die für ihre große kreative Leistung bekannt geworden waren, und es noch gar nicht so lange her war, daß ich mir die Mühe gemacht hatte, mit Hilfe eines gemeinsamen Freundes ein Treffen mit Somerset Maugham zu arrangieren, der ebenfalls auf Saint-Jean-Cap-Ferrat wohnte, und mich schließlich mit wohlwollender Verbindlichkeit empfing. Es ist auch seltsam, daß mir Picassos Vorschlag nicht unangebracht erschien, da er mich schließlich auch zu Gertrude Stein geschickt

hatte, nur um mich nachher dafür zu tadeln, daß ich von ihr eingenommen war. Doch Picassos Zauber lag zum Teil eben darin, daß
er den Anschein zu erwecken verstand, als sei eine jede seiner Ansichten oder Ideen völlig spontan entstanden und daher ohne Arg.

Wie auch immer, Cocteau bedeutete mir damals herzlich wenig.
Ich hatte einige seiner Filme gesehen, ihr technisches Raffinesse und
ihren modernen Romantizismus bewundert, hatte aber nicht den Eindruck gewonnen, als seien sie von tiefem oder bleibendem ästhetischen Wert. Auf Bernards Drängen hatte ich aus seinem literarischen
Schaffen nur ein einziges Werk gelesen, *Le Grand Ecart*, das mir,
obwohl es stilistisch durchaus beeindruckend und voll scheinbarer
Weisheit war, hauptsächlich eine Darstellung von Geist und Einfallsreichtum um des Selbstzwecks willen zu sein schien. Von Cocteau kannte ich am besten, was mir am wenigsten gefiel: er war eine
international gefeierte Persönlichkeit, und jeder kannte ihn, weil er
jeden kannte. Sicher war Picasso noch berühmter als Cocteau, aber
damals hing ich an dem unbedingten Glauben, daß sein Ruhm nur
die natürliche und gebührende Folge seines Genies war. Ich hatte zu
viele übertrieben manierierte Photos von Cocteau in Modezeitschrif-
ten gesehen, und ich empfand sein Auftreten in der Öffentlichkeit
vielfach als pseudo-poetisch.

Und doch hätte ich es als Homosexueller eigentlich sympathisch
finden sollen, daß Cocteau sein Lebtag lang seine Homosexualität
offen auslebte, denn, wie mir nur allzugut bekannt war, war das
damals weit schwieriger und weniger verbreitet, als es heute ist. Trotzdem, nach dem, was ich über den Homosexuellen Cocteau wußte –
seine ambivalente Beziehung zu Raymond Radiguet, seine wohlbekannte Liaison mit Jean Marais, die Veröffentlichung koketter Ero-
tika usw. – nahm ich an, daß bei ihm auch dieser Lebensbereich nach
den Geboten der Affektiertheit und berüchtigten Berühmtheit ausgerichtet war. Ich hatte sogar einige Monate zuvor in Paris auf einer
Party, auf der  Cocteau kurz auftauchte, die Gelegenheit, ihn mir
persönlich zu betrachten. Er war in Begleitung eines ausnehmend
hübschen, blonden Jungen, und beide trugen identische Kamelhaar-
mäntel, die sie weder ablegten noch aufknöpften, obwohl der Raum
voll und überhitzt war. Es war eine Party von Theaterleuten in der
Hauptsache, zu der mich meine Freundin Arletty eingeladen hatte,

so daß Cocteau natürlich die Mehrzahl der Anwesenden kannte, und sie mit überschwenglichen und schicken Kosenamen begrüßte – »mein Schatz«, »mein Engel«, »mein Süßer« – und viele zur Begrüßung auf die Wange küßte. Der hübsche junge Mann hielt sich eng an Cocteau, sprach fast überhaupt nicht, obwohl Cocteau ihn all seinen Gesprächspartnern ostentativ vorstellte. Trotzdem schien er mir sozusagen als unpersönliches Anhängsel zu Cocteaus eigenem Auftritt zu dienen und entsprechend behandelt und vorgeführt zu werden, und ich fand seinen Ausdruck sowohl reserviert als auch mürrisch. Ich wurde keinem der beiden vorgestellt, aber die Meinung, die ich mir an jenem Abend bildete, erweckte in mir kein Verlangen nach einer Bekanntschaft mit Jean Cocteau.

Bernard vertrat dagegen eine ganz andere Ansicht. Da er mit mir zusammen am Strand gewesen war, als Picasso seinen Vorschlag zur Güte machte, glaubte er, es beträfe ihn ebenso wie mich, daß er einfach bei Cocteau vorsprechen solle. Kaum hatten wir den Strand verlassen, als er mich zu drängen begann, doch auf Picassos Vorschlag einzugehen. Ich wich der Sache aus. Von unserem Apartment in Villefranche war Cap-Ferrat einige Meilen über die Bucht hinaus deutlich sichtbar, seine stattlichen Villen inmitten ihrer terrassenförmig angelegten Gärten, eine üppige Luxusenklave, die ein Ambiente von Wohlstand und Prominenz, und ein Leben von aufwendiger, aber lässiger Eleganz suggerierte. Als Ort, wie als Symbol stand Cap-Ferrat für Existenzbedingungen, die genüßlichste Phantasien hervorzurufen geeignet waren, zu denen ich aber in mir selbst keinen relevanten Bezug entdecken konnte, wohingegen Bernard das Gefühl hatte, allein der ordinäre Zufall trage die Schuld daran, daß ihm ein Leben in ganz großem Stil nicht beschieden war. Daher erschien es auf unheimliche Weise passend, daß wir Cocteau bald durch Zufall und durch Bernards Initiative kennenlernen sollten.

Als wir eines nachmittags in der Altstadt von Villefranche spazieren gingen, flüsterte Bernard mir plötzlich zu: »Schau mal, da ist Cocteau.«

Unweit von uns stand eine Gruppe von drei Leuten, zwei Männer und eine junge Frau. In dem älteren Mann erkannten wir sofort Cocteau, während der jüngere jener hübsche Blonde von der Party in Paris war, nur, daß jetzt seine Haare nicht mehr blond, sondern braun waren. Er mußte um die fünfundzwanzig sein, breitschultrig und gutgebaut. Die junge Frau war schlank und zierlich, elegant gekleidet in Hosen und einem Seidenhemd, mit langen blonden Haaren und scharlachrotem Lippenstift.

»Ich gehe jetzt hin und spreche mit Cocteau,« sagte Bernard und schritt auf das ahnungslose Trio zu. Ich hielt mich im Hintergrund, um nicht für irgendwelche aufdringlichen Vertraulichkeiten verantwortlich gemacht zu werden. Aber jetzt, da ein Treffen unvermeidlich schien, zu dem ich in keiner Weise beigetragen hatte, bei dem ich überdies als höflich zurückhaltende Begleitung zu Bernards diplomatischen Schritten auftreten konnte, da schien es mir doch auf einmal recht wünschenswert, mit Cocteau bekannt zu werden.

Aus meiner sicheren Distanz beobachtete ich wie Bernard sich Cocteau vorstellte, mit der servilen Leutseligkeit und übersteigerten Höflichkeit, mit welcher der mittelständische Franzose seinen Anspruch auf Verehrung bekundet. Cocteau entgegnete ihm entsprechend, doch mit solch gekonntem Schwung und glücklich gewähltem Ausdruck, daß ich sogar aus der Entfernung erkannte, wie Bernard auf berückende Weise in seine Schranken gewiesen wurde: als einer der unzähligen jungen Männer, deren ganzer Daseinszweck sich als eine beiläufige Begegnung mit dem großen Manne definieren ließe. Man gestikulierte in meiner Richtung, und obwohl ich mich der kleinen Gruppe mit artiger Zaghaftigkeit näherte, konnte ich die Situation umso leichter und besser genießen, da ich nicht für sie verantwortlich war. Dieses genüßlich kindische Mißverständnis war ein passender Beginn für meine Freundschaft mit Cocteau.

Bernard machte uns bekannt, und erläuterte, daß ich ja eigentlich der Freund sei, dem Picasso ein Treffen mit Cocteau angeraten hatte. Cocteaus berühmter Charme manifestierte sich unverkennbar, als er mir die Hand schüttelte, seine Freude höflich zum Ausdruck brachte und sich nach seinem alten Freund erkundigte. Ich antwortete, Picasso habe vor allem betont, er wolle seinen alten Trauzeugen ganz herzlich grüßen lassen. Cocteau schien sich gern zu erinnern, versäumte deshalb aber nicht, mich unverzüglich der jungen Dame vorzustellen, die Madame Weisweiller hieß, wie auch dem jungen Mann, Edouard Dermit. Es folgten einige Minuten des Austausches zweckdienlicher Information, Bernard und ich erklärten, wo wir wohnten, wie lange wir uns voraussichtlich in Villefranche aufzuhalten gedachten, usw, zum offensichtlichen Zweck der Vereinbarung eines Wiedersehens, da dieses zufällige Treffen kaum das bedeutsame Anliegen erfüllen konnte, das durch die Tatsache gegeben war, daß Picasso unser Treffen für wünschenswert hielt. Cocteau brachte es ohne wahrnehmbare Anstrengung zuwege, der Zufälligkeit dieses Augenblicks den Nimbus erlesener Auserwähltheit und außerordentlichen Vergnügens zu geben, und vermittelte das Gefühl, dies habe nicht nur mit seiner Teilnahme daran zu tun, sondern auch mit unserer Gegenwart. Die bezaubernde Natürlichkeit, mit der dies angedeutet und vermittelt wurde, machte diese kurze Begegnung zu einer vielversprechenden Garantie für Künftiges. Man einigte sich daraufhin, daß Bernard und ich am folgenden Spätnachmittag auf einen Drink zu Madame Weisweillers Villa, Santo-Sospir, am Ende von Cap-Ferrat kommen sollten. Dann trennten wir uns mitten auf der Straße, nach einem Gespräch von weniger als fünf Minuten.

Wir waren in Hochstimmung. Wir empfanden beide, daß Cocteaus prompte, herzliche Einladung einen gewissen Vorgeschmack der Ehrung vermittelte, die, wie wir annahmen, seine Freundschaft bedeuten mußte. So bestiegen wir also am folgenden Nachmittag mein Motorrad und fuhren nach Cap-Ferrat hinüber, eine Entfernung von nur fünf oder sechs Kilometern, fanden auch ohne Probleme die Villa Santo-Sospir auf dem äußersten Ende der Halbinsel, gleich neben dem Leuchtturm, etwas unterhalb von Maugham's Villa Mauresque. Im fünfzehnten Jahrhundert hieß Cap-Ferrat Saint-Soupir – heiliger Seufzer – und vermutlich war die Weisweiller Villa von ihren ursprünglichen Besitzern – Spaniern? – Santo-Sospir getauft worden, um daran zu erinnern. An einem Steilhang gelegen, das letzte Haus, das aufs Meer hinausblickte, war Santo-Sospir keine sehr eindrucksvolle Residenz. Ganz weiß, umgeben von üppigem Buschwerk, wirkte das Haus von außen ungewöhnlich bescheiden und architektonisch unauffällig, verglichen mit den herrschaftlichen, zwischen Pinien versteckten Villen der nahen Umgebung. An der Vorderseite des Hauses war ein weiter Kiesplatz zum Parken. Dort ließen wir mein Motorrad stehen und klingelten an der Haustür. Cocteau erschien höchstpersönlich in einem weißen Frottee-Bademantel über blauer Hose und blauem Hemd, um uns einzulassen, und empfing uns mit solchen Begeisterungsrufen, daß man unsere Ankunft fast für eine Überraschung hätte halten können. Daran gewöhnte ich mich später. Wir traten durch eine luftige Eingangshalle und kamen in den Salon, der obwohl nicht sehr groß, doch den Eindruck unermeßlicher Weite machte, weil er direkt auf eine Terrasse zuführte, die ungehinderte Aussicht auf das Mittelmeer erlaubte, bis hin zum fernen Horizont. Die Einrichtung war einfach, aber exotisch: Korbstühle von ungewöhnlicher Form, leichte Beistelltischchen, geblümte Teppiche und Behänge, Kitschvasen auf dem Kaminsims, welches alles einen unerwarteten und recht bizarren Eindruck von exzentrischem Luxus vermittelte. Cocteau hatte bereits mit dem Bemalen der Wände der Villa begonnen, die er nach und nach komplett in einen Ausstellungsraum für seine persönliche Bilderwelt verwandelte. Sogar die Lampenschirme wurden nach und nach mit Profilen grübelnder Jünglinge bemalt.

Im Salon wurden wir von unserer Gastgeberin, Madame Weisweiller, begrüßt, die wir mit ihrem Vornamen, Francine, anzusprechen aufgefordert wurden, sowie von dem schönen Dermit, der auch auf den Namen Doudou hörte, gemäß Cocteaus Gewohnheit, seinen Liebhabern etwas infantile Kosenamen zu verpassen. Wir saßen draußen auf der Terrasse unter einer Markise. Unter uns erstreckten sich Gärten mit ihrer blumigen Vielfalt zum Meer hinab. Überall standen verteilt in Barockvasen riesige Sträuße von Tuberosen, deren schwerer Duft den späten Nachmittag mit noch zusätzlicher Schwüle tränkte. Cocteau mixte die Drinks, ohne sich zu erkundigen, was die einzelnen wünschten oder nicht wünschten: hohe, vereiste Gläser mit Fruchtsäften, Eiswürfeln und Gin, köstlich. Langsam an unseren Gläsern nippend, während der Rauch unserer Zigaretten sich träge in dem schrägeinfallenden Sonnenlicht verteilte, kamen wir uns vor, als schwebten wir in einem Märchenland privilegierter Zivilisation.

Picasso hatte recht gehabt. Cocteau redete die ganze Zeit, legte nur hin und wieder eine Pause ein, damit man ihm zustimmen konnte, und somit möglicherweise ein Sprungbrett zu einer Variation des Monologs entstand. Seine Gespräch war bezaubernd, lebhaft und geistreich, und obwohl das Publikum nur zu symbolischer Teilnahme daran aufgefordert war, fühlte man sich als Zuhörer doch unabdinglich, umflutet vom Lichte Cocteaus Brillanz und folglich mit ihm in den Lichthimmel historischer Bedeutsamkeit emporgetragen. Ich empfand dies alles als schwindelndes Entzücken, doch Bernard fühlte sich, wie allmählich deutlich wurde, einfach übergangen. Ein oder zweimal, als Cocteaus Rede kurz an einem Kreuzungspunkt landete, versuchte Bernard, seine eigenen Ansichten einzubringen, die den Diskurs in eine von ihm gewählte Richtung gelenkt und Cocteau somit gezwungen hätten, sich einem nicht von ihm selbst bestimmten Gesprächsaustausch zu unterwerfen. Nun war aber unter all den Männern, die ich je gekannt habe, mit der möglichen Ausnahme von Charles de Noailles, Jean Cocteau mit Sicherheit der allerhöflichste. Er war auch der unübertroffene Meister der quecksilbrigen Rede, so daß es ihm mit vollendeter Höflichkeit gelang, Bernards Ansichten in den Schwung seines Redeflusses einzubauen, wobei er gleichzeitig die zarteste Andeutung im Raum schweben ließ, daß unnötigerweise eine ganz geringfügige Ablenkung stattgefunden hatte. Dies geschah auf so subtile Art und Weise, daß es so gut wie unmerklich blieb, und ich bemerkte in der Tat nichts davon, bis Bernard mich später mit einiger Schärfe darauf hinwies. Ich fand daran überhaupt nichts Bemerkenswertes, aber ich hatte ja auch nie Saint-Simon gelesen, verstand nichts von Protokoll und hielt mich in Fragen gesellschaftlicher und intellektueller Nuancen nicht für urteilskompetent. Während der Nachmittag köstlich zur Neige ging, schien der Duft der Tuberosen noch mehr anzuschwellen, dann zog die Sonne orangerote Schlieren über das Meer, eine Stille legte sich über die Gärten, und leider war es an der Zeit, sich voneinander zu trennen. Cocteau lud uns ein wiederzukommen, bestand darauf, daß man sich schon recht bald wiedersehen solle, vielleicht zum Lunch in einem der Hafenrestaurants in Villefranche, wo er ein Vierteljahrhundert zuvor glückliche Stunden verbracht hatte. Er schrieb die Telephonnummer der Villa für uns auf einen Zettel – 25128 – und setzte nur seinen Vornamen Jean dazu, welchen er mit einem kleinen Sternchen versah. Wir versprachen einander, uns bald wieder zu treffen. Francine und Doudou waren ebenso freundlich. Man hatte fast den Eindruck, daß sie ein wenig einsam waren, dort in ihrem duftenden Paradies. Es dauerte noch einige Zeit, bis ich erfuhr, mit welchem Duft sie ihre Einsamkeit bekämpften und sich den Zugang zum Paradies sicherten. In der silbrigen Dämmerung bestiegen Bernard und ich mein Motorrad, rutschten über den Kies und brausten davon.

Damals wußte ich so gut wie nichts über Jean Cocteau, während Bernard so gut wie alles wußte und mir erzählte, was ich wissen mußte. Cocteau war es gelungen, sich im Alter von achtzehn Jahren in Paris einen Namen zu machen, indem er seine Dichtungen einem erlesenen Publikum durch die damals berühmtesten Schauspieler vortragen ließ. Die Dichtung war unbedeutend, wurde nie neuverlegt, aber der Ruhm war das Wahre, und dieser war es, den er begehrte. Er wollte als Genie anerkannt werden, als Poet von Weltrang, der das bescheidenste Material oder Medium durch die poetische Kreativität seiner Phantasie umzugestalten vermochte. Und genau das war ihm auch in etwa gelungen. Als Dichter, Romanautor, Dramatiker, Drehbuchschreiber und Regisseur, Zeichner, Designer von Postern, Keramik, Stoffdruck, Mosaiken, Modeschmuck und weiß-der-Himmel was noch, wurde er zum Inbegriff der berühmten künstlerischen Persönlichkeit. Avantgarde Neuerungen und offen ausgelebte Romanzen mit schönen jungen Männern: alles wurde aufgrund seines ungewöhnlichen und geistreichen Charmes von der Elite der Gesellschaft, die er so hartnäckig umwarb, bereitwillig akzeptiert. Diaghilew, Strawinsky und Picasso waren seine Idole. Man muß ihm zugute halten, daß er ein unfehlbares Gespür hatte für das Beste, und es gelang ihm, mit allen Dreien einen überzeugenden Anschein von Freundschaft, ja sogar Zusammenarbeit herzustellen, aber es gab natürlich auch Schwankungen auf diesem Wege. Schick und erfolgreich, von einem immer zahlreicheren Publikum gefeiert, gefiel es ihm auch zu schockieren, um, wie er sagte, herauszufinden, wie weit er gehen könne, ohne zu weit zu gehen. Er rauchte Opium, unterzog sich Entziehungskuren, die ebenso viel Publicity bekamen wie sie erfolglos waren, erhielt gelegentlich Vorladungen von der Polizei, und prunkte mit der ausgelassenen Andersartigkeit seines Privatlebens zu einer Zeit, da soviel Freizügigkeit von der Obrigkeit noch durchwegs mißbilligt wurde. Doch befand er, daß ein Dichter auf keine Obrigkeit Rücksicht zu nehmen brauche, es sei denn auf sein eigenes edles Vorrecht, Schöpfungen hervorzubringen und nach den Eingebungen seiner Muse zu handeln, um die Menge zu ergötzen.

Bernards Bewunderung für den berühmten Autoren war jedoch keineswegs so uneingeschränkt, als daß er nicht eine gewisse frivole Tendenz in Cocteaus übermächtigem Wunsch kritisiert hätte, um jeden Preis zu gefallen, was ihn zur Empfehlung allzuvieler Mittel-mäßigkeiten verleitet hatte, und zu Kompromissen, die vom Drang nach Erhöhung seiner eigenen Reputation motiviert waren, wie auch sein fehlendes Engagement für die so drängenden moralischen Nöte seiner schwierigen, problembeladenen Zeit. Was die Liebhaber anging, so hatte Bernard natürlich keinerlei Einwand, es sei denn, daß es Zei-ten gegeben hatte, da einige von ihnen Cocteaus Drogensucht der-art förderten, daß er nicht mehr schreiben konnte. Jean Marais, der sensationell gutaussehende Schauspieler, der Doudou vorausgegangen war, zählte allerdings nicht zu diesen, er war von allen wahrschein-lich der Anständigste, der Cocteau am aufrichtigsten zugetan war und insgesamt einen guten Einfluß ausübte.

Weder Bernard noch ich wußten damals Viel über Francine Weis-weiller, obwohl das Gerücht umging, sie habe in einem Schönheits-salon gearbeitet, bevor sie den unermeßlich reichen Alec Weisweiller heiratete, dessen Vermögen von der Shell Oil Company herrührte. Die Tatsachen waren prosaisch genug. Francine war eine Tochter der wohlhabendem jüdischen Familie Worms. Mit siebzehn ging sie in die Ehe, hatte aber nach zwei Jahren den Ehemann satt und ließ sich von ihm scheiden, zur Entrüstung ihrer ganzen Familie, die sie gewissermaßen enterbte. Auf sich selbst gestellt, fand sie Anstellung in einem Schönheitssalon, und es heißt, daß sie damals  Opium zu rauchen begann. Da sie ausgesprochen attraktiv war, fand sie reiche Freier, unter ihnen Guy de Rothschild und Alec Weisweiller, beide dummerweise verheiratet. Alec war aber derart vernarrt, daß er sich von seiner Frau scheiden ließ und Francine ehelichte. Nach noch nicht einmal zwei Jahren erwies es sich jedoch, daß diese Verbindung nicht verträglicher war als die erste, obwohl eine Tochter Caroline aus der Ehe hervorging. Die Scheidung von einem so reichen Ehe-mann wie Alec scheint Francine auch nicht gepaßt zu haben, und so gingen beide einfach getrennte Wege.

Cocteau betrat das Leben der Madame Weisweiller ihres Vermö-gens wegen. 1949 war er stark mit einer Verfilmung seines Romans *Les Enfants terribles* beschäftigt. Einige Szenen wurden in der palast-artigen Weisweiller-Residenz am Place des Etats-Unis, Nr. 4 gedreht, da Francine die Cousine der Hauptdarstellerin war, einer jungen Frau namens Nicole Stéphane, née Rothschild. Doch das Leben einer vermögenden jungen Dame der Gesellschaft erwies sich für Francine als weniger befriedigend als sie sich erhofft hatte, und zum Teil mag dies daran gelegen haben, daß sie in den gesellschaftlichen und intellektuellen Elitekreisen der Hauptstadt keine Aufnahme fand. Die Aussicht, einen Mann wie Cocteau kennenzulernen, der selbstredend über Ruhm und Zutritt verfügte, erscheinen ihr wohl als die Chance, die sie sich nicht entgehen lassen wollte, und so ließ sie es taktvoll durchsickern, daß sie sich gern durch finanzielle Unterstützung an der Produktion von *Les Enfants terribles* beteiligen wolle, sofern irgendwelche Schwierigkeiten aufträten. Glücklicherweise traten solche auf. Francine stiftete eine große Summe, und sie tat noch mehr. Als die Produktion beendet war, lud sie Cocteau und seinen Hauptdarsteller, welcher Edouard Dermit war, ein, sich von den Strapazen der Filmerei in ihrer Villa Santo-Sospir an der Riviera zu erholen. Sie kamen für zehn Tage und blieben mehr oder minder für zehn Jahre. Um seiner Dankbarkeit für diese ungewöhnlich großzügige Gastfreundschaft Ausdruck zu verleihen, begann Cocteau die Villa seiner Gastgeberin in einen Mikrokosmos seiner »graphischen Poesie«, wie er gern sagte, zu verwandeln. Francine war höchst entzückt. Berühmte Persönlichkeiten kamen ihren berühmten Gast besuchen. Das Telephon läutete den ganzen Tag. Unmengen von Briefen trafen ein, die Cocteau gewissenhaft beantwortete. Man lud sie auf amüsante Gesellschaften ein. Es gab wunderschöne Ausflüge auf Francines Segelboot. Und Doudou wie auch Jean erwiesen sich als angenehme Gesellschafter.

Der Weg, den Edouard Dermit von seinem Geburtsort nahe Triest bis zur Villa Santo-Sospir zurücklegen mußte, war wesentlich umwegsamer, um nicht zu sagen abwegiger als der seiner beiden Gefährten. Er kam 1925 als Sohn einer Arbeiterfamilie auf die Welt und übersiedelte noch als Kind mit seinen Eltern von Norditalien nach Nordfrankreich, wo sein Vater in den Kohlebergwerken Arbeit fand. Er genoß gerade ausreichende Schulbildung, um einen annehmbaren Brief schreiben und korrekt Französisch sprechen zu können, doch das wars auch schon. Er verstand überhaupt nichts von dem, was man als Geisteswissenschaft bezeichnet, und sehr viel Geist herrschte in seiner Erziehung und frühen Jugend nicht vor. Mit vierzehn oder fünfzehn Jahren folgte er seinem Vater hinab in die Gruben, wo die

Arbeit mörderisch war, die Furcht vor tödlichen Unfällen ein steter Begleiter und die Sorge um die Wohlfahrt der Bergarbeiter vernachlässigt worden ist. Zu diesen Härten kamen noch die Widrigkeiten des Lebens unter der Nazibesatzung hinzu, als es fast unmöglich war, anständiges Essen aufzutreiben, und in dem häßlichen, dreckigen Bergarbeiternest so gut wie keinerlei Vergnügungsmöglichkeiten existierten. Was der junge Edouard ursprünglich an persönlicher Initiative, Entschlußkraft oder Lebensfreude besessen haben mochte, war ihm bis zu seinem zwanzigsten Geburtstag ziemlich gründlich ausgetrieben worden. Doch besaß er einen Vorteil, der, mit minimalem Einfallsreichtum und maximalem Glück angewendet, sein ganzes Leben verändern konnte, so als wolle die Natur die grausamen, oft so unüberwindlichen Schicksalshärten gelegentlich wiedergutmachen. Er besaß nämlich sein ungewöhnlich gutes Aussehen, mit einem Engelsgesicht – eines gefallenen Engels vielleicht, mürrisch mitunter und verschlossen, doch stets schön – und die harte Arbeit hatte das herrliche Haupt noch durch die klassische Physis eines hellenistischen Athleten ergänzt. Doch all diese körperlichen Vorzüge waren in der erbarmungslosen Umgebung des Bergwerks von denkbar geringem praktischen Vorteil. Seine Vorzüge, solche, wie sie nun einmal waren, erforderten das dichtgedrängte, konkurrrenzbietende, anonyme und vieldeutige Umfeld einer Metropole. Kurzum, Paris war das einzige Ziel, das ihm Zuflucht vor einer mühsamen und unersprießlichen Zukunft bieten konnte. Es erforderte jedoch Mut, um sich den Unsicherheiten der Großstadt auszusetzen, und der von der Natur so reich bedachte Jüngling besaß nicht die seiner Körperkraft entsprechende Charakterstärke. Vielleicht hatte die Unterwelt der Bergwerke seine geistig-moralischen Kräfte ausgelaugt. Zumindest war er von Natur aus formbar und passiv und dadurch ganz ideal für die Rolle geeignet, welche ihm die Umstände zuspielen sollten, sofern man annehmen mag, daß ein Ideal irgendetwas damit zu tun hatte. Nachdem er den Mut gefunden hatte, den Norden zu verlassen und sich nach Paris zu begeben, sah er sich nach einer Arbeit um. Doch in der Hauptstadt, die sich gerade erst von den Kriegswirren zu erholen begann, war das nicht so einfach, und der junge Neuankömmling, der etwa einundzwanzig gewesen sein mag, hatte keinerlei Befähigung außer dem, was er im Bergbau gelernt hatte, welches ihm in

Paris herzlich wenig nutzen konnte. Er, der harte Arbeit nicht scheute, fand heraus, daß sein nützlichster Vorzug, nämlich sein blendendes Aussehen, so gut wie keine Mühe erforderte. Eine Zeitlang trieb er so von einer Erfahrung zur nächsten, bis ihn sein Glück zu einem Verleger und Buchhändler führte, der Paul Morihien hieß, dessen Geschäft sich im Kaufhaus Palais Royal befand. Morihien aber war ein Freund Cocteaus, der, wie es sich traf, in der Nähe wohnte. Er stellte den zweiundzwanzigjährigen Edouard dem berühmten siebenundfünfzigjährigen Schriftsteller vor. Die Leidenschaft muß sich auf den ersten Blick eingestellt haben, wie Hadrian, als er Antinous zum ersten Mal erblickte. Überdies hatte inzwischen Cocteaus Beziehung zu Jean Marais an Intensität verloren, und der Schauspieler lebte auf einem Hausboot an der Seine mit einem amerikanischen Ballettänzer namens George Rech zusammen. Cocteau hatte vor nicht allzulanger Zeit ein schönes Landhaus erstanden, keine siebzig Kilometer vor Paris, in dem kleinen Städtchen Milly-la-Forêt. Er schlug Dermit vor, nach Milly zu gehen, um die Gärten des Schriftstellers zu pflegen, die hauptsächlich aus einer beachtlich großen Rasenfläche und einigen Hecken bestanden. Dieses Angebot muß dem jungen Mann wohl ehrbarer erschienen sein als die übrigen, die er bisher erhalten hatte, so daß er einwilligte. Cocteau hatte von Morihien natürlich die Einzelheiten von Dermits Pariser Aufenthalt erfahren, so daß es fragwürdig scheint, daß er allen Ernstes für den schönen jungen Mann eine Zukunft als Gärtner voraussah. Sehr bald schon war Doudou aus dem Garten ins Haus gezogen und bekam eine kleinere Rolle in Cocteaus Theaterstück *L' Aigle à deux têtes*. Eine wesentlich bedeutendere Rolle spielte er in dem nächsten Cocteau-Film *Orphée*, und man kann annehmen, daß seine Rolle in Cocteaus Leben zu der Zeit eine noch bedeutendere geworden. Die beiden wurden für die nächsten sechzehn Jahre unzertrennlich. Doudou bekam die Hauptrolle in *Les Enfants terribles*, mit Nicole Stéphane als Partnerin, und mit dieser Leistung wurde es wohl eindeutig, daß er als Schauspieler keine Zukunft hatte. Als sie in den Süden fuhren, nach Cap-Ferrat, schlug Jean vor, Doudou könne sich vielleicht der Malerei als Berufung widmen, was er auch gehorsam, wenn auch leicht gelangweilt tat.

Um nicht zu ungestüm oder aufdringlich zu erscheinen, wartete ich ein paar Tage, bevor ich die Nummer, die Cocteau mir gab, wählte. Außerdem schien es Bernard mit dem Wiedersehen des von ihm aufrichtig verehrten Schriftstellers überhaupt nicht eilig zu haben. Doch es verging keine Woche, bis ich in der Villa Santo-Sospir anrief. Cocteau schlug vor, daß wir uns in zwei Tagen in einem Restaurant im Hafenviertel von Villefranche zum Lunch treffen sollten. Er kannte natürlich die Lokalbesitzer, die über den Besuch ihres berühmten Gastes begeistert waren und eine Runde Drinks ausgaben. 1950 gab es noch keine Touristen, nur ein paar französische Urlauber, und der Hafen von Villefranche war ein zauberhaft stiller Ort. Cocteau zeigte auf einen knorrigen, wettergegerbten Mann, der am Wasserrand seine Netze flickte, und sagte zu uns: »Ihr könnt Euch nicht vorstellen, wie schön er vor fünfundzwanzig Jahren war.« In der Nähe war das Hotel Welcome, und Cocteau erzählte uns von seinem Aufenthalt dort, vom Opiumrauchen, wie er dort einige seiner besten Gedichte schrieb und einen Entwurf für das Stück *Orphée*, und wie er mit den Prostituierten aus Nizza um die Gunst der Matrosen buhlte, als die Flotte im Hafen lag. Die heiße Sonne war wunderbar. Mit dem köstlichen Fisch und dem vielen Weißwein waren wir alle drei ein bißchen betrunken, und Cocteau bestand darauf, daß wir uns hinfort alle beim Vornamen riefen. Unter all meinen Bekannten war er einer von den schnellsten im Annehmen der äußerlichen Formen vertrauter Freundschaftlichkeit, worin eine ziemlich Ironie liegt. So wurden wir zu Jean, Bernard und James. Und die intimere Form der zweiten Person, das *Du* ließ auch nicht lange auf sich warten. Wie üblich führte Jean die Unterhaltung, die von brillantem Witz getragen war. Von Zeit zu Zeit wurden wir aufgefordert, irgendeine Beobachtung beizutragen, um seinen unnachahmlichen Improvisationen neuen Schwung zu verleihen, die tatsächlich derart einzigartig waren, daß es fast unmöglich schien, sie festzuhalten oder in der Erinnerung zu verwahren. Doch, wie Picasso abfällig bemerkt hatte, scheint viel vom Glanz seiner Rede lebhaft in seinen Schriften durch. Und doch tut es mir jetzt leid, daß ich damals nicht gewissenhafter war, denn das gesprochene Wort hatte den Vorzug einer einmalig lebendigen und zuweilen frivolen Freiheit, die ich hin und wieder hätte auffangen können, da Jean natürlich viel zu klug war, um sie auf die geschriebene Seite zu bannen. Und doch war es vielleicht gerade dieser schwer faßbare Singsang, der Charme des Schnellfeuers, der den Zauber seiner Rede ausmachte, den man unmöglich einfangen konnte. Auf jeden Fall, ich verfiel diesem Zauber sehr. Als wir Mitte des Nachmittags auseinandergingen, bestand Jean darauf, die Rechnung zu bezahlen, und fügte leichthin dazu, daß der nächste Besuch in Santo-Sospir nicht allzu lange auf sich warten lassen dürfe. Wieder hatte ich den Eindruck, daß der berühmte Autor vielleicht ein etwas abwechslungsreicheres Publikum begehrte als die beiden vertrauten Zuschauer in der Villa, um sich von ihm bewundern zu lassen, und daß vielleicht auch Doudou und Francine gern Fremde willkommen hießen, die noch nicht zu Zauberlehrlingen geworden waren. Ich versprach, bald wieder zu erscheinen. Dann trug Francines Luxuslimousine Jean davon.

Ich wurde von Bernard getadelt für das, was er mein kriecherisches und dämliches Verhalten Cocteau gegenüber nannte. Es sei ein Verzicht auf gesellschaftliche Würde und ein Verlust intellektuellen Skrupels, meinte er. Cocteau sei gewiß eine kreative Persönlichkeit von authentischen Verdienst, die bemessenen Respekt verdiene, doch gleichzeitig benehme er sich wie ein nach Ruhm hungerndes Starlet, das die Produzenten einer viertklassigen Schlafzimmerkomödie beeindrucken wolle, und dieser Aspekt seiner Persönlichkeit habe ihm die Verachtung herausragender Dichter und Schriftsteller wie Paul Eluard und André Breton eingebracht. Daher sei ich selbstredend ein Narr und ein Kriecher, da ich nicht mit geziemender Gleichgültigkeit auf den lustlosen Sirenengesang der einstmaligen Nachtigall reagiert hätte.

Auf jeden Fall entsagte Bernard von diesem Tage an jedem weiteren Trachten nach Cocteaus Freundschaft, während ich mich andererseits mehr denn je zu den exotischen Verzauberungen von Santo-Sospir hingezogen fühlte. Den nächsten Besuch machte ich allein. Ich log irgendwas zusammen, um Bernards Fehlen zu erklären, aber man schien ihn gar nicht zu vermissen. Jean empfing mich zuerst allein, Francine ruhe sich gerade aus, sagte er. Doudou war im unteren Garten und malte gerade ein Blumenstilleben. Jean hatte ein Fernglas zur Hand, mit welchem er die Tätigkeit seines Schützlings beobachtete. Er lachte und reichte er es mir. Tatsächlich lag etwas geradezu Lachhaftes in der mühsamen Konzentration, mit der Doudou –

gefurchte Braue und gespitzte Lippen – einen Punkt Farbe nach dem anderen auf eine winzige Leinwand setzte, lachhaft, aber rührend sprach Jean von seiner eigenen Malerei und erklärte, wie er während eines Opiumentzugs einen charakteristischen Stil entwickelt habe. Dann habe natürlich Picasso, wie es so seine Art war, einige von Jeans eigentümlichsten Erfindungen für seine eigenen Zwecke angeeignet. Ach, dieser Picasso! Man mußte ja zugeben, daß er ein Naturwunder war. Und wie es denn käme, wollte Jean wissen, daß Picasso und ich so gute Freunde geworden seien, daß der Maler die hervorragende Idee gehabt habe, mich zu ihm, Jean, zu schicken, den er seit fünfunddreißig Jahren kenne und porträtiere, und mit dem er zusammenarbeite? Das war schnell genug berichtet, die Geschichte des amerikanischen Soldaten, der 1944 an Picassos Tür geklingelt hatte, und in der Folge von ihm porträtiert worden war. Aber besuchte ich denn dann den Künstler und seine Familie nicht häufg in Vallauris? Ja, doch, ziemlich oft, gab ich zu. Wäre es nicht eine glänzende Idee, sagte Jean, wenn wir irgendwann in nächster Zeit den Maler einmal gemeinsam besuchten? Ich stimmte ihm zu. Das nächste Mal, daß ich nach Vallauris führe, sagte Jean, sollte ich mit Picasso einen Tag für unseren Besuch ausmachen. Ich sagte zu und fragte mich keinen Augenblick, wozu Jean mich brauchte, um einen Menschen zu besuchen, den er ein halbes Leben lang kannte.

Bald erschien auch Francine auf der Terrasse, ließ höfliche Freudenausrufe über meine Anwesenheit ertönen und schien mit sich und der Welt genüßlich zufrieden zu sein. Doudou hatte seine Pinsel jetzt weggepackt. Er schlug uns vor, schwimmen zu gehen, bevor wir uns zu Drinks niederließen. Ich hatte keine Badehose dabei, aber Jean sagte, in Santo-Sospir trügen Männer nie eine, da die Schwimmplattform völlig privat und nur den Benutzern einsichtig sei. Ein Pfad führte von der untersten Stufe des Gartens entlang des steinigen Endes des Kaps bis zum Rand des Wassers, wo man eine breite Betonplattform gebaut hatte. Jean und Doudou und ich zogen uns aus, und ich war von dem schönen Körper des jungen Mannes ganz benommen. Weder vorher noch nachher sah ich je ein solches Wunder an männlicher Pracht. Doch Doudou selbst schien in seiner Nacktheit ganz unbefangen. Seine eigene Schönheit kann ihm kaum entgangen sein, war sie es doch, die sein Leben verwandelte, aber auf eine seltsame Art hatte sie ihn selbst nicht verwandelt. Jean schien die Nacktheit auch gleichgültig zu sein – seine eigene, Doudous, sowie die meinige. Aber er hatte natürlich schon Dutzende von schönen, nackten jungen Männern gesehen. Mir fiel auf, daß er für einen Einundsechzigjährigen ausnehmend gut in Form war, schlank und muskulös. Wir schwammen eine halbe Stunde. Das Wasser war wunderbar klar und belebend. Danach lagen wir auf dem Beton, um abzutrocknen, dann stiegen wir wieder zum Haus hinauf, wo Francine eine Zigarette rauchend auf der Terrasse saß. Dort nahmen wir dann unsere Drinks, während die Sonne langsam am feurigen Horizont verschwand.

Ein paar Tage später fuhr ich nach Vallauris und erklomm den überwucherten Hügel zu Picassos häßlichem kleinen Haus, und traf die Familie Picasso, einschließlich Paulo, Picassos Sohn aus erster Ehe, an, als sie gerade um halb drei die Mittagsmahlzeit beendete. Ich wußte, daß man sie am ehesten um diese Zeit zu Hause vorfand. Picasso wußte, daß ich mit Cocteau bekannt geworden war, und erkundigte sich nach ihm und der Weisweiller-Menage. »Vom Rauchen nicht allzu belemmert?« fragte er sarkastisch. Nicht daß ich wüßte, entgegnete ich, wobei mir durch den Kopf schoß, daß Picasso sich seinen Sarkasmus ruhig hätte sparen können, hatte er doch in seiner eigenen Jugend auch kräftig der Pfeife zugesprochen. Ich erzählte, Jean wolle einmal kommen, um seinen alten Freund zu besuchen, und fragte, welcher Tag dafür wohl günstig sei. Jeder Tag sei gleich günstig, erwiderte Picasso, aber es gäbe Tage, an denen er nicht da sei, so daß Besucher eben ihr Glück versuchen müßten. Wenn ich Cocteau nach Vallauris begleiten wolle, dann müsse ich eben meinen Glücksstern befragen, um den richtigen Moment herauszufinden. Dies klang gewiß nicht gerade einladend, oder gar nach einer festen Verabredung, doch bei Picasso richtete sich das Protokoll einzig und allein nach seinem Diktum. Ich sagte darauf, wir würden mal schauen. Nach einer Weile gingen wir in sein Atelier am anderen Ende der Stadt, um uns anzusehen, wie weit seine Arbeit an dem lebensgroßen Abbild einer Ziege gediehen sei, die er aus hier und da aufgesammeltem Abfall zusammenbaute und mit Gips verkleisterte. Picasso war damit sehr zufrieden, aber wann war er schon mit etwas unzufrieden, das durch seine Hände der Vergessenheit entrissen wurde? Was mich betrifft, so mißfiel mir die Ziege von Anfang an, und sie tut es noch immer.

Es war keine erfreuliche Aussicht, Jean haarklein berichten zu müssen, wie sein alter Freund auf die Ankündigung eines bevorstehenden Besuchs reagiert hatte. Daher sagte ich nur, daß es schwierig sei, einen bestimmten Tag festzulegen, da es bei Picasso im Haus kein Telephon gebe, und der Künstler unvorhersehbare Verpflichtungen haben könne, wie etwa kommunistische Versammlungen, obwohl ich nicht im Traum daran glaubte, daß Picasso sich nach irgendeinem Zeitplan außer dem seinigen richten würde. Jean nahm die Nachricht gefaßt zur Kenntnis und sagte, Picasso sei wie das das Weltall beherrschende Gesetz: unfaßbar und unumstößlich, welches alle ohne Fehl annehmen müßten, einschließlich Picasso selbst. Das tägliche Aufgehen der Sonne besäße ebensowenig Selbstbestimmung wie Picasso, wenn er mit dem Pinsel in der Hand vor einer blanken Leinwand stünde. Also sollten wir einfach unser Glück versuchen und in drei Tagen, einem Donnerstag, nach Vallauris aufbrechen und unterwegs in La Bonne Auberge, einem Luxusrestaurant auf der Strecke zwischen Nizza und Antibes zu Mittag zu speisen.

Als ich Bernard von diesen Plänen erzählte, wollte er furchtbar gern mitkommen, um beim Treffen der beiden großen Männer zugegen zu sein. Doch dieses eine Mal lehnte ich ab. Da ich die Sache nun einmal eingefädelt hatte, wollte ich diesmal alleiniger Zeuge ihres Ausgangs werden.

Jean und ich unterhielten uns angeregt über dem Lunch in La Bonne Auberge. Es schmeichelte mir, all seine Geschichten anhören zu dürfen, und es amüsierte mich sehr, obwohl ich natürlich weiß, daß es für jeden jeden anderen Zuhörer genau dieselben gewesen wären – ob Schafhirt, Polizist, Schuhputzer, Erzbischof, Zirkusakrobat, Falschspieler oder wer auch immer. Ich bezweifelte, daß James Lord's Eintritt in Cocteaus Leben dessen Landschaft auch nur um einen einzigen Grashalm bereicherte. Er sprach von Proust, Nijinski, Opium, Picasso, von dessen Ehe mit der russischen Ballerina Olga Kokhlova, von Matisse und Braque, und von der Kaiserin Eugénie, die nicht weit von uns ihre letzten Tage verbracht hatte, von Modigliani und von den Härten eines Künstlerlebens, von seinen eigenen Krankheiten, seiner Einsamkeit, seinem Kampf, den Krieg mit der

Sprache zu bestehen. Ich bemühte mich, zur richtigen Zeit das Richtige zu sagen, obwohl ich mir nicht einbilde, daß es den geringsten Unterschied gemacht hätte. Aber ich glaube doch, daß ich ganz gut dabei abschnitt, denn Jean lächelte mir ein paar Mal zu und redete weiter. Es war eben zwei, als wir fertig wurden. Francines Wagen mit Chauffeur wartete draußen. Eine halbe Stunde später waren wir in Vallauris.

Picasso, Françoise und die beiden Kinder saßen noch unter der Weinlaube bei Tisch. Freudig überraschte Ausrufe und herzliche Erinnerungen an vergangenes Gefährtentum wurden spontan laut. Die beiden Männer umarmten sich. Wir wurden eingeladen, einen Kaffee mitzutrinken, und setzten uns zu ihnen. Picasso sagte, er hätte gehört, daß Cocteau sich irgendwo an der Küste aufhielte, hätte aber nicht gewußt, wie er mit ihm Verbindung aufnehmen könnte. Jean sagte dasselbe. War es dann nicht ein unglaublicher Glücksfall, daß der kleine Lord dahergekommen sei, um nach einer viel zu langen Trennung, diese beiden Freunde wieder zusammenzubringen, die einander doch so viel bedeutet hatten? Was für Erinnerungen! Diese strahlenden römischen Nachmittage des Jahres 1917! Diaghilew, Strawinsky und Bakst. Selisburg, der Bonvivant und Advokat. Das Atelier in der Via Margutta. *Parade*. Ihre Jugend. Und nun standen sie an der Schwelle zum hohen Alter. Nein, nein, nein, sagte Jean. Die Gemälde, die Dichtung würden für immer im Glorienschein der Jugend fortleben. Schön und gut, brummelte Picasso, aber der Leib gehorcht trotzdem nicht. Denk doch an Cheops. Relativ betrachtet, hatte er erst vor einem Augenblick hier auf Erden gelebt, und doch gab es unter den jetzt Lebenden keinen, der sich auch nur an die Farbe seiner Augen erinnern konnte.

Als die Unterhaltung gerade an einen Punkt angelangt war, wo sie erinnerns- und aufzeichnenswert zu werden begann, wurde sie von der Ankunft eines nicht-geladenen skandinavischen Photographen unterbrochen, der ein paar Bilder von dem berühmten Maler machen wollte. Bis zu seinen letzten Lebensjahren verweigerte sich Picasso kaum je den Photographen, weil sie zur Verbreitung seiner Legende wichtig waren. Bei dieser Gelegenheit stand er mit Paloma auf seinem Arm bereitwillig Modell, dann stellte er demonstrativ Cocteau dem Photographen vor, der von seinem Glück, statt nur einer einzigen, gleich zwei Berühmtheiten auf einmal vorzufinden, ganz berückt war, zumal beide sich nur allzu bereitwillig dem fragenden Auge der Kamera aussetzten. Zufällig hatte auch ich einen Photoapparat dabei und machte von dem berühmten Paar ein paar Aufnahmen, auf denen sie übers ganze Gesicht strahlen. Als der Photograph fertig war, nahm Picasso Jean beim Arm und schlug vor, daß sie einen Besuch in seinem Atelier machten. Diese Einladung schien auch mich einzuschließen, wie auch Françoise, die ihre Kinder in der Obhut der Haushälterin ließ. Der Photograph war ganz deutlich nicht geladen, doch fragte er mit wie mir schien ziemlicher Dreistigkeit, ob er nicht auch mitkommen könne, und Picasso gestattete es ihm, unter der Bedingung, daß er mit Jean und mir mitführe. Picassos Wagen fuhr voraus, und wir folgten.

Das Atelier, das am anderen Ende des Städtchens lag, hatte mehrere Räume, einen für die Malerei, einen anderen für die Zeichnungen, den größten für die Plastiken. Zuerst besichtigten wir das Malstudio. Wenn ich bei Vorstellungen seiner neueren Arbeiten dabei war, bat mich Picasso oft, die beiden Bilder, die ihm am besten gefielen, nach draußen ans Sonnenlicht zu tragen, beides Paraphrasen von Werken anderer Künstler. Das erste, und wie ich fand, das bessere, war angelehnt an ein Courbet-Gemälde von zwei Frauen, die an einem Fluß ausgestreckt genüßlich vor sich hin dämmern; das andere war eine »Kopie« eines angeblichen Selbstporträts von El Greco. Nachdem diese Bilder bewundert und wieder hineingetragen worden waren, gingen wir in den Raum, in dem ein großer Stapel Zeichnungen in wildem Durcheinander auf dem großen Tisch lag. Es wäre vermessen gewesen, auch nur eine einzige von diesen zu berühren, und da Picasso sich dort nicht weiter aufhielt, folgten wir ihm zur geöffneten Tür des nächsten Atelierraums, dem Skulpturstudio. Der anonyme Photograph ließ sich jedoch nicht einschüchtern. Er nahm von dem Tisch eine große, schöne Rötelzeichnung von einer Frau mit einem Zentauren, und fragte Picasso: »Haben Sie dies gezeichnet?«

Grinsend, weil es so selbstverständlich war, sagte Picasso, »Ja.«

»Haben Sie etwas dagegen,« fragte der Photograph weiter, »wenn ich sie als Andenken mitnehme?«

Wir, die übrigen, hielten unseren gesammelten Atem an ob dieser unglaublichen Unverschämtheit, und erwarteten den entrüsteten

Ausbruch des Künstlers. Doch dieser liebte Kapricen und Widersprüchlichkeit. »Nehmen Sie sie nur mit, natürlich,« sagte Picasso, »man behauptet zwar, ich sei geizig, aber es freut mich immer, jemandem ein kleines Andenken zu geben, dem meine Arbeit gefällt.«

Die Vermessenheit des Photographen war noch nicht erschöpft. »Würden Sie die Zeichnung denn auch signieren?« fragte er.

»Warum nicht?« rief Picasso, griff sich vom Tisch einen Stift und signierte die Zeichnung.

Dann begaben wir uns ins Skulpturatelier, alle außer dem Photographen noch etwas verdattert von dem, was wir für eine ganz erstaunliche Ausnahme von Picassos Ateliergesetz erkannten. Nicht etwa, daß er nicht großzügig gewesen wäre. Er beschenkte enge Freunde und seine Geliebten haufenweise mit Zeichnungen und Bildern. Doch entsprach es keineswegs seiner gewohnten Art, dem unverblümten Wunsch eines Fremden mit Liebenswürdigkeit zu entsprechen, (obwohl er einmal bei mir ein ähnliches Ausnahmeverhalten an den Tag gelegt hatte.)

Seit meinem letzten Besuch hatte die Ziege noch etwas Gips um den Bauch zugelegt, der ursprünglich ein Korb gewesen war, und einen After, der aus dem verbogenen Deckel einer Blechdose bestand. Auch gab es noch viele andere Dinge zu bewundern. Das Skulpturstudio, in welchem Picasso in den letzten Monaten am meisten gearbeitet hatte, war wie die Höhle des Ali Baba, randvoll von großen und kleinen Schätzen. Während wir dort so standen und alles bewunderten und kommentierten, wandte sich Picasso plötzlich an Cocteau und sagte, »Na, Jean, da ich schon am Geschenkeverteilen bin, möchte ich doch einen alten Freund wie dich nicht übergehen. Nach allem, was wir zusammen durchgemacht haben. Mal sehen, was sich hier finden läßt ...«

Er ging zum hinteren Ende des Ateliers, an dessen rückwärtiger Wand ein Regal voller Objekte stand. Jean, Françoise, der Photograph und ich warteten in ungeduldiger Spannung. Da er einem völlig Fremden ein so wunderbares Geschenk gemacht hatte, schien es völlig selbstverständlich, daß er sich für einen alten Freund noch überbieten würde. Und das tat er dann auch – nur auf eine Art und Weise, wie nur Picasso sich selbst überbieten konnte.

133

Er wandte sich uns lächelnd zu, die rechte Hand ausgestreckt, und hielt Jean ein Objekt entgegen, das dieser in Empfang nahm, während wir alle die Hälse reckten, um zu sehen, was es war. Das Objekt war etwas, aus dem nur Picasso – oder ein fünf- bis sechsjähriges Kind – etwas Picasso-artiges hätte machen können: eine mehr oder weniger dreieckige Tonscherbe, aus der ein Griff gleich einer grotesken Nase herausragte, zu deren beiden Seiten der Künstler einen schwarzen Punkt, und darunter einen geraden Strich gemalt hatte, so daß das Stück Müll eine lächerliche Ähnlichkeit mit einem annähernd menschlich oder tierischem Gesicht annahm. In dem ganzen Atelier kann es kaum ein zweites Stück gegeben haben, das in so absurder Weise jeglicher Schönheit, Neuheit oder künstlerischer Faszination entbehrte. Cocteau betrachtete das Ding mit einem Ausdruck von angeekelter Empörung, als sei ihm gerade ein Stück Exkrement in die Hand gedrückt worden, was ja in gewisser Weise auch der Fall war. Dieses eine und einzige Mal verschlug es ihm die Sprache.

Picasso, der gewiß die Bedeutsamkeit des Schweigens seines sonst so redseligen Freundes wahrnahm, sagte: »Schau auf die Innenseite, es ist signiert.« Und in der Tat war auf der Innenseite dieses Bruchstücks einer vermutlich billigen Kasserolle groß und deutlich Picassos Signatur zu lesen.

Dann fand Cocteau seine Sprache wieder. »Ah, Pablo,« murmelte er, »dein Geschenk ist ein Beweis dafür, daß auch außerhalb dieses Sonnensystems Leben existiert. Dieses Fragment ist wie ein Telegramm von einer anderen Welt, einer Welt, in der alles aus dem Nichts geschaffen wird, und dein Name darauf beweist, daß das Leben ewig fortdauert, und daß Cheops noch immer unter uns weilt, und ich wette, du könntest uns sagen, ob die Farbe seiner Augen nicht ist wie die Deinige, da ihr beide über die Grenzen der Schöpfung hinauszusehen vermögt.«

»Na, ich wußte ja, das ist genau das Richtige für dich«, sagte Picasso.

Françoise bemerkte, es sei höchste Zeit, daß sie und Picasso sich an die Arbeit machten, was ich als taktvolles Manöver verstand, um eine höchst unbequeme Situation zu beenden. So begaben wir uns zurück zum Auto. Der Photograph verabschiedete sich und schlenderte den Hügel hinunter, seine wunderschöne Zeichnung gegen den

Wind schützend. Jean küßte Picasso und Françoise auf die Wangen und stieg ins Auto. Ich tat desgleichen, und wir fuhren davon, nach einem Aufenthalt von weniger als einer Stunde in Vallauris.

Jean war für einige Augenblicke still, während wir auf die Hauptstraße zurückfuhren. Ich wußte, daß ein Ausbruch bevorstand. Er saß übertrieben aufrecht da und starrte auf das groteske Objekt, das er in der Hand hielt. Ich fühlte mich extrem unwohl in meiner Haut, als ob ich aus irgendwelchen irrationalen Gründen Schuld hatte an dem, was vorgefallen war. Je länger Jean in seinem Schweigen verharrte, desto gespannter wurde die Stimmung im Auto, bis ich schließlich herausplatzte: »Das war abscheulich.«

Jean schoß mir einen Blick zu und schüttelte den Kopf. »Nein,« sagte er, »das war einfach Picasso. Mag sein, daß es abscheulich war, aber er bleibt Picasso, umwandelbare, absolute Schöpfung. Ich könnte dir unmöglich all die Abscheulichkeiten aufzählen, die er sich schon geleistet hat. Ein Gott kann auch ein Monster sein, das mußt du wissen. Denk nur dran, wie Apollo den unglücklichen Marsyas zu Tode quälte, nur weil er Flöte spielen wollte.«

Dann erzählte er mir aber doch eine ganze Menge von Gemeinheiten und Grausamkeiten, die Picasso während der Jahre in Paris verübt hatte, vielfach an Frauen, doch auch mehr als genug an Männern. Während er sprach, steigerte sich sein Zorn, seine Stimme wurde schrill, und er wedelte zum Nachdruck mit der Tonscherbe in der Luft herum. Ich war fast erschrocken, denn ich hatte noch immer das Gefühl, daß ich irgendwie an alldem Schuld sei. Ich habe nicht all die Untaten vermerkt, die Jean seinem alten Freund zuschrieb, aber daß Picasso einmal seiner Ehefrau, der Ballerina, während einer Auseinandersetzung das Bein brach, als er sie mit einem Stuhl schlug, das schrieb ich mir auf. Seitdem habe ich mir sagen lassen, daß Olga zwar tatsächlich einmal einen Beinbruch erlitt, daß aber Picasso wahrscheinlich nicht dafür verantwortlich war, so nachdrücklich Jean dies auch an jenem Nachmittag beteuerte. Auch die alte Geschichte, wie Picasso seinen Freund Apollinaire verleugnete, als er zu den gestohlenen Statuetten im Louvre vernommen wurde, wurde erwähnt. Auch diese ist wahrscheinlich nicht wahr. Wie auch die Behauptung, daß Picasso keinen Finger krümmte, um seinen ältesten Freund, Max Jacob vor der Gestapo zu retten. Es gab aber auch jede Menge ande-

rer Geschichten, genug, daß es für die ganze Fahrt zurück nach Villefranche reichte. Einige davon müssen wohl wahr gewesen sein, aber
ich konnte sie unmöglich alle aufzeichnen, zumal Bernard mich ständig unterbrach, und genau wissen wollte, was geschehen sei. Das
Merkwürdigste war, daß Jean kein einziges Mal auf das widerliche
Objekt zu sprechen kam, das Picasso ihm geschenkt hatte, noch kam
er später je darauf zurück, obwohl es für einige Zeit auf dem Kaminsims der Villa Santo-Sospir seinen lächerlichen Platz einnahm, von
wo es erst verschwand, als unvergleichlich schönere Geschenke es ver-
drängten.

Es vergingen einige Tage, bevor ich nach Vallauris zurückkehrte.
Picassos Auto stand nicht auf dem Weg am Ende des Gartenpfads,
und von vorne wirkte das Haus ausgestorben, die Tür war verschlossen. Es war zwar nicht das erste Mal, daß ich umsonst gekommen war, trotzdem dachte ich mir, die Haushälterin könnte vielleicht
da sein, und beschloß, in der Küche nachzusehen, bevor ich ins Atelier fuhr, oder in die Töpferei, wo Picasso oft am Nachmittag arbeitete. Die Küchentür befand sich am oberen Ende einer Betonstiege,
die auf eine Terrasse hinaufführte. Sie stand offen. Picasso saß drinnen allein am Tisch. Ich sagte guten Tag. Er starrte mich einen langen Moment an, dann brüllte er: »Was fällt dir ein, diese Hure zu
mir ins Haus zu bringen?!«

Fassungslos trat ich zurück und murmelte irgendwie phrasenhaft
mein Nicht-Verstehen.

Daraufhin sprang Picasso so heftig von seinem Sitz, daß der Stuhl,
auf dem er gesessen hatte, umfiel, und brüllte: »Diese Hure Cocteau.
Nie hätte er sich allein hierhergetraut, dazu hat er dich benutzt. Wenn
ich bedenke, daß ich dich wie meinen eigenen Sohn behandelt habe,
und dann tust du mir das an. Es ist unerträglich. Ich habe Françoise
ja gesagt, daß du die Prüfung nicht bestehen würdest.«

»Aber wie hätte ich das wissen sollen?« stammelte ich. »Du warst
es doch, der mich zu ihm geschickt hat. Er war doch dein Trauzeuge.
Ihr kennt einander doch seit fünfundvierzig Jahren.«

»Dieser Komiker,« sagte Picasso, »dieser perfide Parvenü, dieser
Vampir. Was glaubst du, wie viele junge Männer er zerstört hat? Vielleicht bist du einer von ihnen. Fickt er dich?«

»Nein«, sagte ich, »und er hat es niemals versucht.«

»Unglaublich«, murmelte Picasso. »Dann ist es wahrscheinlich das Opium, nehme ich an?«

»Überhaupt nicht.«

»Na, ich kann mir jedenfalls vorstellen, daß er ziemlich in Rage war wegen des Geschenks, das ich für ihn aussuchte, oder?«

»Er hat nichts dazu gesagt. Er erwähnte es überhaupt nicht.«

»Undankbare Schlampe!« rief Picasso aus, hob seinen Stuhl von Boden auf und setzte sich wieder an den Küchentisch. Eine Zeitlang saß er schweigend da und starrte vor sich hin, als ob ihm meine Anwesenheit vollkommen entfallen wäre.

Ich hatte den Eindruck, es sei an der Zeit, daß ich ginge. Ich sagte, »Es tut mir so leid. Ich wollte es doch nur allen recht machen. Es tut mir leid, daß es schief ging.«

»Jetzt fang bloß nicht an zu heulen,« sagte Picasso ganz ruhig. »Hier, komm schon her und setz dich hin. Trink ein Glas Wein. Ihr Amis seid so schrecklich sentimental. Vielleicht meint ihr deshalb, daß ihr die Welt beherrschen müßt.«

Ich gab darauf keine Antwort. Wir saßen beide einige Minuten schweigend zusammen, dann hörte man draußen die Stimmen von Françoise und den Kindern. Picasso legte seine Hand auf die meinige und sagte, »Nicht verzweifeln. Was ich dir über Cocteau gesagt habe, ist die Wahrheit. Du wirst es noch rauskriegen. Aber er besitzt ein Lied. Wenn dir die Musik eine Zeitlang gefällt, ist das schon in Ordnung. Mir gefällt sie manchmal auch. Jetzt muß ich gehen und meiner Ziege ein paar Zitzen verpassen. Komm bald wieder.« Und damit war er verschwunden.

Françoise kam mit ein paar Paketen in die Küche. »Hat er dich zusammengebrüllt?« wollte sie wissen.

»Er hat mich erschreckt,« antwortete ich.

»Das hat er ja auch beabsichtigt. Er tut das gern. Auch als Künstler, und er kann das sehr gut. Aber du darfst ihm deine Angst nie zeigen, du mußt einfach bei dir selbst bleiben, dann geht es schon. Wenn es sein muß, kannst du auch einfach weggehen und die Tür hinter dir zumachen.«

Ich traf mich weiterhin mit Cocteau, und es kam dazu, daß ich einfach so, ohne im Voraus zu telephonieren, in Santo-Sospir auf einen Drink auftauchen konnte. Ja, mir gefiel die Musik seiner Präsenz, obwohl mir auffiel, daß sein Lied in gewisser Weise wiederholsam wurde, wenn man ihn zu oft sah. Neue Melodien schienen in einem Turnus von etwa zwei Wochen zu entstehen. Bernard ließ sich manchmal herbei mitzukommen und wurde immer herzlich begrüßt. Hin und wieder waren wir auch zum Essen in der Villa. Und mit Jean und Bernard zusammen fuhr ich Anfang August in Francines Wagen nach Vallauris, um der Enthüllungsfeier von Picassos Skulptur *Der Mann mit einem Lamm* beizuwohnen, eine Schenkung des Künstlers an die Stadt, die durch ihn über Nacht berühmt geworden war.

Die Feierlichkeiten sollten auf dem Marktplatz stattfinden, auf dem der Skulptur gegenüber eine erhabene Plattform errichtet worden war, die mit einer Plane bedeckt war. Dort saßen Picasso, Françoise, Paul Eluard und eine Gruppe von Funktionären der kommunistischen Partei. Der Künstler winkte uns zu, doch wir wurden nicht aufgefordert, zu ihm auf die Plattform zu kommen. Mit etwas Glück und hartnäckigem Drängeln, unterstützt von Cocteaus Prominenz, gelang es uns, uns auf einen Balkon hinter der Plattform zu quetschen, von wo aus wir alles gut beobachten konnten. Ich wußte, daß Paul Eluard, ein ausgezeichneter Dichter, engagiertes Parteimitglied und bedingungsloser Stalinist, Cocteaus erklärter Gegner war, den er für einen frivolen und narzißtischen Emporkömmling hielt. Der Wortführer war ein stämmiger Kommunist namens Laurent Casanova, den man den »französischen Shdanow« nannte, eine nicht gerade schmeichelhafte Anspielung auf einen Mann, der für seine brutale Unterdrückung von Künstlern und Intellektuellen bekannt war. Überdies sagte man Casanova nach, er habe Picasso überredet, der Partei beizutreten. Seine Ansprache, die über Megaphone über den dichtgedrängten Marktplatz übertragen wurde, war keineswegs ein leichtes Programm zur Sonntagnachmittagsverlustierung. Picasso wurde wegen seiner Leistungen als Maler wohl gelobt, aber der Sprecher ereiferte sich erst mit seiner vollen Beredsamkeit, als er von des Künstlers beispielhaftem Engagement für ein rationales Programm für die Wohlfahrt der Menschheit sprach. Es gäbe viel dringende Arbeit in der Welt, und ähnlich wie der Kunst bei der Verbreitung der Wahrheit eine wichtige Rolle zufiele, so müsse ein revolutionärer Künstler auch an der Revolutionierung der Gesellschaft teilhaben, an dem Bestreben, deren Ungerechtigkeiten zu beheben und entfremdete Elemente miteinander zu versöhnen. *Der Mann mit einem Lamm* versinnbildlichte die Prinzipien der Brüderlichkeit und des politischen Fortschritts, den Picasso als treues kommunistisches Parteimitglied verkörperte, usw. usf.

Während dieser langwierigen Tirade saß der Maler ruhig auf der Plattform, den Rücken gegen uns gekehrt. Auf später erschienenen Photos sieht man ihn lächeln. Man fragt sich mit einem an Verblüffung grenzenden Gefühl, wie der Mann, der behauptete, sein ganzes Künstlerleben sei ein einziger Kampf gegen die Reaktion und den Tod der Kunst gewesen, derart ungerührt seine eigene Demütigung stillschweigend duldete. Cocteau verhielt sich während der ganzen Feierlichkeit ausnehmend schweigsam, und sobald sie vorbei war, verkündete er, daß wir jetzt gehen müßten. Unser Rückweg zum Auto wurde verstellt von hübschen Mädchen und Jungen, die Unterschriften für ein kommunistisches Traktat sammelten, und die besonders darauf bedacht waren, daß Jean, den sie als Prominenz erkannten, unterschrieb. Er improvisierte die allerhöflichsten Pirouetten, um dem zu entgehen, und er, der Erzverteiler von Autogrammen, wiederholte nun ein Mal übers andere: *Je ne signe jamais rien, mon chéri.*«

Casanovas Rede hielt ich nur für einen galligen Zynismus, vor allem, da die kommunistischen Armeen in Korea genau zu der Zeit fast den ganzen Süden eingenommen hatten, aber ich tat sie als unwichtig ab. Auf Picasso, nicht auf den Kommunismus kam es an. Jean war ausgesprochen anderer Meinung. Er war zornentflammt, und auf dem Rückweg nach Villefranche entledigte er sich einer ziemlichen Schmährede. Picassos politische Haltung sei ein Hohn und eine Schande. Keiner, dem auch nur irgendwie an Anstand und Gerechtigkeit läge, könnte mit dem Kommunismus gemeinsame Sache machen, nicht nach Gides Rückkehr aus Rußland, nicht nach Säuberungen und den Prozessen von 1937, nach dem Verrat in Picassos eigenem Heimatland, dem Hitler-Stalin Pakt, dem Verrat an dem Aufstand in Warschau, dem Eisernen Vorhang, und noch vielem anderen. Wie konnte Picasso – der Künstler, der die Kunst befreit und vermittels seines Genies Tyrannei und Reaktion verurteilt hatte, der Maler von *Guernica* – wie konnte dieser Mann mit den Agenten eines monströsen Diktators kollaborieren, und zustimmen, daß sie seine

Werke benutzten, um für ihre gemeinen Programme die Trommel zu rühren? Dies war schlimmer als Heuchelei. Es war eine Schmach. Ich war von dieser Strafpredigt sehr beeindruckt und habe sie nie vergessen, doch konnte ich trotz allem nicht umhin, mich zu fragen, ob sie ebenso heftig ausgefallen wäre, hätte man anstelle von Eluard ihn geladen, um neben Picasso den Feierlichkeiten vorzusitzen.

Den verbleibenden Sommer, der für Bernard und mich bis zur Septembermitte dauerte, sah ich sowohl Jean wie Picasso ziemlich regelmäßig, dabei ersteren häufiger als letzteren, da er mich nie einschüchterte, sich meiner Gesellschaft zu freuen schien, und mich, glaubte ich, mit warmer Herzlichkeit aufnahm, wann immer ich auftauchte. Eines Tages, nach dem Lunch am Hafen, kam er zu uns ins Apartment und machte von jedem von uns beiden eine große Tuschzeichnung. Ich habe mein ganzes Leben immer Zeichenpapier, Wasserfarben, Tusche und Malkreiden zur Hand gehabt, da ich selber auch immer ein bißchen gemalt und gezeichnet habe, was keiner, einschließlich meiner selbst, je ganz ernst nahm. Die Zeichnungen, die Jean von uns machte, waren in seinem Orpheus-Stil. Die Orphische Legende und ihr Kult waren in jenem Sommer ständiger Bestandteil seiner Unterhaltung, und er behauptete, er könne sich mit Leichtigkeit vorstellen, wie sein eigenes losgelöstes Haupt noch immer singend auf dem weinfarbenen Meer trieb, um den Bewohnern der Tiefen die Kunst der Dichtung und des Gesangs zu lernen. Kein Zufall auch, daß Francine ihre Yacht *Orpheus* getauft hatte. Wir segelten mehrmals darin die Küste entlang, einmal bis nach Monte Carlo, wo Jean ins Hôtel de Paris ging, um sich die Haare schneiden zu lassen, während ich in der Hotelhalle wartete. Als er zurückkam, waren seine Haare knallblau, und er bemerkte: »Léon hat wirklich etwas übertrieben.« Es schien ihm jedoch nichts auszumachen, und er gab einem jungen Mädchen, das ihn auf der Straße erkannte, gern ein Autogramm. Ich sagte, »Es muß sehr lästig sein, so berühmt zu sein, daß man schon auf der Straße erkannt wird.« Er warf die Hände in die Höhe und meinte, »Ja, es ist schon schrecklich, mein Lieber, doch das Schreckliche liegt nicht im Erkennen, sondern in seiner Ursache, verstehst du.«

An der Küstenstraße unweit von Antibes gab es ein extravagantes Warenhaus für Antiquitäten, wo riesige hölzerne Pferde aufgelassener

Karussells inmitten von Rokoko-Eisenmöbeln und Jugendstilskulpturen sich aufbäumten. Eines Nachmittags hielten wir dort an, da Jean meinte, er könnte vielleicht irgendwelche amüsanten Kinkerlitzchen für Santo-Sospir auftreiben, denn er trug sich bereits mit dem Gedanken, einen kurzen Film über die Villa zu drehen. Wir fanden zwar nichts, doch im Hof hinter dem Gebäude stand ein geschwungener Korbsessel, der, wie Jean meinte, aus dem Märchenland Graustark stammen könnte, und er fragte mich, ob ich meinen Photoapparat dabei hätte. Ich hatte ihn dabei. Dann würden wir jetzt eine Szene aufführen, und Bernard, der zufällig auch mit war, würde den Kameramann machen. Er setzte mich in den Sessel, stellte sich dahinter und hieß mich zu ihm aufschauen, »mit vertrauensvoller Unschuld, einer gewissen kindliche Naivität,« sagte er, »du kennst ein Geheimnis, von dem du nicht weißt, daß du es kennst. Darum dreht sich die ganze Geschichte.« Er legte die Fingerspitzen in graziöser Geste auf die Lehne des Sessels, führte einen mahnenden rechten Zeigefinger an die Lippen und sagte: »Kamera.« Bernard machte zwei oder drei Aufnahmen, von denen eine recht gut gelang. Es war natürlich alles nur ein Witz, aber dennoch sind meine vertrauensseliges Aufblicken und Jean's ernster, warnender Ausdruck derart lebensecht, daß ich mich trotz allem frage, ob er damals das Geheimnis kannte, daß ich kannte, ohne es zu wissen. Im Laufe der Zeit fand ich natürlich heraus, was es war.

Picasso vollendete seine Ziege. Er schenkte mir ein paar Zeichnungen und eine besonders häßliche Terracottaplatte. Er und Françoise schienen häufige Auseinandersetzungen zu haben, und zu meiner Überraschung war sie es oft, die die Oberhand behielt, wie mir schien. Als ich mich am Ende des Sommers von ihnen verabschiedete, hatte ich ein bißchen das Gefühl, als würde ich sie nie wiedersehen. Dem war aber nicht so.

Nach Paris zurückgekehrt, traf ich all meine guten Freunde, so wie einige neue, einschließlich Jean und Doudou. Dann reiste ich Mitte Oktober nach Amerika, um meine Familie dort zu besuchen.

Das Leben in Englewood, New Jersey, Hillside Avenue Nr. 182, wo ich mit meiner Mutter, meinem Vater, meiner Großmutter und ein paar Bediensteten allein war, erschien mir nach all der exotisch-erotischen Freiheit, die ich in Europa genossen hatte, nicht sonderlich amüsant. Aber man gestattete mir zu tun, wie und was mir beliebte, und am meisten beliebte es mir, den Tag zum Großteil mit Schreiben zu verbringen, um am Abend oft nach New York hineinzufahren. Ich entsinne mich nicht, an welchem unverlegbaren Roman ich damals gerade arbeitete, denn in meinem Tagebuch steht lediglich. Roman, Roman, Roman, und dann klagt es über die Schwierigkeit – wohlbemerkt, nicht die Vergeblichkeit! – des Schreibens. Ich schrieb auch Briefe. An meine Freunde in Europa, wohin ich im kommenden Frühjahr zurückzukehren gedachte. Es fiel mir nie ein, an Picasso zu schreiben, da ich sehr wohl wußte, daß ich keine Antwort erwarten konnte. Doch ich schrieb an Jean, da ich wußte, daß er jeden Brief, den er bekam, auch beantwortete. Er muß in seinem Leben annähernd fünfzigtausend Briefe geschrieben haben. Bis zu unserer Entfremdung, sechs Jahre nach unserer ersten Begegnung, erhielt ich von ihm etwa fünfzig Briefe, obwohl ich ihn während dieser Zeit ziemlich regelmäßig traf, in der Villa Santo-Sospir, in Paris und in Milly. Der erste Brief, den ich von ihm bekam, wurde am 28. November 1950 aus Milly geschickt, und er war buchstäblich das Modell für alle weiteren, die ihm folgten. Jean's Briefe, ganz gleich, wie lang oder kurz sie waren, nahmen nie mehr als die Vorderseite eines Briefbogens ein. Die Schrift war manchmal fließend und gut zu lesen, manchmal aber auch winzig und spinnenartig, fast hieroglyphisch. Gelegentlich gab es auch eine Zeichnung dazu. Meistens waren es Beschreibungen und Klagen über körperliche Beschwerden, die mehr oder weniger schwerwiegend, aber anscheinend unaufhörlich waren. Es gab liebevolle, zärtliche Wendungen und Ungeduld über die langen Trennungen. Doch so gut wie niemals gab es auch nur einen einzigen Satz, der die persönlichen Gefühle, die eigenen Gedanken und Empfindungen ausgedrückt hätte, die eigentliche Wesentlichkeit des Schreibers selbst. Der Gedanke drängte sich auf, daß das halbe Dutzend Briefe, das er beispielsweise bei seinem Morgenkaffee schrieb, sich derart ähnelte, als seien die Empfänger für den Briefeschreiber nahezu austauschbar. Und ich darf behaupten, in der Lage zu einem solchen Vergleich gewesen zu sein.

Am achtundzwanzigsten November klagte er über eine Ohrenentzündung und kündigte eine Operation für den folgenden Donnerstag an. »Du kannst Dir die Unruhe und die Sorgen vorstellen,

die ich hier in meinem Krankenzimmer leide.« Am zweiten Januar
wurde er nach seiner Ohrenoperation aus der Klinik entlassen. »Zwölf
Tage Einsamkeit, ohne Sprache und ohne Gehör. Man verbot mir
übrigens sogar das Lesen. Kurzum, wir umarmen Dich und hoffen,
daß Du so bald als möglich zu uns zurückkehrst.« Am fünfzehnten
Januar bekam er als Nachwirkung der Operation ein Ekzem im
Gesicht. Am zweiundzwanzigsten malte er auf großformatiger Leinwand. »Das Malen verhindert, daß man an die Welt der Krankheit
und an das eigene Kranksein denkt.« Am neunten März: »Ich bin
noch immer krank. Nachts quält mich meine linke Hand.« Am dreizehnten: »Hier ist es einen Tag sonnig, einen Tag verhangen. Das
Ergebnis sind Krisen von Scheinerkältungen und Miseren, die mich
zwingen, während des Malens Handschuhe zu tragen, was die Journalisten für eine Marotte halten würden.«

Im Frühling, als ich wieder nach Europa kam, schien es Jean
zumeist annehmbar gut zu gehen, und er schrieb mir Briefe nach
Capri (»Capri scheint noch immer ein mythischer, folglich realer Ort
zu sein.«) und Florenz (»Florenz ist eine Stadt, die nur im Hirn einiger weniger Ästheten existiert.«), wo ich Harold Acton besuchte; doch
am siebenten Juni kehrte er »ziemlich krank« nach Santo-Sospir
zurück. Anfang Juli unterzog sich Doudou in Cannes einer Blind-
darmoperation und war Mitte des Monats wieder in Santo-Sospir
zurück. »Er geht wie ein gealterter General, fühlt sich aber ganz
wohl.«

Ich traf am achten August 1951 mit Bernard in Villefranche ein.
Das Motorrad gehörte jetzt der Vergangenheit an und war durch
einen Ford-Cabriolet ersetzt worden. Wir mieteten eine kleine Wohnung. Bei meiner Ankunft in der Villa Santo-Sospir fand ich ein
wohlgeordnetes Chaos vor, wie es bei den Dreharbeiten für einen
Film üblicherweise herrscht. Jean hatte fast alle Wände und einige
Decken des Hauses bemalt und jetzt wohl beschlossen, dem Ensem-
ble zu Ehren einen Film zu drehen, um symbolisch seiner Gastgeberin seine Dankbarkeit zum Ausdruck zu bringen, wie auch, so
ganz nebenbei, den proteischen Talenten des Künstlers Tribut zu zollen. Infolgedessen stand ein riesiger Lastwagen vor der Villa geparkt,
es schlängelten sich meterlange Kabel über den Boden des Hauses,
alle Zimmer waren voll mit Bogenlampen und Kameras, und durch

Salon und Terrasse waren Schienen für Fahraufnahmen gelegt, während das Mobiliar größtenteils in die Ecken geschoben war. Kurzum, es herrschte eine Riesenunordnung. Doch die Bewohner der Villa waren entzückt. Begeistert begrüßten sie mich als Zeugen der Weihe des Zelluloidstreifens über das Wunder, das, wie es schien, ihre dreifaltige Intimität vollbracht hatte. In welchem Grad dieses dreiteilige Verhältnis tatsächlich intim gewesen sein mag, war ein heiß diskutiertes Thema, doch gab es außer den drei daran Beteiligten meines Wissens keinen, der darüber eine gesicherte Aussage hätte machen können. Es kursierten natürlich jede Menge von Gerüchten, und was das Opium angeht, waren diese wohl auch zutreffend. Auf jeden Fall waren die Dreharbeiten zu dem Film eine überaus langweilige Angelegenheit, wie jeder, der einmal die Entstehung eines Films erleben durfte, zur Genüge weiß. Selbst für einen kurzen und bescheidenen Film, wie dieser es war, mußte jedes Detail wiederholt gestellt und geprobt werden, bevor es tatsächlich gefilmt wurde, was womöglich noch mehrmals wiederholt werden mußte. Eine Sequenz, die auf der Leinwand vielleicht weniger als eine Minute dauerte, bedurfte einer Vorbereitungszeit von zwei oder drei Stunden. Das Privileg, diesem kollektiven kreativen Prozeß beiwohnen zu dürfen, ist kein besonders kurzweiliges Vergnügen, so unterhaltsam und künstlerisch wertvoll das Ergebnis auch sein mag.

Ich fuhr nach Vallauris, um mit Picasso und seiner Familie zu dinieren. Es war ein angenehm lauer Abend. Wir aßen draußen auf der Terrasse. Alle waren ausgezeichneter Stimmung, es gab keine Auseinandersetzungen, und kein Wort über Cocteau.

Das Filmen zog sich hin, aber ich genoß trotz allem meine Besuche in Santo-Sospir. Bernard begleitete mich dabei nicht. An einem glühend heißen Nachmittag gingen Jean und ich allein hinunter zum Schwimmen. Nachher, als wir auf unseren Badetüchern lagen, sagte er: »Es ist absurd, mein Lieber. Es gibt da etwas, das ich schon seit langem mit dir vorhabe. Wenn wir wieder in der Villa sind, komm doch zu mir ins Schlafzimmer.« Was er mit mir vorhatte, verriet er mir nicht, vielleicht in der Annahme, ich könnte es erraten. Doch ich erriet es nicht. Sollte dies die Ouvertüre zu dem sein, wonach Picasso sich erkundigt hatte? Und sollte dem so sein, so war ich nicht einmal abgeneigt. Als wir wieder zur Villa hinaufgestiegen waren, gingen wir direkt in sein Zimmer, welches in der unteren Etage des Hauses lag, unterhalb der Terrasse, und das einen Ausgang nach draußen hatte. Dort war es kühl. Er hieß mich sich auf sein Bett setzen, wo ich in einiger Erregung der Dinge harrte, die da kommen sollten. Es kam aber keineswegs zu dem, was ich erwartet hatte. Oder vielleicht doch, nur auf eine ganz andere Art. Er setzte sich bequem in einen Stuhl neben seinem Schreibtisch, griff zu seinem Skizzenblock und sagte: »Ich will jetzt versuchen, dich zu porträtieren. Das habe ich schon die längste Zeit vor. Zeig mir dein Profil, nimm das Kinn etwas höher, gut so. Vielleicht kann ich jetzt nach dem Schwimmen etwas sehen. Außerdem bist du schließlich ein recht gutaussehender Junge.«

Er arbeitete fünfzehn oder zwanzig Minuten lang schweigend an der Skizze, nicht länger, dann hielt er mir den Skizzenblock hin. »Ob dir das wohl zusagt?« fragte er.

Es sagte mir zu, und ich sagte es ihm. Mag sein, daß er mich für gutaussehend befand, aber er hatte mich als wirklich ansehnlich dargestellt, wofür ich mich selbst nicht hielt. Dennoch war ich mit dem Bildnis sehr zufrieden und versuchte dies zum Ausdruck zu bringen. »Du kannst es Picasso ruhig zeigen,« sagte Jean. Er nahm den Block wieder zur Hand und schrieb auf die Seite:

Für James
von seinem Freund
Jean

*

Santo-Sospir
August 1951

Bernard war ein wenig neidisch, zugleich aber verurteilte er mich scharf, als hätte ich etwas leicht Verwerfliches begangen, das Cocteau zu einem Porträt bewegt haben könnte, oder als ob der Besitz des Porträts an sich schon mich irgendwie in Mißkredit brächte. Die Erinnerung hieran sollte mir einige Jahre später ein recht zynisches Amüsement verschaffen. Auf keinen Fall hätte ich Picasso die Zeichnung gezeigt. Jean fragte auch nie nach, ob ich es getan hätte. Er erriet vielleicht den Grund, weshalb ich dies nicht tun konnte. In diesem Fall wäre es für ihn völlig untypisch gewesen, hätte er einen anderen in dieses Verständnis eingeweiht.

Erst sehr allmählich begann ich zu begreifen, ein wie großzügiger und zärtlicher Freund Jean sein konnte, der einiges an freundschaftlicher Verpflichtung auf sich zu nehmen bereit war (wodurch er auch sich verpflichtet machte), gleichzeitig aber die Offenheit und das aufeinander Eingehen einer echten Nähe sorgfältig vermied. Von den tieferen Gefühlen, Hoffnungen und Befürchtungen seiner Freunde wollte er nichts wissen. Er war höflich, charmant, gefällig, aber dieser Eigenschaften bediente er sich, um eine Distanz zu schaffen, während er damit zugleich einem Bedürfnis nach Beliebtheit nachkam, das so überwältigend war, daß es nicht nur seiner Erschöpfung, sondern auch seinem Urteilsvermögen zuvorkam. War er mit dem nackten Bedürfnis oder der emotionalen Streßsituation eines anderen konfrontiert, gelang es Jean vermittels einer eleganten Pirouette plötzlich eine unfaßbare Unnahbarkeit zu schaffen. Er schrieb einmal: »Wir müssen uns hüten vor den Ertrinkenden, die sich an uns klammern und uns mithinabziehen.« Im Wasser wie in der Welt war Jean stets ein hervorragender Schwimmer, der immer einen sicheren Abstand von all jenen zu wahren verstand, die endgültig abzusaufen drohten, wobei er nach vollendeter Tatsache stets seiner Trauer beredten Ausdruck zu verleihen verstand. Heute erscheint es mir seltsam, daß ich solange brauchte, um diesen Aspekt von Jean's Charakter zu erfassen, und, um ganz ehrlich zu sein, begriff ich ihn erst, als ich selber ziemlich tief in der Bredouille steckte. Wie dem auch sei, in der Zwischenzeit genoß ich bedenkenlos jene Nachmittage oder Abende in der Villa Santo-Sospir, auf der Terrasse Gin mit Himbeersaft nippend, Zigaretten rauchend, und Jean's Gesprächen lauschend, schwelgend im exotischen Duft der Tuberosen, der für mich noch heute die Erinnerung an jene verzauberten Augenblicke birgt.

In Paris lebte Jean mit Doudou in der Rue de Montpensier Nr. 36, in einer zwei-Zimmer Wohnung, deren Fenster unterhalb der Arkaden des Kaufhauses Palais Royal lagen. In ihr war es ziemlich düster, da nur die Küchen- und Badezimmerfenster auf die Straße hinausgingen. Eine Haushälterin namens Madeleine Bourret bediente sie dort, die sehr stolz war auf den Ruhm ihres Arbeitgebers, und auf gewisse Art auch das vereinte Amt einer Wächterin und Privatsekretärin ausübte. Auf der Treppe vor Jean's Wohnungstür warteten oft namenlose junge Menschen in der Hoffnung, einen Blick auf den großen Mann zu erhaschen, oder womöglich ein Autogramm von ihm zu ergattern, oder noch besser, ihr Exemplar durch eine Zeichnung aufwerten zu lassen. Madeleine musterte für gewöhnlich diese Bewunderer, und oft bestimmten ihre Launen, welchen von ihnen eine Audienz gewährt wurde. Sie war eine schlichte und nüchterne Person, und ich mochte sie. Da ich ihr als Freund des Haushalts vorgestellt worden war, empfing sie mich immer herzlich. Doch suchte ich die Rue de Montpensier nicht oft auf, da es dort so eng war, daß man sich schon gedrängt vorkam, wenn außer Jean, Doudou und Madeleine nur ein weiterer Besucher zugegen war. Die Küche diente oft als eine Art Wartesaal. Meistens fand ich mich dort ein, wenn ich Jean, Doudou und Francine zum Lunch ins Grand Véfour begleitete, ein Luxusrestaurant um die Ecke, wo Jean *persona ultra grata* war. Manchmal aßen wir auch in Francines palastartiger Residenz am Place des Etats Unis zu Mittag oder Abend, welche Marie-Laure de Noailles' Villa genau gegenüberlag. Als junges Mädchen hatte Marie-Laure Cocteau gut gekannt und später seinen ersten Film subventioniert. Die beiden Damen hatten natürlich wenig füreinander übrig, und die Vikomtess mißbilligte den Umgang des Dichters mit einer ihrer Ansicht nach unpassenden Person.

Das Haus in Milly-la-Fôret war bei weitem geräumiger und eleganter als die Pariser Wohnung. Für sich allein am Ende einer Sackgasse gelegen, und von umliegenden Gebäuden durch einen über das Grundstück fließenden Bach getrennt, war das Anwesen völlig privat. Das Haus selbst war zweistöckig mit einem darüberliegenden Dachgeschoß, es war großräumig, ohne pompös zu wirken, und zum Großteil von Efeu überwuchert. Seinen eigenen Wohnsitz hatte Jean beinahe in ein totales – fast möchte man sagen: totalitäres – Museum seiner graphischen Poesie verwandelt. Für Santo-Sospir mochte das angehen, wie für die diversen entweihten Kapellen und öffentlichen Plätze, die er später damit schmückte, doch sein eigenes Heim sollte seiner lebenslangen Neigung entsprechen, daß des Dichters Klause eine Stätte bizarrer und obskurer Phantasien sei. Selbst in der Zeit seiner Armut umgab er sich stets mit ausgefallenen, überladenen Objekten, die er oft selbst herstellte oder von Flohmärkten rettete, und und seine diversen Behausungen hatten ihm den Respekt unzähliger Ästheten eingetragen. Für die Ausstattung von Milly war er glücklicherweise nicht völlig auf seine eigenen, nie besonders üppigen Mittel angewiesen, da Francine logischerweise annahm, daß auch sie sich oft dort aufhalten werde. Jean hatte das Haus ursprünglich im Jahre 1947 erworben. Die Innenausstattung wurde erst einige Jahre später fertiggestellt und enthielt zahlreiche seltene und kostbare Stücke. Den Mittelpunkt bildete der große Salon im Erdgeschoß. Entlang der Wände reihten sich viktorianische Sofas und neogotische Schränke, die sich gegen zwei vergoldete hölzerne, angeblich aus Versailles stammende Obstbäume und einen ungewöhnlich großen, in Bronze eingelassenen Narwal-Stoßzahn abhoben. Die Sessel waren Chinoiserie oder aus Büffelhorn gefertigt. Bronzeabgüsse von Cocteaus Händen lagen auf einem Tisch. Den Boden bedeckte ein aufwendiger Savonnerie-Teppich. Auf der grün-weißen Jugendstiltapete hing das Degas-Pastell einer Tänzerin sowie ein großes Gemälde von Bérard, das die Begegnung von Oedipus mit der Sphinx darstellte. In einem silbernen Rahmen befand sich das berühmte Photo von Strawinsky und Nijinsky. In dieser überladenen und ungewöhnlichen Umgebung empfing und unterhielt Jean seine Gäste. Dorthin begab ich mich oft, wobei ich gelegentlich nicht motorisierten Freunden auch als Taxi diente. An einem Nachmittag suchte ich eine etwas abgelegene Toilette im oberen Stockwerk. Ich öffnete eine verkehrte Tür und stand plötzlich in Doudous Schlafzimmer. Er lag ausgestreckt, nur in seiner Unterwäsche auf seinem Bett, und starrte mit weit offenen Augen an die Decke. Im Raum hing ein schwerer, stechender Geruch. Ich sprach ihn an, doch von ihm kam keine Antwort. Also schloß ich diese Tür wieder, und fand bald die gesuchte.

Ich glaube, hier in Milly, weitab vom Trubel der Großstadt Paris, und von der schläfrigen Schwüle der Riviera, hier war sich Jean selbst am treuesten, hier kam man ihm auch am nächsten und hatte auf einfache und wohltuende Art am meisten von ihm. Zumindest empfand ich es so. Ich mochte ihn und war mir ziemlich sicher, daß er mich auch gern hatte. Im Winter des Jahres 1952, z. B., bekam ich eine schwere Grippe, die mich über zehn Tage ans Bett fesselte. Zum Glück wohnte ich damals im Gästezimmer eines amerikanischen Freundes, den ich aus meiner Militärzeit kannte, und der jetzt an der US Botschaft in Paris tätig war. Er mußte oft dienstlich verreisen, und ich blieb dann in seiner gut eingerichteten Wohnung in der Rue de l'Université allein zurück, wo ich den Morgen und den Nachmittag mit an seinem Eßzimmertisch mit Schreiben zubrachte. Ich vermutete zwar, daß er zum CIA gehörte, hatte aber natürlich nie Gewißheit. Auf alle Fälle, während ich krank zu Bette lag, besuchte mich Jean drei Mal, und brachte mir Blumen und Plätzchen, die gar Madeleine mir gebacken hatte. Er wollte in der folgenden Woche nach Cap-Ferrat abreisen und lud mich in Francines Namen zur Erholung nach Santo-Sospir ein. Ich fuhr nicht hin, weil ich mir vorstellen konnte, wie schwierig es dort mit dem Schreiben würde. Jean hatte dort zwar sein eigenes Atelier, aber das eine Gästezimmer, das ich kannte, war klein und besaß nicht einmal einen Schreibtisch. Trotzdem rührten mich seine Besuche und seine Einladung, die ich als aufrichtige Beweise seiner Zuneigung und Anteilnahme begriff.

Im April 1952 reiste ich wiederum nach Amerika, wo ich zu meiner Verwunderung, ja, sogar meiner Bestürzung ein ganzes Jahr zubrachte. Es war während dieses Jahres, daß sich meine Beziehung zu Jean, und die seinige zu Picasso veränderte. Ich schrieb weiterhin Briefe nach Santo-Sospir, die von Santo-Sospir gewissenhaft beantwortet wurden. Einmal erhielt ich sogar einen Brief von Doudou, der mehr oder minder im Cocteau'schen Stil verfaßt war, wenn auch mit einigen grammatikalischen Fehlern. Am elften August erwähnte Jean zum ersten Mal, ich möchte möglicherweise einiges aus seinem Werk ins Englische übertragen, wobei er als erstes *Les Enfants terribles* vorsah. In einem Postskriptum sagte er: »Habe Picasso noch nicht gesehen. An Françoise geschrieben, aber keine Antwort.« Ich war mir nicht ganz klar, wie ich auf den Vorschlag, Cocteau's Übersetzer zu werden, reagieren sollte. Er schrieb, wenn ich den Vorschlag annähme, »wäre es traumhaft.« Am ersten September schrieb er nochmals, eine Übersetzung von mir »wäre traumhaft,« wobei er hinzufügte, »sehr schwierig, aber Du wüßtest schon wie.« Das schmeichelte mir natürlich, und ich ließ Jean in dem Glauben, daß ich es einmal versuchen wollte. Er redete mich jetzt in seinen Briefen mit »Mein sehr lieber James« an, und schloß diese mit zärtlichen, brieflichen Umarmungen. Ich schickte ihm ein Kinderphoto von mir im Alter von fünf oder sechs Jahren. Er erwiderte: »Mit welcher Grazie Du mir da den

Beweis dafür lieferst, daß sich wahre Gesichter nicht wandeln, sondern die Kindheit bewahren. Gestern erst sagte Picasso, daß man mit fünf oder sechs Jahren seinen Höhepunkt erreicht. Später versucht man nur, wieder zu diesem zurückzukehren. Er erkundigte sich sehr nach Dir.« Demnach stand sich Jean anscheinend mit dem von ihm am meisten bewunderten, und zugleich beneideten Zeitgenossen wieder auf gutem Fuße. Und genau zwei Monate nach diesem Brief geschah etwas, wodurch er sich einen dauerhaften Platz als Gefährte in Picassos Umlaufbahn sichern konnte.

Mitte November starb Paul Eluard. Am dreiundzwanzigsten schrieb Jean: »Eluards Tod war bekümmernd. Der Pomp, nichts als eitler Betrug, der fünebre wie der politische, um einen Fremden aus Marmor oder Wachs, der seinen Platz einnahm.« Sein Platz war natürlich an Picassos Seite gewesen, – zusätzlich zu dem, den er als gefeierter Dichter und kommunistischer Lobredner einnahm, – als einer dessen vertrautester und engster Freunde. Dieser Platz war durch den Tod freigeworden, und Jean beeilte sich, seinen Anspruch auf ihn geltend zu machen. Und wenn auch Picasso Jean für einen Narren und eine Hure hielt, so waren dies Eigenschaften, die er ohne weiteres auch in sich selbst hätte entdecken können, und man muß doch dazu sagen, daß er zeitlebens der Gesellschaft solcher Gestalten etwas abgewann. Und Jean war auf jeden Fall geistreich, klug, einfallsreich, wirklich kreativ und vor allem ausgesprochen unterhaltsam. Daß es möglicherweise Fehler gab in dem Konstrukt, auf dem diese Eigenschaften alle fußten, tat nichts zur Sache. Picasso, ein genialer Gaukler, hatte Gefallen an einem Komplizen, und er war jetzt in einem Alter, in dem er liebend gern ernsthaft die Clowns verkörperte, die er fünfzig Jahre zuvor voller Mitgefühl bildlich dargestellt hatte. Es war dies der Beginn seines langen, stetigen und bedauerlichen künstlerischen Abstiegs.

In demselben Brief, in dem er Eluards Tod erwähnte, schrieb Jean: »Mir träumt von einem tiefen Verständnis zwischen uns, das durch ein Buch zustande kommt. Doch wage ich Dich kaum mit meiner Befürchtung zu belästigen, ich könnte schlecht übersetzt werden, sofern es nicht in der Sprache des Herzens geschähe.« Am sechsten Dezember teilte er mir mit, daß er mir die Korrekturfahnen seines jüngsten Buches zusende, ein Band autobiographischer Schriften mit dem Titel *Le Journal d'un inconnu (Das Tagebuch eines Unbekannten)*, wobei er nochmals betonte, daß eine Übersetzung durch mich traumhaft wäre, »und ein Meisterwerk, weil Du die Seele unserer Sprache kennst.« Am achtundzwanzigsten Dezember wiederholte er nicht nur seinen Wunsch, daß ich sein Werk übersetzen solle, sondern äußerte auch die Hoffnung, ich werde ihm einen Verleger suchen. In einem Postskriptum verlangte er von mir postwendend die Adresse von Marlene Dietrich, die ich nicht besaß. Zwei Tage danach schrieb er: »Ich bin mir sicher, Dir allein kann es gelingen, das Antlitz meiner Seele (ein unbekanntes Antlitz) zu enthüllen.« Zehn Tage später teilte er mit, daß er mir auch *La Difficulté d'être (Die Schwierigkeit des Seins)* zusende.

Mitte Januar erhielt ich die beiden Bücher, die zusammen mit einigen anderen, in ähnlichem Stil gehaltenen das ergaben, was Jean in anekdotischer, intellektueller und spiritueller Hinsicht ausdrücklich als seine Autobiographie betrachtete. Ich machte mich sofort an die Lektüre, und je mehr ich darin las, desto bedenklicher erschien mir das Vorhaben. Eine Autobiographie führt ja nicht allein zur Betrachtung der Botschaft des Verfassers hin, sondern auch alles sonstig über ihn Bekannten. Beim Lesen von Jean's autobiographischen Gedanken wird dem, der so einiges über ihn weiß, alsbald deutlich, daß das einem Bekannte mit dem hier Erzählten keineswegs übereinstimmt. Widersprüchlichkeit und Inkonsequenz waren bei Cocteau so tief verwurzelt, daß er daraus nachgerade eine Tugend machte. Die »Schwierigkeit«, die ihn wirklich straucheln ließ, war nicht die des Seins, sondern des Scheins. Er war vom äußeren Schein besessen. Er berichtet jede Menge Tatsachen und Ereignisse, die er jedoch derart zu manipulieren versteht, daß er daraus selbst als nahezu Unbekannter hervorgeht. In all seinen Werken taucht mit symptomatischer Regelmäßigkeit der Spiegel als Kunstgriff auf, und er ist bemüht, in seinem eigenen Auge wie in dem unseren, sein eigenes Ebenbild für alle Zeit zu fixieren. Doch geschah dies nicht etwa, damit uns seine wahre Natur enthüllt werde, und allgemeiner noch, die menschliche Natur an sich. Es geschah zur Überhöhung des Bildes vom unsterblichen Dichter, des Kind-Engel-Heros, der das Geschick überwindet und die göttliche Natur der Menschen schützt, und durch seine Taten seinen eigenen Untergang riskiert, in einer anarchischen Welt, die ihn nicht zu würdigen weiß. Zeitlebens war Jean unfähig, sein theoretisches Wunschbild der eigenen Person mit der Existenz eines Ichs in Einklang zu bringen, dessen inkonsequentes und unverbesserliches Verhalten zu rationalisieren er sich gezwungen sah, und daraus erklärt sich uns auch, warum es das Sein war, das er für schwierig hielt. Der Konflikt zwischen den gegensätzlichen Seiten seines Charakters erzeugte sicherlich eine seinem Talent sehr zuträgliche Spannung. Da er jedoch nicht bereit oder nicht fähig war, den Erfordernissen dieses Talents um seiner selbst willen zu entsprechen, sondern es stattdessen dazu benutzte, um Anforderungen zu genügen, die allem ernsthaft kreativen Streben fremd sind, so rächte sich diese Spannung letztendlich, indem sie die Reichweite seines Talents einschränkte und seine Erfüllung behinderte. Das Ergebnis war eine Art von Drama und eine durchaus echte, verständliche Qual.

Die Franzosen sind vielleicht mehr als jedes andere Volk in ihre eigene Sprache verliebt. Es hat nur wenige gegeben, die sie mit derart hypnotischer Faszination schrieben wie Cocteau. Meisterlich beherrschte er den Einsatz rhetorischer Mittel. Er verstand es, die Essenz seiner Gesichte und Intuitionen, die zum Teil wirklich sehr prägnant waren, mit äußerster Präzision und Genialität auf minimalem Volumen mit maximaler Betonung auszudrücken. In der glänzenden Wiedergabe photographischer Eindrücke tat sich sein Talent am stärksten hervor: die Beschreibung von Proust bei der Heimkehr von seinen nächtlichen Ausflügen ist lapidar, doch letztlich sind es Cocteaus Formulierungen, die sogar vor Prousts eindrucksvoller Präsenz und Größe den Vorrang haben. Stil läßt sich nicht leichtfertig von der Hand weisen, bietet er doch die sicherste Garantie literarischer Unsterblichkeit. Der einzigartigen Virtuosität seines Stils hat Jean ganz sicherlich seinen früherworbenen Ruf zu verdanken, der ihm lang erhalten blieb, sogar in den öden Zeiten kreativer Verantwortungslosigkeit. Leider Gottes läßt sich die Kadenz seines Stils nicht in die Übersetzung hinüberretten. Das Französische, die Sprache des mot juste (des treffenden Ausdrucks), oder des mot tout court, läßt sich nicht so leicht durch das Alltagsgeschwafel anderer Sprachen wiedergeben. Noch bedauerlicher aber ist, daß Jean es nicht genügte, nur Stilist zu sein, sondern sich auch als Denker beweisen wollte. Er erklärte seinen Lesern, daß er zu seinen Gedanken stehe, ganz gleich, wie widersprüchlich sie seien. Doch der Widerspruch lag in ihm, nicht in seinen Ideen, denn er besaß gar keine. Kein ernsthafter Denker seiner Zeit wollte ihn ernst nehmen, und er erkannte auch an, daß sein Werk aufgrund seiner Persönlichkeit scharfer Kritik ausgesetzt war. Doch weigerte er sich, das Urteil anzunehmen, produzierte massenhaft brillante Formulierungen und ging seinen Weg, glänzend, vergöttert, aber elend.

Dies waren die Ansichten, zu denen ich mich nach eingehender Lektüre von *La Difficulté d'être* und *Le Journal d'un inconnnu* mit Mühe und Unwillen durchrang, wie ich nach langwierigen Erwägungen mit aufrichtigem Bedauern in meinem Tagebuch notierte. Es war natürlich undenkbar, daß ich sie Jean gegenüber zum Ausdruck brächte. Er hatte sich mir gegenüber immer gastlich gezeigt, freundlich und sogar liebevoll. Und er erhoffte sich weiterhin von mir sehnlichst die Übersetzung zumindest eines seiner Bücher. Gegen Ende Januar schrieb er mir:»Wie könntest Du je bezweifeln, daß diese Übersetzung etwas anderes wäre als ein weiteres Herzensband zwischen uns? Das Buch ist wie ein langer Brief von mir an Dich, weiter nichts.« Im Februar erkrankte er an einer Grippe, schrieb mir aber, daß eine Übersetzung von mir ihm die mangelnden roten Blutkörperchen ersetzen würde. Ende des Monats war er bereits so weit wiederhergestellt, daß er sich mit Picasso zum Lunch traf.»Ich werde ihn in Deinem Namen umarmen,« schrieb er mir. Am sechsten März jubelte er:»Stalin ist tot. Picasso *regiert*.« Doch kam er auch hier wieder auf das Thema der Übersetzung zu sprechen:»Auf eine gewisse Art ist es ein Heiratsantrag, den ich Dir mache. Ich biete Dir meine Hand, durch welche die Seele in Form von Tinte fließt.«

Doch während dieser Wochen war ich so eitel und selbstgerecht nicht gewesen, als daß ich nicht ernsthaft versucht hätte, längere Passagen aus *Le Journal d'un inconnu* zu übertragen. Meine eigene Meinung zu dem Text außer Acht lassend, mühte ich mich gewissenhaft, die sprachliche Taschenspielerei von Cocteaus epigrammatischem und theatralischem Stil ins Englische zu versetzen.»Nicht Alchemie,« schrieb ich in mein Tagebuch, wobei ich Jean ganz absichtlich nachäffte,»könnte der Zweck dieses Unterfangens sein, sondern vielmehr die Kraft, einen Diamanten mittels eines Bergkristalls zu polieren.« Ich vermochte es zwar nicht, aber ich habe es versucht, und mein einziger Trost ist es, daß nach Jean's Tod, als *La Difficulté d'être* schließlich in englischer Übersetzung erschien, die Leser dieses Werkes sich fragen mußten, wie der Autor sich jemals den Ruf eines überragenden Stilisten erworben hatte. Was *Le Journal d'un inconnu* betrifft, so wurde es von der französischen Kritik verrissen und schaffte es nie bis ins Englische. Einer der gröbsten Fehler dieses Werkes war natürlich, daß sein angesehener und auffälliger Verfasser sich allen Ernstes fehlverstanden fühlte, sich für ein Opfer von Vorurteilen und ungenauem Denken hielt, für einen intellektuell und spirituell Unbekannten, was nach fünfundvierzig Jahren unverfrorener Eigenreklame nahezu komisch, um nicht zu sagen lächerlich wirkte.

So kam schließlich der verdrießliche Tag, da ich Jean schreiben mußte, daß ich mich trotz meiner gewissenhaften und loyalen Bemühungen außerstande sähe, sein Werk zu übertragen, und mich ehrlicherweise genötigt fühle, den Versuch aufzugeben. Seine Antwort war nicht anders als ich erwartet hatte:

> *Saint-Jean-Cap-Ferrat*
> *am 16. März 1953, morgens*
>
> *Mein James,*
> *Dein Brief verblüfft mich zwar, überzeugt mich jedoch nicht. Er scheint mir Deiner Befürchtung zu entspringen, Du könntest meiner Bitte nicht gut genug entsprechen. Wie könnte das sein, wo Du schon zurückschrickst, wo andere von keiner Furcht wissen? Sprich noch einmal mit Deinen Freunden. Meine Schriften sind sehr schwierig. Doch werden sie für Fremde noch schwieriger sein als für Dich, der Du mit dem Herzen denkst. Du brauchst Deinen Text eigentlich nur überarbeiten, ihn mit Freunden durchgehen. Es wird uns gelingen, ich versichere es Dir, und ich wäre allzu traurig, wenn wir scheiterten. Gestern hieß mich Picasso neun Platten gravieren. Ich hielt mich nicht für fähig dazu. Aber es gelang mir. Antworte mir nur rasch.*
>
> *Es umarmt Dich,*
> *Jean*

Ich schrieb ihm auch schnell zurück, wobei ich wiederholte, daß ich mich zu meinem leidigen Bedauern der Aufgabe nicht gewachsen glaubte, und den von Herzen kommenden Wunsch aussprach, dieses Versagen möge nicht als Verrat an unserer Freundschaft gedeutet werden. Jean seinerseits antwortete ebenso prompt, datiert am fünfundzwanzigsten März; »Wie könntest Du nur annehmen,« schrieb er, »daß es mir um ein Buch mehr zu tun sein könnte als um Dich, mehr um eine amerikanische Ausgabe als um unsere Beziehung? Bekümmere Dich nicht darum ... so ist also alles in Ordnung ... Ich umarme Dich von meines Herzens Grund.«

Es war eine noble, eine prinzliche Geste. Er muß sehr enttäuscht gewesen sein, und ich war es auch, doch wie bereits gesagt, ließe sich schwerlich ein höflicherer Mensch finden als Jean es war, noch einer, der schneller zu einer Gefälligkeit bereit war, um die man ihn bat. Die Übersetzungsgeschichte war jedoch noch nicht ganz ausgestanden, denn am fünfzehnten Mai erkundigte sich Jean bei mir, ob ich bereit wäre, ein kurzes Stück über Edith Piaf zu übersetzen. Wieder schlug ich es ihm ab.

Im selben Brief kündigte er an, daß er am siebenundzwanzigsten abreise, um einen Vortrag zu halten, anläßlich einer großen Picasso-Retrospektive an der Nationalgalerie für Moderne Kunst in Rom. Francine und Doudou begleiteten ihn, Picasso aber blieb in Vallauris zurück. Doch im Juni reisten der Maler und der Dichter gemeinsam zu einer Stierkampf nach Céret, dem in den Bergfüßen der Pyrenäen gelegenen Städtchen, wo Picasso vor über vierzig Jahren einige seiner größten kubistischen Meisterwerke geschaffen hatte. Hatte es zwischen den beiden Männern eine Kühle gegeben- und es hatte sie ganz sicherlich gegeben – so war die Beziehung nunmehr von nachweislicher Wärme, obwohl keiner von beiden je vergaß, wer den Temperaturgrad bestimmte.

Ich kam in jenem Jahr, 1953, am zweiten August in Villefranche an und blieb dort sechs Wochen lang, wie immer in einer bescheidenen gemieteten Unterkunft, wie man sie damals ohne weiteres finden konnte. Es war dies der letzte Sommer, den ich dort verbringen sollte. Nie hätte ich gedacht, daß er für mich das Ende eines Lebensabschnitts bedeuten sollte. Es war nur der Anfang vom Ende. In Santo-Sospir fand ich alles und alle unverändert vor. Oder fast unverändert. Jean hatte weitergemalt, es gab nur noch wenige ungeschmückte Flächen, und für den Eingang der Villa hatte er Mosaike entworfen, für den Fall, daß ein Besucher vielleicht den graphischen Poeten, der darinnen weilte, nicht kennen möchte. Im Salon bemerkte ich sofort, daß das abscheuliche Geschenk vom fehlgeschlagenen Besuch in Vallauris vor drei Jahren nicht mehr auf dem Kaminsims lag, sondern durch mehrere wunderschöne, von Picasso bemalte Keramikkacheln ersetzt war. Wie üblich saßen wir rauchend und trinkend auf der Terrasse, während Jean uns komische Geschichten von erfundenen, exzentrischen und malerischen Gestalten erzählte, deren lächerliche Abenteuer er sich zu Picassos Amüsement ausgedacht hatte. Wir schwammen, segelten, fuhren auf der Haute Corniche hinaus und besuchten Somerset Maugham, der ganz unverblümt Doudou in seinen engen weißen Shorts beäugte, und dem Jean ausnahmsweise gestattete, die Unterhaltung zu einem geringen Teil zu bestreiten. In der Eingangshalle der Villa Mauresque hing ein großer, meisterhafter Picasso der klassischen Periode. Jean fragte unseren Gastgeber, ob er den Maler kenne, und erbot sich, als Maugham dies verneinte, ein Treffen mit ihm zu vereinbaren. Willie erwiderte trocken: »Sp-p-pielt er d-d-denn Bridge?« Es war glasklar, daß die beiden berühmten Schriftsteller nichts für einander übrighatten. Maugham hielt Cocteau zweifelsohne für einen affektierten Laffen, während Jean den Älteren ganz unverhohlen für den oberflächlichen Verfasser seichter Zugreiselektüre hielt. Beide Ansichten ließen sich durchaus vertreten.

Ich begab mich auch nach Vallauris und fand die ganze Familie dort in bester Laune vor, trotz der Gerüchte, daß Françoise Picasso zu verlassen gedachte. Im Atelier waren jedoch mehrere neuere Porträts von ihr. Wir aßen zweimal in Golfe-Juan zu Mittag, doch Mitte des Monats ging Picasso nach Perpignan fort. Ich sah ihn in diesem Sommer nicht wieder und sollte ihn auch im folgenden Sommer nur noch zweimal sehen.

Als ich im Oktober wieder in Paris war, erhielt ich einen Brief von Jean, in dem er schrieb: »Du hast sicher schon von dem Picasso-Drama gehört. Françoise hat das eheliche Heim mit den Kindern verlassen. *Doch kein Wort!* Picasso verläßt lieber, als daß er verlassen wird.« Das Drama war leider Gottes echt und hatte für alle Mitwirkenden negative Auswirkungen.

In diesem Winter – 1954 – sah ich Jean, Doudou und Francine nur wenig. Es war der Beginn meiner intensiven Freundschaft mit Dora Maar, die mich fast mit Ausschließlichkeit in Beschlag nahm. Fast, aber doch nicht ganz. Jean war häufig im Süden oder in Kitzbühel, in Österreich. Abwesenheit minderte jedoch nicht seine tiefwurzelnde Bereitschaft, sich einem Freund gefällig zu zeigen, und auf mein Ersuchen setzte er sich bei einem Lektor seiner Bekanntschaft diskret für mich ein, damit mein erster Roman in Übersetzung erschien. Diese Freundlichkeit weckte natürlich aufs neue meine Reumütigkeit dafür, daß ich ihn bei der Übersetzung seines Buches versetzt hatte, und das Wissen, daß er es mir nicht nachtrug, verschlimmerte nur meine Zerknirschung. Was mich jedoch nicht daran hinderte, weitere Bitten an ihn heranzutragen. Mein Freund Bernard, der Cocteau zwar nicht viel an persönlicher Huldigung entgegenzubringen gewillt war, setzte es sich in den Kopf, ein Porträt von sich malen zu lassen, und er bat mich, Jean darum zu bitten. Ich bat ihn darum. Jean sagte natürlich zu und bestimmte Tag und Stunde, zu der sich Bernard zu einer Sitzung in der Rue de Montpensier einfinden möge. Am Abend des vorgesehenen Tages ging ich zu Bernards Wohnung und bat ihn, mir die Zeichnung zu zeigen. Zu meiner großen Verblüffung und Entrüstung erzählte er mir, daß er gar nicht hingegangen sei. »Und wieso nicht?« verlangte ich zu wissen. Na ja, erklärte mir Bernard leichthin, er sei am Nachmittag nicht in der Stimmung gewesen, für ein Porträt zu sitzen, und sei stattdessen ins Kino gegangen. Er hatte sich nicht einmal die Mühe gemacht, telephonisch abzusagen. In meinem Ärger behauptete ich, solche Gleichgültigkeit sei nicht nur Cocteau, sondern auch mir gegenüber beleidigend. Bernard tat die ganze Sache als belanglos ab. Wenn dem so sei, sagte ich ihm, dann könne er sich darauf verlassen, daß ich ganz gewiß keine zweite Verabredung für ihn zu treffen, noch für seine hochmütige Unart irgendwelche entschuldbaren Umstände anzuführen gewillt sei. Fünf Jahre später sollte Bernard dafür die Quittung erhalten, in einem sowohl demütigenden wie auch in bizarrer Weise angemessenen Nachspiel.

Im April fuhr ich mit Dora in das kleine provençalische Dorf Ménerbes, in das Haus, das Picasso ihr geschenkt hatte. Während unseres Aufenthalts dort schlug sie vor, daß ich über die Berge an die Riviera fahren sollte, um Picasso einen Besuch abzustatten. Es war dies ihrerseits ein ziemlich perverser Vorschlag, wenn man bedenkt, welche Schlüsse Picasso über meine Beziehung zu seiner ausgedienten Mätresse ziehen könnte, aber Dora besaß nun einmal ein sehr komplexes Wesen. Und ich ging auch prompt auf ihre Launen ein. Ich hatte Picasso seit dem vorigen August nicht wiedergesehen, und die Aussicht auf einen Besuch bei ihm war verlockend. Da man sich aber nie sicher war, ob man bei dem Maler an der Kasse vorbeigelassen wurde, wie er mit Vergnügen zu bemerken pflegte, zögerte ich doch ein wenig. Dora sagte, ich solle ihm in einem Brief mein Kommen ankündigen, ihm mitteilen, daß ich mich mit ihr in Ménerbes aufhielte, und daß ich mit einem Geschenk zu ihm käme. Dann sei mir ein herzlicher Empfang gewiß, versicherte sie mir. Ich tat, wie sie mir empfahl. Es fiel mir ein, daß ich einen Besuch in Vallauris mit einem Besuch in Santo-Sospir verbinden könnte, wohin ich so oft geladen worden war, beklagte doch gar mancher Brief mein Fernsein. So telephonierte ich nach Cap-Ferrat, und Jean nahm die Nachricht meiner unmittelbar bevorstehenden Ankunft mit Herzlichkeit auf und schlug vor, daß ich in der Villa dinieren und im nahegelegenen Hotel du Cap-Ferrat nächtigen könne. Ich sagte natürlich mit Vergnügen zu, und behielt meine Überraschung für mich darüber, daß Santo-Sospir letztlich doch keinen Gast aufnehmen konnte. Vielleicht ließ das nächtliche Geschehen dort die potentielle Indiskretion eines auch noch so freundschaftlich gesonnenen Zeugen nicht zu.

An dem funkelnden Nachmittag des 21. April brach ich in meinem kleinen schwarzen Auto auf und unternahm die langwierige, mühsame Fahrt an die Küste. Doch ich war in Hochstimmung und trällerte vor mich hin, während ich durch Olivenhaine und Schluchten und blühende Bergwiesen dahinfuhr, bis ich schließlich das Meer erreichte. Ich dachte an den wunderbaren Passus im Xenophon, als seine müden Krieger endlich das ägäische Meer erblicken. Ich begab mich unverzüglich nach Santo-Sospir, wo man mich herzlich empfing. Wir saßen auf der Terrasse, unterhielten uns und tranken. Es war mir fast, als hätte ich hier eine Art Heimat, obwohl es hier kein Zimmer für mich gab. Es gab zum Diner einen riesigen Seebarsch und eiskalten Pouilly Fuissé. Diese Einzelheiten verzeichnete ich alle in meinem Tagebuch, aber leider so gut wie nichts von unserem Gespräch. Wie gewöhnlich, verfügte Jean über ein glänzendes neues Repertoire an Anekdoten, allesamt rasant und von quecksilbrigem Esprit, von drolliger Gestik und bescheiden-abwehrender Komik begleitet. Im Aufzeichnen war ich meiner Gespräche mit PIcasso und andererseits Giacometti war ich gewissenhaft, aber von ihnen wußte ich ja, daß sie Genies waren und empfand sozusagen eine Verpflichtung gegenüber diesem Tatbestand. Jean dagegen hielt ich nie für ein Genie, weshalb es, glaube ich, leichter war, ihn gern zu haben. Nach dem Essen saßen wir auf der Terrasse, atmeten den Duft der Tuberosen und tranken Birnenschnaps, der nach dem Wein stark berauschend wirkte. Jean war aufgeregt, ja, nahezu neidisch, wie mir schien, daß ich am nächsten Morgen Picasso sehen sollte, und vertraute mir dringende Freundschaftsbotschaften an, die ich auszurichten vergaß.

Mein Besuch bei Picasso war bizarr und verhieß nichts Gutes für die Zukunft. Nur drei Tage später sah ich ihn zum letzten Mal. Doch das alles beschrieb ich bereits im ersten Band meiner Erinnerungen, *Picasso und Dora Maar*, und es gehört sowieso nicht hierher. Jean war nicht dabei und hat wahrscheinlich nie erfahren, was da geschah.

Im November jenes Jahres fiel ich auf der Treppe des Café de Flore und brach mir den linken Knöchel, was mir einen zehntägigen, schmerzensreichen Aufenthalt im American Hospital verschaffte. Es kamen mich dort viele Leute besuchen, unter ihnen auch Jean, der einen gelinden Aufruhr im Spital auslöste, ein paar lustige Geschichten erzählte und eine Viertelstunde mit mir verbrachte. Als ich gesundet war, fuhr ich wieder nach Amerika zurück, wo ich diesmal vierzehn Monate zubrachte.

Während meines Amerika-Aufenthaltes war ich endlich in der Lage, Jean eine Gefälligkeit zu erweisen, vernachlässigenswert verglichen mit allem, was er für mich getan hatte, aber vielleicht doch nicht vernachlässigenswert genug. Eine französische Literaturzeitschrift, *La Table Ronde*, widmete im Jahre 1955 ihre Herbstnummer gänzlich Analysen aller Aspekte von Cocteaus Werk und Schaffen. Da von mir schon einige Artikel über Kunst erschienen waren, wurde ich auf Jean's Vorschlag hin um einen Beitrag zu seinen Zeichnungen und Bildern gebeten. Es war natürlich undenkbar, das Angebot abzulehnen, es anzunehmen war *beinahe* undenkbar, denn es versteht sich von selbst, daß hier uneingeschränkte Bewunderung gefordert war. Und mit meinen damals 32 Jahren war ich nicht Wortzauberer genug – und bin es vierzig Jahre später immer noch nicht – um den

Hasen des Lobes aus dem Zylinder der Mißbilligung zu ziehen. Jean's Zeichnungen mißfielen mir zwar nicht unbedingt, er besaß einen ganz eigentümlichen Stil und Schwung, doch war das Ergebnis eben gerade allzu typisch und gewandt, als daß man es mit ernstlichem Lob bedenken konnte. Nichtsdestotrotz empfinde ich auch heute noch ein unbekümmertes Vergnügen bei der Betrachtung der Zeichnungen, die Jean mir schenkte. 1955 jedoch war unbekümmertes Vergnügen nicht an der Tagesordnung. Gewichtige ästhetische Erwägungen waren gefragt, und diese konnten allein durch kriecherische Heuchelei erstellt werden. Ich schrieb Jean um Rat an. Er antwortete: »Gehe nicht mich um Rat an. Was immer Du tust, es wird wohlgetan sein.« Dann beschrieb er mir eine Stierkampf, die er mit Picasso besuchte, wo er Paloma auf seinem Schoß und Claude auf seinen Schultern trug.

Also machte ich mich ans Schreiben. Ich begann mit einer Definition, die Jean selbst von seinem Verständnis einer Zeichnung gegeben hatte: »Um eine lebendige Linie zu zeichnen und nicht zu zittern mit dem Wissen, daß sie an jedem Punkt ihres Weges vom Tode bedroht ist, muß ich mich in einer Art von Schlummer befinden, der meinen Lebensquellen gestattet, unbehindert in meine Hand einzufließen, so daß die Hand dann ganz eigenständig arbeitet, schwebend in einem Traum, mit einer von mir ganz unabhängigen Bewegung.« Mein eigener Kommentar, der dieser Einleitung folgt, ist oberflächlich, bombastisch und frivol, ein klangvolles Dahinfaseln von der Poesie und dem unsicheren Stand des Dichters in der heutigen Zeit. Ich brachte es sogar fertig, folgendes zu schreiben: »Die Zeichnungen, die Cocteau uns im Jahre 1923 bescherte, sind größtenteils Porträts von Freunden, die mit einer freundschaftlichen Treue und einer Lebendigkeit ausgeführt sind, wie sie in unseren Tagen sonst nur Picasso und Matisse erreicht haben.« Das ist natürlich Unsinn, doch vielleicht reißt der Schluß des über vier engbedruckte Seiten laufenden Artikels ihn noch ein bißchen heraus:

Will man Cocteaus graphisches Werk zu seinen Zeitgenossen in Beziehung setzen, so kommen einem zu allererst seine Freunde Picasso, Matisse und Modigliani in den Sinn. Doch die wahre Situation, der tiefe und lebenswichtige Bezug liegt ganz woanders, und da dieser ein poetischer ist, mag er dort gefunden werden, wo man ihn am allerwenigsten sucht. In unserem Jahrhundert ist der Zöllner Rousseau der einzige, der – auf dieselbe Art wie Cocteau – gewußt hat, ohne zu wissen, wie er seine Lebensquellen in die Hand hinablenken muß, um Werke echter Poesie zu schaffen. Bei den anderen übertönt zu offensichtlich das Wissen ihre Instinkte. Der Zöllner Rousseau strebte ganz und gar nicht danach, eine »Situation« für sich zu schaffen. Wie auch Cocteau, kümmerte er sich allein um die Wahrheit, die jenseits der offenkundigen Wirklichkeit liegt. Daher kann man sie im Bereich der graphischen Poesie getrost einander an die Seite stellen.

Ich weiß nicht, ob es Jean Freude bereitete, sich willkürlich in die Gesellschaft eines naiven und echten Träumers versetzt zu sehen, aber an des Zöllners Genie konnte wohl keiner herumkritteln. Noch dazu vergötterte ihn ausgerechnet Jean's Idol, Picasso, der stolz war auf den Besitz eines Gemäldes von Rousseau und im Jahre 1908 das berühmte »Bankett« zu seinen Ehren veranstaltet hatte. Auf jeden Fall war ich mir ziemlich sicher, daß er nicht im Traum daran dachte, ich hätte, um ihm gefällig zu sein, absichtlich Meinungen geäußert und Urteile abgegeben, die ernstlich meinen wahren Überzeugungen widersprachen – wenn auch nur in einer Sache, die meiner Integrität gewiß nicht ernsthaft schadete.

Jean war von meinem Text entzückt. Er erreichte ihn, schrieb er, gleichwie mit der Taubenpost: »Ich hob sacht ihren Flügel in die Höh' und entdeckte darunter Deine herzlich gute Wärme.« In einem Postskriptum fügte er noch hinzu: »Vielleicht tust Du mir noch die Liebe, (im Hinblick auf die Galeristen) darauf zu verweisen, daß es zweifelsohne das erste Mal ist, daß ein Dichter ein malerisches Werk geschaffen hat, das nicht zu den Marginalien zählt, sondern durchaus für sich selbst bestehen kann.« Diesen Zusatz brachte ich allerdings nicht, da ich mich nicht überwinden konnte, den Text nochmals zu überarbeiten, und außerdem, weil ich für mein Gefühl die Wahrheit schon genug mehr als genug manipuliert hatte. Viele von Jean's Zeichnungen sind elegant, charmant, geistreich und originell und besitzen eine ganz eigene Beweglichkeit, doch die Gemälde sind ausnahmslos häßliche, peinlich mißlungene Fehlschläge, obwohl er sie selbst nicht als solche ansah, denn er schrieb mir: »Ich habe das Graphische wirklich hinter mir gelassen, um mir einen Weg in die Leinwand zu bahnen, ohne daß ich mich schämen muß.« Doch ich befürchte, das Gefühl des Sich-schämen-müssens regte sich, wenn überhaupt, nicht allzu häufig im Bewußtsein eines Dichters, der einen Mythos aus seiner eigenen Unverstandenheit und seines »Unerkannt-Seins« machte, indes er keine Gelegenheit versäumte, dieses widersprüchliche Dilemma an die große Glocke zu hängen.

Im März 1956 kehrte ich endlich nach Paris zurück, wo ich all meine alten Freunde wiedersah, darunter auch Jean, Doudou und Francine. Sie kamen mir leicht verändert vor, gealtert und etwas angegriffen. Vor allem Doudou und Francine schienen älter geworden, der bezaubernde Glanz der Jugend war erloschen. Es wurde vom übermäßigen Genuß verbotener Stimulantien gesprochen – doch wer weiß? Jean war jedenfalls so gesellig und weltgewandt wie eh und je. Doch sah ich sie nicht sehr viel, da ich nur drei Wochen in Paris verbrachte, und den Frühling mit Bernard in Florenz verlebte, den Sommer in Tal der Loire und den Herbst in den Niederlanden und in Deutschland.

So kam es, daß ich am 24. Oktober in München war, als der ungarische Aufstand gegen die sowjetische Vorherrschaft ausbrach, nur vierhundert Kilometer davon entfernt. Eine Woche lang sah es aus, als könnte dieser beispiellose, tapfere und edelgesinnte Widerstand gegen die Tyrannei tatsächlich gelingen. In München war eine Stimmung öffentlichen Jubels. Man sprach kaum von etwas anderem, und ich war zu meiner eigenen Überraschung auch tief bewegt und persönlich engagiert, wie seit dem Ende des zweiten Weltkriegs nicht mehr. Es gab natürlich nichts, was ich hätte tun können, und doch hätte ich gern etwas getan. Ich kann nicht sagen, warum. Vielleicht, weil ich dem Schauplatz so nahe war, oder weil viele meiner Münchner Bekannten enge Verbindungen nach Ungarn hatten. Der Korea-Konflikt, der schließlich auch ein kommunistischer Übergriff war, hatte mich keineswegs in vergleichbarer Weise betroffen.

Am ersten November fuhr ich nach Paris zurück. Am vierten rückten sowjetische Truppen, unterstützt von Panzern und Artillerieeinheiten in Ungarn ein, und machten sich mit schonungsloser Brutalität daran, die beginnende Revolution niederzuschlagen. Entrüstung und Verurteilung der freien Welt waren einstimmig, außer natürlich in solch lakaienhaft kommunistischen Blättern wie dem französischen *L'Humanité*, wo die hingeschlachteten Patrioten zu »faschistischen Konterrevolutionären« gestempelt wurden. Es gab jedoch zahlreiche prominente Kommunisten, die sich davon entschieden distanzierten, und viele forderten eine Verurteilung des ruchlosen Eingriffs der Sowjets von seiten der Kommunistischen Partei Frankreichs, welche die starrste stalinistische Partei des Westens war.

Die Tage vergingen, und die Situation wurde immer hoffnungsloser. Mir fiel ein, daß es vielleicht doch etwas gäbe, das ich tun könnte. Sogar Louis Aragon, so katzenhaft und amoralisch er auch war, hatte eine Andeutung zuwegegebracht, es gäbe möglicherweise doch Grund zum Protest. Doch das berühmteste, begabteste Mitglied der Kommunistischen Partei Frankreichs ließ kein einziges Wort verlauten. Picasso schwieg schallend. Dieses Schweigen des Malers von *Guernica*, des schonungslosen Kritikers des spanischen Faschismus, empörte mich nicht nur, sondern erschien mir als feige Widersprüchlichkeit, so daß ich meinte, sogar ein unbekannter und unerheblicher Mensch wie ich dürfe ihn zu einer Standpunktsklärung auffordern. Ich beschloß, ihm einen Brief zu schreiben. Es wurde ein langer Brief, den ich in seinem vollen Wortlaut in *Picasso und Dora Maar* wiedergegeben habe, so daß es sich hier erübrigt, ihn nochmals zu zitieren. Als Picasso auf keine Weise auf meinen Brief reagierte, schickte ich eine Kopie an ein linkes Blatt namens Combat, welches ihn am 17. November veröffentlichte. Fünf Tage danach stand Picassos Name doch tatsächlich auf einer Liste von zehn Unterzeichnenden eines Briefes zu lesen, wobei die neun anderen völlig Unbekannte waren, den Frankreichs renommierteste Tageszeitung, *Le Monde*, abdruckte. Dieser Brief richtete sich an das Zentralkomitee der Kommunistischen Partei Frankreichs und bat um Aufklärung »der unzähligen Probleme, die sich den Kommunisten heute stellen«. Kein Wort über das Gemetzel in Budapest. Der Brief ist ein Gespinst von Doppeldeutigkeiten und unaufrichtigen Ausweichmanövern, bezieht sich auf kein konkretes Problem und dient einzig und allein der Rechtfertigung kommunistischen Pharisäertums. Anstatt ein so scheinheiliges und eigennütziges Dokument zu unterzeichnen, hätte Picasso besser sein Schweigen wahren sollen. Ein paar Wochen später sagte er zu einem amerikanischen Journalisten: »Der Kommunismus stellt ein bestimmtes Ideal dar, an welches ich glaube. Ich glaube, daß der Kommunismus auf die Verwirklichung dieses Ideals hinzielt.« Das waren seine Worte, doch das kann er nicht wirklich geglaubt haben.

Mein Brief erregte einiges Aufsehen, und Ausschnitte daraus erschienen in französischen wie in ausländischen Zeitungen. Zu meiner Überraschung wurde ich von vielen Leuten meiner Bekanntschaft aufs heftigste kritisiert, denen übrigens allen in der Sowjetunion ein hartes Schicksal geblüht hätte. Dora Maar hatte mich ja gewarnt, daß man Picasso nicht ungestraft kritisieren dürfte. Seine Macht, sein Ruhm, sein Zauber seien viel zu absolut, sagte sie. Und so weit mir bekannt ist, hat ihn bis heute noch niemand außer mir öffentlich für seinen Kommunismus getadelt, dem er bis zu seinem Tode treublieb.

Als ich meinen Brief an Picasso schrieb, hatte ich an Cocteau nicht gedacht. Als er mir dann in den Sinn kam, schien es mir unwahrscheinlich, daß er stillschweigend über eine Kritik an seinem Idol hinwegsehen würde, war doch mittlerweile seine enge Freundschaft mit Picasso ein Dauerbrenner in zahllosen Zeitungs- und Zeitschriftenartikeln. Aber mit dem Brief, den ich drei Wochen nach der Veröffentlichung des meinigen in *Combat* von ihm erhielt, hatte ich trotzdem nicht gerechnet.

*am 6. Dezember 1956*

*Mein lieber James,*

*Du begreifst meinen Abscheu vor Ausreden und vor jenen ungeschickten Flecken, die hernach nicht einmal das Reinigungswasser der Seele entfernen kann. Dein Brief an Picasso schmerzte mich zutiefst. Es sind dies Dinge, die wir unter uns austragen sollten, Aug' in Aug', und niemals in der Öffentlichkeit. Dinge, die die Öffentlichkeit niemals verstehen kann, und die in ihr nur die Hoffnung auf jene grauenhafte Art von Stierkampf erwecken, die sie so liebt, welche das einzige Tonikum der Mittelmäßigkeit ist. Laß diesen Irrtum, der unser unwürdig ist, verdunsten.*

*Ich habe Dich durch Picasso kennengelernt, und Du hast mir ständig gezeigt, daß das, was Du in mir schätzst, die gerade und etwas naive Linie ist, die unfähig ist, intellektuellen Schnörkeln zu folgen.*

164

*Um nichts in der Welt wollte ich einen Streit zwischen uns heraufbe-schwören, und weit weniger noch, das Opfer einer Schwäche sein, indem ich mich von einem meiner eigenen Meinung entgegengesetzten Standpunkt über-zeugen ließe. Für Picasso war Dein Brief, als sähe er ein gezogenes Schwert in der Hand eines Kameraden, der in seinem Hause aus- und einging. Ich erwiese mich als Deines Vertrauens unwürdig, wollte ich mir an dieser frischen Wunde zu schaffen machen.*

Jean

*PS: Eine einfache Frau, Madeleine, die nichts über uns weiß,* weinte, *als sie Deinen Brief in der Zeitung las.*

Es war das öffentliche Anprangern, das einem Manne mißfiel, der sein ganzes Leben lang seine vielseitigen Talente gezügelt hatte, um der Öffentlichkeit zu gefallen. Und dieses beherrschende Verlangen zu gefallen, mehr noch als die Fähigkeit dazu, die ihm so trefflich diente, war vielleicht der fatale Fehler, der Cocteau an der vollen Ver-wirklichung seiner Talente hinderte. Von allen Formen von Verlan-gen ist das Verlangen zu gefallen – ob nun in sexueller, gesellschaft-licher oder intellektueller Hinsicht – das unstillbarste, gefährlichste und gnadenloseste, denn niemals kann es ausreichend befriedigt wer-den, auch wenn es noch so sehr beteuert, keine Gegenleistung zu erwarten. Daher war es für Jean nur allzu leicht, darauf zu beharren, daß er »unerkannt«, unverstanden, abgelehnt und geschmälert war, trotz seiner neuerlichen Wahl in die illustre Académie Française, auf die er derart raffiniert hingearbeitet hatte, daß er sie als Scherz feiern konnte. Der Scherz ging allerdings auf seine Kosten, da er dadurch, daß er den Rängen der akademischen Götter beitrat, zum wieder-holten Male bewies, wie hohl sein Anspruch auf unbürgerliche Eman-zipation immer schon war. Nie hatte ich ihm bedeutet, daß das, was ich an ihm schätzte, seine »gerade und etwas naive Linie ist, die unfähig ist, intellektuellen Schnörkeln zu folgen«. Was mir an ihm gefiel, war gerade das hoch differenzierte und leicht fragwürdige Ent-gegenkommen seiner Geselligkeit, sein Sinn fürs Vergnügliche, seine lässige Großzügigkeit, sowie seine spontane Akrobatik mit intellek-tuellen Neuheiten. Er wollte nicht »Opfer« einer Schwäche sein, sagte er, indem er sich von einer seiner eigenen Ansicht entgegengesetzten überzeugen ließe. Er war allerdings ein Opfer, doch die Schwäche, um die es ging, war die, daß er gar keine eigene Ansicht besaß, es sei denn die gänzlich auf sein eigenes Bild und die Verherrlichung seines Mythos gerichtete Meinung.

Ganz unwillkürlich erinnerte ich mich an die heftige Verurteilung von Picassos Kommunismus, die Jean damals vortrug, als wir vor sechs Jahren von Vallauris abfuhren, nach der Einweihungsfeier von Picassos Geschenk an die Stadt. So sich Jean auch daran erinnerte, machte es jetzt nicht den geringsten Unterschied. Ich entsann mich auch Picassos wütender Tirade, als er Jean als Hanswurst und Hure verdammte, obwohl sie später lustige Spießgesellen wurden. Auch Picasso prostituierte sich selbst ein wenig, und auf jeden Fall spielte er liebend gern den Clown. Jean und er paßten schon recht gut zueinander, solange es keine Mißverständnis darüber gab, wer hier in Besitz von Genie war. Obwohl ich von Jean sicherlich nicht erwartet hätte, daß er mich Picasso vorziehen würde, begriff ich nicht, wieso er wählen zu müssen glaubte.

Nicht nur im Leben, sondern auch in seinen Werken lieferte Jean den Beweis, daß er um des Publikums willen litt, und nicht um der Kunst willen. Stets war er besorgt um seine Stellung, seinen Einfluß, seine Beliebtheit, und es gab kaum etwas, das er nicht getan hätte, um diese drei Dinge zu fördern. Er entwarf Speisekarten für elegante Restaurants und Werbung für teure Juweliersgeschäfte, er verfaßte Lobreden auf Künstler und pries in den höchsten Tönen das Werk drittrangiger Leute, seine Zeichnungen waren auf Tafelgeschirr und modischen Accessoires zu finden. In seinem letzten Lebensjahrzehnt hatte dieser zwanghafte Drang nach schicker Allseitigkeit zur Folge, daß jedes von ihm gepriesene Buch oder jede Ausstellung sozusagen von vornherein von ernsthafter Beachtung ausgeschlossen wurde, was sehr schade war, denn es gab seiner Empfehlungen viele.

Ich erwartete nicht, daß ich Jean wiedersehen würde, doch im folgenden März schrieb ich ihm ein höfliches Entschuldigungsschreiben. Er antwortete, wie er es immer tat, doch am Ende stand: »Ich bleibe weiterhin frei und bitte Dich nur, solange zu warten, bis die Wundränder nicht mehr klaffen und keinen mehr anklagen.«

Diesen Sommer verbrachte ich in Aix-en-Provence. Ich war flüchtig bekannt mit Bernard Buffet, einem sehr schlechten Maler, aber sehr angenehmen Zeitgenossen, und dessen Freund Pierre Bergé, die mich zu einem großen Empfang einluden, der auf ihrem Château in dem kleinen Flecken Rousset-sur-Arc unweit von Aix stattfand. Jean war auch gekommen. Als er mich sah, pirouettierte er ostentativ davon, in der unmißverständlichen Absicht, jeden Austausch zu vermeiden. Mich ärgerte dieser allzu offensichtliche Widerwillen, sich den Konsequenzen einer Meinungsverschiedenheit zu stellen, die ihn im Grunde gar nichts anging. Ich ging daher auf ihn zu und streckte ihm meine Hand hin. Gefangen wie er war von Höflichkeit, nahm er sie, murmelte aber: »Noch nicht, mein Lieber, nicht in der Öffentlichkeit« und wandte sich ab. Im Oktober erblickte ich ihn und Francine in einem Pariser Restaurant. Wir gaben einander die Hand und begrüßten uns, mehr nicht. Und das war das letzte Mal, daß ich ihn sah.

Und doch blieb ein nostalgischer Hauch bestehen. Zu genau erkannte ich, daß die Wiederaufnahme einer Art von Freundschaft, wie wir sie gekannt hatten, unmöglich geworden war. Es war ja nur der Anflug einer Freundschaft gewesen, der dennoch von der intensiven Aura einer Sonnenuntergangsromantik getränkt war. Die Aussicht, diese künftig vollends entbehren zu müssen, verursachte mir leichte Pein. Ich schrieb wiederholt an Jean, 1961, 1962 und 1963. Er beantwortete natürlich alle drei Briefe, und der Ton seiner Antworten wurde mit den Jahren sanfter, weniger ausweichend. Ich hörte, daß er einen schweren Herzanfall erlitt, sich davon aber erholte. Und dann hörte ich, daß Francine es zu guter Letzt leid geworden war, nichts als ein weiterer Spiegel für den Ruhm ihres Gastes zu sein. Sie wollte selbst auch strahlen, besaß jedoch zu ihrem Unglück keinen eigenen Glanz. Ihr zehnjähriger Kapitaleinsatz an Gastfreundschaft zahlte ihr ganz nette Rendite an Berühmtheit aus, doch spielte sich das alles an der Oberfläche ab, es strahlte nichts von innen heraus. Sie befreundete sich mit einem alternden Playboy, der sich eher schlecht als recht mit dem Schreiben von Kriminalromanen durchschlug und keinen Schriftstellerrivalen ertrug. Also verließen Jean und Doudou Santo-Sospir, um nie wieder dorthin zurückzukehren. Im September 1963 war ich nur kurz in Paris, da ich die sechziger Jahre zumeist in Amerika verlebte. Doch während meines Aufenthalts in Paris mußte ich viel an Jean denken, ich weiß nicht warum – Erinnerungen vielleicht an die lau duftenden Abende in Santo-Sospir? –

und ich wollte so gern wieder einmal persönlich mit ihm sprechen. Also telephonierte ich nach Milly. Er selbst kam ans Telephon. Seine Freude, von mir zu hören, klang ganz und gar überzeugend. Er bat mich, doch zu ihm hinauszukommen, doch hatte ich zu der Zeit kein Auto in Paris und glaubte auch, ein Telephongespräch sei ausreichender Tribut an die Vergangenheit. Er arbeite an seinen Memoiren, sagte er, obwohl er viel Zeit im Bett verbrächte. Wir führten ein Gespräch von etwa sechs bis sieben Minuten, dann verabschiedeten wir uns voneinander. Einen Monat darauf starb er inmitten einer Sturmflut widersprüchlicher Publicity. Nur Stunden vor seinem eigenen Tod war die berühmte Künstlerin Edith Piaf gestorben, und er konnte nicht widerstehen, sich der öffentlichen Flut von Trauerbekundungen anzuschließen, indem er eine Huldigung auf Band sprach, die bereits mittags gesendet wurde. Während noch seine Stimme im Radio zu vernehmen war, erhielt er einen Anruf, der ihn um weitere Ausführungen ersuchte. Doudou hob ab und sagte, Jean sei zu schwach, um selbst ans Telephon zu kommen, doch der Unverbesserliche bestand darauf, selber den Anruf entgegenzunehmen. Während er noch sprach, erlitt er die tödliche Attacke, blutiger Schaum ergoß sich aus Mund und Nase, und binnen einer Stunde wurde der Tod festgestellt.

Die Bestattungsfeierlichkeiten waren nicht so großartig, wie Jean es sich wohl gewünscht hätte. Mitglieder der Académie Française nahmen dran teil, Familienmitglieder und viele Freunde, einschließlich Jean Marais, einer reuigen Francine Weisweiller und Edouard Dermit, der wahrscheinlich am schmerzlichsten litt.

Leidtragende. Jean hatte sich erfolglos bemüht, Doudou zu adoptieren, hatte ihn aber trotzdem zu seinem Alleinerben gemacht. Picasso wurde durch seinen Taugenichts von einem Sohn, Paulo, vertreten. Der Sarg wurde zu einer Kapelle in einem Vorort von Milly getragen, welche Cocteau ausgeschmückt hatte, und wurde dort in die Erde gesenkt, eine aus roten Rosen geformte Leier obenauf. Zu einem späteren Zeitpunkt wurde eine Büste des Dichters von Arno Breker, Hitlers Lieblingskünstler, in der Kapelle aufgestellt, ein bedauerliches Denkmal. Doch es paßte zu Jean's leidenschaftlicher Sucht nach Publikum und Gefallen um jeden Preis, daß er sogar unter der Nazi-Besetzung jenen Breker rühmen mußte, als er schrieb, er freue sich schon auf den Tag, an dem dessen Skulpturen nackter Jünglinge den Place de la Concorde zieren würden.

Obwohl sein Tod schon über dreißig Jahre zurückliegt, ist Jean unvergessen. Daß seine Schriften heute viel gelesen werden, ist zweifelhaft. Seine Filme werden gelegentlich gespielt, aber sie sind jetzt Zeitdokumente. Manchmal wird ein Stück von ihm wiederbelebt, doch ohne viel Beifall. Auf Auktionen bringen seine zahllosen Zeichnungen mäßige Preise. Man erinnert sich seiner als dem Inbegriff der Extravaganz einer gewissen Zeit, die hauptsächlich in Verbindung steht mit der Kreativität und Präsenz der Idole Cocteaus, Strawinsky und Picasso, und der vielen weniger berühmten Männer und Frauen, die alle zu Jean's engen Freunden oder Feinden zählten und jene Periode zu einer strahlenderen machten als die glanzlose Ära, in der wir heute leben. Jean verwendete sein Talent auf sein Leben, seine Fähigkeit auf seine Arbeit, und man kann nur annehmen, daß er bekommen hat, worauf er aus war, da er sechsundfünfzig Jahre lang mit unermüdlichem Fleiß danach trachtete. Doch vermute ich, daß ihm das Gefühl von Erfüllung letztlich doch verwehrt blieb. Er war zu intelligent, um nicht zu sehen, daß er für sich genau die Art von Glitzertempel errichtet hatte, den er eigentlich zutiefst verabscheute, dem er jedoch alles geopfert hatte.

# DER MERKWÜRDIGE FALL
# DES GRAFEN DE ROLA
# BALTHUS

Picasso hatte von ihm gehört und bereits eins seiner Bilder erworben, Rilke kannte ihn von Kindheit an. Derain, Gide, Giacometti, André Breton, Max Ernst, Marie-Laure de Noailles und eine ganze Reihe von Rothschilds waren seine Freunde. Irgendjemand – vielleicht Gide – hat einmal gesagt, daß man wirklich berühmt ist, wenn fünfzig Leute einen kennen, vorausgesetzt, es sind die fünfzig, deren Meinung maßgeblich ist. Demnach war Balthus im Jahre 1950 berühmt zu nennen. Aber sein Ruhm reichte kaum über diese zahlenmäßige Definition hinaus. Ich hatte noch nie von ihm gehört, und ich brannte doch nur so, alles über die Kunst meiner Zeit zu erfahren. Ich kannte auch niemanden, der von ihm gehört hatte. In den weitschweifigen, spätnachts geführten Gesprächen über Künstler, durch welche meine Freunde und ich in den esoterischen Gefilden zeitgenössischer Kunst Fuß zu fassen versuchten, kam sein Name nicht vor. Ich hätte zwar im Jahre 1949 eine Ausstellung seiner Bilder in der Pierre Matisse Galerie in New York sehen können, hielt mich aber fast das ganze Jahr über in Europa auf, und die Ausstellung fand auch wenig Beifall.

Aber im Juni des Jahres 1950 wurde Balthus über Nacht zu einem Maler, den ich mit gutem Grund schätzen sollte. Zu der Zeit saß ich Lucian Freud gerade in dem billigen Hotelzimmer, das er auf der Ile de la Cité bewohnte, für eine Porträtzeichnung Modell. Eines nachmittags sagte er, daß er mich, wenn ich wollte, mitnähme zu seiner Freundin Marie-Laure de Noailles, um bei ihr zu soupieren und den Abend dort zu verbringen. Ich wollte nur gar zu gern, denn von ihr hatte ich zumindest schon gehört.

Ihre Villa war umwerfend, noch mehr, was sie beherbergte. In dem achteckigen Salon, in dem sie uns empfing, hingen Gemälde von

Goya, Rubens und Braque, Zeichnungen von Picasso, darunter auch ihr Porträt, ein Prud'hon und eine Reihe von außergewöhnlichen Federzeichnungen in schlichten Rahmen, die auf niedrigen Bücherregalen angeordnet waren. Noch nie hatte ich derartige Zeichnungen gesehen, sehr stark, fast brutal, und dennoch zart, etwas ungeschickt in der Ausführung, aber völlig stilsicher. Es handelte sich um Studien von Balthus für Illustrationen zu Emily Brontë's Roman *Sturmhöhe*, erklärte mir Lucian. Mich überraschte ihre unverhohlene emotionale Intensität, ja, sie schreckte mich fast. Sie hatten etwas geradezu Aggressives an sich. Bevor wir zum Essen ausgingen, bewog Lucian unsere Gastgeberin, mir ihr eigenes Balthus-Porträt zu zeigen, das im oberen Stockwerk hing. Es befand sich in einem riesigen Salon, ein großes, ernstes Bild in gedämpften Tönen, in dem sich alles Augenmerk auf den starren und seltsam eindringlichen Blick der Vicomtesse konzentrierte, die in einer Umgebung von karger Schmucklosigkeit dargestellt war. Es war, wie ich sogleich erkannte, ein wahrhaft meisterliches Werk, das auf eine mir nicht ganz erklärliche Weise an die Alten Meister erinnerte. Auf jeden Fall schien es mit einem riesigen Rubens im selben Raum nicht im geringsten fehl am Platz. So entsprach meine erste Begegnung mit Balthus' Malerei zutiefst wesentlichen Aspekten seiner Kunst wie auch seines Lebens, obwohl ich das damals nicht wußte. Jetzt scheint mir auch eine ironische Stimmigkeit in dem Umstand zu liegen, daß mein Interesse an Balthus und seinem Werk von Lucian geweckt wurde, der dreiunddreißig Jahre später, berüchtigt für die Feindschaften, die er pflegte, darin einen Anlaß für seine Anfeindungen sah. Aber zu der Zeit waren wir dicke Freunde, und er schenkte mir nicht nur mein Porträt, – eine der besten seiner frühen Zeichnungen – sondern auch eine Radierung mit der Widmung, »Für James, alles Gute von Lucian«. Das alles geschah natürlich lang vor der Ankunft des Teppichs meiner Großmutter, vor Balthus' Porträts von mir, vor Chassy, vor Frédérique, vor der Villa Medici und dem Grafen de Rola.

Es gab damals ein Restaurant, *La Reine Christine*, an der Südwestecke der Kreuzung der Rue des Grands-Augustins und der Rue Christine, das daher gleich weit entfernt war von den Wohnungen von Picasso, Dora Maar und Alice Toklas. Es war ein anspruchsloses, preisgünstiges, abgelegenes Lokal, in dem man anständig essen konnte, und das wir damals frequentierten. Nur vier Monate nach meinem Abend mit Marie-Laure und Lucian ging ich zufällig allein zum Essen ins *La Reine Christine* und stieß dort auf Dora, die im oberen Gastraum saß, in Begleitung eines gutaussehenden, hageren Mannes um die Vierzig. Ich begrüßte sie mit etwas Vorbehalt, da wir damals noch nicht eng befreundet waren, und sie stellte mich ihrem Begleiter Balthus vor. Dann lud sie mich ein, mich zu ihnen zu setzen, falls ich allein gekommen sei. Das tat ich sehr gern. Dora war zu meiner Überraschung ausgesprochen freundlich und übernahm die Führung des Gesprächs, wobei sie Balthus und mich auf Themen brachte, die uns beiden geläufig und vertraut waren, hauptsächlich über Kunst und Künstler. Er war zu mir zwar höflich, aber reserviert, genoß jedoch offensichtlich Dora's Gesellschaft, lachte über ihre Scherze, machte auch selber welche und verlieh der Kunstdiskussion eine Untermalung von kultivierter und scharfsinniger Finesse. Seine Sprache war langsam, leicht nasal und aristokratisch gedehnt. War seine Art auch nicht gerade von einladender Herzlichkeit, so konnte man durchaus ahnen, daß er die Fähigkeit zu höflicher Geselligkeit besaß. Selbst vor fünfundvierzig Jahren war ein solches Auftreten nicht gerade das, was man für spontan zeitgenössisch hielt. Jedenfalls sah ich Balthus die nächsten drei Jahre nicht wieder. Dann war es November, 1953. Ich war gerade von einer Reise nach Griechenland und Ägypten zurückgekehrt, und zu dieser Zeit begannen auch meine engeren Beziehungen zu Dora. Ich sah Balthus mit ihr zusammen wieder. Äußerlich gab er nicht zu erkennen, daß er sich an mich erinnerte, aber er war höflich. Wir aßen gemeinsam zu Abend. Es war wie zuvor bei unserer ersten Begegnung. Lucian war damals zufällig auch in Paris, mit seiner damaligen Ehefrau, Caroline. Wir trafen uns mehrmals, und an einem Abend speisten wir gemeinsam mit Balthus. Offensichtlich empfand Lucian, der jüngere Künstler, für den älteren etwas, das fast an Ehrfurcht grenzte. Zu jener Zeit bekannten sich beide zu einer Auffassung von der Berufung eines Malers und folglich zu einer Darstellungsweise, die in krassestem Gegensatz zu allen gängigen Überzeugungen und Modetrends stand. Diese einsame aber unerschütterliche Haltung sorgte gewiß für eine starke Verbindung der beiden Maler. Wieso die Beziehung letztlich zusammenbrach, kann ich nicht sagen, doch könnte der Ruhm, dieser unheilvolle Gegenspieler mitmenschlicher Gefühle, viel damit zu tun gehabt haben.

In der Zwischenzeit hatte ich mich mit Alberto Giacometti, seiner Frau Annette und seinem Bruder Diego angefreundet, wie auch mit Marie-Laure de Noailles und Georges Salles, dem Direktor der französischen Staatsmuseen, mit André Masson, Valentine Hugo, Jean Leymarie und einer ganzen Menge anderer, die Balthus alle gut und über einen längeren Zeitraum kannten. Von ihnen sowie von seinem Bruder Pierre, seiner ersten Frau Antoinette de Watteville und von Pierre Leyris, seinem engsten Jugendfreund, erfuhr ich sehr viel über Balthus. Und natürlich auch von Dora. Zu jener Zeit war die Beziehung zwischen ihnen gerade besonders eng, obwohl alle, die ihn gut kannten, wußten, daß eine Intimbeziehung im eigentlichen Sinne zwischen ihnen selbstverständlich ausgeschlossen war. Vielleicht verband sie das Gefühl, in der Welt ganz allein dazustehen, die von Picasso verlassene Dora und der Maler Balthus, den die junge Frau, die seit einigen Jahren seine Geliebte und sein Modell war, verlassen hatte.

Balthus war zu jener Zeit ein Mann, dem es gründlich gegen den Strich ging, daß man allzuviel von ihm wußte. Er ging verschiedentlich sogar so weit, daß er behauptete: »Balthus ist ein Maler, über den *nichts bekannt ist.*« Dieses extrem starke Bedürfnis nach Geheimhaltung mutet vielleicht seltsam an, vor allem bei einem Künstler, einer Person, immerhin, deren Hauptbestreben die öffentliche Anerkennung von Bemühungen ist, die unweigerlich die innersten Aspekte ihres Wesens widerspiegeln. Merkwürdigerweise hat es aber viele Künstler dieser Art gegeben, heimliche, verschlossene Naturen. Vielleicht befürchteten sie, daß das offengestandene Streben nach Bewunderung bereits zuviel verriet, daß es Geheimnisse offenbarte, die sie der Welt und sogar sich selbst besser vorenthalten hätten. Die Bereitschaft, Schöpfungen der Öffentlichkeit preiszugeben, die unter beispiellos privaten Umständen entstanden sind, setzt an sich schon einen gewissen Hang zum Exhibitionismus voraus, einer Neigung verwandt, wie sie Kinder an den Tag legen, wenn sie für ihre Phantasien und imaginären Welten die Anerkennung der großen Leute heischen. Kinder sind natürlich auch geheimnistuerisch, aber sie hängen es selten an die große Glocke und vermeiden gern Situationen, in denen sie ihre Phantasien der Gefahr des Eingreifens seitens der

Erwachsenenwelt aussetzen könnten. Ein Künstler, der sich mit Geheimnis zu umgeben versucht, spielt ein Blindekuh-Spiel mit dem bei weitem tieferen Geheimnis, dessen Aufdeckung Zweck und Absicht seiner Berufung ist. Alles Erschaffen geht einher mit Offenbarung, und das höchste Maß an ersterem entstammt einer klaren Überfülle an letzterer, während schon die gewöhnliche Vernunft einsieht, daß das armselige Leben des Schöpfers nichts ist im Vergleich zu der gewaltigen Existenz, die seinem Werk bevorsteht. Der Künstler handelt am besten an seinem Werke. wenn er nach dessen Erschaffen stirbt.

Er hieß in Wirklichkeit gar nicht Balthus. Aber die Wirklichkeit, die für kaum einen von uns so recht erträglich ist, kümmerte ihn ganz herzlich wenig. Alle Künstler verbringen ihr Leben unweigerlich in einem Kontinuum von Phantasie und Einbildung. Sie betrachten die Welt mit einem Blick, der ganz von ihrem Engagement geprägt ist, eine einzigartige und höchstpersönliche Vision vorzuführen. Balthus ist ein extremes Beispiel dieser Tendenz in einem Zeitalter, das ihr wenig Verständnis oder Ermutigung entgegenbringt. Er wurde am 29. Februar 1908 als Michel Balthazar Klossowski in Paris geboren. Der Zufall seines Geburtsdatums – angenommen, daß man überhaupt zufällig nennen kann, was sich beim Ausleben einer Berufung ereignet – dieser Zufall hat es dem Künstler ermöglicht, seine Erwachsenenjahre als eine etwas verlängerte Kindheit und Jugendzeit zu betrachten, da die Zahl seiner tatsächlichen Geburtstage bisher nur dreiundzwanzig beträgt. Als junger Mann machte er nur allzu gern auf diese Besonderheit seiner Geburt aufmerksam, und deutete sogar an, daß ihm dieser Umstand bleibenden Zugang zum unberührten Zauber der Jugend garantiere. In jüngerer Zeit jedoch, ist er mit solchen Andeutungen vorsichtiger geworden, da die Wenigkeit der Geburtstage doch die Häufung der Jahre nicht hat aufhalten können, und er verrät sein Geburtsdatum nur äußerst ungern, so einzigartig es auch sein mag. Falls es sich so verhält, wie Baudelaire sagt, daß »Genie willkürlich wiedereroberte Kindheit« ist, so wird mit dem unaufhaltsamen Vorrücken der Jahrzehnte dieses Zurückerobern immer heikler, weil ein alter Mann große Reinheit des Geistes und ein überaus zartes Gemüt braucht, wenn er mit der visuellen Unschuld eines Kindes triumphieren will.

Der kleine Knabe, dem seine Eltern den Kosenamen Baltus gaben, war das zweite und letzte Kind dieser Familie. Der ältere Bruder Pierre war 1905 geboren worden. Ihr Vater Erich stammte von einer polnischen Familie des niederen, aber »uralten« Adels ab. Seine Vorfahren waren Mitte des neunzehnten Jahrhunderts geflohen, um den Teilungen ihrer Heimat durch die Nachbarstaaten zu entgehen. Er war ein sensibler Kunsthistoriker, hatte eine Abhandlung über Daumier verfaßt und versuchte sich mit passablen Talent als Maler. Die Mutter, eine geborene Elisabeth Spiro, war auch polnisch, jedoch nicht adlig von Geburt, sondern die Tochter eines jüdischen Kantors aus Breslau. Auch sie malte, mit denkbar größerem Talent als ihr Mann, und signierte ihre Bilder mit »Baladine«. Die Klossowskis waren in Künstler- und Intellektuellenkreisen zu Hause. Zu ihren Freunden gehörten Bonnard, Vuillard, Valéry und Rilke. Bonnard, der einmal zu Besuch kam, und ein Bild an der Wand hängen sah, das Baladine unlängst gemalt hatte, machte ihrer kreativen Kompetenz ein unfreiwilliges Kompliment, indem er fragte, »Hmm, wann habe ich das denn gemalt?«

Als die Knaben noch ziemlich klein waren, verzog die Familie in die Schweiz, erst nach Bern, dann nach Genf, wo Baltus aufwuchs. Frühreif, phantasievoll, zu Träumereien neigend, wurde er von seinen Eltern und ihren illustren Freunden verhätschelt und verzogen. Später sagte er immer: »Als ich klein war, fühlte ich mich immer wie ein kleiner Prinz.« Der Hang, sich ein aristokratisches Bild von sich selbst zu machen, scheint ihm also beinahe von Anfang an eingegeben worden zu sein. Mit der Zeit wurde diese Neigung immer ausgeprägter und ergiebiger. Rilke, der ein enger Freund und Bewunderer von Baladine war, war von der Frühreife des Knaben sehr beeindruckt. »Es ist unvorstellbar, wo er all seine selbstsicheren Kenntnisse von den chinesischen Kaiser- und Künstlerdynastien hernimmt,« sagte er, und erbot sich, die Einleitung zu einem kleinen Büchlein von Drucken von Katzenzeichnungen zu schreiben, die der Dreizehnjährige gemacht hatte:

*Mitsou, 40 Bilder von Baltusz, Vorwort von Rainer Maria Rilke*[1]. Das »z« scheint nur für diese Veröffentlichung eingeschoben worden zu

1. Zürich: Rotapfel-Verlag

sein, da es sich nicht hielt, und es gibt dem Spitznamen natürlich einen gewissen Pfiff, sowie es auch die leise Andeutung enthielt, daß leichte Berichtigungen der Identität für das künstlerische Vorankommen durchaus von Nutzen sein könnten. Der heranwachsende Künstler malte später ein Selbstporträt, das die Bezeichnung trägt: »Ein Porträt S. M. des Katzenkönigs, gemalt von ihm selbst.« Blaublütige Phantasterei vermengt sich hier mit symbolischer Vorsätzlichkeit, denn auch im Werk des Erwachsenen wiederholt sich das Katzenmotiv, und verleiht den ohnehin schon rätselhaften und zuweilen bedrohlichen Bildern noch die Zweideutigkeit ihres eigenen sphinxartigen Geheimnisses.

Noch vor Vollendung ihres zwanzigsten Lebensjahres waren die beiden Klossowski Söhne schon wieder in Paris, Pierre, der eine Karriere als Literat antreten wollte und mit einer Empfehlung Rilkes zu André Gide geschickt wurde, und Balthus, der fest entschlossen war, Maler zu werden wie seine Eltern. Er benötigte bei den vorrangigen Künstlern der älteren Generation kein Empfehlungsschreiben, da ihm sein Geburtsrecht Einlaß in die höchsten Kreisen sicherte. Unter all den illustren Ältesten, die für die Aussichten und Karriere des jungen Neuankömmlings von Bedeutung waren, war bei weitem der wichtigste André Derain. Obwohl er am Anfang des Jahrhunderts zur echten Avantgarde und zu einem der Wildesten unter den *Fauves* zählte, war Derains Grimmigkeit schon schnell gewichen: während seine Mitbrüder in ihrem Hals-über-Kopf Aufbruch nach unerforschten Gebieten jegliches Konzept einer brauchbaren Verbindung mit traditionell ästhetischen Werten immer weiter von sich wiesen, trat er den taktischen Rückzug ins Hinterland bewährter Prinzipien und abgesegneter Tugenden an. Dies erforderte einigen Mut und eine ganze Menge Egoismus, denn damit trotzte Derain allen modernen Strömungen seiner Zeit, und überdies brachte ihm seine Strategie nicht viel, außer einer Demonstration seines technischen Geschicks, das ohnehin selbstverständlich war. Aber Derain hatte eine phänomenal überzeugende Art, seine Sache vorzutragen. Er war ein glänzender Gesprächspartner und ein genialer Dialektiker, und er besaß eine persönliche Autorität, die seinen Standpunkt schier unangreifbar machte. Er nahm es sich heraus, in seiner Generation der einzige zu sein, der für die noch immer geltende Relevanz und Lebendigkeit einer hehren Tradition eintrat, die in Tizian, Rubens und Renoir gipfelte. Vom Jahre 1920 an produzierte er unzählige Bilder in offenbar diesem konservativen Prinzip entsprungener Manier. Sein Fleiß brachte jedoch keine Meisterwerke hervor, sondern modische Porträts, hölzern wirkende Akte, langweilige Landschaften und leblose Stilleben. Am erstaunlichsten daran war, wie lange es dauerte, bis überhaupt jemand die Gültigkeit seines Anspruchs oder den Wert seiner Werke in Frage stellte. Selbst André Breton, ein fanatischer Verächter aller bürgerlichen Werte, der große Zampano der surrealistischen Anarchie, der kategorisch vieles beschissen fand, was die Vergangenheit an Kunst hervorgebracht hatte, selbst er erkannte nur sehr langsam den fatalen Fehler in Derains Taktik: er vertrat nicht die kraftspendende Erhabenheit der Tradition, sondern die nutzlose Belanglosigkeit der Konvention. Vor einem halben Jahrhundert war dies ganz bestimmt nicht so ohne weiteres ersichtlich, vor allem nicht in der gebieterischen Gegenwart des Künstlers. Daher ist es leicht vorstellbar, daß Derain einem gerade zwanzigjährigen Neuling als bewundernswerte moderne Wiederverkörperung der großen Meister der Vergangenheit erscheinen konnte. Denn so scheint ihn Balthus wahrgenommen zu haben, und er beeindruckte ihn offenbar zutiefst.

Der jugendliche Maler hatte anscheinend von Anfang an beschlossen, seinen kindlichen Kosenamen für seine erwachsene Künstlerkarriere beizubehalten, und er signierte seine frühen Werke als *Baltus*. Das »h« kam einige Jahre später hinzu, und es bedeutet natürlich eine große Bereicherung, denn es evoziert ausdrücklich des Wunderknaben Huldigung durch den weisen Mann. Indem er seinen erwachsenen Werken den Namen seiner Kindheit verlieh, brachte Balthus etwas zum Ausdruck, das sich vermutlich auf keine andere Weise sagen ließ, dem durch die Seltenheit seiner Geburtstage Ausgedrückten ähnlich, nur noch wirkungsvoller und eindringlicher, denn die Signatur des Künstlers stellt eine Verbindlichkeit dar, die kein Mensch auf die leichte Schulter nehmen kann, da sie ihn über seine Lebzeiten hinaus der künftigen Verewigung seines Rufes verpflichtet. Die von Balthus zur Sicherung der Integrität dieser Verpflichtung verwendeten Mittel hatten sehr viel mit Nomenklatur zu tun, und zu gegebener Zeit betonte er diese Tatsache noch einmal, indem er sich auf sein Recht versteifte, einen Namen zu führen, der zwar nicht der seinige war, der aber wiederum auf die kindliche Fixierung auf eine Phantasiewelt hindeutet. Was seine ästhetische und kreative Entwicklung betrifft, so scheint der noch unerprobte Künstler niemals auch nur den geringsten Zweifel verspürt zu haben. Von Anfang bis Ende sollte sein Werk von ganz entschiedener, um nicht zu sagen herausfordernder Gegenständlichkeit sein. Obwohl er manchmal seine eigenen Fähigkeiten, den selbstgesteckten hohen Anspruch erfüllen zu können, in Frage stellte, tat er verächtlich jede mögliche Relevanz anderer Kriterien ab. Denn seine Kriterien hatten dem Zahn der Zeit widerstanden und garantierten das hohe Ansehen von Meisterwerken der Vergangenheit. Er verehrte Piero della Francesca, Velázquez, Seurat und vor allem Gustave Courbet. Er reiste speziell nach Italien, um dort an Ort und Stelle Kopien von Pieros Werken anzufertigen, und in seinen reifen Werken überraschen die Figuren, die geradeswegs aus den Fresken *der Geschichte des wahren Kreuzes* in Arezzo herausgetreten sein könnten. In seiner Pariser Zeit widmete er sich dem Studium der von ihm so bewunderten alten Meister mit einer solchen Gewissenhaftigkeit, daß deren Vision fast zu seiner zweiten Natur wurde. Solche Vergangenheitssehnsucht mag durchaus angehen, solange sie eine kreative Leidenschaft entfacht, die zu künftiger Selbstverwandlung fähig ist.

Obwohl es den frühen Balthus Bildern noch an technischer Kunstfertigkeit mangelt, zeigen sie doch ein intuitives Begreifen von Raum- und Strukturzusammenhängen und verraten des Künstlers hochmütige Neigung, in seinem Werk die eigene Innenwelt lebhafter wiederzugeben als die Welt um ihn herum. Es ist sogar fast unheimlich, wie früh, wie eindeutig und wie dauerhaft Balthus' kreativer Genius seine Talente übernahm und von ihnen zwingenden Gebrauch machte. Offenbar arbeitete er ebenso hart an seinem Handwerk wie er sich an den Prototypen orientierte, die es heiligen sollten. Zur Meisterschaft gelangte er durch die harte Schule der Selbstbelehrung, durch härteste Disziplin und Selbstbeherrschung, obwohl der gebieterische Schüler auch den Geboten der Selbstdarstellung großzügigen Platz einräumte. Balthus betrat demnach nie die Schwelle einer Kunstakademie. Sollte er ein Meister werden, so würde er es allein durch eigene Bemühungen und zu seinen eigenen Bedingungen. Mit neunzehn war er ein Anfänger, zehn Jahre später hatte er bereits eine

Anzahl der Bilder gemalt, auf die sein Ruf sich gründen sollte, wobei er einen sehr persönlichen Stil entwickelte, den er der Erforschung eines noch viel persönlicheren Themenkreises anpaßte. Während des nächsten halben Jahrhunderts sollten sich weder sein Stil noch seine Thematik besonders stark weiterentwickeln, wie um abermals zu zeigen, daß Balthus sich selbst und seine Kunst ein für allemal in dem Erleben und der Vision seiner Jugend gefunden hatte. Es ist eine besonders intime Vision, die gleichzeitig eine seltsam abgehobene Einstellung zu dem Erlebten aufweist. Kaum erblühte junge Mädchen wurden zu den Lieblingsthemen des Künstlers, der sie mit besessenem Eifer und zwanghafter Häufigkeit abbildete, oft als Akte, schlafend oder tagträumend, Katzen an ihrer Seite, und zuweilen in unverhohlen erotischen Situationen, denen auch ein sadistisches Element nicht fehlt. Ihre Haltungen, sogar ihr Gesichtsausdruck beziehen sich oft deutlich erkennbar auf bestimmte Werke der von ihm am meisten verehrten Meister. Der Traum von Jugend ist eine verzehrende Sehnsucht nach der vornehmen Gewißheit längst vergangener Zeiten. Balthus' Gemälde sind von aristokratischer Träumerei erfüllt. So abgenutzt und irrelevant die Kriterien der Vergangenheit seinen Zeitgenossen auch erscheinen mochten, für Balthus blieben sie anscheinend immer unzerstörbar und erhaben, eben in dem Maße, wie er sich ihrer würdig erweisen und der stolzen Rechtfertigung ihres Vermächtnisses entsprechen konnte. Das sollte sich noch als eine ziemlich aufwendige Angelegenheit erweisen.

Balthus' Versessenheit auf seine Thematik besaß eine ganz konkrete Integrität, welche ihn davor bewahrte, bei all seinem Talent und all seinem hohen Anspruch doch bloß ein Flickschuster des Vergangenen zu werden. Sie siegte über die Entfaltung seiner malerischen Fähigkeiten bloß um ihrer selbst willen. Sie herrschte über der Schöpfung der Traumwelt, in welcher Mädchen, Knaben, Katzen, sogar Landschaften, Vasen mit Blumen und Schalen voller Früchte außerhalb jeglichen Zeitbezugs schweben, jenseits alltäglicher Wirklichkeit, getränkt mit einer Aura zweideutiger Stille, reglos, sprachlos, und doch bebend mit der lebendigen Gewißheit, daß sie auf ewig einen der rohen Zudringlichkeit gewöhnlicher Sterblicher unzugänglichen Bereich innehaben würden. Die Jenseitigkeit von Balthus' Welt und die Arroganz, ja, nachgerade Herablassung, mit der er deren Formen und Gestalten darstellte, waren es, die ihn davor bewahrten, veraltet zu wirken, und die die Aufmerksamkeit seiner Zeitgenossen erregten. Er geruhte diese zu akzeptieren, da es sich lediglich um das Höchstangesehene des zu der Zeit Erreichbaren handelte, nämlich um Pierre Loebs Angebot einer Einzelausstellung. Pierre Loeb war der Galerist, den alle jungen Avantgardisten bevorzugten, ein Mann, der durch seinen sorgfältig genährten Ruf ästhetischer Hellsichtigkeit bereits einen Markt geschaffen hatte, – und sich selbst ein kleines Vermögen. Die erste Einzelausstellung von Balthus' Bildern fand im Frühjahr 1934 in der Galerie Pierre statt, als der Künstler erst 26 Jahre alt war. Aufgrund der damaligen Finanzkrise wurden zwar nicht viele Bilder verkauft, aber Leute von feinem Gespür waren beeindruckt. Sie fragten sich, was das wohl für ein Mann sein mochte, der solche Werke schuf, die einerseits so gespenstisch die Vergangenheit beschworen, andererseits durch ihre unverblümte Darstellung von Phantasie und Unbehagen einen so drastischen Gegenwartsbezug hatten.

Balthus war ein Einzelgänger. Als Selfmadekünstler war er völlig frei, das zu erfinden, was ihm zur Etablierung seines Rufes erforderlich schien, und er konnte seine Erfindungen mit eben den Leidenschaften versehen, die für ihn selbst am meisten Relevanz besaßen. Das war sein zeitgenössischer Zug, den die Surrealisten auch sogleich anerkennend wahrnahmen, die sich doch dem uneingeschränkten Schwelgen im Unbewußten verschrieben hatten. Sie hätten Balthus liebend gern als einen der ihren aufgenommen, und es versteht sich, daß sie dies für die höchste Auszeichnung hielten, die ein junger Künstler anstreben könnte. Balthus war aber anderer Meinung. Es war ihm zwar recht, ihre Würdigung entgegenzunehmen, aber mit ihrem übrigen »Unsinn« wollte er nichts zu tun haben, außerdem hätte er sich niemals dem ästhetischen Diktat eines anderen unterworfen, selbst wenn es von einer so gebieterischen Persönlichkeit ausging wie von André Breton. Außerdem waren die Surrealisten sehr ins Politische verstrickt: sie redeten von Revolution, predigten Marx und lehnten den Dialog mit den Bolschewiken nicht ab. Das war für die jugendliche Intelligentsia in der Mitte der dreißiger Jahre überhaupt der letzte Schrei. Balthus aber, verschanzt hinter der unerschütterlichen Stellung seiner Hingabe an die Ideale eines anderen

Zeitalters, betrachtete diesen ganzen Aufruhr mit unverkennbarem Mißfallen. Was die moralische Herausforderung angeht, die den damaligen sozialen Anliegen innewohnte, so waren sie ihm anscheinend zu ordinär, um überhaupt wahrgenommen zu werden. Courbet, sein Idol, hatte fälschlicherweise ästhetische Revolution mit politischer Revolution gleichgesetzt, hatte sein Atelier verlassen und war auf die Straße gegangen. Er bezahlte seine Fehler durch Gefängnisaufenthalt und Tod im Exil. Balthus dagegen hatte eine vornehme, romantische Vorstellung von seiner Berufung und betrachtete den Künstler als mythische Heroenfigur: ein Mensch, der sich in einem Zeitalter, welches aller Ritterlichkeit spottet, sich noch einem hohen Gedanken hinzugeben vermag, ein Mensch, der die geistige Kraft besitzt, einen hohen, einsamen Weg zu beschreiten, anstatt sich dem bedauernswerten Trott der Massen anzuschließen. Kurzum, er hatte die Ansichten eines Lord Byron. Schon mit zwanzig hatte er *Don Juan* vollständig im Original gelesen, und war zutiefst beeindruckt gewesen von dem lyrischen und zynischen Meisterwerk über einen Edlen, der zu stolz war, um sich der verachteten öffentlichen Meinung zu beugen. Die Byron'sche Betrachtungsweise ließ sich überdies durch glückhafte Fügung mühelos aufrechterhalten, da Balthus behauptete, durch irgendeinen weitläufigen familiären Zusammenhang mit dem englischen Lord verwandt zu sein. Die Seelenverwandtschaft jedenfalls war authentisch genug, um die prosaische Zufälligkeit des Stammbaums zu transzendieren. Leider Gottes besaß der Pariser Maler jedoch weder Titel, Vermögen noch Ruhm.

Doch das Byron'sche Vorbild des Künstlerheros war nicht die einzige Quelle, aus der Balthus die für die Entstehung seiner Persona lebenswichtige Inspiration bezog. Es gab noch eine andere, ebenfalls literarische, und ebenfalls englische: Emily Brontë's Meisterwerk von düsterer Schönheit und leidenschaftlicher Imagination, *Sturmhöhe*. Die Hauptfigur des Romans, Heathcliff, ist ein romantischer, fast dämonischer Charakter, stolz und launisch. Als Findelkind entwickelt er gern Vorstellungen von seiner edlen Abstammung, um die unklaren Umstände seiner Geburt zu überspielen. Eine Zeitlang erreicht er der Freude höchste Höhen, als er sich mit der heranwachsenden Tochter des Mannes, der ihn aus der Gosse rettet, der wilden Phantasie eines immerwährenden Glücks hingibt, das alsobald in tausend

Scherben zerbirst, als er ihrer Worte Zeuge wird, sie empfände es als erniedrigend, mit einem Manne so niederer Abkunft den Ehebund einzugehen, woraufhin er den Schauplatz flieht, und sich damit der Möglichkeit weiterer Demütigung entzieht.

*Sturmhöhe* faszinierte Balthus. Die besessene, überreizte, fast perverse Beziehung zwischen Heathcliff und Cathy rührte an die Saite eines Urgefühls, das als Grundton das ganze Leben und Werk des Künstlers durchzog. Wieder bezog er die beherrschende Vision seiner Kreativität aus der Vergangenheit. Balthus identifizierte sich eindeutig mit Heathcliff, denn 1933 schuf er die Serie ungewöhnlicher Federzeichnungen, die verschiedene Szenen aus dem Roman illustrierten, und gab dem schwerblütigen Romanhelden seine eigenen Züge! Die Identifikation geht überdies über diese Werke hinaus und sollte zu einer künftigen Quelle emotionaler und thematischer Inspiration werden – Balthus und Brontë sozusagen für immer vereint in dem idealistischen Traum zweier junger Leute, die romantisch den Kontakt zur Realität abgebrochen haben. Die *Sturmhöhe*-Zeichnungen setzten den Stil und bestimmten sogar das Schema und die Posen für Bilder, die erst viele Jahre später ausgeführt wurden. Es ist bemerkt worden, daß nur das erste Drittel oder die erste Hälfte des Buches den Künstler interessierte, bis zu dem Punkt, da Heathcliff's Liebe ihre Erschütterung erfährt und der Held verschwindet. Der zweite Teil des Buches, in dem das ehemalige Findelkind wiederkehrt, auf wundersame Weise in einen wohlhabenden, modischen, wenn auch nicht adligen Gentleman verwandelt, besaß offenbar nicht dasselbe leidenschaftliche Identifikationspotential. Oder es besaß davon gerade zuviel ...

Glücklicherweise war Balthus für die Rolle des romantischen Künstlerheros richtig gebaut: er war schlank, fast hager, mit kantigen Zügen, dunklen Augen, und intensivem Blick. Er war ein gutaussehender Mann. Doch sogar sein gutes Aussehen gehörte eigentlich einem anderen Zeitalter an, und seine wenigen gezeichneten Selbstporträts verlangen nachgerade nach Aufzug und Zubehör einer zeremoniöseren Zeit. Diese Zeichnungen sind die besten und genauesten Abbildungen von ihm, die erhalten sind, denn lange Zeit verweigerte er sich der Kamera, wie so vielen Gegenständen der Moderne, da er deren mechanischem »Auge« mißtraute. Der gutaussehende, sensible, launische junge Maler erweckte die Leidenschaften, Frauen fanden ihn überaus attraktiv. Doch scheinbar ließen die Leidenschaften, die er weckte, in einer wesentlichen, zur beidseitigen Zufriedenstellung erforderlichen Beziehung zu wünschen übrig. Vielleicht machte man es ihm zu leicht, wobei auch diese Ansicht womöglich der Sehnsucht nach der Byronschen Auffassung von Liebe als einem unmöglichen Sehnen nach dem unerreichbaren Ideal entstammte. Wie auch immer sich das verhielt, bis zu seinem fünfundzwanzigsten Lebensjahr war noch keine entscheidende Herzensbindung zwischen den Maler und seine tapfere Hingabe an seine Kunst getreten, obwohl er für einige Zeit der Tochter einer hochmögenden römischen Familie, Lelia Caetani, den Hof machte. Er malte sogar ein Porträt von ihr. Aber vergebens.

Balthus, seinem Charakter wie auch dem Konzept seiner Berufung nach Aristokrat, fühlte sich zu gebürtigen Aristokraten hingezogen. Ihn selbst hätte man unter Umständen auch als adlig bezeichnen können, zumindest väterlicherseits, doch lagen diese väterlichen Ahnen in dunkler Ferne und ließen es in jeder Weise an augenscheinlicher Adelswürde mangeln, während die mütterliche Linie in keiner Weise dazu angetan war, eine standesbewußtes Naturell zufriedenzustellen. Balthus schämte sich seiner Mutter, trotz ihres Charmes, ihres Intellekts, ihres Talents, zum Teil vielleicht all dessen, was seine eigene Begabung ihr schuldete. Es war ganz gewiß keine geringe Leistung für den Enkel eines Kantors aus Breslau zu befinden daß er einem unmittelbareren Nachfahren eines Adelshauses, das sich in einer ungebrochenen Linie hohen Ranges bis ins Mittelalter zurückverfolgen ließ, gesellschaftlich ebenbürtig sei. Genau das tat er aber, und wenn es naiv war, oder sogar albern, so erforderte es gleichzeitig eine Art großartig wagemutiger seelischer Lauterkeit, um sich einzubilden, daß er diesem Spiel gewachsen sei, oder sein solle. Und es war nun wirklich ein Spiel, ein weiterer Vorstoß in das Reich der Phantasie.

Der Künstler reiste regelmäßig in die Schweiz und suchte die Schauplätze seiner Kindheit wieder auf, wie an einen Bronn lebensnotwendiger Erquickung und Erneuerung. Dort in Bern begegnete er im Jahre 1933 einer jungen Dame von einundzwanzig Jahren, die Antoinette de Watteville hieß. Unter den wenigen alten Adelsfamilien, die seit sechs oder sieben Jahrhunderten über den Kanton Bern das Zepter schwangen, war keine vornehmere und auf ihre Vergangenheit stolzer als die der de Wattevilles. Ihr Stammsitz, erbaut in einem wundervollen, an Versailles erinnernden Stil, war und ist noch immer eines der hervorragendsten Gebäude der Stadt, ein Symbol von Macht, Prestige und Privileg. Antoinette war eine üppige, blonde, großäugige Schönheit, heiter gelassen im Selbstbewußtsein ihres physischen wie gesellschaftlichen Ranges. Balthus verliebte sich unsterblich in sie. Der romantische, empfindsame – und mittellose – junge Maler wurde von den Wattevilles mit beflissener Höflichkeit aufgenommen. Er bügelte seinen Anzug so gut es ging und spielte die ganze Zeit über einen Mann, dem der Lebensstil von Leuten wie den Wattevilles vollkommen vertraut war, einer, dem das aristokratische *savoir vivre* bis in die kleinste Einzelheit automatischer Reflex war. Es klappte aber nicht. Er überzeugte nicht einmal sich selbst, und er hatte es doch am allernötigsten. In den *Sturmhöhe* Zeichnungen, in denen er als der mißmutige, aber idealistische Heathcliff erscheint, trägt Cathy unverkennbar die Züge von Antoinette.

Die Wattevilles mögen zwar höflich, dabei aber doch herablassend gewesen sein. Hinter seinem Rücken amüsierten sie sich über ihn, und er war natürlich viel zu sensibel und verletzlich, um dies nicht zu bemerken. Diese Erfahrung war entsetzlich demütigend für einen jungen Mann, der aus Instinkt und Intelligenz wußte, daß der Adel seiner Berufung bei weitem die edle Abstammung derer übertraf, die auf ihn herabsahen, weil er nicht reiten konnte wie ein Gentleman. Doch seine Leidenschaft für Antoinette trieb ihn dazu, eine Situation meistern zu wollen, in der alles gegen ihn sprach, wofür er selbst gesorgt hatte. Das ist vielleicht die unvermeidliche Laufbahn für einen Künstler. Aber Antoinette war es völlig einerlei, ob ihr Freier nun Künstler war oder nicht. Für sie war er unannehmbar, und nach einer Weile schickte sie ihn fort.

Diese Zurückweisung bewirkte eine große Erschütterung. Ironischerweise ereignete sie sich im selben Jahr, in dem der Maler seine erste Einzelausstellung hatte, aber es scheint ihm kein Trost gewesen zu sein, daß sein Name ihn auf dem Gebiet der Kunst künftige Ehren einbringen könnte. Balthus floh Bern in einem Anfall romantischer Pein und kehrte in sein armseliges Atelier in Paris zurück. Dort unternahm er den Versuch, die absolute Oberhoheit der kreativen Persönlichkeit geltend zu machen, indem sie sich selbst vernichtet. Es war nur eine Geste, eine zweifellos notwendige, aber letztenendes künstlerische Reaktion auf die niederschmetternde Abweisung. Der angebliche Selbstmordversuch wurde rechtzeitig von seinem Freund Antonin Artaud entdeckt, dem halbverrückten, nahezu genialen Dichter und Schauspieler, und der Arzt sagte, die Giftdosis wäre bei weitem nicht tödlich gewesen.

Einem Künstler, der bereit ist, den Geschmack seiner Zeit verächtlich abzutun, und seine Mißachtung der gegenwärtigen ästhetischen Laune groß in Szene zu setzen, wird ein gefühlsmäßiger und gesellschaftlicher Rückschlag, so schmerzlich er momentan auch sein mag, höchstwahrscheinlich nicht unüberwindlich erscheinen. Es kann möglicherweise sogar das Gegenteil bewirken und seinen Genius erst recht antreiben. Genau das scheint sich bei Balthus auch ereignet zu haben. Antoinette verschwand weder aus seinem Leben noch aus seinem Werk. 1935 kam sie nach Paris, wo er seinen Anzug besser bügeln konnte, sowohl in persönlicher als auch in künstlerischer Hinsicht. Er machte mittlerweile auf beiden Gebieten bedeutende Fortschritte. Er malte aufsehenerregende Porträts von seinem Freund Derain, wie auch von seinem Kollegen Miró, und im Jahre 1936 gelang ihm mit dem Auftrag, Marie-Laure de Noailles zu malen, ein wesentlicher Durchbruch. Obwohl das Bild zweifelsohne ein Werk seiner Zeit ist, hat es auch die gleichsam zeitlose Qualität, die für Balthus so typisch ist, und es birgt die vertrauten Anklänge an vergangene Meister, – in diesem Falle nicht so sehr Courbet als Velázquez – die den Ehrgeiz des Malers, Meisterwerke zu schaffen, nicht verschweigen. Die Vicomtesse war entzückt, vor allem, da der Maler ihr ein wenig Ähnlichkeit mit einem seiner kleinen Mädchen verliehen hatte, und sie führte Balthus in den Kreis ihrer modischen Freunde ein. Das Jahr drauf malte er ein Bild, *Die Kinder*, direkt nach einer Skizze von Heathcliff und Cathy, welches von keinem geringeren als Pablo Picasso, dem Kunstkenner und gefeierten Artisten, erstanden wurde, mit dem der junge Maler sich nun auch anfreundete.

Unter all den anderen Künstlern war sein engster Freund ein Mann, der sieben Jahre älter war als er, und der sich als surrrealisti-

scher Bildhauer bereits einen Namen gemacht hatte. Ihre Freundschaft, die dreißig Jahre lang vielfache Widersprüchlichkeiten und
Schrullen überdauerte, begann im ausgehenden Winter des Jahres
1934, knapp vor der Pierre Loeb Ausstellung, als eines Tages André
Breton und Paul Eluard zu Balthus ins Atelier kamen und Alberto
Giacometti mitgebracht hatten. Der Maler führte eine Auswahl seiner jüngsten Werke vor, welche die Besucher alle sehr bewunderten,
ein kleines Bild ausgenommen, welches der Bildhauer ausdauernd kritisierte, wobei er sagte, er fände die Farbbeziehungen völlig verkehrt.
Diese Kritik ließ eine etwas kühle Stimmung aufkommen, und als
die Besucher wieder auf der Straße standen, sagte Breton zu Giacometti, »Also, da hast du dir gerade einen Menschen zum Feind
gemacht.« Im folgenden Sommer reiste Giacometti nach Bern, um
Paul Klee kennenzulernen. Vor seiner Verabredung besuchte er den
berühmten Bärengraben, wo die Maskottchen der Stadt stundenlang
auf den Hinterbeinen stehen und darauf warten, daß ihnen von Besuchern Karotten zugeworfen werden. Ausgerechnet dort traf er auf
Balthus, der eben zu der Zeit mitten in seiner vergeblichen Braut-
werbung steckte und dort gedankenversunken den ungraziösen Kunst-
stücken der Bären zuschaute. Die beiden Künstler kamen ins Gespräch, und obwohl Alberto es eigentlich eilig hatte, wegen seiner
Verabredung mit Klee, gingen die beiden auf der Terrasse des Kur-
saals miteinander etwas trinken. Die Unterhaltung wurde angeregt,
und da beide ungewöhnlich gute Redner waren, erforderte ihr
Gespräch Aufmerksamkeit und Konzentration. Einer von ihnen war
selbstbewußt und präzis, wie seine Malerei, der andere visionär und
impulsiv, wie seine Skulpturen, und im Verlauf des Gesprächs ergab
es sich, daß sich die beiden so gut wie in allem widersprachen. Für
die meisten Menschen wäre das Grund genug gewesen, es bei einer
oberflächlichen Bekanntschaft bewenden zu lassen, aber für Künstler
vom Format eines Giacometti oder Balthus, die vereinbare Beziehungen völlig im Sinne einer persönlichen Vision suchten, war die
Herausforderung durch einen Ebenbürtigen ein unwiderstehlicher
Anreiz. Als sie an jenem Sommertag endlich genug geredet hatten,
war es sieben Uhr abends, Alberto hatte seine Verabredung mit Klee
völlig vergessen, und eine historische Begegnung war versäumt. Doch
hatte ein Dialog begonnen, der durch seine seltsame, beinahe schon

perverse Polarität jedem der beiden Künstler Gelegenheit gab, sich selbst abzuschätzen, jeweils von einer dem eigenen Standpunkt diametral entgegengesetzten Position, die doch zutiefst eine Entsprechung bildete.

Die Kunst der Vergangenheit interessierte Alberto insofern er darin seinen Weg in die Zukunft suchen konnte, und es war gerade zu der Zeit, daß er die surrealistische Phantasie abstreifte, um sich ganz der rigorosen Darstellung dessen zu widmen, was er wahrnahm. Balthus interessierte die Vergangenheit als Mittel, die Werte der Vergangenheit wieder zu bestätigen. Alberto war in erster Linie ein Mann seiner eigenen Zeit, der auf ihr politische, philosophisches und kulturelles Klima ansprach, während Balthus mit der Gegenwart wenig anfangen konnte. Alberto war der offenste Mensch, den man sich vorstellen kann, und all seine menschlichen Beziehungen gründeten sich auf moralische Ehrlichkeit. Balthus dagegen liebte das Reich der Phantasie und der Geheimnisse. Alberto verehrte seine Mutter. Balthus schämte sich Baladines. Alberto lebte in Armut, weil er wußte, daß Reichtum und Besitz einen um den größten Luxus dieses Lebens bringen können: die geistige Freiheit. Balthus sehnte sich nach Prunk und Würde, und allem, was man mit Geld kaufen kann. Eine Aufzählung ihrer Gegensätzlichkeiten ließe sich noch sehr lange fortsetzen. Was die beiden aber verband, war ihr kompromißloses Engagement für gegenständliche Darstellung und die unerläßliche Kontinuität einer Tradition, die viele für ausgestorben hielten. Sie wurden sich nie darüber einig, wie man sie am besten fortsetzen sollte, und um ganz ehrlich zu sein, hatte keiner von beiden viel für die Arbeiten des anderen übrig. Der ältere war der Strengere, der jüngere der weniger Kritische. Es verband sie einmal ihre leidenschaftliche Anteilnahme, wenn nicht gar aneinander, dann an dem, was sie beide darstellten, zum anderen vielleicht das gemeinsame Interesse an leicht perversem erotischen Abenteuer, und letztlich das Bewußtsein, daß sie das letzte Aufblühen der Pariser Schule darstellten, was für sie wahrscheinlich fast ebenso klar war wie es für uns ist.

1937 vollendete Balthus ein riesiges Gemälde, von etwa zweieinhalb mal vier Metern Größe, auf welchem etwa ein halbes Dutzend Figuren in verschiedenen Haltungen abgebildet sind, inmitten einer Landschaft von steil aufragenden, schroffen Bergeshöhen. Die Erinnerung an Courbet ist geradezu überdeutlich, und weist wieder einmal darauf hin, daß für diesen Künstler, wie für seinen Vorläufer im neunzehnten Jahrhundert, die Beschäftigung mit der Malerei mit der zähen Entschlossenheit einherging , Meisterwerke zu malen. Es gibt kaum einen anderen Maler unserer Zeit, dessen deutliches Hauptanliegen es war, periodisch Werke zu vollbringen, die sich mit voller Absicht als Meisterwerke definierten, und darin, wie in so vielem anderen auch, steht Balthus stolz von seinem Zeitalter abgehoben da. Der Berg, ob nun Meisterwerk oder keines, ist auf jeden Fall eine erstaunliche Leistung für einen Neunundzwanzigjährigen. Die goldene Klarheit und unirdische Stille der Hochgebirgsatmosphäre beschwört das eindringlich Jenseitige der Balthusischen Welt herauf, und ganz genau in der Mitte des Bildes steht – als größte, hellste Figur im Bild, die Arme in so zweideutiger wie bezaubernder Geste emporgereckt – Antoine de Watteville. Auf welche Art er seinen Charme auch spielen ließ, ob als Freier oder als Maler, es gelang ihm, sowohl die Frau als auch die Adlige zu umgarnen, und 1937 schlossen Balthus und Antoinette miteinander die Ehe. In Anbetracht der vorhergegangenen Demütigung müßte dieses Ereignis wie die endgültige Erfüllung des Jugendtraumes erscheinen. Es war jedoch lediglich der Beginn.

Das Paar hatte zwei Söhne. Der Vater fuhr mit der Malerei fort, und seine Arbeiten brachten ihm die Anerkennung des unglaublich geduldigen Galeristen Pierre Matisse in New York, der 1938 eine erste Ausstellung organisierte. Es wurde wenig verkauft. Der Krieg brach aus, aber Balthus wurde vor dem Beginn ernsthafter Kampfhandlungen aus dem Kriegsdienst entlassen. Er suchte zunächst Zuflucht in einem winzigen savoyischen Dorf namens Champrovent, dann in Fribourg in der Schweiz, wo er friedlich seine Bilder weitermalte, in welche sich nicht die leiseste Andeutung irgendeines zeitnahen Aufruhrs oder Leidens eindrängen durfte. Als die Feindseligkeiten vorüber waren und das Leben in Frankreich sich auf ein annähernd erträgliches Niveau normalisiert hatte, kehrte Balthus nach Paris zurück. Der Kunstgeschmack nach dem Kriege tendierte natürlich überhaupt nicht in die Richtung gegenständlicher Malerei, doch Balthus' Art, die Dinge zu betrachten, konnte auf solch bedauerlich flüchtigen Gesichtspunkte keine Rücksicht nehmen, und er malte weiter wie zuvor. Aber es begann sich in ihm etwas zu verändern, das sich auf eine recht seltsame Art manifestierte.

Es stellte sich heraus, daß die Ehe mit einer waschechten Aristokratin doch nicht in dem Maße den vornehmen Zauber besaß, den der phantasievolle junge Maler sich erträumt hatte. Der große Glanz von Antoinettes Mädchennamen war am Traualtar geopfert worden, und der Ehemann selbst hatte an Prestigeausgleich wenig genug zu bieten. Das war an sich schon kränkend. Sicher gab es da seine Kunst, doch die versprach einstweilen keinen besonderen Überfluß oder eindrucksvollen Erfolg. Die Mittel waren knapp, da Pierre Loeb sich dem zeitgenössischen Geschmack anpaßte und somit Balthus in Paris keinen Galeristen hatte, während Pierre Matisse zwar bereit war, unverkäufliche Bilder anzukaufen, aber diese auch entsprechend bezahlte. Und dann gab es noch ein weiteres Problem, das eigentlich jeder in Anbetracht der Voraussetzungen von Anfang an hätte voraussehen können, außer natürlich die Beteiligten selbst. Man wurde ja nicht jünger. Madame Klossowski war eine verheiratete Frau von weit über dreißig, die Mutter zweier gar-nicht-so-kleiner Söhne. Aber Balthus war aufgrund seiner noch immer verführerischen Geburtstagsarithmetik kaum älter als ein Kind, und er scheint ein überwältigendes Bedürfnis nach einem lebenden Wesen empfunden zu haben, mit dem er die Art von Phantasiebeziehung teilen konnte, die er mit sich selbst durch seine Bilder erlebte, durch ihre Thematik, ihre technische und begriffliche Bezugnahme auf eine verschwundene Welt, und ihre überhebliche Verachtung für die Meinung aller mit Ausnahme des Malers. Eine solche Person wurde genau im richtigen Augenblick zur Verfügung gestellt durch eines jener Wunder, die das kreative Temperament schonungslos heraufbeschwört, um sie dann als so alltäglich anzusehen wie den Sonnenaufgang. Diese Person war nun die halbwüchsige Tochter Georges Batailles, des wohlbekannten Autors in Sachen erotischen Flairs, vor Picasso einer von Doras Liebhabern, und Ex-Ehemann von Sylvia Lacan, der Frau des Psychoanalytikers Jacques Lacan, selbst ein Mann von höchst esoterischer Veranlagung, der bald eine gefeierte Berühmtheit werden sollte. Diese Erwachsenen, die alle Balthus' Freunde waren, fanden es alle völlig in Ordnung, daß sich der Künstler für die junge Laurence interessierte, daß sie für ihn Modell saß, und vermutlich mein-

Harold Acton in seiner Bibliothek, 1950 (Foto: James Lord)

*Oben:* La Pietra, die Florentiner Villa, die Acton von seinem Vater erbte.
*Links unten:* La Pietra mit der Zypressen-Allee. (Foto: James Lord).
*Rechts unten:* Alexander Zielcke 1977, ungefähr 10 Jahre nachdem er Acton begegnete.

*Oben:* Cocteau mit dem Verfasser, posierend, 1950. (Foto: Bernard Minoret).
*Links unten:* Cocteaus Porträt des Verfassers, August 1951.
*Rechts unten:* Edouard »Doudou« Dermit und Francine Weisweiller auf dem Segelboot
*Orpheus,* 1950. (Foto: James Lord).

*Oben:* Balthus, Selbstporträt, 1942.
*Gegenüber:* Château de Chassy. (Foto: James Lord)
*Unten links:* Drittes Porträt des Verfassers von Balthus, 1959.
*Unten rechts:* Porträt der schlafenden Frédérique Tison von Balthus, circa 1957-58.

Diego Giacometti, 1985. (Foto: Martine Franck)

Alberto Giacometti, circa 1952. (Foto: Abisag Tullmann)

*Oben links:* Albertos Ehefrau Annette, 1954. (Foto: Ernst Scheidegger).
*Oben rechts:* Silvio Berthoud.
*Unten:* Bruno Giacometti, Gilles Roy, Odette Giacometti und der Verfasser in der Galerie Klewan, München, 22. November 1994. (Foto: Isolde Ohlbaum).

ten sie auch, daß alles, was sich sonst zwischen den beiden abspielen könnte, bestimmt für die Nachwelt von Nutzen wäre. Außerdem schien Antoinette nichts dagegen zu haben, und sie zog sich bald in ein luxuriöses Leben in der Schweiz zurück und nahm ihre Söhne mit. Was Laurence anging, so verlor man bei dieser Umbesetzung ihren Vorteil etwas aus den Augen, obwohl der Verlust selbst immer empfindlich spürbar blieb, solange sie selbst da war. Es handelte sich natürlich um nichts anderes als den Verlust der Unschuld, die nichtsdestotrotz in den hervorragenden Porträts, die Balthus von ihr machte, als Bild erhalten blieb.

Es war kurz nachdem Laurence Bataille sich aus Balthus' Leben verabschiedet hatte, daß ich ihn häufiger zu treffen begann, vornehmlich im Zusammenhang mit Dora, aber gelegentlich auch bei den Lunch-Gesellschaften, die in Marie-Laures Villa stattfanden, bei denen sie mit großem Geschick Maler, Musiker, Schriftsteller, Herzoginnen und Innenarchitekten zusammenführte. In dieser Zeit erschien er oft trübsinnig, sprach nur selten, und voll verächtlicher Kritik über seine Künstlerkollegen – Derain und Alberto die einzigen, die sein Hohn nicht traf. Und Dora. Er äußerte sich voll Bewunderung über ihre Arbeiten, und sagte ihr große Anerkennung für die Zukunft voraus. Sie war vor allem eine der sehr wenigen Freunde, der er eines seiner Bilder schenkte. Sie hatte ihm unlängst dabei geholfen, das staubige Durcheinander seines Ateliers aufzuräumen, und zum Zeichen seiner Erkenntlichkeit schenkte er ihr eine Ölskizze auf Karton eines Mädchenkopfes. Es war jedoch unsigniert, was die peinlich genaue Dora ärgerte, und sie nörgelte einige Jahre lang an ihn hin, bis er bereit war, sie zu signieren.

Es fiel auf, daß eine Veränderung mit ihm vorging, als Balthus auf das statistische Alter von vierzig zuging. Er begann zunächst versuchsweise, beinahe scherzhaft, beiläufig, als ob die selbstverständliche Wahrheit ihn nur verlegen mache, zu verbreiten, daß er ja als adlig Geborener den Grafentitel zu führen berechtigt sei. Ach, das sei ihm nur so nebenbei herausgeschlüpft. Sein wahrer Name sei, sagte er, Graf Balthazar Klossowski de Rola. Anfänglich pochte er nicht so sehr darauf, er wies nur hin, daß dem aristokratischen Tatbestand doch gestattet sein sollte, für sich selbst zu sprechen, oder wenigstens zu flüstern. Seinen Zuhörern schien die Bemerkung jedoch derart abstrus, daß sie es gar nicht fassen konnten; unter diesen befanden sich u.a. Derain, Giacometti, Picasso, Artaud, Albert Camus, der Vicomte und die Vicomtesse de Noailles und die Prinzessin Caetani. Einige lachten, andere höhnten, wieder andere lächelten nachsichtig, und alle gingen selbstredend davon aus, daß der Maler keinerlei legalen Anspruch auf einen Adelstitel haben konnte. Darin hatten auch ausahmsweise alle recht. In der Geschichte Polens gab es vor den Teilungen keine Adelstitel, außer denjenigen einiger Prinzen, die von den souveränen Prinzen des Großherzogtums Litauen abstammten, sowie Grafen, die ursprünglich im sechzehnten Jahrhundert im Heiligen Römischen Reich zu solchen ernannt wurden. Nach den Teilungen wurde einige wenige Titel vom österreichischen Kaiser oder dem russischen Zaren verliehen, oder sie wurden käuflich erworben. Es gab jedoch eine echte Aristokratie, – den Amtsadel der Senatoren –, deren Mitglieder sich im neunzehnten Jahrhundert auf ihren Reisen ins Ausland oft ihrem Lebensstil entsprechende Titel zugelegt hatten. Es war dies eine Zeit, in der Titel noch wirtschaftliche, gesellschaftliche, man könnte fast sagen, geistige Realitäten bezeichneten. Doch nach dem Zweiten Weltkrieg waren solche Zeiten und Bräuche schon in weiter Ferne, was Balthus' Anmaßung nur noch skurriler machte. Was den Namen *Rola* betrifft, so war dieser eine heraldische Bezeichnung, die auf viele Familien anwendbar war, nicht nur auf die Klossowskis, wie etwa der Name eines schottischen Clans, und er spielte eigentlich auf recht bescheidenen provinziellen Ursprung an, da sich im Polnischen das Wort auf Ackerland bezieht. Es verlieh in keiner Weise einen Titel. Die Familienmitglieder des Künstlers waren peinlicherweise nur allzu bereit, diesen Tatbestand zu bestätigen, und als sei das nicht genug, gab und gibt es noch immer jede Menge dokumentarische Belege dafür.[2] Angesichts all dieser Beweiskraft hätte man meinen sollen, daß Balthus seine laufende Tändelei mit dem Märchenhaften bald fallen ließe, aber er tat nichts dergleichen. Er bestand zunächst ganz

---

2. Siehe Adam Boniecki, *Herbaz Polski* (Warschau: Gebethner und Wolff, 1907), 10. Bd., S. 185; und Simon Konarski, *O Heraldyce i »Heraldcznym«* Snobizmie (ein Werk, das sich vor allem mit vorgeblichen Ansprüchen auf nicht existierende polnische Adelstitel befaßt) (Paris:Ksiegarnia Polska, 1967), S. 43.

sachte darauf. Das bescheidene Lächeln und die spöttisch gedehnte Aussprache wurden langsam starrer, wenn er davon sprach, so daß seine Zuhörer rechtzeitig gewarnt waren, daß die Absichten ernst waren und potentiell ebenso ernste Folgen zeitigen würden. Viele waren darüber entsetzt und verurteilten seine affektiertes Gehabe als einen bedauerliches Abgleiten in die gröbste Form von Snobismus. Derain wollte gleich alle Beziehungen zu seinem Schüler abbrechen, aber seine Geliebte hinderte ihn taktvoll daran, indem sie ihn erinnerte, daß er, der sie alle gekannt hatte, unter den maßgeblichen Künstlern nur noch Giacometti und Balthus zu Freunden hatte. Daraufhin gab er nach. Balthus tat es nicht. Er ließ sich weiterhin für einen Grafen halten. Wenn man hinter seinem Rücken über ihn lachte, so gab er sich damit nicht ab. Stolz war er ja immer schon gewesen. Man lachte in der Tat über ihn und sagte, der Maler sei ein hemmungsloser Snob, dessen Adelsansprüche ihn zum Narren stempelten. Beim genaueren Hinsehen hätte es sich aber gezeigt, daß bei einem so verschlossenen, subtilen und feinen Künstler wie Balthus es war, weder Narretei noch Snobismus als Erklärung für eine derart augenfällige Sonderlichkeit ausreichten.

An sich war die Angelegenheit mit dem Adelstitel auf eine seltsame Art irrelevant, obwohl sie genau auf das Zentralthema hinwies, denn jeder Künstler hat sowohl die Verpflichtung wie auch die Freiheit, sich ein Selbst zurechtzuschmieden, das fähig ist, die Kunst zu schaffen, die dieses Selbst zu seiner Erhaltung braucht. Bei Balthus war die aristokratische Pose keineswegs ein Zeichen ordinärer Gesinnung, ganz im Gegenteil. Aristokratie bestand für ihn offenbar in einer Distinktion des persönlichen Gebarens, das ihm die Integrität seines Glaubens an Werte und Maßstäbe auszudrücken erlaubte, die einer Zeit angehörten, da Adelstitel noch etwas bedeuteten. Überdies war es für ihn auch eine Art, nicht nur seine Distanz, sondern auch seinen Abscheu vor den herrschenden ästhetischen Moderichtungen unserer Zeit hervorzuheben. Darüberhinaus brachte er zum Ausdruck, daß Kinderträume doch wahr werden können, da der Maler des Porträts der Vicomtesse de Noailles sehr wohl wußte, daß er dadurch der aristokratischen Tradition und Gesinnung einen weit wesentlicheren Beitrag geleistet hatte, als es je jene adlige Dame durch das Tragen ihres Titels und Namens tat.

Doch sogar dies war nicht alles, noch reichte es aus. Bereits vor dem Krieg hatte Balthus sich in Paris zwei herrliche Räume als Atelier gesichert, die in einem großartigen alten Gebäude lagen, welches einstmals Teil der Residenz von Diane de Poitiers gewesen war, der Maitresse von Henri II, des Königs von Frankreich. Er war es leid. Er war genaugenommen die Geschäftigkeit von Paris leid, wo es, sogar in den von Balthus beliebten alten Wohngegenden, nach 1950 immer schwieriger wurde, eine glaubwürdige und produktive Identifikation mit der Vergangenheit aufrechtzuerhalten. Der Künstler empfand ein Bedürfnis nach Veränderung, während der Edelmann danach hungerte. Ein Schloß mußte her, ein Platz von sicherem wie auch imponierendem Gepräge, wo Balthus mit den seiner Berufung geziemenden Träumen und Ambitionen, den offensichtlichen wie den verborgenen, in Frieden leben konnte. Wenn es stimmt, wie man sagt, daß das Kennzeichen des wahren Aristokraten sein hochsinniges Streben ist, so besaß Balthus dies in Überfülle, und er machte daraus auch keinen Hehl. Er bekannte ganz freimütig: »Ich brauche dringender ein Château als ein Arbeiter einen Laib Brot.« Es war natürlich ein Bonmot, aber die meisten Leute fanden es ziemlich geschmacklos. Außerdem war es kein Witz. Und wie sollten auch gewöhnliche Sterbliche die rechtmäßigen Bedürfnisse des Schöpfers bewerten können? So bereiste der Graf de Rola die Provinzen auf der Suche nach einer geeigneten Residenz. Damals bekam man Châteaus geradezu nachgeschmissen. Es gab eins, Meyrargues, eine vortreffliche oberhalb eines steilen Tales gelegene Burg bei Aix-en-Provence, aber der Preis war auch etwas steil, und die Burg brauchte ein neues Dach. Später wurde sie zu einem Hotel umgebaut. Die Suche wurde zusätzlich durch zwei Dinge erschwert: der Suchende besaß keinen Groschen und der echte Künstler ebenso hohe Ansprüche wie der eingebildete Herr Graf. Dora machte einen ansehnlichen Alternativvorschlag, ein Gut in dem Dorf, in dem sie den Sommer zu verbringen pflegte. Um es attraktiver zu machen, fügte sie hinzu, daß dieses Gut traditionell mit einem Titel verbunden sei, worauf Balthus antwortete: »Ach, Titel? Davon habe ich mehr als genug.« Das Objekt wurde in der Folge von einem anderen Maler erworben, der auch über einen Namen von hohem Prestigewert verfügte: Nicholas de Staël, der keinen anderen Adel für sich beanspruchte als den seines Metiers, welches ihm dann leider doch nicht genügend Erbauung bot, um ihn ein paar Jahre später vor dem Selbstmord zu bewahren.

Irgendwann im Jahre 1953 fand Balthus das, was er suchte: ein Château namens Chassy, an einer einsamen Windung der Nièvre, irgendwo zwischen Avallon und Autun. Zum Glück war es zu vermieten und nicht zu verkaufen, und der Satz war niedrig. Aber es war unmöbliert und in sehr mittelmäßigem Zustand. Trotzdem schien Balthus sehr davon beglückt, und wir fragten uns alle, ob es dieses Château wirklich gab, oder ob es nur eine weitere aristokratische Einbildung war. Phantasieobjekt oder Realität, es besaß genug Wirklichkeit, um so etwas wie eine Haushälterin zu benötigen, während der Maler angestrengt an der Fertigstellung eines seiner überzeugendsten, als Meisterwerk angelegten Werke arbeitete, einem riesigen Gemälde, das *Le Passage du Commerce Saint-André* hieß, eine Ansicht einer Pariser Seitengasse, in welcher weder Courbet noch Baudelaire etwas Unstimmiges gefunden hätten. Eine Haushälterin für den wählerischen Grafen zu finden erwies sich als keine leichte Aufgabe, und am Ende entdeckte sie der, dem man es als allerletztem zugetraut hätte: Alberto Giacometti, den man oft genug hatte brummen hören: »Wir haben die Nase voll von Balthus und seinen kleinen Mädchen.« Auf einer Caféterrasse hatte er eine junge Frau aus der Provinz kennengelernt, die Léna Leclerq hieß. Da sie eine höchst unkonventionelle Person war, meinte Alberto, sie könnte vielleicht für Balthus die richtige sein. Sie war die uneheliche Tochter freidenkerischer Bauern, Idealisten und Kommunisten, die sich gern als Dichterin hervortun wollte. Da sie bereits Mitte zwanzig war, mag Alberto angenommen haben, daß sie für Balthus' Geschmack schon etwas zu alt sei. So machte er die beiden miteinander bekannt, und schlug vor, daß während der Maler malte, die Dichterin dichten könnte, und gleichzeitig ein bißchen kochen und Staub wedeln. Es war eine ausnehmend schlechte Idee, aber alle Beteiligten fanden sie großartig.

Im Frühjahr 1954 war meine Freundschaft mit Dora so weit fortgeschritten, daß sie mich einlud, sie in den Süden in die Provence zu begleiten, um ein paar Wochen in ihrem Haus in der kleinen Stadt Ménerbes zu verbringen, das ihr Picasso geschenkt hatte. Ich sagte liebend gern zu, und so fuhren wir am 5. April in meinem kleinen schwarzen Renault los. Wir aßen irgendwo unterwegs in einem Bistro zu Mittag, und Dora schlug vor, einen kurzen Umweg zu machen, um Balthus in seinem Château zu besuchen, das, wie sie wußte, in der Nähe des Weilers Blismes gelegen war. Ich war einverstanden. Aber wie sollten wir diesen entlegenen Flecken finden, fragte ich mich. Blismes war noch nicht einmal auf der Karte. Dora war ganz zuversichtlich und meinte, wir müßten uns unterwegs nur durchfragen, und wenn man hartnäckig genug sei, fände man immer das Gesuchte. Es fiel ein kalter Regen, und für mich war die Aussicht, ein abgelegenes Château in dieser eher trostlosen Gegend zu suchen, sehr wenig verlockend. Vielleicht sollten wir besser erst anrufen, schlug ich vor. Dora lachte. Balthus könne sich doch kaum Strom leisten, geschweige denn ein Telephon. Sie verwarf meine Bedenken, sagte, wir wollten nur auf einen Tee bleiben, und Balthus wäre gewiß überglücklich, in seiner einsamen Klause Gäste zu empfangen. So brachen wir nach dem Mittagessen auf, verließen in Avallon die Hauptstraße, und hielten zuweilen an, um uns nach dem Weg zu erkundigen. Kein Mensch kannte Blismes, geschweige denn Chassy, aber wir hielten weiter auf Autun zu, und in der tristen Stadt Château-Chinon hatten wir das Glück, auf einen alten Tattergreis zu stoßen, der uns verächtlich mitteilte, wir seien schon viel zu weit gefahren, mitten durch Blismes durch und direkt an Chassy vorbei ohne es zu merken. Außerdem sei Chassy nur anhand seiner runden Ecktürme als Château zu erkennen, und es habe bis vor kurzem leergestanden, sagte er, bis so ein Wahnsinniger aus Paris mit seiner Schlampe eingezogen sei. Dora bedankte sich bei diesem Menschen überaus höflich, und wir fuhren wieder zurück.

Chassy entsprach in der Tat nicht gerade der gängigen Vorstellung eines Châteaus, es war lediglich ein großes Haus von kahler Fassade und wuchtigen runden Türmen an jeder Ecke. Es war an den Abhang eines kleines Hügels gebaut, mit einem Blick auf ein völlig gewöhnliches kleines Tal. Die Zufahrt entlang eines matschigen Weges führte durch den Hof eines unscheinbaren Gehöfts. Unter dem tropfenden Dachvorsprung der Scheune stand ein rotgesichtige Frau, die uns argwöhnisch beäugte. Dora kurbelte ihr Fenster herunter und fragte, ob dies Chassy sei. Die Frau nickte nur verdrießlich. Dann fragte Dora, ob Balthus wohl zuhause sei. Die Frau sagte, »Sie meinen *monsieur le comte?* Ja, den werden Sie da drinnen schon irgendwo finden.« So fuhren wir durch das Tor auf den ungepflegten Rasen und parkten bei dem Vordereingang. Es gab weder Garten, noch Park, noch Statuen, keinen einzigen Springbrunnen, keine Urne, keine Aussicht, und in dem kalten Regen nahm sich das alles einmalig trostlos aus. Auf unser Klopfen erhielten wir keine Antwort, und da die Tür unverschlossen war, traten wir ein. Das Innere des Hauses war nicht beeindruckender als sein Äußeres, und es war so gut wie unmöbliert. Riesige, ungeheizte Räume, eisigkalt wie im Januar. Nachdem wir ein paar Minuten umhergeirrt waren und mehrere Türen ausprobiert hatten, stießen wir auf Balthus und Léna an einem kleinen Tisch in einer höhlenartigen Küche. Von der hohen Decke hing eine einzelne nackte Glühbirne an einem Kabel, und es waren verschiedentlich Eimer und Kessel aufgestellt, um die Wassertropfen aufzufangen, die mit schöner Regelmäßigkeit durch das undichte Dach fielen. Der Künstler und seine Haushälterin schienen kein bißchen darüber erfreut, von ungeladenen Gästen in dieser trüben Umgebung beim Teetrinken aus angeschlagenen Tassen überrascht worden zu sein. Dora empfand offenbar genau wie ich, daß unser spontaner Einfall vielleicht doch ein Fauxpas war, da sie sagte, wir seien auf dem Weg nach Lyons nur kurz vorbeigekommen und würden sofort weiterfahren. Doch Balthus bestand darauf, daß wir unbedingt eine Tasse Tee trinken müßten, und Léna pflichtete ihm etwas halbherzig bei. Es dauerte etwas, bis zwei weitere Tassen und Stühle gefunden waren, doch am Ende bekamen wir unseren Tee, und dank seines geübten Charmes gelang es Balthus sogar, uns das Gefühl zu vermitteln, wir seien voll Ungeduld erwartet worden.

Nach dem Tee erbot sich der Künstler, uns sein Atelier zu zeigen, und wir sagten schnell zu, denn wir wußten wohl, welch große Ehre dieses Angebot bedeutete. Es lag im oberen Stockwerk, zur Linken des breiten Treppenaufgangs. Gleich beim Betreten des Ateliers erblickten wir an der linken Wand ein riesiges Gemälde – die Ansicht der Pariser Gasse, die von sechs oder sieben seltsamen Gestalten und einem weißen Hund bevölkert ist – das mittlerweile als des Künstlers Meisterwerk berühmt geworden ist. Damals war es schon fast vollendet, nachdem Balthus beinahe zwei Jahre lang ununterbrochen daran gearbeitet hatte, zuerst in Paris, danach auf Chassy, aber noch immer gab es einige Einzelheiten, wie zum Beispiel die Haltung gewisser Figuren, die dem Maler noch nicht ganz gefielen, und dies erklärte er, vornehmlich an Dora gewandt, in ziemlicher Ausführlichkeit, während ich das Bild schweigend bewunderte. Das Atelier war ein ziemliches Durcheinander, der Fußboden übersät mit Papierschnitzeln, zum Teil von zerrissenen Zeichnungen. Andere Bilder, die meisten gegen die Wand gekehrt, standen wahllos herum. Wir hielten uns dort nicht länger auf, da Balthus seiner Unzufriedenheit über das große Bild Luft machte. Einerseits sei er froh, andererseits unwillens, es den Sammlern zu überlassen, die es bereits gekauft und bezahlt hatten, und die er allesamt verachtete. Er geleitete uns zum Wagen, und bestand darauf, daß wir auf unserem Rückweg nach Paris in ein paar Wochen auf Chassy übernachten müßten, da er bis dahin schon besser auf Gäste eingerichtet wäre. Dora sagte, das sei eine vortreffliche Idee, und ich konnte ihr nur beipflichten, woraufhin wir im Regen weiterfuhren.

Unterwegs nach Lyons, sprachen wir davon, ob in dieser Zeit überhaupt noch Meisterwerke möglich wären, wobei Dora verständlicherweise die Ansicht vertrat, nach *Guernica* sei keins mehr gemalt worden und werde es wohl auch nicht mehr. Wir sprachen auch über Chassy und Balthus, und amüsierten uns königlich darüber, daß die Bauern der Umgegend ihn bereitwillig, womöglich sogar mit Gefallen, mit *monsieur le comte* anredeten. Wir waren uns jedoch einig, daß es ungewöhnliche Charakterstärke und unbeugsame Entschlossenheit erfordern mußte, um sich mit Chassy als Schauplatz für seine hohen Bestrebungen zufrieden zu geben, um den Alltagstrott des täglichen Lebens den Geboten eines höheren kreativen Zieles unterzuordnen. Bequemlichkeiten waren bedeutungslos, vom Gesichtspunkt einer Hingabe, die banales Wohlbefinden für eine ordinäre Nebensächlichkeit hielt, insofern es überhaupt Einfluß auf das Trachten nach des Menschen edelster Erfüllung haben konnte. Dieses Trachten hatte Balthus nach Chassy geführt. Es gab Leute, die meinten, sein Weg sei von absurder Umwegsamkeit, doch keiner konnte behaupten, er entspräche nicht der potentiellen Erhabenheit seines Zieles. Chassy hatte vor allem Raum zu bieten, sowohl realen wie ideellen Raum. Dort gab es die weiten, hohen, gut ausgeleuchteten Räume, in denen sich Kunstwerke sichten und konzipieren ließen, die frei waren von den Verwirrungen und Beschränkungen des zwanzigsten Jahrhunderts. Balthus glaubte, er habe in jeder Hinsicht ein Anrecht auf einen solchen Raum, aufgrund seiner Entschlossenheit, in seiner Zeit Kriterien durchzusetzen, zu deren Rettung vor der heutigen Frivolität, Mittelmäßigkeit und Anarchie kein anderer die Energie oder Distinktion besaß. Wie sich im Laufe der Zeit herausstellen sollte, scheint der Künstler im Nachhinein durchaus recht gehabt zu haben. Einstweilen konnte man, in Anbetracht Balthus' Neigung, in unerwartetem Rahmen romantische Parallelen zu entdecken, das Château de Chassy durchaus für eine gallische Version der *Sturmhöhe* halten. Der Bau entsprach an Trostlosigkeit ganz dem, den sich die schwermütige Emily Brontë vorgestellt hatte.

Mein Aufenthalt in Ménerbes in jenem Frühling währte leider nur zwanzig Tage. Ich hatte gehofft und erwartet, daß er länger sein würde, doch meine Gastgeberin erwies sich als unbeständig, unberechenbar, ja, zuweilen sogar jähzornig. Ich mußte mit ihr abreisen, als sie die Zeit für gekommen hielt. Es reute mich, so bald wieder aufzubrechen, und ich dachte, ich hätte die Abreise vielleicht verzögern können, aber mir mangelte die Selbstsicherheit, es zu versuchen. Auf dem Rückweg nach Paris machten wir auf Chassy Halt, wo Balthus tatsächlich inzwischen ein paar spartanische Gästezimmer und ein asketisches Bad hergerichtet hatte, die alle drei nur von winzigen Elektroheizern beheizt wurden. Ansonsten hatte das Château als Residenz eines selbstbewußten Edelmanns nicht sehr viel gewonnen, obwohl man neben der düsteren Küche mit der Einrichtung eines Speisezimmers begonnen hatte. Ich hatte meine Kamera dabei und erwähnte, daß ich gern ein paar Photos von Balthus und dem Château machen würde, worauf er scharf entgegnete, daß er sich nie photographieren ließe, *niemals*. Von Chassy könne ich so viele Aufnahmen machen wie ich wolle. Ich machte eine. Léna trug das Essen auf, ein gutes und reichliches Mahl mit hervorragendem Rotwein, aber sie erschien sowohl Dora als mir bedrückt und unwohl in ihrer Rolle als Haushälterin. Balthus schenkte ihr nicht viel Beachtung, sondern unterhielt sich angeregt mit uns über den Untergang der Zivilisation. Léna verabschiedete sich bald nach dem Essen, und wir saßen zu dritt noch bis spät in die Nacht vor dem kläglichen Kaminfeuer im Eßzimmer.

Wir waren froh, am nächsten Morgen abzureisen. Balthus war uns heiter und optimistisch vorgekommen, obwohl er nach allem Ermessen des gesunden Menschenverstands eigentlich wenig Grund dazu hatte. Als zeitgenössischer Künstler war er im Moment alles andere als erfolgreich. Seine Bilder wurden selten gekauft, brachten geringe Preise ein, die Sammler waren noch immer eine glückliche Minderheit von wählerischem Geschmack. Er überlebte mit etlicher Mühe und reichlichem Ressentiment dank der Unterstützung, die ihm ein Konsortium von etwa einem halben Dutzend von Galeristen und Kennern zukommen ließ, die bereit waren, den Sprung zu wagen, auf die Chance hin, daß die Sehnsucht nach Meisterwerken vielleicht solche hervorbringen würde. Diese hellsichtigen Spekulanten waren: die Galeristen Pierre Matisse und Henriette Gomes, die vor dem Krieg Pierre Loebs Sekretärin war; ein Geschäftsmann namens Claude Hersent und dessen Frau Hélène; die Baronesse Alix de Rothschild; und Maurice Rheims, ein Auktionator und Kunstkenner von seltenem Durchblick. Gegen den Entgelt eines monatlichen Stipendiums erhoben sie Anspruch auf die gesamte Produktion des Künstlers. Doch Balthus' Arbeit ging nur sehr langsam voran. Er erweckte tatsächlich immer den Eindruck, als habe er unendlich viel Zeit, und er zweifelte keinen Augenblick daran, daß sich auch die Nachwelt für ihn Zeit nehmen würde. In der Zwischenzeit mußte jedoch das Château mit passendem Mobiliar und Einrichtungen versehen werden, für die im Austausch Kunstwerke geboten wurden, und einige Mitglieder des Konsortiums waren gekränkt, als sie erfuhren, daß so manches Gemälde bei der Anschaffung von Sofas und Vorhängen herhalten mußte. Ein Pariser Innenarchitekt namens Henri Samuel lieferte die aufwendigen Behänge, Couchen und einige Sessel für eines der besten Bilder, das auf Chassy gemalt wurde.

Mit der Zeit wurde die Dichterin mit ihrem Los immer unzufriedener. In dem Maße, wie die Einrichtung des Châteaus nach und nach dem Geschmack des Grafen zu entsprechen begann, wurde es für eine einzelne Person zusehends schwieriger, den Anschein eines gut gepflegten, vornehmen Lebensstils aufrechtzuerhalten. Trotz der ganzen Arbeit mit Kochen, Waschen, Putzen und Staubwedeln, gelang es Léna, einen Band Gedichte hervorzubringen, der den traurigen – weil so unpassenden – Titel: *Unbesiegte Dichtung* trug. Balthus fragte sie einmal, welche historische Persönlichkeit sie gern gewesen wäre. »Trotzki,« sagte sie, worauf er beißend entgegnete: »Wenigstens hätten Sie sich Lenin aussuchen sollen, er war zumindest erfolgreich.« Dennoch malte er zwei ernste Porträts von Léna, in denen ihr Stolz als auch ihre Desillusion deutlich sichtbar wird.

Dann entsann sich der Künstler zweckmäßigerweise, daß die Frau seines älteren Bruders aus einer früheren Ehe eine sehr hübsche Tochter im Teenageralter hatte, Frédérique Tison, an der er zuvor schon ein nicht gänzlich onkelhaftes Interesse gezeigt hatte. Er dachte sich, daß sie sich wunderbar dazu eignen würde, über Château de Chassy zu präsidieren. Und durch eins dieser überaus gelegenen Wunder, die das Leben des Kreativen so sehr erleichtern, erschien dieser Plan auch allen Beteiligten sehr annehmbar. Das heißt, allen außer Léna. Der Graf kümmerte sich nicht um die Meinung seiner Haushälterin. Es gab Szenen. Die Dichterin unternahm den Versuch, ihren Leiden ein Ende zusetzen, indem sie sich das Leben nahm, doch blieb auch dieser Versuch erfolglos, denn der gerufene Krankenwagen traf rechtzeitig ein, um sie ins Spital nach Nevers zu bringen. Das scharfe Künstlerauge bemerkte bei der Abfahrt des Wagens mit zynischer Belustigung, daß der auf der Autotür aufgemalte Name des Besitzers *Sépulchre*, (Grab, Gruft) lautete.

Das Château de Chassy brachte in Balthus das Beste hervor, vor allem nach dem Einzug seiner »Nichte«, deren mädchenhafter Charme und löbliche Anpassungsfähigkeit dem Ort eine Aura von Verzauberung verliehen, die er sonst nie gehabt hätte. Sicher brauchte es die Vision eines Künstlers, um das alles glaubhaft werden zu lassen. Während seiner Jahre auf Chassy – leider waren es weniger als zehn – erreichte Balthus die Spitze seiner Karriere, er malte dort viele seiner besten Bilder und es entstanden haufenweise hervorragende Zeichnungen. Er malte zahlreiche Porträts von Frédérique, die rücksichtsvollerweise bis lang nach ihrem einundzwanzigsten Geburtstag ein junges Mädchen mit Zöpfen blieb. Von dem gewöhnlichen kleinen Tal, an welchem das Château stand und von dem ihm vorgelagerten ordinären Bauernhof, schuf er eine außergewöhnliche Bilderfolge. Der Graf de Rola glaubte, ein Schloß zu brauchen, um sein Selbstgefühl darin unterzubringen, und Balthus meinte, das sei das mindeste, was er der unschätzbaren Kontinuität der künstlerischen

Tradition schuldete. Zusammen erging es ihnen auf Chassy sehr wohl, und sie bekamen Chassy auch sehr gut. Der Edelmann, der Maler, der Künstler, und das Château, von Frédérique ganz zu schweigen, ergaben ein wunderbar komponiertes und vollkommen stimmiges *tableau vivant* (lebendes Bild). Gewiß, es war nicht jedermanns Sache, es wurden auch nur auserlesene Wenige geladen, um sich eine Meinung darüber zu bilden. Es ist zu schade, daß es nicht für immer so bleiben konnte, wie es damals war, in einer völlig ausgewogenen Harmonie zwischen Kunst und Aristokratie.

Allmählich wurde die Öffentlichkeit darauf aufmerksam, daß ein Maler von außergewöhnlicher Kraft sich dort in einem seltsam unscheinbaren Winkel versteckt hielt. Man begann seine Werke zu kaufen. Kunstkritiker und Sammler begannen in Chassy aufzutauchen, um ihre Aufwartung zu machen, und wenn möglich ein oder zwei Balthus Bilder zu erstehen. Sie wurden von einem italienischen Haushofmeister in weißer, goldbetreßter Jacke empfangen, der ihnen mitteilte, der Graf befinde sich in seinem Studio und könne unter keinen Umständen gestört werden. 1956 organisierte das Museum of Modern Art in New York eine Retrospektive, die zwar keine Sensation auslöste, doch bei aufmerksamen Kennern doch die ihr angemessene Beachtung fand. Der Katalog war eine dünne Broschüre, die dem Künstler ganz und gar nicht gefiel. Die künstlerischen Trends am jenseitigen Atlantikufer waren ohnehin so wenig seelenverwandt, daß sie nachgerade als abstoßend empfunden wurden. Was Balthus an Amerika am meisten interessierte, war einer seiner frühesten und begeistertsten Sammler, ein exzentrischer Geistlicher, Pfarrer James L. McLean aus Los Angeles, Kalifornien, an dessen Pfarrhauswänden sich die nackten Nymphchen ganz allerliebst ausgenommen haben mögen.

Trotz des selbstgerechten und beleidigten Briefes, den ich Dora im November 1954 geschickt hatte, als sie mich im Krankenhaus nicht besuchen kam, und des leidenschaftlichen Schmähbriefs, den ich zwei Jahre darauf an Picasso schrieb und in der Presse veröffentlichen ließ, als er sich nicht gegen die sowjetische Unterdrückung des Ungarnaufstands aussprach,- trotzdem entfremdeten Dora und ich uns nicht völlig voneinander. Es war dies der Beginn ihres Rückzugs von der Welt, der letztlich zu einem Leben von stolzem und hartnäckiger

Einsamkeit führte. Aber im Jahre 1957 ging sie noch hin und wieder aus, am häufigsten zu den Lunch-Parties bei Marie-Laure. Wenn wir uns dort trafen, wie es unvermeidlich geschah, war sie freundlich, gesprächig und lebhaft, doch der besondere, sogar außergewöhnliche Rapport, der uns drei Jahre zuvor so aneinander gefesselt hatte, bestand nicht mehr. Und wie konnte ich auch so vermessen sein? Die Beziehung war jetzt einfacher geworden, angenehm, wenn auch nicht mehr so spannend.

Mein Freund Bernard Minoret und Dora hatten sich im Laufe der Zeit miteinander befreundet, und ihrer Freundschaft sollte bald ein dauerhaftes Andenken gesetzt werden, infolge von Doras nicht zu unterdrückender Habgier, vor allem, wenn es etwas fast umsonst gab. Bernards Familie besaß ein Schlößchen, ein echtes Château, auf dem Lande, etwa achtzig Kilometer östlich von Paris. Weder ihm noch seinen Eltern lag viel an dem Anwesen, das 1957 schon in einem ziemlich schlechten Zustand war, aber noch immer einiges an Einrichtung und Ausstattung enthielt. Wie Dora von dem heruntergekommenen Château und dessen vernachlässigten Inhalt erfuhr, habe ich in meine Notizen nicht vermerkt, aber sofort erwachten ihr Sammeltrieb und ihr Gespür für eine günstige Gelegenheit. Ob es wohl zufällig Spitzenvorhänge, Leinentischtücher, Servietten und Bettwäsche darunter gäbe, erkundigte sie sich bei Bernard. O ja, Bernard war sich sicher, daß sich auf dem Dachboden ganze Körbe davon befänden. Nun, meinte Dora, wenn ihr etwas davon gefalle, wäre sie durchaus bereit, ein Bild dagegen zum Tausch anzubieten. Sie hätte solche Tauschgeschäfte immer schon gern gemacht. Bernard willigte gern ein. So fuhren wir an einem frühlingshaften Märzmorgen von Paris hinaus, und kamen nach etwa einer Stunde in dem krokusgelben Sonnenschein beim Château de Monglat an. Bernard hatte sich, was die Leinenwäsche anging, nicht getäuscht, es gab ganze Truhen und Körbe voll davon. Dora konnte ihre Erregung kaum bändigen. Wir brachten mehrere Armladungen davon hinunter zum Auto, Spitzenvorhänge und zarte Stoffe, die zum Teil noch in ihrer hundert Jahre alten Verpackung steckten. Als wir wieder in Paris ankamen und das ganze Leinen auf Doras Bett gehäuft hatten, kam der Moment, da sie ihren Teil des Tauschhandels leisten sollte. Sie schlug vor, Bernard könne sich eins ihrer Bilder oder ein Paar Gouachen aus einer

Mappe aussuchen. Keine Erwähnung einer Picassoskizze, von denen sie Dutzende besaß, deren jede ein fairer Tausch gewesen wäre. Doch sie sagte auch noch, wenn Bernard weder ein Bild noch die Gouachen haben wolle, daß sie gern von ihm ein Porträt malen würde. Das sagte ihm zu. Sie stellte ihn im Profil dar, in ihrer pointillistischen Manier, und brachte zwar ein mäßig gutes Bildnis, doch ein nur mittelmäßiges Kunstwerk zustande. Bernard freute sich riesig darüber, da er sich nicht mehr aus Monglat und seinen Inhalt machte als seine Eltern, und hatte nie das Gefühl, von Dora übervorteilt worden zu sein.

Vielleicht war es die Erfahrung dieses geglückten Tauschhandels, die in Dora die Erinnerung an den Teppich meiner Großmutter weckte. Auf jeden Fall muß sie bereits davon gewußt haben. Als meine Eltern und meine Großmutter im Jahre 1956 aus dem großen Haus, in dem ich aufgewachsen war, auszogen, gab es eine ganze Reihe von Sachen, die entweder zu groß waren, oder für die es in dem kleineren Haus keinen Platz gab. Diese wurden auf dem Dachboden verstaut. Ich sah eine Gelegenheit, ein gutes Stück meines Erbes im Voraus zu ergattern, und fragte, was ich davon wohl per Schiff nach Paris mitnehmen könnte. Ich hatte mich damals gerade in einer Wohnung in der Rue de Lille niedergelassen, in der ich heute, nach achtunddreißig Jahren, diese Zeilen schreibe. Man gestattete mir, so gut wie alles,was ich wollte, abzutransportieren, und eines der Dinge, die ich mir aussuchte, war ein riesiger Perserteppich, welcher der Stolz meiner Großmutter gewesen war, das Prachtstück ihres Wohnzimmers im weit entfernten Indianapolis, Indiana. Meine Oma hatte ein gutes Auge für Teppiche, wenn auch für wenig anderes, und kaufte eine Menge davon ein, als sie sich 1890 verheiratete. Ich besitze noch immer einige davon, sie sind alle von besonders guter Qualität und werden viel bewundert. Dieser große Teppich hätte aber in keine Wohnung hineingepaßt, die ich je bewohnte, noch je zu bewohnen beabsichtige. Er war auf einen großen Saal zugeschnitten. Ich kann mir nicht vorstellen, warum ich mir ausgerechnet diesen Teppich aussuchte, wahrscheinlich einfach deshalb, weil es mir freistand, also nahm ich ihn. Sobald ich damit in Paris ankam, hatte ich keine Ahnung, was ich damit anfangen sollte, und so wurde er in einer kleinen Kammer neben der Wohnung von Bernards Eltern in Neuilly verstaut. Dort lag er also, und wartete auf Motten und Mäuse, möchte ich annehmen.

Gelegentlich kam Balthus nach Paris. Manchmal trafen Dora und ich uns mit ihm zum Esse in »La Reine Christine«. Während einer dieser Diners erwähnte Dora den nicht gebrauchten Teppich meiner Großmutter. Da er doch so groß sei, meinte sie, wäre er nicht genau das richtige für den großen Salon in Chassy? Nie wäre mir eine solche Idee in den Sinn gekommen, noch hätte ich je, so glaube ich, die Unverfrorenheit zu einem solchen Vorschlag besessen. Doch Dora kannte keine Furcht, wenn es um irgendetwas geschäftlich Anmutendes ging. Nun ja, murmelte der Künstler, mag sein, mag sein. Und dann, fuhr Dora fort, müsse ja auch gar kein Geld im Spiel sein, denn sie war sich ganz sicher, daß ich im Tausch für den Teppich gern eine kleine Skizze, ein Aquarell oder eine Zeichnung aus des Künstlers Hand annehmen würde. Ja, sicher, sagte Balthus, aber er müsse natürlich den Teppich erst einmal zu Gesicht bekommen. Nichts leichter einzurichten als das. Ein oder zwei Tage später fuhren Balthus und ich hinaus nach Neuilly. Mit Bernards Hilfe trugen wir den sehr schweren Teppich zu dritt hinaus auf eine Rasenfläche gegenüber des Wohnblocks der Minorets und entrollten ihn dort im Sonnenschein. Obwohl er schon etwas abgenutzt war, war er trotzdem noch recht prächtig, und tatsächlich von beträchtlicher Größe. Balthus lief mehrmals um den im Gras liegenden Teppich herum, beging und befingerte ihn, und untersuchte ihn mit dem skeptischen Auge eines armenischen Händlers, dachte ich mir. Schließlich befand er, »Er geht schon. Wohlgemerkt, nicht gerade für das Wüstenlager eines Kalifen geeignet, aber er geht schon.« Mir obläge jedoch die Verantwortung, ihn nach Chassy zu liefern. Das wäre nicht schwierig, sagte ich, und versprach, den Teppich innerhalb der nächsten Wochen abzuliefern. So wurde der Handel beschlossen, und ich war ganz zufrieden mit der Aussicht, eine kleine Balthus-Skizze zu besitzen.

Am dritten April fuhr ich allein nach Chassy, mit dem Teppich, der den ganzen Rücksitz meines Autos einnahm. Balthus, Frédérique und der italienische Majordomus waren zur Stelle, um beim Hineintragen und Ausrollen zu helfen. Ich fand, daß er sich auf dem Boden des großen Salons recht gut machte, – für das rustikale Lager des Grafen allemal gut genug, – die subtilen Töne seiner antiken rosa und azurblauen Färbung verwandelten ihn geradezu, und verliehen dem ansonsten kühlen, halbleeren Raum einen Hauch von Wärme. Balthus schritt darauf auf und ab, und erklärte sich so einigermaßen zufrieden, meinte aber, eine Unterlage müsse noch beschafft werden. Aber nicht von mir, dachte ich bei mir. Frédérique war auf ihre gewinnende, mädchenhafte Art ganz offensichtlich froh über jedes Stück, das das riesige Haus etwas anheimelnder machte. Ich hatte automatisch angenommen, da ich meine Seite des Handels so prompt erfüllt hatte, daß Balthus auch seinen Beitrag zu leisten bereit wäre. Das zeigt nur, wie unzureichend damals mein Verständnis des listigen und launischen Edelmanns noch war. Er verkündete, man habe gerade noch Zeit für einen eiligen Tee, wonach ich mich natürlich unverzüglich auf den Rückweg nach Paris machen wolle. Wir gingen ins Speisezimmer, wo der Tee prompt von dem Majordomus aufgetragen wurde. Ich erwartete mit zunehmender Überraschung und einiger Ungeduld die Erwähnung des kleinen Werks aus der Hand des Künstlers, das mir versprochen worden war. Sie wurde in der allerletzten Minute gemacht und dann auch nur, um das Versprechen aufzuschieben. Er habe keine kleinen Skizzen, Aquarelle oder geeignete Zeichnungen, sagte Balthus, während er mich zu Tür geleitete, die er mir guten Gewissens zum Tausch anbieten könne. Doch versicherte er mir, daß ich durch Warten nichts zu verlieren habe. Es würde demnächst schon etwas auftauchen, das gut genug für mich wäre, um mich zufriedenzustellen. Ich bräuchte nur warten.

Als ich mit leeren Händen nach Paris zurückfuhr, hatte ich doch das Gefühl, ein wenig benutzt worden zu sein. Warten war zwar gut und schön, doch ich war mir keineswegs sicher, daß der Künstler, der im Rufe stand, gerissen und schwierig zu sein, je zu seinem Wort stehen würde. An dem Teppich war mir nicht gelegen. Ich hätte ihn sicher nie benutzt und hätte auch nicht viel dafür bekommen, hätte ich ihn verkauft. Aber ein Handel war nun mal ein Handel. Als ich Dora gegenüber meinen Gefühlen Luft machte, lachte sie. Das sei reiner Balthus, sagte sie, Leute zu zwingen, sich seinen Marotten zu beugen. Das sei der Beweis, daß er ein echter Aristokrat war. Ich würde einfach warten müssen, obwohl sie sich großzügigerweise erbot, zu tun was in ihrer Macht stand, um den Handel einem glücklichen Ausgang entgegenzutreiben.

So vergingen Wochen und Monate, der Winter schwand dahin. Dann und wann tauchte Balthus in Paris auf. Wir gingen mit ihm essen. Ich scheute mich, meine Erwartungen anzusprechen, und hielt es überdies für die Sache des Malers, sein Wort zu halten. Er erwähnte auch hin und wieder unseren Handel, und fügte unweigerlich hinzu, daß ich durch Warten nichts zu verlieren hätte. Nun gut, ich konnte schon warten, aber es schien durchaus möglich, daß ich am Ende mit gar nichts abgespeist werden könnte. Diese Aussicht war natürlich ärgerlich, aber ich wollte auch nicht wegen der Lappalie eines Teppichs, so groß er auch sein mochte, für unhöflich gehalten werden.

Ein Jahr war seit der Anlieferung des Teppichs verflossen. Bernard und ich wollten den Frühling irgendwo in Norditalien verbringen – am Ufer des Como-Sees, wie es sich herausstellte, – und unseren Aufenthalt mit einem Besuch in Venedig abschließen. Wir diskutierten diese Pläne eines Tages in Doras Gegenwart, woraufhin sie erklärte, daß sie schon immer die unsägliche Kombination der im adriatischen Meer schwimmenden Palazzi und Meisterwerke habe besichtigen wollen, und daß sie uns mit großem Vergnügen in Venedig treffen würde, sofern ihre Anwesenheit für uns nicht störend wäre. Wir waren beide nur zu gern damit einverstanden. Danach könnten wir über Mailand zurückkehren, meinte Dora, die Brera besuchen, weiter über Zürich und Basel reisen, und als letzten Halt auf unserer Heimreise bei Balthus in Chassy vorbeischauen. Es klang nach einer ausgesprochen zauberhaften Unternehmung und wurde es auch.

Auf der Rückreise ließen wir uns beim Essen in einem vortrefflichen Restaurant in einem kleinen Dorf reichlich Zeit, so daß es fast Mitternacht war, bis wir in Chassy ankamen. Kein Lichtschimmer begrüßte uns durch die Fenster des Châteaus. Dora und Bernard drangen ungern in dieses unfreundliche Dunkel vor und bestanden darauf, daß ich es auf mich nähme, unseren Gastgeber zu wecken. Da zum Glück die Eingangstür unverschlossen war, ging ich hinein, drehte das Licht an, stieg hinauf ins obere Stockwerk und rief den Namen des Malers. Er erschien nach ein paar Minuten, aus Frédériques Schlafzimmer hervorkommend und in einen Schlafrock schlüpfend, und wies uns ärgerlich unsere Zimmer, wobei er bemerkte, daß die höfliche Stunde für die Ankunft von Gästen schon längst verstrichen sei. Darauf konnten wir nichts antworten. Am Morgen war er entgegenkommender, bestand darauf, daß wir zum Mittagessen blieben, aber wir wurden nicht aufgefordert, sein Atelier zu besichtigen. Ich sah es nach jenem ersten Besuch vor vier Jahren nie wieder. Frédérique war ruhig aber beherrscht, und von eben solcher Schönheit, wie sie in den vielen Porträts erscheint, die Balthus von ihr während dieser Zeit malte und zeichnete, womöglich seine beste Schaffensperiode. Am Mittagstisch zeigte Dora endlich, was als Freundin und Enthusiastin für Tauschgeschäfte in ihr steckte, indem sie eine Bemerkung einflocht, ich hätte bislang noch immer nichts für den schönen Teppich bekommen, der den Boden des großen Salons ziere. Balthus erwiderte erwartungsgemäß, daß ich durch Warten nichts zu verlieren habe, wobei er hinzufügte, daß oben im Studio auch wirklich gar nichts Geeignetes wäre. Wenn dem so sei, meinte Dora, ob es dann nicht einfacher und für alle befriedigender wäre, wenn Balthus mein Porträt zeichnen wollte? Warum eigentlich nicht? sagte der Künstler. Ich könnte an einem Tag nach Chassy kommen und ihm dafür Modellsitzen, und damit wäre die Angelegenheit erledigt. Der genaue Termin könnte später festgelegt werden, zu einem Zeitpunkt, der für alle passend wäre. Ich war begeistert. Das wäre dann noch ein zusätzliches Porträt, zu denen, die ich bereits besaß, bemerkte Dora, von Picasso, von ihr, von Lucian, Giacometti und Cocteau. Keine schlechte Gesellschaft, in die ich mich damit einreihe, sagte Balthus. So einigten wir uns darauf. Am Nachmittag fuhren wir zurück nach Paris. Dora und ich waren beide sehr beglückt von dieser unvorhergesehenen Wendung die sie dem ursprünglichen Tauschhandel gegeben hatte.

Bernard war bisher von meinen Geschäften mit Balthus kaum betroffen gewesen. Er hatte so gut wie gar nichts für zeitgenössische Kunst übrig, da er die dekorative Malerei einer früheren Epoche oder aber Bilder mit historischer oder literarischer Anspielung bevorzugte. Jetzt begann er sich plötzlich, wie von einer Wespe gestochen, aufdringlichst für meinen Handel mit Balthus zu interessieren, da nun nicht mehr von irgendeiner kleinen Skizze die Rede war, sondern von einem Porträt, und er versuchte sich sofort in diese Abmachung hineinzuwieseln. Vielleicht, daß er einen Stich des Bedauerns empfand bei der Erinnerung, wie er vier Jahre zuvor hochnäsig Cocteaus Angebot ihn zu porträtieren abgelehnt hatte. Auf alle Fälle, schlug er vor, ich solle Balthus doch darum bitten, unsere Abmachung zu erweitern, so daß sie zusätzlich zu dem meinigen auch sein Porträt einschloß. Dies zu tun war ich äußerst widerwillig. Schließlich hatte Bernard keinerlei Beteiligung an der ursprünglichen Verhandlung gehabt. Der Teppich hatte nicht ihm gehört, und er hatte bislang auch keinerlei Interesse an der ganzen Sache gezeigt. Aber Balthus hatte sich langsam zu einem Maler entwickelt, der ein aristokratisches Prestige vermittelte, was bei Cocteau nicht der Fall war. Nachdem er 1935 Lady Abdy und 1936 Marie-Laure porträtiert hatte, war es bekannt, daß er derzeit an einem großen Porträt der Baronesse Alain de Rothschild arbeitete. Sein Porträt von ihm malen zu lassen würde folglich die Art von besonderem modischen Flair darstellen, gegen die Bernard keineswegs immun war. Deshalb bestand er so darauf, daß ich die Sache Balthus vortrage, und er wußte es auch so anzustellen, daß ich mich trotz meines Widerwillens schließlich dafür hergab. Zu meiner großen Erleichterung und auch Überraschung, war Balthus sofort einverstanden. Ihm schien die Aussicht, Bernard zu porträtieren sogar sehr angenehm. Es war Ende Juni, kurz vor unserer Abreise, um den Sommer auf dem Kap von Sorrent zu verbringen.

In jenem Herbst und Winter bereiste ich ziemlich ausgiebig Frankreich und das westliche Europa, und besichtigte Amsterdam, London, München, Salzburg und Wien. Im Frühjahr mietete ich mir ein kleines Haus etwa dreißig Kilometer nördlich von Paris in einem Flecken namens Baillon, wo ich den größeren Teil jeder Woche damit verbrachte, einen weiteren Roman zu verfassen. Trotzdem traf ich Balthus mehrmals bei verschiedenen Gelegenheiten. Die versprochenen Porträts wurden nicht erwähnt. Bernard insistierte, daß ich nachbohren sollte, aber ich vermied es bewußt, die Angelegenheit aufzubauschen. Dieser Sommer war mein erster Sommer auf Skyros, der griechischen Insel, wo ich zu meinem Glück Errieta Perdikidi kennenlernte, eine der bemerkenswertesten Frauen, denen ich je begegnete.

Als ich gegen Ende September nach Paris zurückkam, wollte ich in sechs Wochen nach Amerika fliegen, um ein paar Monate mit meiner Familie und meinen Freunden dort zu verbringen. Jetzt schien es mir langsam doch, als übertrete Balthus in Bezug auf unsere Abma-

chung doch die Grenzen der Höflichkeit. Er war jetzt seit zweieinhalb Jahren in Besitz des Teppichs. Es war viel geredet worden, doch
nichts war dabei herausgekommen. Als ich Dora eines Tages bei
Marie-Laure begegnete, bat ich sie um ihren Rat. Sie riet mir, Balthus ein Ultimatum zu stellen, und fügte hinzu, daß er von Natur
aus Ultimaten liebte und wahrscheinlich positiv darauf reagieren
würde. So setzte ich mich also am zehnten Oktober, an Albertos
Geburtstag hin, und schrieb Balthus einen Brief, in dem ich mich
beschwerte, daß er sich so lange Zeit ließe, um seinen Teil unserer
Vereinbarung zu erfüllen, und ich erklärte, daß ich, so er nicht irgendwann vor meiner Abreise am zwölften November bereit wäre, die
versprochenen Porträts zu zeichnen, nach Chassy käme und den Teppich wieder an mich nähme – obwohl es mir, ich muß es gestehen,
peinlich war, einen so herrischen Ton anzuschlagen, und ich auch
überhaupt nicht wußte, was in aller Welt ich mit dem vermaledeiten
Ding hätte anfangen sollen, wäre ich gezwungen gewesen, meine
grobe Drohung in die Tat umzusetzen.

Am folgenden Dienstag erhielt ich ein Telegram des folgenden
Wortlauts: »Erwarte Sie Donnerstag. Freundliche Grüße. Balthus«.
Bernard frohlockte.

Es war strahlendes Wetter, herrlich spätherbstliches, goldenes Licht
fiel auf die Straße, die an glitzernden Bächen und verfallenen
Sägemühlen entlangführte. Wir hielten irgendwo an, um Mittag zu
essen. Bis wir unser Ziel erreichten, war es schon fast Zeit zum Tee.
Jetzt, da wir der Erfüllung unserer Wünsche endlich so nahe schienen, kam uns das Château wirklich wie das Schloß eines romantischen Adligen vor. Balthus strahlte vor Freundlichkeit, und Frédérique freute sich ganz offensichtlich, endlich in ihrer abgelegenen
Trutzburg etwas Gesellschaft zu haben. Nach dem Tee führte man
uns auf unsere Zimmer und teilte uns mit, daß um sieben Uhr dreißig
Aperitifs im großen Salon gereicht würden, der nun tatsächlich schon
fast herrschaftlich eingerichtet war. Zu den gelben Vorhängen, Couchen und Sesseln, die Henri Samuel gestellt hatte, war ein Flügel hin-
zugekommen, Louis XVI Stühle und Beistelltische, und diverser eleganter Nippeskram. Das einzige Stück, das in auffälliger Weise nicht
dazupaßte, war ein sehr häßlicher Couchtisch aus Bambus, der vor
der Couch beim Kamin stand. Als wir uns zu den Drinks versam-

melt hatten, die auf diesem unbeschreiblich spießigen Tischchen aufgestellt waren, entfuhr mir die impulsive Bemerkung, daß dieser Tisch das einzige Stück sei, das nicht zum Château zu passen scheine. Darauf entgegnete Balthus unvermittelt: »Wenigstens ist er besser als der Teppich.« Das führte zu einer plötzlichen Kühle, die erst nach einer ganz präzisen Pause mit Balthus' spöttischem In-sich-hinein-Kichern wich. Es schien für die Erfüllung unseres Reisezwecks nichts Gutes zu künden. Doch die Unterhaltung kam wieder in Gang, und war in der Hauptsache ein Gespräch über byzantinische Geschichte zwischen Bernard und unserem Gastgeber. Das Essen war ausgezeichnet, und während wir noch bei Tisch saßen, erklärte Balthus, daß wir unbedingt am nächsten Morgen nach Autun fahren müßten, um uns die großartigen Skulpturen des Tympanons der Kathedrale dort anzusehen. Auch dürften wir keinesfalls das Museum auslassen, welches mehrere sehr gute flämische Gemälde besaß. Und dann gäbe es da auch noch ein sehr angenehmes Restaurant, Le Vieux Moulin, wo wir draußen neben dem gefälligen Bächlein zu Mittag speisen könnten. Dann wären wir gerade rechtzeitig zum Duschen, zu Drinks, zum Diner auf Chassy zurück. Porträts wurden nicht erwähnt. Nun hatte ich Balthus schon gesagt, daß wir spätestens Samstag nachmittag um vier abreisen müßten, da wir uns an dem Abend mit Marie-Laure zum Essen verabredet hatten und die Abmachung kaum so kurzfristig absagen konnten.

Bernard und ich zogen uns schon bald nach dem Essen auf unsere Zimmer zurück, und fragten uns mit einigem Unbehagen, ob Balthus uns etwa nur hierher zitiert hatte, um sich über den Handel lustig zu machen, und womöglich gar nicht die Absicht hatte, das Versprechen diesmal einzulösen. Bernard war sogar noch besorgter als ich, und bat mich, sollte der Moment für das Porträtieren jemals kommen, doch vorzuschlagen, daß sein Porträt als erstes ausgeführt werde. In meiner Schwachheit versprach ich es ihm.

Am nächsten Morgen hatte sich Balthus bereits in sein Atelier zurückgezogen, bevor wir gefrühstückt hatten. Frédérique teilte uns mit, er dürfe nicht gestört werden. Es war also nichts zu machen, wir setzten uns ins Auto und fuhren nach Autun, wo wir einen sehr angenehmen Tag verbrachten, das zurecht berühmte Tympanon bewunderten und im Le Vieux Moulin für viel Geld zu Mittag aßen.

Abends, beim Diner, nachdem wir nun vierundzwanzig Stunden gewartet hatten, ohne daß der Zweck unseres Besuches erwähnt worden war, wappnete ich mich innerlich und erkühnte mich zu der Frage, wann wir denn erwarten dürften, porträtiert zu werden. Balthus warf die Hände hoch und sagte, Zeit sei nun wirklich die allergeringste aller Rücksichten. Er müsse sich psychologisch auf die schwere Prüfung eines Porträts vorbereiten, sagte er. Die Ausführung einer Zeichnung dauerte zwar nicht sehr lange, aber die innere Anspannung bei der Vorbereitung könne in manchen Fällen fast ein ganzes Leben andauern. Er klang wie Alberto. Wie auch immer, fügte der Künstler hinzu, wir hätten ja noch den ganzen Samstag vor uns. Ich erinnerte ihn daran, daß wir allerspätestens um vier Uhr abfahren müßten. Nun, sagte er, keiner bräuchte sich da Sorgen machen, denn die richtige Geistesverfassung könne schon aus einer Viertelstunde so viel machen wie aus einem ganzen Leben. Damit war das Mahl beendet, und Balthus entbot uns höflich eine gute Nacht.

Auch am nächsten Morgen hatte Balthus schon gefrühstückt und war verschwunden, bevor wir das Speisezimmer erreichten. Er sei in seinem Atelier, und dürfe nicht gestört werden, erklärte uns Frédérique. Wann er wohl wieder unten erwartet werden könnte, fragte ich sie. Frédérique erwiderte, daß sein Arbeitsplan keinen Gesetzen unterworfen sei, außer den durch die Arbeit selbst auferlegten. Es könnten zehn Minuten, aber auch zwei Stunden werden, rechtzeitig zum Mittagessen. Es gab für uns nichts zu tun, als unsere Köfferchen zu packen und uns im Salon aufs Warten zu verlegen. Balthus' Atelier lag genau über uns, und wir konnten seine Schritte hören, wie er auf und ab ging, und vermutlich nach allen zwei bis drei Pinselstrichen zurücktrat, um seine Arbeit zu begutachten. Dadurch wurde unser Warten nur noch nervaufreibender, als es durch das rhythmische Rattern von Frédériques Strickmaschine ohnehin schon war. Dieses Gerät, ein Geschenk, das Balthus ihr unlängst gemacht hatte, produzierte meterweise Strickware, und zwar wesentlich schneller, als durch Handstricken möglich war. Es interessierte mich nicht, wie der Mechanismus funktionierte, es reichte mir zu wissen, daß seine Bedienung das Vor- und Zurückziehen eines Metallarms erforderte, welches ein knirschend-klapperndes Geräusch verursachte, das auf sowieso schon gespannte Nerven eine höchst unangenehme Wirkung entfaltete. So saßen wir also da und warteten, während Balthus ungesehen über unseren Köpfen auf und abging, und Frédérique unerschütterlich ihre geräuschvolle Maschine bediente. Das Wetter draußen war wieder ganz herrlich, durch die hohen Fenster drang des Oktobers reines Sonnengold herein. Ich habe nicht vermerkt, wie lange wir warteten. Den ganzen Morgen. Es erschien jedenfalls sehr viel länger, als daß auch die beste geistige Verfassung daraus ein ganzes Leben hätte machen wollen, und unsere Geistesverfassung war mitnichten die beste.

Es war jedenfalls schon nach Mittag, als Balthus schließlich herunterkam. Immerhin hatte er einen großen Skizzenblock und eine Handvoll Bleistifte mitgebracht, was ein vielversprechendes Zeichen zu sein schien, und es tatsächlich auch war, da er nun ganz lässig bemerkte: »So, dann wollen wir mal ein bißchen Modellsitzen, nicht wahr?«

Bernard schoß mir einen völlig überflüssigen Seitenblick zu, und ich sagte: »Warum fangen Sie nicht mit Bernard an?«

»Unmöglich,« entgegnete Balthus, »sein Kopf ist eine viel größere Herausforderung als der Ihrige, mein lieber Jim, deshalb werde ich Sie zuerst zeichnen. Setzen Sie sich doch in diesen Sessel und wenden sich mir zu. Ja, so. Gut. Den Kopf noch ein wenig senken.«

Er setzte sich auf einen Stuhl mir gegenüber, schlug den Skizzenblock auf seinen Knien auf und begann zu zeichnen. Von Alberto war ich schon an längere Sitzungen in absoluter Unbeweglichkeit gewöhnt, so daß es mir keine Mühe machte, stillzusitzen. Es dauerte fünfzehn bis zwanzig Minuten, nicht länger. Balthus erklärte die Zeichnung für beendet und riß das Blatt aus seinem Skizzenblock heraus. Vom ersten Augenblick, daß ich die Zeichnung sah, mißfiel sie mir. Die Zeichnung zeigte mich mit gesenktem Blick, nicht ganz in der Vorderansicht, das linke Ohr betont, die Lippen zusammengepreßt. Mein offenes Hemd und die rechte Schulter waren nur angedeutet. Ich fand, in der Zeichnung sah ich aus wie ein Schlägertyp. Aber Handel ist Handel, und ich bewunderte sie also geflissentlich, und die Zeichnung als solche ist tatsächlich recht gut. Lediglich als Bildnis meiner Selbst enttäuschte sie mich. Aber ich wollte nicht kleinlich sein. Folglich sagte ich, »Und jetzt können Sie Bernard zeichnen.«

Aber es war Zeit zum Mittagessen. Mit einem Auflachen sagte Balthus, »Ich könnte es unmöglich auf leeren Magen mit Bernard aufnehmen.«

Die Zeichnung von mir wurde auf dem geschlossenen Flügel aufgestellt, und wir begaben uns ins Eßzimmer. Als wir in den Salon zurückkamen und unseren Café ausgetrunken hatten, war es nach zwei Uhr. Ich sagte, ich ginge am besten etwas spazieren, während Balthus Bernard zeichnete. Aber nein, erklärte der Künstler, seine Hand sei dafür noch nicht ganz bereit. Er wollte zuerst von mir noch eine Zeichnung machen, diesmal im Profil. Also saß ich ihm nochmal. Diese Zeichnung zeigte nur den Kopf, war für mich weit schmeichelnder als die erste, rascher und mit größerem Feingefühl ausgeführt. Als auch diese Zeichnung auf dem Flügel stand, sagte ich, daß jetzt Bernard an der Reihe wäre. Noch nicht, widersprach Balthus, er würde noch eine dritte Zeichnung von mir machen müssen. Heute bin ich froh, daß er darauf bestand, denn das dritte Porträt sollte sich eindeutig als das beste erweisen. Ich bin darauf wieder im Profil dargestellt, aber aus etwas größerer Entfernung, meine Schultern und ein Teil des Stuhles, auf dem ich sitze, sind auch zu sehen. Ich kenne von Balthus wenige Porträts, die besser sind. Es wurde neben die beiden anderen auf das Klavier gestellt, und ich hoffte, daß es mir erlaubt würde, dieses Porträt auszuwählen, wenn es zum Abschluß des Handels kam.

Dann sagte Balthus, daß er jetzt bereit sei, es mit Bernard aufzunehmen, daß sie aber in einem anderen Zimmer arbeiten würden. Er sammelte seine Bleistifte und seinen Skizzenblock ein und ging in den kleineren Salon auf der anderen Seite des Flurs. Bernard folgte ihm. Ich packte unsere Koffer ins Auto, dann machte ich einen gemächlichen, längeren Spaziergang an den herbstlich warmen Feldern entlang. Ich streckte mich neben einem knallroten Busch auf dem verblichenen Graspolster aus, zufrieden über die Schönheit dieses Nachmittags und den zu guter Letzt günstigen Ausgang des Handels. Ich döste nicht ein, da ich als von Natur aus überpünktlicher Mensch nicht vergessen hatte, daß wir um vier Uhr abzureisen hatten. Es war drei Uhr fünfundvierzig, als ich das Château wieder erreichte, und eigentlich erwartete ich, Bernard in Besitz seines Porträts vorzufinden, und Balthus in Erwartung unseres Abschieds. Doch Frédérique war allein im Salon, und klapperte mit ihrer Strickmaschine herum. »Wo sind sie denn?« fragte ich. Sie seien noch im anderen Zimmer, erwiderte sie. Schon seit fast einer Stunde. Ich sagte, ich würde mal nachschauen, warum es so lang dauerte, weil wir bald fahren müßten. Frédérique zuckte mit den Achseln. Ich überquerte den unteren Treppenabsatz, und öffnete die Tür zum dahinterliegenden Salon. Balthus saß auf einem niedrigen Stuhl mit dem Rücken zur Tür, den Skizzenblock auf den Knien, Bernard auf einer Couch anderthalb bis zwei Meter entfernt, den Kopf im Profil. Über die Schulter des Malers konnte ich auf die Zeichnung blicken, an der er arbeitete. Sie war ausgezeichnet, sehr ausführlich und kräftig ausgeführt, eine hervorragende Ähnlichkeit von Kopf und Schultern, bei weitem kraftvoller und feiner als die Porträts von mir. Balthus winkte mir, mich zu entfernen und ihn nicht zu unterbrechen, er sei noch nicht fertig. So blieb mir nichts, als mich wieder in den Salon zu begeben und zu warten. Frédérique meinte, man könnte nie wissen, wie lange sich Balthus einer Zeichnung widmen würde, wenn sie einmal sein Interesse gepackt hatte. Jetzt war es jedoch vier Uhr. Glücklicher- oder unglücklicherweise mußte ich nicht mehr lange warten. Bernard kam allein in den Salon, ließ den Kopf hängen und war sichtlich niedergeschlagen. Ich fragte ihn, was denn los sei. »Er hat sie zerrissen,« antwortete Bernard.

»Aber sie war doch vorzüglich,« wandte ich ein.

»Das fand ich auch, aber er sagte, sie taugt nichts, zerriß sie in Stücke und warf sie ins Feuer.«

Da kam Balthus herein und sagte: »Ich habe sie zu lange bearbeitet, aber es war eine gute Übung. Mein lieber Bernard, beruhigen Sie sich, Sie verlieren nichts durch Warten. Wir werden noch eine weitere Sitzung einlegen, und Sie brauchen nicht einmal nach Chassy kommen. Ich bin häufig in Paris. Ich komme zu Ihnen.«

Bernard machte so gute Miene er konnte zu dem fait accompli, was konnte er sonst auch tun?

Es war höchste Zeit , daß wir aufbrachen, und ich fragte Balthus, welche der drei Porträts ich haben dürfte, um unseren Handel zu beschließen. Alle drei, sagte er, ich müßte alle drei mitnehmen. Aber von Anfang an hatten wir uns doch auf ein einziges Porträt geeinigt, wandte ich ein, und ich wäre mit einem vollauf zufrieden. Nein,

nein, beharrte Balthus, ich sollte alle drei haben. Und der Wahrheit zuliebe muß ich gestehen, daß er nicht allzusehr insistieren mußte, um mein Einverständnis zu bewirken. So rollten wir die drei Zeichnungen zusammen und gingen hinaus zum Wagen. Balthus und Frédérique begleiteten uns hinaus, um uns hinterher zu winken. Es war das letzte Mal, daß ich das Château de Chassy sah.

Am dem Rückweg nach Paris sprachen Bernard und ich natürlich davon, was mit seinem Porträt geschehen war. Es schien uns ausgesprochen skurril, daß ein derartig gewissenhafter und fähiger Künstler wie Balthus die beste Zeichnung des Tages zerstört hatte, und mich ganz gleichgültig mit drei Zeichnungen von minderer Qualität davonziehen ließ. Keiner von uns beiden konnte das verstehen. Doch ein Künstler betrachtet und beurteilt sein Werk mit einem Blick, den wir weder besitzen noch begreifen können. Alberto, unerbittlicher Zerstörer seiner eigenen Werke, der er war, war das beste Beispiel für diese Binsenweisheit. Balthus war jedoch Alberto in jeder Beziehung so unähnlich wie nur möglich und bewies nie den Hang, seine Schöpfungen zu zerstören. Ich fühlte mich ein bißchen beschämt, mit drei Zeichnungen nach Paris zurückzukehren, während Bernard, der auf ein Porträt so begierig war, nichts hatte. Ich versuchte uns beide mit der Versicherung zu trösten, Balthus werde eines Tages seinem Versprechen, daß man durch Warten nichts zu verlieren hat, nachkommen. Schließlich hatte er es für mich auch getan. Und sooft wir ihn während der nächsten Jahre trafen, wiederholte er gewissenhaft sein Versprechen.

Frédérique Tison hatte einen Bruder, Jean-Charles, ein ausnehmend gutaussehender und gutartiger junger Bursche, mit dem wir beiläufig bekannt wurden, und der durch seine Schwester Balthus recht gut kannte. Ein paar Jahre nach unserem letzten Besuch auf Chassy, erzählte dieser einem guten Freund von uns, der es unweigerlich an uns weitergab, daß einer der liebsten Geschichten des Künstlers die des zerrissenen Porträts von Bernard sei, welche er mit viel Heiterkeit als Beispiel einer Strafe anführte, die er jemandem erteilte, der sich dreist in einen Handel eingemischt, an dem ihm rechtens kein Anteil zustand. Daß es sich in Wahrheit tatsächlich so verhalten haben könnte, wirft ein seltsames, aber plausibles Licht auf des Künstlers Charakter. Gewiß mag ein Aristokrat aus der Demütigung einer Person, die er für ungebührlich anmaßend hält sein Vergnügen ziehen, doch ein Künstler, stolz und wachsam seine Berufung verehrend, der aus rein boshafter Genugtuung ein Werk zerstört, in welches er ein Maximum an Talent investiert hat, scheint in merkwürdigem Gegensatz zu sich selbst zu stehen. Der Fall ist interessant, da im Laufe der Zeit der Konflikt zwischen Balthus und dem Grafen de Rola immer mehr zutage trat, und es immer offensichtlicher wurde, auf wessen Kosten. Bernard beliebt es natürlich, die von Jean-Charles vermittelte Erklärung nicht zu glauben, und hält daran fest, daß Balthus mit der zerstörten Zeichnung ganz ehrlich unzufrieden war. Ich bin anderer Meinung. Doch in diesem Falle ging Bernard durch Warten durchaus etwas verloren, denn Balthus zeichnete nie wieder ein Porträt von ihm.

Im Jahre 1961 erhielt Balthus Auftrieb durch einen seiner alten Bekannten, André Malraux. Dieser war ein schöpferischer Geist, der sich ebenfalls Konzepten persönlichen Ruhms und erhabener geistiger Ziele verschrieben hatte, die von vielen als veraltet und von manchen sogar als extravagant angesehen wurden. Mit der Zeit war er jedoch zu einer beinahe legendären Figur geworden und erlebte jetzt als Favorit des Generals de Gaulle, dem Grandeur oberstes Lebensprinzip war, eine Art mythischer Weihe als Frankreichs Kulturminister. Malraux glaubte, daß die Kunst sozusagen als autonome Realität existiert, und daß sie daher mehr ein Auswuchs vergangener Kunstformen ist als Reaktion auf zeitgenössische Impulse. Balthus und er waren für gegenseitige kritische Wertschätzung wie geschaffen. Malraux ernannte seinen Freund zum Direktor der Französischen Akademie in Rom, eine von Louis xiv im siebzehnten Jahrhundert ins Leben gerufene Einrichtung, als ein Aufenthalt und eine Einführung in Rom, die unerläßliche Prestigevoraussetzung für jeden Künstler war, der sich einen Namen zu machen hoffte. Mindestens bis Mitte des neunzehnten Jahrhunderts war der Prix de Rome ein Zeichen, das zu den besten Hoffnungen berechtigte, und die Berufung wurde von großen und mittelmäßigen Künstlern gleichgern angenommen. Ingres war mit einundzwanzig Jahren ein vielversprechender Gewinner des Preises, und verbrachte später viele zufriedene und produktive Jahre dort als Direktor der Akademie. Der Posten stand also im erfreulichen Rahmen großartiger Vorgeschichte und Vorgänger. Diese zählten vielleicht nicht gerade viel, vom Standpunkt junger, amerikanischer Künstler aus betrachtet, die Picasso für überholt hielten und ein plumpes und knalliges Porträt von Marilyn Monroe zur zeitgenössischen Ikone erhoben, aber eben einen solchen Standpunkt hielt Balthus seiner Beachtung für völlig unwürdig, und eine bessere Zufluchtsstätte für seinen Abscheu als die Französische Akademie hätte sich schwerlich finden lassen. Außerdem wurde ihm Chassy allmählich ein wenig zu eng. Der Graf beklagte sich, er habe kaum Platz genug, um seine Leistungen mit gebührender Objektivität zu betrachten. Überdies kann ihm nicht entgangen sein, daß seine »Nichte« unverkennbar heiratsfähiges Alter erreicht hatte. Sie wurde auf Chassy zurückgelassen. Der Umzug nach Rom schien ihm wohl die beste aller Möglichkeiten zu bieten, und für den Grafen de Rola tat er es auch, während andererseits Balthus dadurch einiges an Distinktion einbüßte.

Auf der Kuppe des Pinzianischen Hügels gelegen, ist die Französische Akademie in der Villa Medici untergebracht, eine der edelsten Wahrzeichen der Ewigen Stadt, die im sechzehnten Jahrhundert, wie es heißt, unter Mithilfe von Michelangelo selbst errichtet wurde. Die Empfangsräume waren von beeindruckender Größe, und die Wohnquartiere waren kaum weniger feudal. Als er sie aber im Jahre 1961 bezog, fand der neue Direktor die Villa sehr heruntergekommen, so daß bedauerlicherweise nur noch wenig von ihrer einstmaligen Pracht zu sehen war, obwohl diese in keiner Weise der »Sturmhöhe« ähnelte. Offenbar war zu jener Zeit der überwältigende Einfluß dieses Romans nicht mehr relevant. Der neue Direktor machte es sich daher zur ersten und wichtigsten Aufgabe, die Villa Medici auf ein annehmbares Maß an Prächtigkeit zu restaurieren und es zu einer geeigneten Residenz zu machen für einen, den die Ansprüche des Adels nicht schreckten. Dieser Aufgabe widmete er sich höchstpersönlich und vollzog deren Ausführung mit vorbildlicher Eleganz und unter Beachtung von Detail. Es verblieb ihm sogar etwas Zeit, sich nebenbei für die jungen Gewinner des Prix de Rome zu kümmern, deren ästhetisches Schicksal vorübergehend seiner Aufsicht anvertraut war, obwohl keiner von ihnen besonders viel versprach und nur ein paar von ihnen den guten Geschmack besaßen, Bilder zu malen, die den seinigen ähnelten. Was nun diese betraf, so wurden während dieser

Jahre nur sehr wenige geschaffen, weil der Direktor mit der Palastrenovierung viel zu beschäftigt war, um Bilder zu malen, und der Graf ein äußerst volles Programm an offiziellen und gesellschaftlichen Verpflichtungen hatte. Außerdem hatte er auch eine Gräfin, um die er sich kümmern mußte. Ein oder zwei Jahre, nachdem er die Villa Medici bezogen hatte, bereiste Balthus den Fernen Osten und lernte in Japan eine junge Frau namens Setsuko kennen. Sie begleitete ihn zurück nach Rom, und er machte sie zu Braut und Gräfin in einem.

Balthus' Sehnsucht nach Größe und nach den Werten und dem Stil einer vergangenen Zeit fand in der Villa Medici auf die denkbar beste Art und Weise Erfüllung und noch viel mehr. Prinzen, Prinzessinnen, Kardinäle und Botschafter dinierten an des Grafen Tafel, an der erlesene Speisen und Weine auf mit goldenen Krönchen verziertem Geschirr gereicht wurden. Gebrauchte der Herr Graf, solange er in Paris weilte, und auch noch während der ersten Jahre auf Chassy, den Adelstitel nur zögernd, ja, fast bedauernd, so war es in Rom mit jeglicher diesbezüglichen Vorsicht vorbei. Das eherne Gesetz hieß fortan: Protokoll. Einladungen zu offiziellen Anlässen in der Villa wurden im Namen von Graf und Gräfin Klossowski de Rola verschickt. Dem französischen Botschafter gab man zu verstehen, daß der Direktor der Französischen Akademie und seine Frau Gemahlin bei Diners und Empfängen im Palazzo Farnese womöglich nicht erschienen, wenn sie nicht mit der ihrem Rang gebührenden Ehrerbietung empfangen, eingeführt und placiert würden. Dies war für den Diplomaten eine recht heikle Angelegenheit, denn Rom war voll von adligem Volk, dessen Vorfahren bereits ein rundes Jahrtausend eifersüchtig darüber wachten, daß ihnen an der Tafel der gebührliche Platz eingeräumt wurde. Trotzdem waren die Rolas sehr gefragt, ein großer Erfolg in der römischen Gesellschaft. Balthus war weltmännisch gewandt, geistreich, sardonisch, ein hervorragender Erzähler amüsanter Anekdoten, treffsicher in seinem Urteil über Kunst, Literatur, Musik und Umgangsformen. Setsuko war von feinster Liebenswürdigkeit, angetan mit herrlichen Seidenkimonos, die so schwer und reichbestickt waren, daß man glauben konnte, sie stünden auch von allein. Die Gäste und Freunde waren auch nicht alle ausschließlich Adlige, Diplomaten und Kleriker, es gab unter ihnen auch ein paar Künstler und Schriftsteller, verwandte Seelen, und einer der engsten Vertrauten unter diesen war ein moderner Virtuose persönlicher Phantasie und erotischer Illusionen namens Frederico Fellini.

Neugierige Fragen, was sich wohl in des Künstlers abgelegenem Studio in den Gärten der Villa abspielte, während der Herr Graf und die Frau Gräfin ihren aristokratischen und gesellschaftlichen Verpflichtungen nachkamen, wurden weder gern gehört noch gern beantwortet. Besucher wurden zwar mit unfehlbarer Höflichkeit empfangen, aber sogar des Malers Galerist, Pierre Matisse, – der mittlerweile genötigt war, immense Summen im Voraus zu entrichten für versprochene Bilder, die allein in des Malers Vorstellung existierten – wurde der Zugang zum Atelier oftmals verwehrt. Es war Balthus, und Balthus allein, der in des Malers Meinung irgendeinen Lohn verdiente, so schien es. Vierzig lange Jahre hatte er mit unbeugsamer Entschlossenheit darauf gewartet, und er war fest entschlossen, ihn zu seinen eigenen Bedingungen zu bekommen, denn von Anfang an waren es anscheinend diese Bedingungen, an die er seinen Glauben ankerte, daß nämlich der Lohn, der großen Leistungen zusteht, nur ein anderer Aspekt der Ehrerbietung ist, die hohes Streben verdient. Und gewiß wollte hier niemand Balthus die Hochachtung versagen. Doch irgendwie geriet in Rom das empfindliche Gleichgewicht zwischen angestrebtem Ziel und errungener Leistung durcheinander. Der Grund dafür lag vielleicht darin, daß Balthus sich hier endlich vollends als Eigenschöpfung offenbarte, die seinem Ehrgeiz, die Traditionen einer vergangenen Ordnung zu verkörpern und zu bewahren, entsprach. Der Graf de Rola war zu einer realen Person geworden, war nicht mehr nur Fiktion, Märchengestalt, und dabei hatte er irgendwo seine vormalige Fähigkeit eingebüßt, für die Bewohner seiner Phantasie eine glaubwürdige Welt zu schaffen. Verglichen mit den in Chassy geschaffenen Bildern, wirken die wenigen, in Rom entstandenen gestelzt und gekünstelt. Selbstverständlich sind sie auch Werke von ungewöhnlichem formalen Geschick und von Raffinesse – Balthus hatte keine Befähigung zum Ordinären – aber die ehemaligen Leidenschaften und lebensspendenden Phantasien sind daraus geschwunden, und es bleiben nur noch genüßlich dekorative Erinnerungen an einfachere Zeiten, die zwar mit demselben Namen signiert sind, jedoch nicht von derselben Person.

Balthus verweilte in Rom. Die ursprüngliche Amtsfrist verstrich, doch gelang es ihm, eine Verlängerung zu erwirken. Die Restauration der Villa nach seinem Geschmack war noch nicht völlig abgeschlossen. Und dann waren da noch die Gärten, die bestimmt auch reichlich Aufmerksamkeit verdienten. Schließlich hatte Velázquez in ihnen gemalt, nicht wahr? Der Graf verweilte in Rom, irgendetwas hielt ihn in der Ewigen Stadt. Vielleicht war es zum Teil die Erinnerung an einen seiner Vorfahren, Jakob Maximilian Klossowski, den König Wladyslav IV anno 1643 nach Rom entsandte, um die Polnische Kirche von Santo Stanislav zu vertreten, ein Auftrag, an dem er, bis zu seinem Tode, dreißig Jahre später, mit großer Zähigkeit festhielt, trotz der Verheerungen in seiner Heimat. Rom ist von allen Städten des Westens die, welche am reichsten und beeindruckendsten ist in ihrer kontinuierlichen Ansammlung von Kunst und Geschichte, von kulturellen, intellektuellen und geistlichen Gesellschaften. Sowohl der Künstler als auch der Adlige fühlten sich mit der Stadt und miteinander glücklich geeint. Doch der schicksalhafte Zeitpunkt nahte unaufhaltsam, da die Direktion der Akademie in andere, weniger erleuchtete Hände übergeben werden mußte, und um dem Unstern jenes Tages vorzubeugen, sah sich Balthus nach einer alternativen Residenz um. Er fand nördlich von Rom, unweit von Viterbo, das Castello di Monte Calvello. Dieses war ein sehr großes, uraltes patrizisches Gemäuer, das jede Art von Reparatur und Ausstattung weit dringender benötigte als seinerzeit Chassy. Doch dieses Mal war Geld keine Mangelware. Genau an dem Punkt, da die künstlerischen Kräfte des Malers nachzulassen begannen, schnellten die Preise für seine Werke in die Höhe und steigen bis heute stetig an. Das alte Konsortium von Kennern und Galeristen war längst aufgelöst worden, doch das Risiko, das sie eingegangen waren, begann sich meteorisch auszuzahlen. Als dann schließlich ein neuer Direktor der Villa Medici ernannt wurde, setzte Balthus ihn verbindlich davon in Kenntnis, daß man die Villa nicht übernacht werde verlassen können, aufgrund bereits eingegangener, dringender kreativer Verpflichtungen. Diese Dringlichkeit hielt ein paar Jahre an, währenddem der Graf und die Gräfin weiterhin Gesellschaften gaben und der Künstler noch ein paar Bilder malte und viele Zeichnungen produzierte, die denen ähnelten, die Balthus vor langer Zeit gezeichnet hatte. Selbst die Gräfin betätigte sich jetzt mit Farbe und Pinsel, und auch ihre Sachen ähnelten ganz wunderbarerweise Balthus-Gemälden. So erschuf sich das Reich der Phantasie nach seinem eigenen Bilde. Und dann bekam das Paar ein Kind. Ein kleines Mädchen. Damit war vielleicht der magische Zirkel geschlossen, in welchem Balthus seit seiner eigenen Kindheit lebte.

Die nur selten zu zählenden Geburtstage, die der Illusion von Jugendlichkeit so zuträglich waren, hatten dennoch die Summierung der Jahre nicht verhindern können, und eines Tages entdeckte der Graf de Rola, daß er das Pensionsalter weit überschritten hatte. Nach anderthalb Jahrzehnten sah er sich gezwungen, die Villa Medici aufzugeben. Er scheint dies in der Folge als Verlust empfunden zu haben, und das Alternativkastell scheint sich als Ersatz für die Erhabenheit der Ewigen Stadt nicht bewährt zu haben. Überdies befand der Künstler, daß er angesichts des ihm unmittelbar bevorstehenden Greisenalters, sich vielleicht doch noch an ein oder zwei Meisterwerken versuchen könnte, wenn er sich hart an die Arbeit machte. Zur Überraschung aller, außer denen, die ihn wirklich gut kannten, kehrte er in die Schweiz zurück. In der Schweiz hatte er einen Großteil seiner Kindheit verbracht, und seine erste große Betörung durch das aristokratische Prinzip hatte in der Schweiz stattgefunden. Es gab zudem auch eine schöpferische Assoziation, denn sein wichtigster Künstlerfreund, der ihm zwar nahezu in keiner Weise ähnelte, war immerhin Schweizer gewesen. Während seiner Zeit als Direktor der Villa Medici vermochte Balthus dem Andenken dieser Freundschaft Tribut zu zollen können, indem er 1970 eine Retrospektive von Alberto Giacomettis Werken organisierte. So gesehen, bedeutete die letztliche Rückkehr in die Schweiz in vieler Hinsicht eine Bekräftigung. Vor langer Zeit schuf Balthus eine unweltliche Welt, nun zog sich der Graf de Rola dahin zurück und herrschte darüber, versperrte anderen die Grenzen und beharrte auf Vorrechte, die ihm von Anfang an niemand hatte streitig machen wollen. Er ließ sich mit seiner Frau und seiner Tochter in einem immensen Chalet aus dem achtzehnten Jahrhundert nieder, dem größten in der ganzen Schweiz, wie es hieß, in Rossinière im Kanton Vaud. Es war sehr großartig, aber die Atmosphäre sei ziemlich trostlos und einsam gewesen, hieß es. Ausstellungen seiner Bilder wurden organisiert, aber der Künstler, hochmütig wie immer, lehnte es ab, zu erscheinen,und überließ das alltägliche Arrangement von Ruhm und Ehren lieber anderen, wobei er den ihn belästigenden Journalisten ebenso brüske Abfuhr erteilte wie den forschenden Kunsthistorikern. Als Pierre Matisse 1977 in New York eine große Ausstellung veranstaltete, verfaßte des Grafen römischer Kollege, Frederico Fellini, die Einleitung zum Ausstellungskatalog und schloß seine Lobrede mit der Bemerkung, Balthus zu verstehen hieße die Zeit, in der wir leben verstehen. Die Lektion wird deutlicher, schreibt er, Michelangelo zitierend: »wenn wir am Ende in uns selbst hineinschauen, um schließlich unter all dem, was uns wirklich erscheint, die einzig mögliche Realität zu erkennen – selbsterfundene Realität.« In sich selbst nach einer selbsterfundenen Realität suchen, eben dies tat Michel Balthazar Klossowski seit über einem halben Jahrhundert.

Dann beschlossen die Direktoren der Französischen Nationalmuseen gemeinsam mit denen des Metropolitan Museum of Art in New York ein große Retrospektive zu organisieren, die ein für alle Mal Balthus als modernen Meister begründen und einsegnen sollte, der sich in direkter und berechtigter Linie von jenen großen Vorgängern herleitete, die sich der ehrgeizige junge Mann vor langer Zeit zu rechtmäßigen Ahnen erkoren hatte. Diese Ausstellung wurde vom vierten November 1983 bis zum dreiundzwanzigsten Januar 1984 im Pompidou Zentrum in Paris gezeigt, und vom neunundzwanzigsten Februar (des Künstlers Geburtstag) 1984 bis zum dreizehnten Mai 1984 im Metropolitan Museum in New York, wohin Balthus sich jedoch nicht bequemte. Die Ausstellung wurde vielbesucht und viel bewundert. Anläßlich der Ausstellung wurde ich von einer Zeitschrift für Kunst und Literatur um einen Artikel über Balthus gebeten. Ich schrieb den Artikel und berichtete darin alles, was ich über den Künstler, seine Kunst, seinen Werdegang und seine Familiengeschichte wußte und ließ so gut wie nichts aus, mit Ausnahme der Geschichte vom Perserteppich meiner Großmutter, welcher noch immer zerfetzt im Salon in Chassy liegt, wie Frédérique mir mitteilt. Ich nahm nicht an, daß Balthus, dessen zwanghafte Geheimniskrämerei mir wohlbekannt war, sich über meinen im Dezember 1983 erschienenen Artikel besonders freuen würde. Doch überrascht war ich von einem Brief meines alten Freundes Lucian, der meinen Artikel abscheulich fand und seine Verurteilung damit beschloß, daß er das Stück als »das Werk eines giftspritzenden Arsches« anprangerte. Es muß ihn zehn Jahre später noch sehr viel mehr vergällt haben, als Balthus in einem Interview mit dem britischen Rockstar David Bowie bemerkte: »Mir graut vor dem lieben kleinen Freud ... ich war von dem letzten, was ich von ihm sah, richtig schockiert.«

Ich war richtiggehend schockiert, daß Balthus über einen Künstlerkollegen eine solche Bemerkung machen konnte, selbst über einen, der nicht sein Freund und Bewunderer war, und der seine Überzeugungen von der angemessenen Rolle und den geistigen Zielen eines Malers nicht unbedingt teilte. Doch zwischen 1984 und 1994 war eine tiefgreifende und erstaunliche Veränderung über den Grafen de Rola gekommen. Er wünschte nicht mehr, der Maler zu sein, *über den nichts bekannt ist*, ganz im Gegenteil. Er schien so nach und nach Geschmack daran gefunden zu haben, eine berühmte Persönlichkeit zu sein, was die Vermutung zuläßt, daß sowohl der Künstler als auch der Aristokrat schon immer eine heimliche Sehnsucht nach dem unfeinen Spektakel öffentlicher Vergötterung in sich hegten. Selbst dem edelsten Manne haftet das Verlangen nach Ehre länger an als jede andere Leidenschaft. Doch wenn der Ruhm einen treibt, dann übergeht man willkürlich alle Vorrechte des Privatlebens, ganz zu schweigen von denen der Heimlichkeit. Mitte der achtziger Jahre erschienen die ersten Photographien des Malers in den Zeitungen. Er überraschte, verdutzte, faszinierte dadurch: der Mann, der nie, niemals photographiert zu werden wünschte, blickte nun unerschütterlich, mit gelassener Hochmütigkeit auf den Betrachter aus den Hochglanzseiten von Zeitschriften, die durch die Hände von Millionen von Lesern gehen sollten, die von Kunst nicht das geringste verstanden, dafür aber reges Interesse hatten an dem, was berühmte Leute sagten und taten. Unter einer solchen Photographie stand zu lesen: »Der üppige und friedliche Stil eines lebensmüden Aristokraten.« Was war nur über ihn gekommen? Er hatte immer Interviews abgelehnt, aber jetzt begannen die immer häufiger gegebenen Interviews oft mit der Behauptung, daß er Interviews ausnahmslos ablehne. »Der geheimnisvollste aller lebenden Künstler,« bestätigt ein Interviewer. Doch das Geheimnis ist das Interview selbst. »Balthus spricht!« ruft eine Schlagzeile aus, »*Monsieur le Comte*«, so eine andere. Warum? Es ist eine bekannte

Tatsache, daß man am sichersten Aufmerksamkeit auf sich lenkt, wenn man sie flieht. Balthus floh sie lange Zeit, aber letztlich scheint sein Durchhaltevermögen nachgelassen zu haben. Im Herbst 1992 war eine ganze Nummer des Schweizer Kunstzeitschrift DU Balthus und seinem Werk gewidmet. Und er willigte sogar ein, Mitglied der Jury bei den Filmfestspielen in Venedig zu werden. Manche Leute behaupten, die Jagd nach Ruhm sei in der Hauptsache das Bestreben der Gräfin de Rola, die für Photos und Interviews angeblich eine Gebühr erhebt. So dies der Fall sein sollte, ist es umso betrüblicher, denn es ist Balthus und nicht Setsuko, der posiert und redet. Er spricht dabei fast ausschließlich über Kunst und Künstler und bringt scharfe Urteile über alle Zeitgenossen außer Giacometti zum Ausdruck. Unlängst willigte er sogar ein, in einem Film, der gerade gedreht wird, aufzutreten und über sich und sein Werk zu sprechen. Doch über seine persönliche Vergangenheit spricht er darin nicht. Antoinette, Laurence, Léna, Frédérique und all die jungen Mädchen, die ihm Modell standen, existieren lediglich als Bilder, nie als Personen mit wirklichem – nicht erfundenem – Leben. Und doch spricht der Mann, der ausgiebig und ungehemmt über das seinem Dasein zentrale Thema redet, welches von Anfang an seine gesamten physischen, emotionalen und geistigen Kräfte in Anspruch nahm, unwillkürlich auch über sein Privatleben und lädt jeden Interessierten praktisch ein, den durchsichtigen Schleier des Geheimnisses zu lüften. Gewiß ist es auch besser so, und man möchte annehmen, daß Balthus dies erkannt hat, als der Abend seines Lebens immer längere Schatten warf.

Ein Künstler, der sich in hochmütigem Dünkel gänzlich von seiner eigenen Zeit abseits hält und seine ganze ästhetische Haltung an diesem Standpunkt festmacht, setzt sich der Gefahr aus, daß ihn die Zukunft übergehen wird. Die Geschichte der Kunst ist gnadenlos, gnadenloser noch als die übrige Geschichte, weil sie die wahrste Art von Unsterblichkeit bietet: alles oder nichts. Phidias und Rembrandt überragen um einiges Alexander oder Napoléon. Die großen, schöpferischen Geister haben für die Aussicht nach großer Erfüllung gewöhnlich in die Zukunft geblickt, selten in die Vergangenheit, da die Vergangenheit vornehmlich die Kriterien begründet, die zu kultivieren ziemlich sinnlos ist, da sie bereits abgeerntet sind, und ein Duplikat, selbst da, wo es möglich wäre, definitionsgemäß widersinnig ist. Doch der Zukunft entgegenzusehen ist ein einschüchterndes Unterfangen, das sich nicht gut verträgt mit dem Gefallen an Nacheiferung, anachronistischen Ehrungen und Adelstiteln. Das meiste wie das mindeste, das ein Künstler für die Nachwelt tun kann, ist anzuerkennen, daß sein Ableben sich in nichts von dem einer Milliarde anderer Menschen unterscheiden wird, und zu beweisen, daß er imstande war, dieser grausen und wunderbaren Tatsache durch meisterliches Schaffen gerecht zu werden. Wenn ihm das gelingt, dann können seine Schöpfungen möglicherweise den einen Traum erfüllen, der das Menschengeschlecht, wie es scheint, von allen anderen Kreaturen dieser Welt unterscheidet, und er veredelt dadurch seinen Mitmenschen einige wenige Augenblicke, in denen sie von der Betrachtung ihrer eigenen Nichtigkeit ablassen können. Dies ist vielleicht eine allzu düstere und idealistische Ansicht von der Option des Künstlers, in welchem Fall der Möglichkeit viel Raum bliebe, daß die Zukunft einem Künstler, der wenig Vertrauen in ihre Urteilsfähigkeit setzte, durchaus ihre Aufmerksamkeit schenken wird. Balthus' Bewunderer werden es hoffen, und ihre Hoffnungen sind wahrhaftig nicht auf einen Bluff gesetzt. Mag auch der Edelmann ein Schwindel sein, wiewohl ein unerläßlicher, so ist der Künstler es gewiß nicht. Seine Realität ist sogar größer als seine Identität, und er ist ihr durch eine so leidenschaftliche Beteiligung verbunden, daß das Resultat weit über das Persönliche hinausgeht. Größe fängt immer so an. Wie weit sie gehen kann, werden die Zeit und der Tod noch beweisen.

# 46, RUE HIPPOLYTE
## UND DANACH
## DIE BRÜDER GIACOMETTI

Paris, 1952, Mitte Februar, gegen zehn Uhr abends. Nachdem ich im billigsten Restaurant des Viertels allein zu Abend gegessen hatte, schlenderte ich ziemlich einsam und unglücklich den Boulevard St. Germain entlang, in der Hoffnung, in einem unserer früheren Treffs auf einen Bekannten zu stoßen, mit dem ich mir die Zeit etwas kurzweilig gestalten konnte. Da ich im »Flore« keinen Bekannten entdeckte, ging ich ins »Deux Magots«, und dort saß auf der Bank gegenüber dem Eingang ein Engländer, ein guter Bekannter, fast schon ein Freund. Er hieß Peter Watson.

Peter war ein vorbildlicher Mensch. Alle mochten ihn, und das mit gutem Grund. Er war ein Ausbund an Höflichkeit, von fast sträflicher Großzügigkeit, intelligent, gutaussehend, überaus vermögend, humorvoll, frei von allem Dünkel, und er hatte ein leidenschaftliches Interesse an Kunst, Literatur und Musik. Selber war er nicht kreativ und süchtelte auch nicht danach, sehnte sich aber nach der anregenden und ungezwungenen Gesellschaft kreativer Geister, da er schon früh der Schickeria überdrüssig wurde, zu welcher ihm sein Vermögen und seine Bildung den Zutritt ermöglichten. Außerdem war es viel leichter, sich in der Welt der Bohémiens, unter Künstlern und Schriftstellern, offen zu seiner Homosexualität zu bekennen. Vor dem Krieg lebte er größtenteils in Paris, wo er in der Rue du Bac eine luxuriöse Wohnung besaß, die voll war mit Kunstschätzen, darunter einige Meisterwerke zeitgenössischer Maler und Bildhauer, die oftmals zu seinen Freunde gehörten. Dort leistete ihm ein junger Amerikaner namens Denham Fouls Gesellschaft, der von außergewöhnlicher Schönheit war, aber ein stadtbekannter Stricher und unverbesserlich drogensüchtig. Im Alter von sechzehn Jahren war er aus dem heimatlichen Florida davongelaufen und hatte sich von einer

Reihe von reichen Bewunderern-darunter auch der künftige König von Griechenland- aushalten lassen, bevor er Peter begegnete. Peter war der erste Mann, der ihm ernsthafte Freundschaft entgegenbrachte anstelle von rein sexueller Ausbeutung. Aber das Jahr 1939 setzte dem allen ein Ende. Denham kehrte nach Amerika zurück, Peter nach England. Seine herrliche Kunstsammlung ließ er in den Händen eines rumänischen Kunstliebhaber, der sie während der Besatzungszeit völlig bedenkenlos veräußerte.

Da er in London nichts anzufangen wußte, ließ er sich von Cyril Connolly, einem geistreichen jungen Literaten überreden, die Herausgabe von *Horizon* zu subventionieren, einer Zeitschrift für zeitgenössische Literatur und Kunst. Diese wurde zu einem sensationellen Erfolg, überlebte wider Erwarten den Krieg und wurde auf beiden Seiten des Atlantik zur renommiertesten, prestigeträchtigsten Zeitschrift dieses Genres überhaupt. Kleine Publikationen überleben meist nicht lange, *Horizon* existierte ein Jahrzehnt lang, obwohl man sich heute noch gut daran erinnert. In der allerletzten Ausgabe der Zeitschrift, im Januar 1950, erschien eine Kurzgeschichte eines unbekannten Verfassers, James Lord, »The Boy Who Wrote NO«. Dadurch kam ich mit Cyril Connolly in Kontakt, der mich mit Peter, Lucian Freud, Sonia Orwell und einigen anderen bekannt machte. Es war im Oktober 1949, auf einer Soiree in Cyril's Wohnung, daß ich zum ersten Mal eine Skulptur von Alberto Giacometti sah. Diese war »Der Platz«, eine Plastik, auf der mehrere spindelige, ausgezehrte männliche Figuren auf einem niederen Sockel in verschiedenen Richtungen ausschreiten,während eine schlanke, hieratische weibliche Figur unbewegt abseits von ihnen steht. Auf der Stelle erschien mir dieses Werk das Außerordentlichste, was ich an zeitgenössischer Skulptur je gesehen hatte, tief ergreifend und von äußerster Originalität. Zu meinem Glück sollte ich auf einer großen Ausstellung im November 1950 in der New Yorker Galerie von Pierre Matisse noch viele weitere Plastiken sehen dürfen, von denen einige mich sogar noch mehr beeindruckten. Mittlerweile waren mir auch die Werke von Brancusi, Lipchitz, Laurens, Arp, Marini und Moore bekannt, sowie auch von drittklassigen Künstlern wie Zadkine und Bourdelle. Keiner von ihnen reichte meiner Meinung nach auch nur annähernd an die ästhetische Finesse und Originalität, das tiefe menschliche Einfühlungsvermögen und die schlichte spirituelle Größe Giacomettis heran. Ich wußte, daß er irgendwo in Paris lebte, aber ihn aufzusuchen wäre mir nie in den Sinn gekommen. Die Unverfrorenheit, mit der ich sieben Jahre zuvor einfach an Picassos Tür geklingelt hatte, war inzwischen durch vernünftiges Taktgefühl ersetzt worden, und ich hatte genügend Freunde, auch Künstler unter ihnen, um meine Zeit herumzubringen, wenn ich mich einmal gerade nicht bemühte, Schriftsteller zu werden.

Darum war ich an jenem Abend im Februar 1952 erstaunt, im »Flore« weder Bernard, Olivier, Jean noch Ned anzutreffen, aber Peter, dessen Parisbesuche leider selten waren, im »Deux Magots« zu treffen, entschädigte mich dafür reichlich. Ich ging direkt auf seinen Tisch zu, obwohl er nicht allein war. Er begrüßte mich herzlich und wies mich auf einen Stuhl ihm gegenüber. Auf der Sitzbank neben ihm saß ein gedrungener Mann um die Fünfzig: zerzaustes Haar, zerfurchtes Gesicht mit dunklen Augen, übergroße Hände und nicht allzu saubere Kleidung. Peter stellte uns einander vor. Sein Name war Alberto Giacometti.

Es mag einem, gelinde gesagt, banal vorkommen, wenn ich behaupte, von der Gegenwart dieses Mannes von der ersten Sekunde an fasziniert gewesen zu sein, dennoch war genau dies der Fall. In meinem Tagebuch steht:

*15. Februar, 1952*

*Allein bei Raffy in der Rue de Dragon zu Abend gegessen. Notizen für eine Kurzgeschichte gemacht, über eineiige, männliche Zwillinge, die sich ineinander verlieben und von Eifersucht zerstört werden. Narzissus als eine Form von Selbstmord.*

*Nach dem Essen im »Flore« vorbeigeschaut. Kein Mensch da. Erstaunlich, an einem Samstag. Im »Deux Magots« Peter Watson getroffen, den ich seit dem zufälligen Treffen vor dem Hôtel de Talleyrand, Ecke Rue de Rivoli und Rue St. Florentin, nicht wiedergesehen hatte, als er mir erzählte, daß er in eben jenem Hause seinen ersten Ball besucht hatte. Peter wirkt immer ein wenig melancholisch, trotz seines tapferen Lächelns. Darin liegt auch sein Charme. Er sagte einmal, die Höhen des Atlasgebirges seien ihm der liebste Platz auf der ganzen Welt wären, weil es dort so einsam sei. Gestern Abend war er jedoch nicht allein, er bat mich zu sich an den Tisch und machte mich* mit ... *Alberto Giacometti bekannt! Wir gaben uns die Hand, und er sagte irgendetwas Höfliches. Ich bemerkte sofort die abwägende Konzentration, mit der er mich musterte, als fällte er ein entscheidendes Urteil, als prüfe er mich auf irgendeine persönliche Eigenheit hin, die entweder befriedigend ausfiel oder auch nicht. Sehr einschüchternd. Aber gleichzeitig völlig offen und anziehend. Ich war natürlich hocherfreut, die Bekanntschaft dieses Mannes zu machen, dessen Arbeiten ich so sehr bewundert hatte. Aber vor lauter Entzücken brachte ich kein Wort hervor. Peter und Giacometti redeten von einer gemeinsamen Bekannten namens Isabel. Giacometti sagte, »Sie verschlingt die Männer«, und Peter sagte, »Sie verschlingt auch Frauen«. Giacometti schien sehr von der Idee fasziniert, daß diese Isabel lesbisch sein könnte, und Peter sagte, sie habe gerade ein Verhältnis mit irgendeiner Frau, die eine Buddhistin sei. Sie redeten von Giacomettis derzeitigen Arbeiten, über die er große Unzufriedenheit äußerte. Ich wagte zu bemerken, daß mir die New Yorker Ausstellung sehr gefallen hätte. Giacometti zuckte mit den Achseln und sagte, »Das bedeutet nur, daß du bloß mit den Augen schaust.« Aber dabei lachte er. Er hat sehr kleine, weit auseinanderstehende Zähne, die vom Tabak ganz dunkle Flecken haben – er raucht pausenlos- so daß er, wenn er lacht aussieht wie eine seltsame Kürbislaterne. »Na ja, es ist wenigstens besser, als mit den Füßen zu sehen,« sagte er dann. Er stellte mir eine Reihe von persönlichen Fragen, wo ich herkäme, was ich in Paris täte, usw, und ich hatte das überraschende Gefühl, daß ihn meine Antworten aufrichtig interessierten. Trotzdem fühlte ich mich durch ihn eingeschüchtert, auch als es klar war, daß er zu mir freundlich sein wollte. Der einzige andere Mensch, von dem ich mich in dieser Weise eingeschüchtert fühlte, war Picasso, und zwischen ihm und Giacometti besteht wohl kaum Ähnlichkeit, G. ist viel offener und herzlicher. Dann hatten Peter und Giacometti ein langes Gespräch über Politik, hauptsächlich über den Kommunismus. Peter sagte, es müsse wohl trotz allem etwas dran sein, weil es doch auch integre Leute gäbe, die daran glaubten. Giacometti sagte darauf, Torquemada hätte auch Integrität besessen, und er selbst hasse den Kommunismus, weil er die Wahrheit zum Hohn machte.Ich hatte dazu nicht viel zu sagen, obwohl ich den Kommunismus nicht nur dafür haßte, daß er eine Lüge zum Dogma erhob, sondern auch dafür, daß in seinem Namen Millionen von Menschen umgebracht wurden. Wir tranken dabei Whisky, und nach ein paar Stunden hatte ich mehr als genug getrunken. Peter und Giacometti schienen die ganze Nacht durchmachen zu wollen. Ich sagte, ich müsse jetzt gehen. Da ich mich aber zu Giacometti so hingezogen fühlte und auch das Gefühl hatte, er habe auf meine Anwesenheit freundlich reagiert, nahm ich mir ein Herz und fragte ihn, ob ich ihn nicht eines Tages in seinem Atelier besuchen dürfte. Er sagte sofort zu und daß er mir die Adresse geben werde, da er kein Telefon habe. Er riß eine Seite aus einer Zeitschrift, die er in seiner Jackentasche trug und schrieb seinen Namen und seine Adresse auf: Alberto Giacometti, 46, Rue Hyppolyte-Maindron, Paris 14. Ich sagte ihm, ich käme bald einmal vorbei. Nachmittags, bat er sich noch aus. Dann sagte ich den beiden auf Wiedersehen. Peter wollte am Montag nach London zurückkehren.*

*Auf dem Heimweg war ich in Hochstimmung. Ich habe eine Begegnung mit einem Menschen gehabt, der zählte, der sich von allen anderen, die ich je traf, unterscheidet. Nun gut, für mich persönlich wird sich dadurch wahrscheinlich nicht allzu viel ändern, aber man fühlt sich trotzdem etwas wohler auf der Welt, wenn man weiß, daß es dort Menschen wie Giacometti gibt. Und wenn man sich auf der Welt wieder etwas wohler fühlen kann, bedeutet das nicht, daß sich auch die Welt, trotz Hitler, wieder mit sich selbst befreunden kann? Mozart. Cézanne. Jedenfalls hoffe ich es sehr. Mein ganzes Leben beruht auf dieser Annahme.*

Ich wollte nicht unverschämt erscheinen, obwohl mir klar war, daß ich genau das vorhatte. Andererseits wollte ich auch nicht zu lange warten, damit Giacometti mich nicht vergessen hatte. Eine Woche wäre vermutlich für beide Fälle hinlänglich genug Zeit, dachte ich mir. Während ich wartete, dachte ich oft an den Künstler, dessen Bekanntschaft ich durch Peter gemacht hatte, und je mehr ich an ihn dachte, desto stärker wurde mein Gefühl, daß sich durch die Bekanntschaft mit ihm vielleicht doch etwas für mich verändern könnte. Auf jeden Fall war da eine mächtige Anziehungskraft, und ich hatte von Anfang an nicht den geringsten Zweifel daran, daß er ein großer Künstler war. 1952 war Giacometti noch kein berühmter Mann, und da er bereits fünfzig war, konnten viele Leute annehmen, bleibender Ruhm sei ihm wohl nicht beschieden. Seine Arbeiten wurden billig gehandelt. Pierre Loeb hatte eine Mappe vorzüglicher Zeichnungen, aus welcher man sich aussuchen konnte,was einem gefiel, für zwanzig Dollar das Stück. Selbst dann gingen sie nicht weg wie heiße Semmeln, und leider Gottes war ich damals in zu großer Geldnot, als daß ich mir auch nur eine hätte leisten können. Aber Giacometti hatte Meisterwerke geschaffen. Das wußte ich, denn ich hatte sie gesehen, angefangen mit der Plastik auf dem Couchtisch bei Cyril Connolly, und ich war vollkommen davon überzeugt, daß es Meisterwerke waren. Daran glaubte ich so fest wie ich daran glaubte, daß man die Welt in einem Sandkorn und das Paradies in einer Wiesenblume wahrnehmen kann,daß die Unendlichkeit in der hohlen Hand und die Ewigkeit in einer Stunde enthalten sein kann. Nicht bloß, weil diese Kunstwerke völlig einzigartig und anders waren als alles, was ich bisher an Kunst gesehen hatte, sondern weil sie auf so geheimnisvolle, wunderbare und sensible Art das waren, was sie nun einmal waren.Nicht die geringste Spur von trügerischem Schein oder technischem Gefummel trübte die menschliche Integrität ihres Ausdrucks. Ja, ich gebe es zu: meine grenzenlose Bewunderung für seine Arbeiten verleitete mich zu der Annahme,ich habe ausreichenden Vorwand, mich Alberto Giacometti aufdrängen zu dürfen. Das Ergebnis erschien mir dabei seltsam irrelevant. Ich erwartete nicht, daß die Sonne plötzlich im Osten unterginge. Aber eine ganze Woche zu warten überforderte dann doch meine Geduld, und so ging ich schon am darauffolgenden Donnerstag hin.

Vor vierzig Jahren war die Rue Hippolyte-Maindron eine kurze und unscheinbare Durchfahrtsstraße, die von kleinen Häusern gesäumt war, von denen einige sogar winzige Gärten besaßen, – mehrere Läden, ein Café, ein Sägewerk und ein paar Künstlerateliers. Am anderen Ende der Straße erhoben sich die schmutzigen, recht grimmig aussehenden Mauern einer Grundschule. Nr. 46 grenzte an den Pausenhof dieser Einrichtung. Von der Straße aus führte ein zweiflügeliges Tor in einen offenen Gang, der etwa 15 Meter lang und 2 Meter breit war, und von dem beidseitig Wohnungen und Ateliers abgingen. Giacomettis Atelier war die erste Tür links, mit einem hohen Fenster und einem Oberlicht. Sein Name war in weißen Lettern auf eine der Glasscheiben der Tür gemalt. Ich klopfte an. Eine heisere Stimme brüllte prompt: »Herein«. Selbst nach nach den Jahrzehnten, die seither verstrichen sind, ist mir die Überraschung dieses ersten Besuchs in Giacomettis Atelier unvergeßlich und frisch in Erinnerung geblieben. Ich habe im Laufe meines Lebens Dutzende von Künstlerateliers gesehen, aber keines konnte sich mit dem seinen messen, in seiner malerischen, anspruchslosen und ungeordneten, trotzdem aber beherrschenden geistigen Kraft. Ich glaube, in dem naiv-impulsiven Bericht des damals neunundzwanzigjährigen Besuchers liegt mehr Stoff zum Nachdenken als in den nachträglichen Beschreibungen und der bemühten Erinnerung des ältlichen Memoirenschreibers:

*Februar, 1952*

*Eben zurückgekehrt von einem halben Nachmittag mit Giacometti. Weiß kaum, wie ich das Zusammensein mit ihm beschreiben soll. Nicht nur mit ihm, sondern mit seiner Welt. Weil er sie zu so aufregend hohem Grade zu der seinigen macht. Vielleicht ist es das Aufregende und das Hochgradige, das so einschüchternd auf mich wirkt. Aber besser, ich beginne am Anfang.*

*Er hatte neulich gesagt, ich solle am Nachmittag kommen, also war ich kurz vor drei da. Rue Hippolyte-Maindron liegt abseits und ist in keiner Weise bemerkenswert. Giacomettis Atelier liegt am Eck der Rue du Moulin Vert in einer Art Gebäudekomplex, teils einstöckig, teils zwei- oder dreistöckig, das Ganze wirkt, als sei es aus ein paar Stöckchen zusammengesetzt und mit Kaugummi verkleistert. Keine romantische La Bohème-Atmosphäre, ganz einfach ein Loch. Darin liegt ja auch zum Teil die Überraschung, als wolle er dich absichtlich durch die quasi-Verkommenheit des Dekors beeindrucken. Oder sich selbst. Wer weiß? Da ist vielleicht was dran. Auf jeden Fall, als ich klopfte, sagte er »Herein«, und wenn mich schon das Äußere überrascht hatte, dann erstaunte mich das Interieur vollends. Giacometti arbeitete gerade an einer weiblichen Tonfigur von etwa 70 cm Höhe. Er drehte sich um und sah mich kurz an, streckte mir seine Hand entgegen, die aber ganz mit Ton bedeckt war, so daß ich ihm das Handgelenk schüttelte, in der Annahme, ihn richtig verstanden zu haben. Er fuhr unverzüglich mit der Arbeit an seiner Plastik fort, ließ die Finger an ihr auf und abgleiten, wobei er so heftig in den Ton hineinkniff und bohrte, daß mancher Klumpen auf den Boden fiel. Gleichzeitig zog er in regelmäßigen Abständen an einer Zigarette, die auf dem Rand des Modellierbocks lag. Nach einer Minute sagte er, »Ich wußte, daß du früher oder später auftauchen würdest. Manchmal sagen Leute, sie wollen mal vorbeischauen, und dann sieht man sie nie wieder. Umso besser. Aber bei dir hab ich mir gedacht, der da wird doch mal kommen.«*

*»Wieso warst du dir so sicher?« fragte ich.*

*»Peter hat mir erzählt, daß du Schriftsteller bist. Und Worte sind doch immer auf der Suche nach Bildern, oder? Und Bilder können wiederum von Worten profitieren. Deshalb zieht es Künstler und Schriftsteller zueinander.*

*Immer schon. Schon lang vor Vasari. Musiker sind anders. Wieso setzst du dich eigentlich nicht?«*

*Es gab ein zwei Stühle, beide vom Kaffeehaustyp. Ich nahm den weniger baufällig aussehenden. Das Atelier ist klein und vollgepackt. Es fällt schwer sich vorzustellen, daß in diesem engen Raum solch lebensgroße Skulpturen entstehen. Ein breites Fenster nimmt die Nordwand ein, das untere Drittel mit einem schlaffen Vorhang zugehängt. Darunter steht ein langer Tisch, übersät mit leeren Flaschen, Dutzenden alter Pinsel, mehreren Paletten und ein paar zerbrochenen Gipsfiguren. Es gibt auch eine große Staffelei und unweit davon ein paar niedrige hölzerne Hocker. An der Wand ein gelber Hängeschrank, dessen zertrümmerte Tür in Stücken herunterhängt. Dann ist da noch ein Regal, an dem mehrere Zeichenmappen lehnen. In der Ecke ein altes Bett, überhäuft mit Zeitungen, Büchern, Zeichnungen und ein paar an die Wand gelehnte Ölbilder. Noch ein Regal, auf dem haufenweise kleinen Figuren stehen, davor auf dem Boden mit Leinwand bespannte Rahmen. Ein bauchiger Kanonenofen mit langem, schwarzen Ofenrohr. Unter einer steilen Treppe, die auf einen schmalen Balkon führt, eine ziemlich mitgenommene Kommode. Drei Postamente mit ein paar hohen Hockern. Am Fuß der Stiege an die Wand geheftet eine große Landkarte von Europa. Hier und da sind Figuren und Köpfe direkt an die Wand gemalt oder gezeichnet. Zigarettenstummel und abgebrannte Zündhölzer sind über den Betonboden verstreut. Alles ist von einer Staubschicht bedeckt. Sogar das Licht war staubig. Die ganze Bude ist ein so heilloses Durcheinander, das man unmöglich auch nur annähernd beschreiben kann, außer man sitzt mittendrin und atmet es ein. **Dann** wird es zu etwas Erstaunlichem, denn dann ist es Giacomettis Chaos, das ihn selbst enthält, das er entwirft, das ihn entwirft, dem er seine Schöpfungen hinzufügt. Weder Worte noch Bilder könnten dieses Gefühl vermitteln, das Gefühl einer Art wundersamer Geburtsstätte. Alle Welt weiß schließlich, daß Geborenwerden eine ziemlich unappetitlichek Angelegenheit ist. Vor allem, wenn es sich täglich am selben Ort abspielt und derselben Person auf dieselbe Weise widerfährt. Ich kann nicht genau erklären, was das heißen soll, aber ich hatte dort sofort das Gefühl, daß die Erklärung dafür wie die Erklärung der Funktion des Wissens sein müsse. Giacometti fuhr fort seine Skulptur zu betasten und schien mich völlig vergessen zu haben – obwohl er, soweit ich feststellen konnte, nicht sehr viel an ihr veränderte und zündete sich zur gleichen Zeit eine neue Zigarette an. Ich war's zufrieden, einfach nur dort zu sitzen und ein plausibles Teil des Inventars zu sein. Ich schloß die Augen und fragte mich,* *wie es wohl um meinen Glauben bestellt sei, wenn sich mir die ganze Sache nicht mehr mittels meines Gesichtssinnes beweisen ließe, – irgendwie noch wunderbarer.*

*»Schon eingeschlafen?« sagte Giacometti.*

*»Nein, überhaupt nicht«, antwortete ich und schlug die Augen auf, »ich wollte nur rausfinden, wie diese Bude wohl aussähe, wenn ich sie nicht sehen könnte.«*

*»Und wie sah sie aus?«*

*»Das kann ich nicht sagen. Ich glaube aber, wenn ich es sagen könnte, dann könnte ich diesen Platz irgendwie wiedererschaffen, d.h.auf meine eigene Art Wirklichkeit werden lassen.«*

*Giacometti lachte. »Also spielen wir dasselbe Spiel.«*

*»Wie das?«*

*»Du betrachtetest das Atelier mit geschlossenen Augen,um es mit den Mitteln, die dir am besten entsprechen, für dich selbst zu erschaffen. Ich bearbeite diese Plastik zwar mit offenen Augen, bin aber blind für ihr Original. Das heißt, ich versuche darzustellen, wie ich die Gestalt einer Frau sehe, ohne daß ich die Gestalt der Frau vor mir habe. Es ist unmöglich, aber es liegt darin eine Möglichkeit. Darum arbeite ich auch verbissen weiter, obwohl es keine Hoffnung gibt außer zu scheitern.«* Er lachte wieder und zündete eine neue Zigarette an,obwohl die vorige noch auf dem Rand des Postaments glimmte. *»Das Scheitern ist mein bester Freund,«* sagte er, *»wenn ich Erfolg hätte, das wäre so wie sterben. Vielleicht noch schlimmer.«*

*Was konnte ich darauf sagen? Es ist atemberaubend, wie er mich so ins Vertrauen zieht. Ganz natürlich. Als ob man sich schon seit Jahren kennt. Und doch fühlte ich mich noch immer durch ihn eingeschüchtert. Ich saß eine Weile schweigend da, während Giacometti weiterhin an seiner Plastik herumzupfte und an seiner Zigarette zog. Draußen ging das Licht zur Neige. Ich hatte das Gefühl, ich sollte jetzt gehen, wußte aber nicht ganz, wie ich es anstellen sollte. Das war komisch, denn es hätte eigentlich leichter sein müssen als das Ankommen. Giacometti schien kaum zu bemerken, daß er nicht allein war. Nach einer Weile holte er aus einer zerbeulten Metallwanne ein paar Lappen hervor und wickelte sie mit großer Behutsamkeit um seine Plastik. Dann sagte er, »Wir gehen jetzt ins Café.« Offenbar ging er ganz selbstverständlich davon aus, daß ich ihn begleiten würde, als wäre meine Gegenwart so natürlich wie die Blätter am Baum. Auch das war erstaunlich: wie er mich hinnahm. Wir gingen also ins Café. Es war dahin nicht weit. Es lag*

*Ecke Rue d'Alésia und Rue Didot, ein alltäglicher Laden mit einem altmodischen verzinkten Tresen und in paar Tischen. Der Barmann rief Giacometti mit Vornamen, worüber ich staunte. Er bestellte Kaffee, ich Coca-Cola. Er sprach über seine Arbeit, ihrer Unmöglichkeit, und über die Verzweiflung, die er zuweilen empfand, jemals etwas Lohnenswertes zustandezubringen, aber gleichzeitig auch über das Hochgefühl, das in dieser Verzweiflung lag. Ich habe nicht versucht, seine genauen Worte zu behalten. Was mich beeindruckte, abgesehen davon, daß es mir sehr merkwürdig scheint, wenn jemand, der schon so viel geleistet hat, so empfindet, wie er es von sich behauptete (und er meinte es fraglos ganz ernst) – was mich also beeindruckte, war seine Art ‚von seiner Arbeit und seiner Beziehung zu ihr so zu sprechen, als ginge sie ihn persönlich gar nichts an. Dadurch entfiel in seiner Rede jegliche Spur von Selbstgefälligkeit oder Egoismus. Er hätte ebensogut den Aufbau des Sonnensystems erörtern können, und auf eine komische Art hatte man auch den Eindruck, daß er dies tat. Dadurch wurde es wirklich faszinierend ihm zuzuhören. Ich hätte mich zwingen müssen, mehr im Gedächtnis zu behalten. ich war aber zu aufgeregt und immer noch eingeschüchtert. Nach ungefähr einer halben Stunde sagte ich ihm, ich müsse jetzt gehen. Giacometti sagte, »Jetzt weißt du ja, wo du mich findest ...« Was für ein Erlebnis! Es bleibt einem nicht der geringste Zweifel, daß man sich in der Gegenwart eines großen Menschen befindet. Picasso ist dagegen nur ein schillernder Gaukler.*

Meine Freunde waren nicht sonderlich beeindruckt, daß ich Giacometti kennengelernt hatte. Sie hatten aber alle schon von ihm gehört. Sieben oder acht Monate zuvor hatte es eine große Ausstellung seiner Arbeiten in der Galerie Maeght auf dem rechten Ufer gegeben. Marie-Laure de Noailles erzählte mir, daß er ihr Porträt kurz nach dem Krieg sowohl gemalt als auch modelliert hatte, aber als ich das Ergebnis sehen wollte, meinte sie nur beiläufig, »Ich nehme an, er hat sie noch bei sich. Ich wollte nicht von Dingen umgeben sein, die mich überzeugen könnten, daß ich wie ein Giacometti aussehe.« Tatsächlich hingen in ihrem Haus nur solche Porträts von ihr, die ihr schmeichelten. Giacometti schmeichelte niemandem, obwohl er immer eine intensive Ähnlichkeit einfing. Trotzdem besaß Marie-Laure zwei frühe Skulpturen von ihm, die sie von Jeanne Bucher und Pierre Loeb erstanden hatte, bevor überhaupt jemand von ihm gehört hatte, und sie und ihr Mann beauftragten ihn 1952 mit einer großen

Plastik für den Garten ihres Châteaus an der Riviera. Eitel wie sie war, hatte sie dennoch ein Auge für alles Erstklassige. Später jedoch, als sie selber zu malen anfing, ging ihr diese Fähigkeit verloren.

Nach diesem ersten Besuch in der Rue Hippolyte-Maindron freute ich mich unweigerlich schon auf den nächsten. Keiner, glaube ich, der Giacometti einmal kennengelernt hat, würde freiwillig die Gelegenheit eines zweiten Treffens versäumen. Und dies bezieht sich nicht nur auf Kunstinteressierte. Die spontane Anziehungskraft, die von ihm ausging, wurde ebenso stark von Barmännern und Taxifahrern wahrgenommen wie von Kunstsammlern und Museumskuratoren – das weiß ich aus ihren eigenen Aussagen. Das einzige, was mich zurückhielt, hing mit einer sehr relativen Höflichkeit zusammen. Ich konnte davon ausgehen, daß ihm mein Wiederauftauchen lästig sein mußte, und willentlich, um nicht zu sagen mit Vergnügen, nahm ich diese Unehre auf mich, aber gleichzeitig war es mir angelegentlich, ihm nicht so lästig zu sein, daß ich überhaupt nicht mehr willkommen wäre. Es war also eine Frage der Zeit. Wie lange sollte ich warten, bevor ich mich wieder zu diesem ehrfurchtgebietenden Atelier hinbegab? Und die Zeitfrage wurde dadurch zu einer noch kitzligeren Angelegenheit, daß ich vor Ende bereits Februar wußte, daß ich am 9. April nach Amerika abreisen und höchstwahrscheinlich mindestens ein Jahr lang fortbleiben würde. So hatte ich einen Monat zur Verfügung, in dem ich versuchen konnte zu erfahren, ob zwischen Giacometti und mir mehr als eine flüchtige Bekanntschaft möglich war. Meine Unsicherheit bewies nur mein mangelndes Urteilsvermögen, denn schon nach zwei Treffen mit Giacometti hätte ich wissen müssen, daß eine Bekanntschaft mit diesem Mann, aufgrund seiner eigentlichen Natur, unter keinen Umständen eine flüchtige sein konnte, so einschüchternd er auch wirken mochte.

Im März ging ich fünf Mal in die Rue Hippolyte-Maindron. Nur ein einziges Mal traf ich ihn nicht bei der Arbeit in seinem Atelier an. Sein Bruder Diego, dem ich einmal im Vorbeigehen kurz vorgestellt worden war, sagte mir, daß Alberto an jenem Nachmittag zu seinem Galeristen gegangen war. Diego hatte ein enges, kleines Atelier auf der anderen Seite des Ganges gegenüber von Albertos Atelier. Was er darin tat, wußte ich nicht, und nahm aus Dummheit an, daß es von keinerlei Wichtigkeit sein könnte. Um fair zu sein, muß man dazu sagen, daß Diego seinerseits auch gar nichts dazu tat, um irgendwie wichtig zu erscheinen. Er war schweigsam und nahm sich ungeheuer zurück Ein Narr konnte ohne weiteres annehmen, so wie ich es auch tat, daß er ein nichtsnutziger Angehöriger war, der aus den künstlerischen Leistungen seines Bruders unberechtigtes Kapital schlug. Und ganz sicher war es Diego im großen Ganzen zufrieden, dieses groteske Mißverständnis fortbestehen zu lassen. Es dauerte eine lange Zeit, – etwa zwanzig bis dreißig Jahre – bis mir ein Schimmer der Wahrheit dämmerte.

Ich sah Giacometti also nur noch vier Mal, bevor ich nach Amerika reiste. Unsere Begegnungen folgten alle jeweils dem gleichen Verlauf. Ich fuhr zu der Rue Hippolyte-Maindron hin, parkte vor dem Haus – in jenen glücklichen Tagen war in Paris das Parken noch überall möglich – und klopfte an der Tür zum Atelier an. Der Künstler rief dann »Herein.« Und nachdem ich eingetreten war, murmelte er so etwas wie, »Ah, es ist Lord«. Er nannte mich nie beim Vornamen, entschuldigte sich aber einmal bei mir für diesen scheinbaren Mangel an Herzlichkeit, indem er mir erklärte, er riefe nur seine Frau und seine Brüder mit Vornamen. Tatsächlich habe ich über die Jahre beobachten können, daß er gute Freunde wie Sartre, Genet, Michel Leiris, Beckett und sogar Schulfreunde wie Christoph Bernoulli unweigerlich bei ihren Familiennamen rief. Dann setzte ich mich für gewöhnlich, während Giacometti, der an einer Skulptur arbeitete, immer stand, oder halb angelehnt dem Rand eines der hohen Hocker aufsaß. Während meiner ersten Besuche im Atelier, beschäftige er sich ausschließlich mit Skulpturen, – spindelige Darstellungen von männlichen oder weiblichen Köpfen. Wir redeten. Ich glaubte, daß er ganz froh war, während seiner Arbeit mit jemandem reden zu können, und daß ihm meine Besuche nicht unwillkommen waren. Und doch fühlte ich mich von ihm noch genauso eingeschüchtert wie ganz am Anfang. Vielleicht sogar noch mehr. Es war sogar so, daß ich jedes Mal, daß ich in die Rue Hippolyte-Maindron fuhr, all meinen Mut zusammen nehmen mußte, um an der Tür des Ateliers zu klopfen, trotz des ungezwungenen Empfangs, der mir jedesmal sicher war. Es war nicht, daß ich befürchtete, er könnte plötzlich schroff und übellaunig sein, wie ich das sehr gut von Picasso kannte, der mich ja auch einschüchterte. Es war etwas Ernsteres. Mein ganzes

Leben hatte ich von wahrhaft großen Männern geträumt. Beethoven. Balzac. Byron. Rembrandt. Ich glaubte, daß nur die schöpferische Leistung ersten Ranges den Zugang zu einem wahrlich heldenhaften Leben gewährt. Sie war das Große Abenteuer, gemessen an welchem die Taten eines Alexanders nicht mehr sind als die verwegenen Streiche eines begabten Schelms. Immerhin hatte ich vom Heldentum der großen Schaffenden bereits genug erfahren, um zu wissen, daß es für gewöhnlich von argen Prüfungen heimgesucht ist und außergewöhnliche geistige Kräfte erforderte. Als ich Giacometti kennenlernte, wußte ich auch schon, daß ich weder diese Heldenhaftigkeit besaß, noch die nötige Seelenstärke, um einer solchen standzuhalten. Vom ersten Augenblick an war ich mir sicher, daß er über beides verfügte. Was ist schließlich anregender, als die Begegnung mit einem Menschen, den man hemmungslos bewundern kann, bis an die Grenzen der Bewunderung und darüber hinaus? Zu Beginn meiner Bekanntschaft mit Picasso stellte ich mir vor, Genie könnte vielleicht ansteckend sein. Bei Giacometti lernte ich, daß es nicht so ist, und es war mir eine höchst angenehme Belehrung, denn ich wußte bereits, daß ein großer Mann mit ziemlicher Wahrscheinlichkeit kein sehr lustiges Leben führt. Hart arbeiten wollte ich schon, und habe es auch getan aber ich wollte auch mein Vergnügen haben, und bekam es auch. Auf irgendeine Art und Weise hatte Giacometti viel mit diesem Vergnügen zu tun. Nichts war für mich mehr, wie es vor meiner Bekanntschaft mit ihm gewesen war.

In der Hauptsache sprachen wir über Kunst und Künstler. Er schien wenige seiner Kollegen hoch zu schätzen. Picasso, meinte er, sollte man ins Gefängnis stecken. Ich erzählte ihm, daß ich zwei Zeichnungen besäße. die Picasso von mir gemacht habe, woraufhin Giacometti entgegnete, dann müsse ich ja verstehen, wieso er eine Gefahr für die Allgemeinheit sei. In solchen Behauptungen lag, glaube ich, gewiß auch eine scherzhafte Note, gleichzeitig vertrat Giacometti aber seine Meinungen mit durchaus überzeugenden Findigkeit. Für Picasso zumindest hatte er bis zum Schluß durchgehend nur scharfe Kritik, obwohl sie auch einmal befreundet waren. Doch wenn er auch die Arbeit der meisten seiner Zeitgenossen geringschätzte, so war doch seine schärfste Kritik seinen eigenen Bemühungen vorbehalten. Wenn er den feuchten Ton befühlte, wenn seine

Finger an einer Statuette entlang glitten, oder wenn er mit dem Taschenmesser an den Augen eines Kopfes arbeitete, dann äußerte er sich immer wieder darüber, wie wertlos seine Anstrengungen seien, und wie aussichtslos es sei, jemals etwas Annehmbares zu vollbringen, und daß er besser Straßenfeger geworden wäre. Natürlich konnte er gleich im selben Atemzug fortfahren, daß kein lebender Künstler außer ihm das versuchte, worum er sich Tag für Tag immer aufs neu bemühte, was ganz einfach bedeutete, daß kein anderer an die Kraft und Reinheit seiner Vision heranreichte. Jedenfalls ich glaubte das damals, und glaube es auch heute noch. Balthus machte einmal eine Bemerkung, Giacometti sei der einzige Mensch, den er kenne, der z. B. eine ganz und gar gewöhnliche Teetasse so betrachten konnte, als habe er einen solchen Gegenstand noch nie zuvor gesehen. Dabei war es bei ihm auch gewiß keine Eitelkeit. Wenn Giacometti sagte, er fände größeres ästhetisches Vergnügen daran, Zinnsoldaten in den Auslagen von Spielzeugläden anzusehen als die Werke seiner Zeitgenossen zu betrachten, so war das ein Ausdruck seiner Sehnsucht und keine eitle Prahlerei. Außerdem zuckte ihm sehr oft ein Lächeln um die Mundwinkel. Es war die bezauberndste Andeutung eines Lächelns, die ich jemals gesehen habe. Seine Lippen blieben geschlossen, aber ihre äußersten Winkel hoben sich ein ganz klein wenig in die Höhe, während die Augenlider zuckten und es zweideutig unter ihnen hervorblitzte.

Ich wurde seiner Gesellschaft nie überdrüssig, zumal ich ja wußte, daß ich sie nur allzubald entbehren mußte. Am späten Nachmittag gingen wir meistens in das Café an der Ecke der Rue Didot. Mir fiel auf, daß er außerhalb seines Ateliers seine Unzufriedenheit mit seiner Arbeit meistens ungehaltener und mürrischer zum Ausdruck brachte, als wenn er tatsächlich an seiner Arbeit saß, obwohl ich nie den Eindruck hatte, daß er wirklich unglücklich oder verzweifelt war. Meistens verabschiedete ich mich in dem Café von ihm. Der letzte Abschied fiel für mich recht trüb aus, da ich recht wohl begriff, daß ich mir einen Menschen nicht hatte zum Freund machen können, dessen Gesellschaft über alle Maßen erbaulich war, der für mich sowohl unterhaltsam als auch inspirierend war, und dem ich wahrscheinlich nie würde näherkommen können. Ich sagte, ich hoffte auf ein Wiedersehen.

»Ich habe nicht vor, jetzt schon abzukratzen,« sagte Giacometti, »also werden wir uns ganz sicher wiedersehen. Ich würde mich freuen. Du kannst mir auch einen Brief schreiben. Ich werde nicht zurückschreiben, weil ich nie Briefe schreibe, außer an meine Mutter. Aber ich bekomme gern welche.«

So verabschiedeten wir uns, und eine Woche später befand ich mich mitten auf dem Atlantik. Im Frühling und Frühsommer jenes Jahres unternahm ich auf Kosten der Rockefeller Stiftung eine ausgedehnte Reise durch die Vereinigten Staaten in Begleitung eines obskuren französischen Schriftstellers namens André Fraigneau. Die Reise sollte eigentlich ernsthafte Absichten verfolgen, aber Fraigneau war kein ernsthafter Mensch. Folglich reisten wir nur so herum und verplemperten ohne Skrupel Rockefeller-Gelder. Wir kamen sogar bis nach Kanada und nach Taos, New Mexico, wo wir an einem Tag die drei bemerkenswertesten Damen der Gegend kennenlernten: Frieda Lawrence, Mabel Dodge Luhan und die Ehrenwerte Dorothy Brett. Nachdem Fraigneau nach Frankreich zurückgekehrt war, ging ich heim zu meinen Eltern, ein Lebensumstand, den ich als fast Dreißigjähriger als etwas bedrückend empfand. Aber ich hatte dort alles, was ich brauchte, ein ausreichendes Taschengeld, und ich konnte tun, was ich wollte, nämlich, an einem weiteren schlechten Roman schreiben. Ich dachte oft an Giacometti, nahm es mir aber nicht heraus, ihm einen Brief zu schreiben. Im darauffolgenden Frühjahr unternahm ich Bittgänge zu reichen Sammlern und Kunsthändlern, um die Mittel aufzutreiben, mit denen Cézannes Atelier in Aix-en-Provence erworben und darin ein Gedenkmuseum eröffnet werden konnte. Das Geld strömte nur so herein. Ich erhielt eine Einladung nach Washington, wo ich die höfliche Empfehlung des französischen Botschafters entgegennahm, der mir mitzuteilen beliebte, daß seine Regierung es als ein Vergnügen erachte, mich zu der Überfahrt nach Frankreich am elften Juno einladen zu dürfen, um der noch im selben Monat stattfindenden Vernissage der ersten Cézanne-Ausstellung in dessen Geburtsort beizuwohnen, – mit siebenundvierzig Jahren Verspätung kaum eine Entschädigung für den Spott, den der große und einsame Maler von seinen Zeitgenossen hatte erdulden müssen.

Ich ging nach Aix, verbrachte den Sommer in Villefranche, bereiste im Herbst Italien, Griechenland und Ägypten, und kehrte erst

Ende Oktober nach Paris zurück. es waren somit achtzehn Monate vergangen seit meinem Abschied von Giacometti in jenem häßlichen Café an der Ecke der Rue Didot. Ich glaubte zwar nicht, daß er mich ganz vergessen hatte, aber ich hatte allen Grund zu zweifeln, daß ich einen herzlichen, um nicht zu sagen begeisterten Empfang von diesem genialen Menschen erwarten durfte, der zwanzig Jahre älter war als ich, der mich kaum ein halbes Dutzend Mal gesehen hatte, wobei ich keinerlei hervorragende Leistungen oder sonstige Auszeichnung zu meiner Empfehlung vorzuweisen hatte. Doch diese Unsicherheit konnte meinem leidenschaftlichen Trieb nicht standhalten, mich irgendwie und irgendwo im Bannkreis eines schöpferischen Menschen zu entfalten, dessen Kräfte für mich all die Vitalität und Wahrheit besaßen, die in den Sternen zu sehen ist. Es war eine Leidenschaft, und die Leidenschaft bittet für ihre Ausschweifungen nicht um Verzeihung. Ich wartete noch ein paar Wochen, damit sich der Anschein von Selbstbeherrschung ergab, dann begab ich mich an einem Spätnachmittag in die Rue Hippolyte-Maindron. Es war an einem für die Jahreszeit ungewöhnlich warmen Tag, und die Tür des Ateliers stand offen. Ich konnte in den Raum hineinsehen, wo Giacometti an einer Skulptur arbeitete, aber ich klopfte trotzdem. Er blickte sich um, hob den Kopf und rief: »Du! Ich dachte mir schon, du hättest mich aufgegeben. Es ist ja schon Wochen, seit du das letzte Mal da warst!«

»Ich gebe nicht so leicht auf,« sagte ich, von seiner Vermutung überrascht. »Und genaugenommen sind es anderthalb Jahre, seitdem wir uns zuletzt gesehen haben.«

»Tatsächlich,« murmelte Giacometti und schüttelte den Kopf. »Ich schätze, du erzählst mir nichts Falsches. Lügen ist der einzige Betrug, den ich ernstlich mißbillige. Aber es scheint mir, als wäre es erst vorgestern gewesen. Manchmal wache ich in der Früh auf und denke, gleich zerrt mich meine Mutter aus dem Bett und schickt mich in die Schule.«

»Es ist wirklich schade, daß die Zeit nicht nur in der Einbildung existieren kann,« sagte ich.

»Für Hamlet tut sie das,« sagte Giacometti. »Und hattest du nicht versprochen, mir zu schreiben? Ich habe nie deinen Brief bekommen.«

»Er wäre uninteressant gewesen,« wandte ich ein.

Giacometti sagte nichts und fuhr mit der Arbeit an seiner Skulptur fort. Ich setzte mich. Nach einer Weile sagte er: »Gestern habe ich einen Haufen Zeichnungen verkauft, so daß wir zur Abwechslung eine hübsche Menge Geld haben. Dazu kommt, daß Diego heute Geburtstag hat. Wir hatten vor, in die Brasserie in der Rue d'Alésia zu gehen und ein bißchen Champagner zu trinken. Willst du nicht mitkommen?«

»Ich möchte mich nicht aufdrängen,« sagte ich, »es ist doch eine Familienfeier, und Diego kenne ich so gut wie gar nicht.«

»Annette kennt dich überhaupt nicht«, sagte Giacometti, »sie ist meine Frau. Aber wenn es dir nicht paßt, dann mach dir nichts draus.«

»O nein, ich würde furchtbar gern mitkommen,« entgegnete ich wahrheitsgetreu.

»Wir müssen auch nicht über Cézanne reden,« sagte Giacometti mit einem Lächeln. Aber wir sprachen dann doch eine ganze Weile über Cézanne, und ich erzählte von meinen Bemühungen um die Rettung seines Ateliers.

Bald wurde es dunkel. Der Künstler schaltete das elektrische Licht an, eine nackte Glühbirne mit einem tellerförmigen Schirm, die an einem Kabel von der Empore herunterhing. Eine weitere Einzelheit, welche die strenge Einfachheit des Ateliers unterstrich. Er umwickelte die Skulptur, an der er arbeitete, mit feuchten Lappen, mit der anmutigen Sorgfalt eines Einbalsamierers im alten Ägypten, dachte ich.

Ich freute mich natürlich, gleichzeitig aber erschreckte es mich und war mir fast peinlich, daß er mich zu der Geburtstagsfeier einlud. Es war schließlich eine vertrauliche Einladung, und ich stand mit keinem der Mitfeiernden auf vertraulichem Fuße. Ich konnte mir einfach nicht vorstellen, warum Giacometti mich eingeladen hatte, ein weiteres Beispiel meiner Begriffsstutzigkeit und Naivität. Doch ich gestehe, daß sich sogar heute noch gewisse Aspekte seines Wesens und Verhaltens dem Zugriff meines Verständnisses entziehen, was mir bis zu einem gewissen Grad Absolution erteilen mag.

Annette kam ins Atelier. Mein erster Eindruck war der einer hübschen jungen Frau, einfach gekleidet, zurückhaltend. Sie lächelte, als sie mir vorgestellt wurde, gab mir die Hand mit festem Druck, und sagte, ihr Mann habe ihr schon von mir erzählt. Er teilte ihr mit, daß ich mit ihnen zum Essen ginge, worauf sie wiederum lächelte und meinte, das wäre sehr angenehm. Ich hatte das verblüffende Gefühl, daß die Aussicht auf meine Anwesenheit ihr angenehmer war als Giacometti selbst. Was Diego betrifft, der einige Minuten später auftauchte, erstaunlich gut angezogen, in einem blauen Blazer und grauen Hosen, so war er wie immer freundlich, aber zurückhaltend, und ob ich mit von der Partie war oder nicht schien ihm vollkommen einerlei.

Wir gingen in eine Brasserie namens »Les Tamaris«, ein einfaches aber grellbuntes Lokal, in dem die Giacomettis offenbar Stammkunden waren, denn der Wirt und seine redselige Gattin begrüßten sie überschwenglich. Wir saßen vermutlich an ihrem Stammplatz, beim Fenster. Sie kannten alle Kellner, und es überraschte mich, daß alle Giacometti beim Vornamen riefen. Er muß mein Erstaunen gespürt haben, denn er bemerkte, daß er, der fast niemanden beim Vornamen rief, von Taxifahrern, Barmännern und von fast der ganzen Nachbarschaft Alberto gerufen wurde. Da das nun mal so sei, meinte er, sollte ich es genauso halten wie alle anderen, und von dem Tag an – es war der 15. November 1953 – nannte ich ihn Alberto, anfänglich zwar zögernd, bald aber merkte ich, daß alles andere gekünstelt gewesen wäre.

Wir tranken drei Flaschen Champagner. Das Essen war nicht sehr gut, dafür war die Gesellschaft wunderbar. Zu fortgeschrittener Stunde waren wir ziemlich angeheitert, – sogar Diego, der ein paar drollige Geschichten zum besten gab, von seinen Erlebnissen während der Besatzungszeit. Annette bemerkte, daß auch in Genf die Lebensumstände während des Krieges schwierig gewesen wären. Alberto sagte, sie sei eine Idiotin, Genf wäre vergleichsweise wie die Schatzhöhle des Ali Baba gewesen. Annette schien durch die Rüge ihres Mannes nicht im geringsten verdrossen, sie kicherte nur und sagte: »Ach Alberto.« Er nahm einen Bleistift aus der Tasche und zeichnete ein paar wunderbare Skizzen auf das papierene Tischtuch. Als der Abend endete, fühlte ich mich beinahe – aber auch nur beinahe – unbefangen. Giacometti wirkte immer noch einschüchternd auf mich, die beiden anderen überhaupt nicht. Es freute mich sehr, daß es mir gestattet war, mich in ihrer Gesellschaft willkommen zu fühlen, und als wir aufstanden um zu gehen, hatte ich ein besonderes Gefühl – was zum Teil auch am Champagner gelegen haben mag, – daß dieser Abend eine entscheidende Wendung in meiner Beziehung zu den Dreien gebracht haben könnte. Es tat mir leid, all die wunderbaren Zeichnungen achtlos auf der Tischdecke zurückzulassen. Als wir draußen auf dem Trottoir an dem Fenster vorbeigingen, sah ich, wie drinnen der Kellner das Papier gleichgültig zerknüllte, offenbar im Begriff, es wegzuwerfen.

Dieser Abend mit Champagner und bisher noch nie dagewesener Ausgelassenheit bewirkte tatsächlich eine bleibende Veränderung. Obwohl mich Alberto immer noch einschüchterte, – wohl eine Auswirkung des natürlichen Unbehagens, das dem Abgrund entsteigt, der geniale Geister von uns gewöhnlichen Sterblichen trennt, – war ich nicht mehr so zaghaft, in der Rue Hippolyte-Maindron vorzusprechen. Ich wurde dort nicht nur von Alberto, sondern auch von dessen Frau und Bruder mit unverstellt guter Laune empfangen. Von den Dreien war Alberto bei weitem der Interessanteste, freundlich, verständnisvoll, offen und ein guter Gesprächspartner. Und es war natürlich in der Hauptsache seinetwegen, daß ich das Atelier fortan mit mäßiger Regelmäßigkeit besuchte. Annette fand ich zwar nett und gefällig, aber weder besonders interessant, intelligent oder kunstsinnig. Diego, das fühlte ich, war ganz anders als die anderen beiden, scheu, dabei aber stark und einfallsreich, ein ausgesprochener Einzelgänger und voll inniger Zuneigung für seinen Bruder, dessen Bildhauerei, wie ich bald bemerkte, der manuellen Geschicklichkeit des bescheidenen Geschwisters viel schuldete. Alle drei, einander so unähnlich wie es nur geht, schienen in einer ganz eigenen Welt zu leben, in einer Art von magischem Reich, unter der souveränen Herrschaft des Schöpfers, dessen mädchenhafte Ehefrau seinen Genius unterstützte und welcher durch sie veredelt wurde, und dessen schweigsamer, untertäniger Bruder im Schatten des Thrones für dessen Standhaftigkeit von unschätzbarem Wert war. Außenstehende konnten zwar in diesen kleinen Staat hineinsehen, doch niemals zu einem Teil davon werden, dachte ich, da die Unversehrtheit seines Hoheitsgebiets von der ausschließlichen gegenseitigen Abhängigkeit des Triumvirats abzuhängen schien. So erschien mir zumindest damals die Rue Hippolyte, wie sie sie nannten.

Ich hätte mich ob der Vernichtung der Zeichnungen auf der Tischdecke durch den Kellner im »Les Tamaris« nicht übermäßig zu grämen brauchen, denn die Hand, die sie entwarf, war buchstäblich unermüdlich und erwies sich auch als ungewöhnlich freigebig – zumindest gegen mich. Alberto stellte manchmal seine neuesten Zeichnungen gegen die Wand hinter dem kaputten Bett in der Ecke, um sie zu betrachten, und, wie er sich ausdrückte, um festzustellen, wie weit er gekommen sei. Als ich einmal an einem frostigen Nachmittag in jenem Winter in das Atelier kam, traf ich ihn vor dem Bett stehend an, wie er eine Gruppe von etwa zehn Zeichnungen eingehend musterte. Es waren alles große Blätter mit verschiedenen Themen: Köpfe, Figuren, Stilleben, Interieurs. Nach längerem Schweigen murmelte Alberto kopfschüttelnd: »Erbärmlich.«

Ich fand all die Zeichnungen großartig und sagte ihm das.

»Wenn ich auch nur einen Funken Selbstachtung hätte,« sagte Alberto, »würde ich das Zeug verbrennen. Und das mache ich jetzt auch,« fügte er mit einem Blick auf den nahestehenden Ofen hinzu.

»Bitte nicht!« rief ich, »es ist sicher wenigstens eine dabei, um die es dich reuen wird.«

»Naja,« seufzte er, »eine vielleicht, aber wirklich nur eine. Welche ist es, sag's mir.«

Ich betrachtete mehrere Minuten lang eingehend alle Zeichnungen und entschied, daß die beste nicht die auffallendste war, auf welcher ein großer, dunkler, stark ausgearbeiteter Kopf zu sehen war, sondern die zarte, behutsame Studie eines einzigen einfachen Stuhls in einem Raum vor einem offenen Fenster. Auf diese Zeichnung zeigte ich und sagte: »Diese.«

»Ja,« sagte Alberto, »wenn es überhaupt eine gibt, dann ist es diese. Das habe ich im Hause meiner Mutter gezeichnet.« Er hob die Zeichnung auf und hielt sie mir hin. »Hier, nimm sie. Du hast erkannt, daß sie es wert ist, aufgehoben zu werden, also solltest du sie auch haben.«

Pro forma protestierte ich ein wenig und machte geltend, das sei doch der Großzügigkeit zuviel, worauf Alberto erwiderte, es wäre Heuchelei, das Geschenk abzulehnen. Er hatte recht. Also nahm ich die Zeichnung aus seiner Hand entgegen, und die Lust am Besitz durchzuckte mich wie ein elektrischer Strom.

»Und um deinetwillen, da du so ein feines Gespür hast, werde ich auch die anderen verschonen.« Er schob sie achtlos zusammen und ließ sie in eine der Mappen neben dem Bett fallen.

Es war ein Wunder, diese Vision eines ganz gewöhnlichen Stuhls, der in völliger Isolation, von seiner Einsamkeit bekränzt, irgendwo dastand, das einzig überdauernde Relikt, das die einstmalige Existenz einer sonst völlig unbekannten Zivilisation bezeugte. Ich ließ die Zeichnung rahmen und hing sie in meinem Schlafzimmer auf.

Aus meinem Tagebuch:

*März, 1954*

*Da Dora (Maar) und Alberto die beiden bedeutenden Persönlichkeiten sind, die ich in diesem Winter am häufigsten gesehen habe, ist es ganz natürlich, daß ich mit der einen über die andere gesprochen habe. Sie haben einander natürlich recht gut gekannt, als Dora mit Picasso zusammen war, denn zu derselben Zeit war Alberto ein regelmäßiger Gast in der Rue des Grands-Augustins. Keiner von beiden besucht ihn mehr, und beide kritisieren ihn in Gesprächen scharf. Alberto liebt Klatschgeschichten, es amüsiert ihn, wenn ich über meine Beziehung zu Dora erzähle. Als ich ihm sagte, sie habe mich eingeladen, den April mit ihr in dem Haus in der Provence, das Picasso ihr geschenkt hatte, zu verbringen, entgegnete er, daß ich mich auf alles gefaßt machen müßte, denn Dora könnte unter Umständen schwierig werden, wenn ich mich nicht als geeigneter Picasso-Ersatz erwiese. Darauf sagte ich: »Wer wollte das schon sein?« Wir lachten beide darüber, aber ich bin mir gar nicht sicher, daß Alberto einen Witz beabsichtigt hatte.*

*Sich mit ihm zu unterhalten ist ein Vergnügen, wie ich es mit noch keinem Menschen zuvor erlebt habe. Man hat das Gefühl, immer in Hochform sein zu müssen, und man darf sich einbilden, daß man es auch ist, und daß man in Hochform beinahe gut genug für ihn ist. Er besitzt eine geradezu sagenhafte Wendigkeit im Umgang mit Ideen, Meinungen, Urteilen, ist jederzeit bereit, irgendetwas umzudrehen, widerlegt sich im Handumdrehen selbst und kann ein halbes Dutzend möglicher Argumente in der Luft herumwirbeln lassen, wie ein Einmann-Ensemble von Jongleuren. Doch das ist sozusagen nur der spaßige Aspekt, und während er spricht, lächelt er gelegentlich mit diesem so einnehmenden Zucken der Mundwinkel. Der Ernst liegt in seiner unumstößlichen Überzeugung, im Besitz der Wahrheit zu sein. Er besitzt*

*sie so wie ich, zum Beispiel, ein Taschentuch besitze, oder einen Füllfederhal-*
*ter. Und man ist ihm dafür dankbar, denn es ist eine wunderbare Empfin-*
*dung, die Wahrheit zum Freund zu haben. Er würde bereitwillig beteuern,*
*daß er sich genausogut auch täuschen könne. Dadurch wird er nur noch wah-*
*rer. Und was Offenheit angeht, so kenne ich nichts, was der seinigen auch nur*
*annähernd gleich käme. Fred (ein College-Professor, mit dem ich damals ein*
*Verhältnis hatte) war immer stolz auf seine Offenheit. Aber ich kam drauf,*
*wie und wo er sich selber täuschte. Alberto ist so frei wie der Wind in allem,*
*was ihn und seine Beziehungen zur ganzen Welt angeht. Geld und Sex sind*
*zwei Themen, vor denen die meisten Leute sich scheuen. Alberto spricht ganz*
*offen darüber, was er im Bett treibt, und mit wem (die Schwierigkeit eines*
*befriedigenden Vollzugs mit Annette,während es im allgemeinen mit Prosti-*
*tuierten ganz lässig zugeht – Sex als eine Art mechanische Funktion – gele-*
*gentliches Vergnügen an einem Extra-Partner, männlich oder weiblich, belie-*
*big) .Er sagt, er fürchte sich vor dem Geld, obwohl er mürrisch zugibt, daß*
*man genug davon haben muß. Gerade eben genug, für Huren und für Taxis,*
*meint er. Aber es ist jetzt so weit, daß er schon mehr als genug davon besitzt,*
*und es macht ihm Sorgen, weil sowohl Annette als auch Diego viel aufs Geld*
*geben. Annette will, daß er ein Bankkonto einrichtet, er ist dem aber abge-*
*neigt und versteckt das Bargeld lieber im Atelier und im Schlafzimmer*
*nebenan. Dann ist es immer leicht greifbar, wenn er plötzlich auf die Schnelle*
*Geld braucht, um einer Hure aus der Patsche zu helfen.*

*Wir sprachen über das wahrscheinliche Debakel in Indochina nach dem*
*Viet Minh Angriff vor ein paar Tagen. Alberto meint, es wäre für alle das*
*Beste, wenn Frankreich jetzt sofort kapitulieren und sich verdrücken würde,*
*aber da alle Politiker Schurken und Scharlatane seien, würden sie warten bis*
*es für jegliches anständige Übereinkommen zu spät sei. Wenn es um Politik*
*geht, kann sich Alberto ziemlich ereifern, insbesondere wenn er die skrupello-*
*sen Machenschaften der Politiker anprangert. Er sagt, General de Gaulle sei*
*sicherlich ebenso skrupellos wie alle anderen, trotzdem sei er ein Mann, den*
*man bewundern könne. Ich finde das auch. Wir gehen ins Café.*

Bevor ich mit Dora in den Süden fuhr, besuchte ich Alberto
nochmals. Es kam mir manchmal so vor, als lege er es besonders darauf an, mich zu verwirren, vielleicht um mich dazu zu bringen,
Umständen, die mich selbst betrafen, mehr Beachtung zu schenken,
als ich eigentlich fähig war. Während meines letzten Besuchs am

30. März zeigte er zum Beispiel auf ein ziemlich großes, perlgraues Bild eines weiblichen Akts und sagte, »Das da ist für dich.«

»Für mich?« rief ich aus. Das Bild zu besitzen hätte natürlich ein überwältigendes Verlangen befriedigt, aber ich war von der Gelegenheit zu tief ergriffen, als daß ich mich dazu berechtigt gefühlt hätte. »Aber warum?« fragte ich.

Alberto lächelte und meinte, »Also, wenn du mir nicht sagen kannst, warum es dir gehören sollte, dann behalte ich es vielleicht besser?«

Verdutzt sagte ich darauf: »Ich habe zwar keinen Anspruch darauf, aber vielleicht hat es auf irgendeine Art einen Anspruch auf mich, weil ich es für ein sehr schönes Bild halte und ich glücklich wäre, es zu besitzen.«

»Das ist oberflächlich,« meinte Alberto. »Trotzdem ist es vielleicht ein annehmbarer Versuch, an die Frage ranzugehen. Aber das wird wohl ausreichen müssen. Was dein Glück .angeht, das tut nichts zur Sache. Wie auch immer, du kannst das Bild davontragen.«

»Ich weiß nicht, wie ich dir danken soll,« sagte ich.

»Das will ich auch hoffen,« brummte Alberto, »das wäre ja wirklich der Gipfel.«

Auf welche Weise es der Gipfel gewesen wäre, weiß ich nicht. Jedenfalls nicht der Gipfel meiner Anmaßung, denn als ich das Ölbild vom Boden aufhob, sah ich, daß es nicht signiert war. Wie Picasso, signierte Alberto seine Arbeiten erst, wenn sie endgültig seinen Besitz verließen. Ohne eine Spur von Verlegenheit wies ich den Maler auf die fehlende Signatur hin. Jetzt war er es, der in Verlegenheit zu geraten schien, aber das war vielleicht seine perverse Ader. Er sagte, er könne es nicht in Ölfarbe signieren, weil das Tage bräuchte, um zu trocknen und eventuell verschmieren könne. Tinte täte es auch. Er holte seinen Füller hervor und schrieb sehr sorgfältig seinen Namen ins rechte, untere Eck. Dann sagte er zu meinem Erstaunen: »Sollte Annette jetzt reinkommen, darfst du sie nicht merken lassen, daß ich dir ein Bild geschenkt habe.« Was es mit dieser Warnung auf sich hatte, begann ich erst Jahre später zu ahnen. Zum Glück kam Annette nicht herein, und ich ging mit dem Gemälde davon, während Alberto zu seiner Spätnachmittagssitzung im Café aufbrach.

Die Gefahr des Tagebuchschreibens ist, daß man darin ertrinken kann. Die Versuchung in den Tümpel zu tauchen, der das eigene Bild enthält, kann den Schriftsteller dazu verführen, seiner Verpflichtung, den Leidenschaften anderer den Vorrang zu lassen, untreu zu werden. Wiederholt mußte ich meine ausschweifende Selbstbetrachtung rügen, die auf Kosten eingehender und genauerer Schilderungen anderer ging, und deren Eigenheiten, Verhalten, Meinungen und dem genauen Wortlaut ihrer Äußerungen. Bei Picasso, Dora, Alberto, Cocteau, Braque, Balthus und anderen war meine Gewissenhaftigkeit ziemlich zufällig, eher aufs Geratewohl, obwohl ich durchaus auf die Bedeutung derer, die ich für bedeutend hielt, bedacht war. Alberto gerecht zu werden, war am allerschwierigsten, und gerade er war es, den ich in jeder denkbaren Hinsicht am besten behandeln wollte. Seine Sprache war reicher als die Cocteaus, wenn auch ohne die schwungvollen Freistil-Passagen. Er war der Ungewöhnlichste, der Intelligenteste, der Unerklärlichste, der Liebenswerteste. Ja, gewiß hatte die Attraktion, die er auf mich ausübte, auch eine romantische Komponente, aber was es eigentlich war, habe ich erst sehr viel später begriffen. Schon wieder rede ich von meiner eigenen Person, obwohl diese romantische Aura durchaus auch von ihm ausging.

Den Frühling und Sommer verbrachte ich mit Dora in der Provence und sah Alberto nur wenig, wenn überhaupt.

Und dann geschah etwas Überraschendes. Im Juli und September stellte Alberto eine Serie von etwa zwei Dutzend Zeichnungen fertig, für die ihm Henri Matisse Modell saß, den er von allen noch lebenden Künstlern am meisten bewunderte, um im Auftrag der Staatlich Französischen Münzanstalt eine Gedenkmedaille des betagten Malers in Basrelief zu entwerfen. Ihm war an diesen Zeichnungen, die vorzüglich waren, sehr gelegen, er bewahrte sie in einer eigenen Mappe auf und zeigte sie Freunden und Besuchern beinahe mit Stolz, eine Haltung, die ich bei ihm noch nie beobachtet hatte. Eines dieser Porträts von Matisse war eindeutig das beste, darin stimmten alle überein, das Modell inbegriffen. Es war das einzige, auf dem der alte Mann in seinem Rollstuhl sitzend mit zugewandtem Gesicht in Lebensgröße dargestellt war, und es war ganz offensichtlich die Zeichnung, auf die Alberto die größte Konzentration und die längste Sitzung verwendet hatte, was er im übrigen selbst bereitwillig zugab.

Im Laufe des vorausgegangenen Jahres hatte sich Alberto mit Jean Genet angefreundet, dem gefeierten Schriftsteller, dessen Werke Verrat und Gesetzlosigkeit verherrlichten, so wie auch dessen perverse Auffassung von Homosexualität und seine vernichtende Verachtung für das gesamte Gebäude des organisierten sozialen und moralischen Lebens. Eitel, verlogen, von anmaßender Skrupellosigkeit, verfügte er zur gleichen Zeit meisterhaft über die Sprache, war ein charismatischer Unterhalter, und ein wortgewandter Verfechter von Idealen, an die er selbst nicht glaubte. Alberto war von ihm fasziniert und malte von ihm zwei Porträts. So kam es, daß Jean Genet 1954 sehr häufig ins Atelier kam.

Ich war zu gegebener Zeit auch sehr oft dort, da Alberto mich im Herbst gebeten hatte, ihm für eine Zeichnung Modell zu sitzen. Ich habe keine Ahnung, warum er mich als Modell haben wollte. Meistens wählte er sich die, die ihm sehr nahestanden – Diego, Annette, seine Mutter oder Freunde, die schon zu intimen Vertrauten zählten, zu denen ich gewiß nicht gehörte. Wie auch immer, ich war dem Vorschlag alles andere als abgeneigt. Nachdem eine Zeichnung fertig war, bat er mich, noch eine machen zu dürfen. Als diese fertig war, bat er mich am darauffolgenden Nachmittag wiederzukommen und noch einmal zu sitzen, eine Bitte, die ich mit freudigem Herzen erfüllte. Ich muß ihm über einen Zeitraum von vierzehn Tagen immer wieder Modell gesessen haben, währenddem Alberto mindestens fünfzehn Porträts von mir zeichnete. Als er beschloß, daß ich ihm, wie er sich ausdrückte, fürs erste so gut geholfen hatte wie ich es konnte, breiteten wir alle Zeichnungen auf dem Bett in der Ecke des Ateliers aus, und Alberto sagte: »Ich signiere sie jetzt, und dann kannst du sie mit nach Hause nehmen.«

»Was!« rief ich aus, »alle?«

»Alle, die dir gefallen,« sagte er, »das ist doch ganz normal, denn du hast es mir ja ermöglicht, sie zu machen.«

»Aber es sind doch zu viele,« wandte ich ein, bemüht, Bescheidenheit an den Tag zu legen, während ich doch nur Verlangen empfand. Aber das puritanische Ethos von törichter Selbstverleugnung und heuchlerischer Schicklichkeit war so stark, daß ich am Ende nur sechs annahm. Damals kannte ich Alberto noch nicht sehr gut.

So kam es, daß ich mich während dieser Wochen häufiger als sonst im Atelier aufhielt. Als ich eines nachmittags wie üblich unangemeldet erschien – es gab ja kein Telephon – fand ich Annette und Genet allein vor. Eines von Genets Porträts war aufrecht auf dem Bett aufgestellt. Annette stellte uns einander vor, dann ließ sie uns allein. Genet betrachtete sein Porträt, sagte aber nichts. Als das Schweigen sich hinzog und mir peinlich wurde, machte ich eine banale Bemerkung über die Kraft und die getroffene Ähnlichkeit des Porträts, woraufhin Genet mich anfuhr: »Verschwinde! Ich will mit meinem Porträt allein sein!«

Bestürzt und gedemütigt zog ich mich in wütendem Schweigen zurück, zu willensschwach, um mich dem berühmten Schreiber entgegenzustellen. Später beschwerte ich mich bei Alberto über die Behandlung, die mir von seinem Freund widerfahren war. Da lachte er und sagte, ich hätte Genet sagen sollen, er könne mich am Arsch lecken und mich nicht von der Stelle rühren sollen, wozu ich volles Recht gehabt hätte, dann bräuchte ich mich jetzt nicht beschweren. Ich mußte einsehen, daß er wie immer recht hatte. Man verlor kein weiteres Wort über die Angelegenheit. Ich sah Genet erst sechzehn Jahre später wieder. Schon bald hörte er auf, Alberto Modell zu sitzen, veröffentlichte aber ein Jahrzehnt danach ein kleines Buch über den Künstler und sein Werk, das von beispiellosem Scharfsinn und psychologischem Tiefblick war, ein Meisterwerk an Intuition und Verständnis.

Und dann geschah das Überraschende. Eines nachmittags, als ich ins Atelier kam, traf ich Alberto in denkbar aufgewühlter Verfassung an. »Ich bin sehr aufgebracht,« sagte er. Als ich ihn fragte, warum, erklärte er mir, daß die beste der Matisse-Zeichnungen verschwunden sei, die, welche alle am meisten lobten und schätzten. Er und Annette und Diego hatten wiederholt das Atelier und das Schlafzimmer durchsucht, ohne Erfolg. Es gab nur eine Erklärung für das Verschwinden der Zeichnung: sie war gestohlen worden. Aber von wem? Die unangenehme Frage wurde durch die Fragen, die logischerweise folgen mußten, nur noch unangenehmer. Wie kam es, daß ein Dieb ausgerechnet diesen Gegenstand gewählt hatte? Eine sorgfältige Untersuchung ergab, daß im Atelier sonst nichts fehlte, oder auch nur angerührt worden war. Überdies war die Zeichnung nicht signiert, und es war nicht unbedingt für jeden erkenntlich, wer das Modell war. Das fehlende Objekt stellte somit einen weit weniger wertvollen oder veräußerlichen Vermögenswert dar als die Skulpturen und/oder Gemälde, die verschmäht worden waren. Was könnte also das Motiv des Diebes gewesen sein? Der gesunde Menschenverstand vertrat die Auffassung, daß er die besondere Bedeutung dieser Zeichnung erkannt haben müsse, und daß somit das Verschwinden der Zeichnung mit ihrer besonderen Bedeutung zusammenhängen müsse. In beiderlei Hinsicht hatten die Zeichnungen für niemanden eine größere Bedeutung als für den Künstler selbst. Könnte dies etwa andeuten, daß der Dieb eine Absicht verfolgte, für welche die Zeichnung lediglich Symbolcharakter besaß? Alles Fragen ohne Antwort, es sei denn der Dieb selbst bequeme sich zu einer Erklärung.

Alberto war weder zornig noch entrüstet ob seines Verlusts. »Ich bin im Prinzip nicht gegen Diebstahl«, sagte er. Es betrübte ihn das Verschwinden einer Arbeit, die er besonders wertschätzte, sowie die merkwürdigen Umstände, unter denen es geschah. Hauptsächlich bewegte ihn die Hoffnung, die Zeichnung wiederzufinden. Er sagte, er würde bereitwillig das Zehnfache ihres Marktwertes hinlegen, um sie zurückzubekommen. Dafür müßte er aber herausfinden, wer der Dieb war. Diese Person war offenbar jemand, der mit dem Künstler vertrauten Umgang hatte, der seine Arbeit, sein Atelier so gut kannte, daß er dort nach Belieben ein- und ausging, denn es war lächerlich, anzunehmen, daß der Diebstahl der auf schwerem Zeichenpapier ausgeführten, sechzig mal fünfundvierzig Zentimeter großen Zeichnung, in Albertos Anwesenheit stattgefunden haben sollte. Zu jener Zeit waren es aber nur vier Leute, die uneingeschränkten Zugang zu dem Atelier hatten, auch in des Künstlers Abwesenheit. Diese waren Annette, Diego, Genet und ich. Von diesen waren erstere über jeden Verdacht erhaben, also fragte mich Alberto: »Es muß entweder Genet oder du gewesen sein. Warst du es?«

Ich sagte ihm, daß ich es nicht war. Seine Frage beleidigte mich auch nicht, denn Alberto war zu tolerant, zu feinfühlig und zu genau, um jemals irgendwen zu beleidigen. Aber ich war trotzdem überrascht und neugierig. Der einzig andere Verdächtige außer mir war schließlich ein stadtbekannter Dieb, hatte oft genug wegen Diebstahls im Gefängnis gesessen, hatte das Stehlen in seinen Schriften verherrlicht und seine Verachtung von Ehrlichkeit und Vertrauen in künstlerischer Umsetzung zelebriert. War es denn nicht plausibel, fragte ich Alberto, daß diese allgemein bekannten Tatsachen auf den Verbleib der verlorenen Zeichnung hinweisen könnten? Er lächelte. Ob meine Vermutung zufällig etwas mit meinem anhaltenden Groll gegen Genet wegen dessen Unhöflichkeit zu tun habe, erkundigte er sich. Jetzt war es an mir zu lächeln, und ich sagte ihm, das wisse er besser, was er auch zugab. Aber gerade weil Genet eine solch literarische Verherrlichung der Dieberei verfaßt und das unumschränkte Recht zu stehlen verkündet hatte, gerade deshalb war es undenkbar, ihn in diesem Falle zu verdächtigen. Das Band der Freundschaft, Sympathie und des Verständnisses, das sich zwischen dem Künstler und seinem Modell bildet, schloß die symbolische Deutung und die Befriedigung beim Diebesakt aus. Genet war auf jeden Fall zu raffiniert, um so etwas Plumpes zu unternehmen. Außerdem hätte es der Logik, wenn nicht gar der Zwanghaftigkeit des rituellen Diebstahls widersprochen, Alberto zu bestehlen, der von bürgerlichen Konventionen und Skrupeln ebensowenig gebunden war. Das alles sei zwar schön und gut, meinte ich, ich hätte aber gern gewußt, ob Alberto Genet dieselbe Frage gestellt hatte wie mir. Natürlich nicht. Genet wußte, daß die Zeichnung fehlte und hatte nichts dazu gesagt In Anbetracht seiner wohlbekannten Neigungen, käme eine solche Frage einer Beschuldigung gleich, die Anklage würde praktisch seine Schuld schon voraussetzen, ein Standpunkt, der für jeden Menschen mit Anstandsgefühl widerwärtig sein mußte. Kurzum, wenn man Genets Vergangenheit berücksichtigte, die ganzen Ungerechtigkeiten, die er ertragen hatte, und das schuldbeladene Dasein, das er seit seinem zehnten Lebensjahr führte, – dann hätte die Frage eine nicht wiedergutzumachende Kränkung bedeutet, und Alberto sagte, lieber wäre ihm der Verlust des Ateliers mitsamt seinem ganzen Inhalt, als daß er das Risiko eingehe, einen Freund zu beleidigen.

Was mich betrifft, fügte er hinzu, so wußte er, daß er mit der Frage keine Beleidigung riskierte, war ich doch schließlich ein junger Mann aus guter Familie, der dem Mißgeschick durch den Vorzug der guten Gesellschaft entronnen, und aufgrund der Überzeugung, daß gutes Benehmen sich immer durchsetzt, vor der Demütigung bewahrt worden war. Hätte ich die Zeichnung genommen, wäre es nur eine Schwäche gewesen, wenn nicht gar eine verfehlte Geste von Bewunderung, und es gäbe in menschlichen Beziehungen kaum etwas, das dem Glück zuträglicher sei, als die Schwäche eines Freundes verzeihen zu dürfen. (Eine Moral, die Alberto im übrigen in seinem eigenen Leben nicht immer beherzigte). »Es tut mir sogar leid, daß du die Zeichnung nicht gestohlen hast,« sagte er, »denn dann hätte ich sie nicht nur zurückbekommen, sondern gleichzeitig Bestätigung gehabt für mein erfreuliches Gefühl, daß bei dir hinter der bürgerlichen Fassade doch noch das harte Bein der Verworfenheit steckt.«

»Vergiß aber nicht,« sagte ich, »daß mir als Homosexuellen hinter der bürgerlichen Fassade ein Leben in Schuldgefühlen durchaus nichts Fremdes ist.«

»Gerade eben so viel, daß der Genuß von drei täglichen Mahlzeiten gesichert ist,« entgegnete Alberto.

Wie ich schon sagte, war die Diskussion mit ihm nicht von Pappe, obwohl immer unterhaltsam und oft komisch.

Alberto erwähnte das verschwundene Matisse-Porträt in meinem Beisein nie wieder. Das Geheimnis seines Verschwindens wäre also intakt geblieben. Mit der Zeit aber vertiefte es sich, und seinen Tiefen entstieg allmählich eine ziemlich abstoßende, aber logische Klarheit.

Es dauerte nicht lange, da teilte Genet Alberto mit, er habe genug vom Modellsitzen und sei nicht mehr dazu bereit. Er erklärte dazu, daß die dauernde Musterung durch den sezierenden Blick des Porträtisten ihn allmählich zum Objekt reduziere. Obwohl Alberto ärgerlich war über den Verlust seines Modells, machte er ihm das bessere der beiden Porträts zum Geschenk. Er meinte, ihm käme Genets Einstellung ziemlich literarisch vor, was vielleicht bedeutet, daß er die Beweggründe seines Freundes nicht verstehen wollte. Ihm literarische Gründe zuzuschreiben, hieße, anders ausgedrückt, daß sie für Genet lebenswichtig waren. Im Laufe der Zeit lieferte der Schriftsteller auch ein literarisches Zeugnis dafür, daß das Modell den Künstler mit einem geradezu unwahrscheinlich tiefgehenden Scharfblick wahrgenommen hatte. Zum Glück fand Alberto bald schon zwei neue Modelle, die ihn weit mehr besetzten, als es Genet je getan hatte.

Im Juni jenes Jahres, 1954, war in einer obskuren, kurzlebigen Zeitschrift namens *La Parisienne* ein kurzer Artikel von mir erschienen, indem ich Albertos Arbeit pries. Im Herbst forderten mich meine Freunde Georges und Peggy Bernier auf, einen weit längeren Artikel über ihn zu schreiben, der in der ersten Nummer von *L'Œil*, einer neuen, von ihnen herausgegebenen Zeitschrift für Kunst erscheinen sollte. Dies war eine ernsthafte Herausforderung. Bis dahin war noch nicht viel über Alberto geschrieben worden, in der Hauptsache von hervorragenden Kunstkritikern, wie Georges Duthuit, Carola Giedion-Welcker. Michel Leiris, Francis Ponge und Jean-Paul Sartre. Die Zeitschrift *L'Œil* versprach eine wichtige Veröffentlichung zu werden, und mein Artikel würde mit zahlreichen Photos bebildert sein. Mich schüchterte die Herausforderung, den Artikel zu schreiben nicht weniger ein als der Künstler selbst, obwohl man uns zu der Zeit, nehme ich an, schon für Freunde halten konnte. Ich erzählte Alberto über den vorgeschlagenen Artikel und erwähnte dabei meine Bedenken. Er tat sie einfach ab. »Mach dir darum keine Sorgen«, sagte er, »du mußt das in größeren Zusammenhängen betrachten. In hundert Jahren wird es völlig egal sein, was du geschrieben hast. Ich glaube, du magst meine Sachen. Sie verdienen es zwar nicht, aber egal. Du bist Schriftsteller, also ist es dein Los zu schreiben. Eine hoffnungslose Situation, wie die Meinige. Hier ist dein Artikel: ein Künstler ist ein Scharlatan ohne Hoffnung. Du kannst ruhig schreiben, daß ich das gesagt habe. Mach dir keine Sorgen, niemand wird dir die Schuld geben.«

Ich machte mir aber Sorgen und fürchtete die Beschuldigungen, sollte ich den Werken, die ich ja tatsächlich schätzte, nicht gerecht werden, oder dem Künstler, der sie geschaffen hatte, und den ich mehr bewunderte als irgendeinen Menschen sonst. Ich sprach mit meinen Freunden über meine Sorgen, und sie hörten mir freundlich, aber unbeteiligt zu. Eines Abends im Café de Flore, als ich mich wieder über meine Schwierigkeiten ausließ, lehnte sich ein Mann am Nebentisch zu mir herüber und sagte auf Englisch: »Entschuldigen Sie, wenn ich mich einmische, aber hörte ich Sie nicht eben von Giacometti sprechen?«

Ja, sagte ich, und dann teilte er mit, daß er ein Freund des Bildhauers sei, und sich frage, was wohl meine Verbindung mit ihm sei. Ich erklärte ihm, daß auch ich mit Alberto bekannt sei und mich gerade mit einem Artikel herumquälte, den ich über ihn schreiben solle. Der Fremde, ein Engländer etwa in meinem Alter, aber dick und mit schütterem Haar, stellte sich mit rechter Feierlichkeit vor, so als müsse jeder Wohlinformierte auf den Namen David Sylvester sofort reagieren. Ich tat das aber nicht. Noch nicht. Da er sich sehr für meinen Artikel interessiere, wollte Sylvester ihn auf der Stelle lesen. Das sei leider nicht möglich, erwiderte ich, da nur einen ersten Entwurf vorläge, der handgeschrieben und für keinen außer mir leserlich wäre. Dies schreckte den beleibten Engländer jedoch nicht ab. Wo sich das Manuskript denn befände, erkundigte er sich. In meinem Hotelzimmer in einem kleinen Hotel in der Nähe. Dann müsse ich auf der Stelle losziehen und es holen, erklärte er mit gebieterischer Gelassenheit, dann könnten wir gemeinsam in sein Hotelzimmer in der Rue de Seine gehen, wo ich ihm den Text laut vorlesen würde und er mich von seiner Kritik profitieren ließe, die vermutlich von großem Nutzen für mich wäre. Es war fast ein Uhr früh, und ich hatte überhaupt keine Lust, die halbe Nacht wachzubleiben, und meine schwerfälligen Bemühungen dem Urteil dieses mir unbekannten, selbstherrlichen und aufgeblasenen Kritikers auszusetzen. Trotzdem war das unerwartete Angebot von Hilfe reizvoll genug, daß ich einwilligte. Ich ließ die Freunde im Café und ging das Manuskript holen. Sylvester wartete allein auf mich an der Ecke der Rue Saint-Benoît. Auf dem Weg in sein Hotel sprachen wir wenig, und ich überlegte mir, ob es von mir nicht sehr naiv war, mich der Gefahr eines äußerst unerfreulichen Bocksprungs auszusetzen, von seiten dieses übergewichtigen, beinahe-häßlichen, unbekannten Menschen. Es war mir nicht klar, ob er homosexuell war oder nicht., aber es ging etwas unangenehm Zwitterhaftes von diesem Menschen aus. Meine Sorge erwies sich jedoch als unbegründet.

Sein Hotelzimmer war sogar noch kleiner als meins. Er streckte sich auf dem Bett aus, während ich auf dem einzigen, unbequemen Stuhl im Zimmer saß und voller Befangenheit dem ostentativ sinnierenden Sylvester meinen Text vorlas. Als ich damit fertig war, zog er seine Gummilippen zusammen und seufzte vielbedeutend, bevor er zu sprechen anhub. Schließlich sagte er, er habe mir nicht geglaubt, als er mich im »Flore« über Giacometti schwafeln hörte. Diesen Irrtum könne ich ihm aber verzeihen, da ich ja etwas geleistet habe. Zwar nichts bahnbrechend Neues oder überragend Wichtiges, keine erstrangigen Beobachtungen, aber ich hätte trotz allem Zugang – authentischen Zugang – zu Albertos Bedeutung. Und darauf käme es an. Es träfe sich, daß auch er gerade über Alberto etwas verfasse, weil er eine überaus wichtige Ausstellung von Giacomettis Arbeiten für den Kulturausschuß der britischen Regierung in London organisiere. Im Frühjahr sei die Eröffnung. »Vielleicht kommen Sie, um sie sich anzusehen,« sagte er abschließend.

»Zu der Zeit werde ich in Amerika sein,« sagte ich.

»Wie schade,« sagte Sylvester. »Jetzt muß ich schlafengehen. Alberto wird Ihren Artikel gut finden. Sie brauchen sich keine Sorgen machen. Auf Wiedersehen. Wir sehen uns bestimmt eines Tages wieder.«

Dieser Tag sollte mit Sicherheit kommen, obwohl erst im Jahre 1970, als unsere Beziehung nach und nach auf ihre betrübliche Neige zusteuerte, wie eigentlich schon vorauszusehen war, als ich widerspruchslos einwilligte, mitten in der Nacht meine ersten ernsthaften Schreibversuche über Alberto in Sylvesters Hotelzimmer laut vorzulesen. In der Zwischenzeit hatte David für ein denkwürdiges Gemälde Modell gesessen und in London eine Giacometti-Retrospektive organisiert, die noch wichtiger war als seine erste Ausstellung. Sein Status als Autorität von Giacometti-Werken war somit unbestreitbar.

Ich hatte meine Überfahrt nach Amerika für Mitte November gebucht und der Zeitpunkt meiner Rückkehr war noch sehr unsicher. Deshalb überführte ich meinen gesamten Besitz, wie ich es in jenen Jahren immer tat, was jedesmal einen ziemlichen Aufwand bedeutete, das Packen von Schrankkoffern, (die auf der Reise nicht benötigten Dinge), und das Verstauen der Bücher in Blechkisten. Unweigerlich gelang es mir, meine Freunde in den Wirbel um meine unmittelbar bevorstehende Abreise einzuspannen. Marie-Laure verschickte Einladungen zu einer Abschiedsparty. Bernard versprach eine Soirée. Sogar Dora schlug ein Abschiedessen zu zweit vor. Auch Alberto wollte eine Abschiedsgeste machen. Sie war fürstlich. Als ich an jenem Novembernachmittag in die Rue Hippolyte-Maindron kam, fand ich den Bildhauer eifrig dabei, an einer großen Büste seines Bruders herumzuzupfen. Seine Hände waren voller Ton, also ergriff ich sein Handgelenk und schüttelte es, eine Grußform, die sich mittlerweile eingebürgert hatte. Er wies mit dem Kopf auf den langen Tisch unterhalb des Atelierfensters. Inmitten des Gerümpels von staubigen Terpentinflaschen, eingetrockneten Malpinseln und ausgedienten Paletten standen drei Büsten Diegos aus Bronze. »Ich möchte, daß du ein Andenken nach Amerika mitnimmst,« sagte er. »Diese drei Dinge standen in unserem Lager, und Diego hat sie heute morgen mitgebracht. Wenn dir eins davon gefällt, dann nimm es mit.«

Die Wahl fiel mir leicht. Ich entschied mich für die Skulptur, die mir am typischsten erschien für Albertos beste Leistungen. Die Ähnlichkeit mit seinem Bruder war bemerkenswert, und sie war auch die größte von den Dreien, etwa 30 Zentimeter hoch mit einer dunkelbraunen Patina. Ich hielt sie in beiden Händen und sagte: »Wie kann ich dir nur dafür danken?«

Alberto sagte: »Vielleicht werde ich sie wieder zurückhaben wollen, wenn ich deinen Artikel in *L'Œil* gelesen habe, fürs erste aber habe ich den Eindruck, daß dir das kleine Stilleben mit den Äpfeln da drüben auf dem Boden, am Fußende des Bettes ganz gut gefallen hat.«

Er war von einer unheimlichen Wahrnehmungsgabe. Ich hatte über das Stilleben von mehreren Äpfeln in einer Schale nie ein Wort verloren, hatte es aber mehrfach hochgehoben, um es aus der Nähe zu bewundern. Das Bild war zwar nicht groß, dafür aber ungewöhnlich stark und intensiv, in einem Rembrandtschen Chiaroscuro von dunkelbraunen, grauen und schwarzen Farbtönen gehalten. Kein Sujet hätte einfacher sein können, aber kein anderer Künstler jener Epoche hätte es mit solcher Unmittelbarkeit und Kraft wiedergeben können. »Du hast recht,« sagte ich, »es ist ein wunderbares Bild«.

»Dann nimm es mit dazu,« sagte Alberto. »Es ist kein einfaches Bild. Ich mag es auch, weil es ein Scheitern darstellt, das knapp der Gefahr des Gelingens entgangen ist. Drum bin ich froh, es loszuwerden.«

»Du bist zu großzügig,« sagte ich, aber ich lehnte das Bild nicht ab. Es war schwierig, Alberto seinen Dank auszusprechen, denn seine Auffassung von Großzügigkeit war eine moralische, keine materielle. Ich sagte ihm, ich wollte ihm aus Amerika schreiben, und daß ich hoffte, mein Artikel fände seinen Beifall, wenn er in ein paar Monaten ins Französische übersetzt und in *L'Œil* veröffentlicht worden war. Unser Abschied voneinander war herzlich, aber zurückhaltend.

Ich ging noch ins Atelier auf der anderen Seite des Gangs, um mich bei Diego zu verabschieden, der wie immer liebenswürdig, aber verhalten war, beinahe unwirsch. Er nahm von der Büste und dem Gemälde, die ich in den Händen hielt, keinerlei Notiz.

Als ich aus dem Hausgang auf die Straße hinaustrat, traf ich Annette, die gerade heimkehrte. Im Gegensatz zu Diego starrte sie auf das Bild und die Büste mit auffälligem Staunen. »Was machst du denn mit diesen Sachen?« verlangte sie zu wissen, wobei ihrer Haltung und Stimme deutlich anzumerken war, daß sie mein Recht, diese davonzutragen, anzweifelte.

»Alberto hat sie mir eben gerade geschenkt«, erklärte ich, »zum Abschied, weil ich in ein paar Tage nach Amerika abreise.«

»Da kannst du dich aber glücklich schätzen,« sagte sie in einem Ton unüberhörbarer Verärgerung, »Ich weiß gar nicht, was in ihn gefahren ist. Er hat dir ja auch all die Zeichnungen geschenkt, die er von dir gemacht hat. Du solltest wissen, daß es nicht seine Art ist, seine Arbeiten an den erstbesten Dahergelaufenen zu verteilen. Genaugenommen, ganz das Gegenteil. Sie gehören natürlich ihm, und er kann damit machen, was er will. Trotzdem, meinen herzlichen Glückwunsch dazu, und gute Reise.« Damit ging sie hinein, ohne mir die Hand zu reichen.

Ich reiste jedoch nicht ab wie geplant, denn zwei Tage vor dem Auslaufen des Schiffes stürzte ich auf der Treppe des Café de Flore und brach mir den linken Knöchel. Dieser Unfall erforderte einen chirurgischen Eingriff, und einen zehntägigen Aufenthalt im Amerikanischen Hospital, welches am entlegensten Ende des Vororts Neuilly gelegen war. Während ich dort lag, bat ich meinen Freund Bernard, mir die von Alberto geschenkte Büste und das Bild zu bringen, und ich stellte sie auf dem Nachttisch neben meinem Bett auf, damit sie mir Gesellschaft leisteten, während ich ungeduldig genas. Mein Erstaunen war groß, als ich eines nachmittags aus meinem

Dösen erwachte, und den Künstler höchstpersönlich neben meinem Bett sitzen sah! Damals wußte ich schon ganz genau, daß Alberto nur extrem widerwillig seinen feststehenden Arbeitsplan unterbrach, ganz egal aus welchen Gründen. Daß er noch dazu vom fernen 14. Arrondissement im Taxi bis in einen entlegenen Winkel von Neuilly aufgebrochen war, um einen kranken Bekannten zu besuchen, das stand schon fast im Widerspruch zu seinem Charakter. Ich wußte nicht einmal, wie er von meinem Unfall erfahren hatte, denn damals gab es in der Rue Hippolyte noch immer kein Telephon. Und doch saß er da. Als ich viele Jahre später Diego von diesem Krankenbesuch erzählte, weigerte sich der jüngere Bruder zunächst, an ein solches Abweichen von der üblichen Gewohnheit zu glauben. Als ich aber die Tatsache beteuerte, schüttelte er den Kopf und sagte, das sei noch nie vorgekommen. Alberto blieb fast eine Stunde lang bei mir. Wir redeten und lachten miteinander. Es überraschte ihn, die Plastik und das Bild auf meinem Nachttisch zu sehen; er hob die Bronzebüste hoch, drehte sie hin und her und murmelte: »Ich sollte mich schämen, dir etwas so Miserables zu schenken.« Ich schalt ihn für seine scheinbare Unredlichkeit, aber er beharrte darauf, daß er keine Hoffnung habe, jemals wiedergeben zu können, was ihm Realität erschien. Trotzdem, sagte er, mache er sich weiterhin vor, der Tag werde kommen, an dem er dem unerreichbaren Ziel einen halben Schritt näher gekommen wäre. Es war unmöglich, seine Aufrichtigkeit zu bezweifeln.

Meine Genesung hielt mich acht Wochen länger in Frankreich fest als ich geplant hatte. Ich sah Alberto noch zwei oder drei Mal. Er erzählte mir, wie er am rechten Fuß verletzt wurde, als eine Frau ihr Auto nicht habe halten können und ihn am Place des Pyramides überfuhr. Infolgedessen sei ihm ein leichtes Hinken geblieben. Er sagte, es sei eines der wichtigsten und nützlichsten Erfahrungen seines Lebens gewesen. Später einmal, im Gespräch mit Diego, wollte ich wissen, ob es die Art meines Unfalls war, der ich Albertos Krankenbesuch verdankte, aber dann war es auch schon zu spät, um ihn zu fragen. Nicht etwa, daß ich mir das je erlaubt hätte.

Als mein Artikel in *L'Œil* erschien, war ich bereits in Amerika. Alberto schrieb mir, wie sehr er ihm gefallen habe. Er behauptete sogar, es sei der beste Artikel, der bisher über ihn und seine Arbeit geschrieben worden sei. Dies stimmte natürlich nicht. Im Laufe der Zeit begriff ich, daß er für gewöhnlich den jüngst erschienen Artikel für den besten hielt. Vielleicht vergaß er die früheren einfach. Er hob sie nie auf, und im Gegensatz zu Picasso engagierte er auch keine Agentur für das Sammeln von Zeitungsausschnitten. Es war für ihn fast bedeutungslos, was man über ihn und seine Arbeiten schrieb, in Anbetracht seines Ziels, das für ihn an erster Stelle stand, und das er ohne große Aussicht auf Erfolg in nicht vorhersehbarer Zukunft einmal zu erreichen suchte.

Mein Artikel überquerte den Atlantik und verschaffte mir die Bekanntschaft eines gewissen Herrn James Johnson Sweeney, dem Direktor des Solomon R. Guggenheim Museums, einer Einrichtung, die damals noch in einer alten Villa an der Fifth Avenue untergebracht und noch nicht in die unpassenden Räumlichkeiten des von Frank Lloyd Wright entworfenen Gebäudes verbannt war, eines Architekten, der weder Sinn für Kunstwerke noch für deren gefällige Zurschaustellung besaß. Sweeney war ein großer Mann mit einem offenen Gesicht, ein seltener Kunstkenner und Gentleman der alten Schule, der in Fragen des Geschmacks und der Überzeugung zu keinem Kompromiß bereit war. Im Winter des Jahres 1955 war er in Vorbereitungen für eine retrospektive Ausstellung von Albertos Werken begriffen, die erste, die in New York stattfand, und meiner Meinung nach die am besten arrangierte Ausstellung, die überhaupt je gezeigt wurde. Als er erfuhr, daß sich einige Stücke in meinem Besitz befanden, bat er mich um eine Leihgabe für seine Ausstellung. Er wählte sofort das kleine Bild mit den Äpfeln und eine der Zeichnungen von mir. Das gesamte Museum war für den Anlaß frisch geweißelt worden, und sämtliche Skulpturen, Gemälde und Zeichnungen waren mit unfehlbarem Gespür für ihre auffälligsten ästhetischen Merkmale placiert worden. Die Presse nahm gebührende Notiz von der Ausstellung, die *Cognoscenti* kamen sie bewundern, und Pierre Matisse, Albertos New Yorker Galerist, verkaufte ein paar Stücke – widerstrebend, wie es seine Art war. Aber die breite Öffentlichkeit strömte nicht in diese eleganten Ausstellungsräume, die schon so bald zerstört werden sollten. New York war besetzt von der Wichtigtuerei der abstrakten Expressionisten und noch nicht für Alberto bereit. Bis dahin sollte noch ein ganzes Jahrzehnt vergehen.

Ich verbrachte vierzehn Monate in Amerika, ein mühsamer Versuch, um herauszufinden, ob ich mich dem Leben in meinem Heimatland anpassen könnte. Da die Antwort negativ auszufallen schien, packte ich abermals alles, was ich besaß, zusammen und buchte meine Überfahrt auf demselben Linienschiff, auf welchem ich die Seereise von Frankreich aus angetreten hatte. Da ich Geld brauchte, verkaufte ich mit Bedauern einige Kunstwerke, darunter auch die Bronzebüste von Diego, die Alberto mir zum Abschied geschenkt hatte. Sie brachte mir zweitausend Dollar, die gleiche Summe, die ich für eine große, frühe Cézanne-Zeichnung eines nackten Jünglings bekam – in jenen Tagen eine ganz beachtliche Summe.

Als ich in Paris ankam, waren Alberto, Diego und Annette mit die ersten Leute, die ich aufsuchte. Ich erzählte Alberto, daß ich sein Geschenk verkauft hatte, und er sagte: »Na, es gehörte ja dir.«

»Ich habe mich ungern davon getrennt, aber ich brauchte das Geld, um wieder hierherzureisen. Du bist mir doch nicht böse?«

»Was du mit deinem Eigentum anfängst, geht mich nichts an. Ich freue mich aber, daß du den Mut gehabt hast, es mir zu sagen, denn ich wußte es ohnehin schon. Dein Käufer hat es nämlich Pierre zum Verkauf angeboten, und der hat es mir erzählt. Die Kunstwelt ist eine sehr kleine Welt, mußt du wissen, und früher oder später erfährt jeder alles. Aber ich betrachte es als eine gute Anlage, daß ich dir diesen Diego-Kopf gab, da er dich wieder hierher zurückgebracht hat, und ich freue mich, dich wiederzusehen. Allerdings fühlt es sich schon komisch an, dein Sugar-Daddy zu sein. Andererseits ... ich bin tatsächlich alt genug, um dein Vater sein zu können.«

Wir lachten beide, und natürlich war es komisch, obwohl ich mir sicher bin, daß es keiner von uns damals verstand.

Alberto und Diego schienen mir wie immer, – wobei »immer« in diesem Fall vier Jahre waren, die ich auch nicht durchgehend in Paris verbracht hatte. Aber ich hatte viel und oft an sie gedacht, insbesondere an Alberto, hatte viel über ihn in mein Tagebuch geschrieben und ihn an die Spitze meiner spirituellen Hierarchie gesetzt. Über Annette hatte ich nie besonders viel oder oft nachgedacht, weil ich von Anfang an das Gefühl hatte, dabei spränge nicht allzuviel heraus. Sie war sympathisch, verträglich, hielt mit löblichem Elan Albertos Frotzeleien aus und war als Modell für ihn unentbehrlich.

Aber sie verstand nicht viel von Kunst im allgemeinen und schien sich auch nicht speziell für Albertos Arbeit zu interessieren. Ich fragte mich oft, worüber in aller Welt sie wohl miteinander sprachen, wenn sie allein waren, denn die Bedeutung der Hemdbrust in Cézannes Porträt von Vollard war ihrem Verständnis so fern wie das ferne Gestirn Aldebaran. Noch schien sie im geringsten daran interessiert, Wissen zu erwerben, das ihr Verständnis der außerordentlichen Situation vertieft hätte, in welche sie der Zufall, durch ihre eigene hartnäckige Entschlossenheit begünstigt, versetzt hatte.

In jenem Frühjahr des Jahres 1956 schien es mir jedoch, als habe Annette sich verändert, als sei sie nicht mehr die mädchenhafte, kichernde, etwas alberne, aber durchwegs gutmütige junge Frau, die ich zuvor gekannt hatte. Stattdessen fand ich jetzt eine Person vor, die oft mißmutig und gereizt war, die nicht mehr wie früher, die Späße ihres Mannes auf die leichte Schulter nahm und zuweilen Ausbrüchen von giftig-sarkastischer Verdrießlichkeit freien Lauf ließ. Überrascht von dieser Wandlung, glaubte ich mich zwar nicht berechtigt, sie Alberto gegenüber zu erwähnen, solange er nichts sagte, ich sah aber keinen Grund, weshalb ich nicht mit Diego darüber sprechen sollte. Als ich die Veränderung in Annette erwähnte, die ich beobachtet zu haben glaubte, hatte er nur ein Schnauben und Achselzucken dafür übrig, dann sagte er: »Es gibt nur zwei Dinge, die sie kann: den Hof fegen und zum Zahnarzt gehen. Aber jetzt will sie plötzlich leben wie eine Grande Dame, jetzt wo Alberto viel Geld verdient. Sie will von hier wegziehen und mit Alberto zusammen eine Luxuseinrichtung bewohnen. Stell dir nur sowas vor! Ihr Recht als Ehefrau, behauptet sie. O, sie muß ihn ganz schön bearbeitet haben, damit er sie heiratet. Und jetzt reicht ihr das nicht einmal. Ja, sie hat sich verändert. Schade. Als sie noch eine Kleinbürgerstochter aus der Genfer Vorstadt war, da war alles noch in Ordnung. Jetzt wird alles nur noch schlimmer werden, du wirst schon sehen, armer Lord. Weißt du, Alberto ist nämlich sehr naiv.«

Das wäre gewiß das allerletzte, was ich über ihn gesagt hätte, wobei tatsächlich die absolute Integrität seines Charakters womöglich mit einer gewissen Naivität verbunden gewesen sein mag. Diego mußte es schließlich wissen, und zehn Jahre später hatte ich guten Grund zu dieser Annahme. Es gab aber immer noch so manchen lustigen und unbeschwerten Ausflug, wie ich ihn oft mit den Dreien unternommen hatte, seit der unerwarteten Geburtstagsfeier im »Les Tamaris«. Wir gingen zu viert hin und wieder mal spät essen, ins »La Palette« oder »La Coupole«, oder manchmal auch ins Kino, was die beiden Brüder regelmäßig veranlaßte, ihre beharrliche Meinung zu äußern, der Kientop sei besser gewesen, bevor er sprechen lernte. Alberto streichelte Annettes Haar und nannte sie »mein kleines Mädchen«. Sie hätte tatsächlich, ebenso wie ich, sein Kind sein können. Ich dachte, und hoffte vor allem, daß sich Diegos düstere Vorahnungen vielleicht doch als irrig erweisen würden.

Nach Genets Abgang betrat eine noch exotischere Gestalt das Leben in der Rue Hippolyte Nr. 46: ein japanischer Professor der Philosophie namens Isaku Yanaihara, achtunddreißig Jahre alt, zeitweilig von seiner japanischen Universität beurlaubt, um an der Sorbonne zu studieren. Er hatte sich auf Empfehlung eines Freundes in seiner Heimat mit Alberto verabredet, um ihn kennenzulernen, und war auch gebührend beeindruckt von dem Künstler, der sich mit ihm über Hegel unterhalten konnte. Schon sehr bald hatte er den Brauch übernommen, nachmittags im Atelier vorbeizuschauen um zu plaudern. Es dauerte nicht lange, bevor der Künstler den Professor aufforderte, ihm Modell zu sitzen, und kurz darauf war Annettes schlechte Laune wie durch Zauberei getilgt, als sie nämlich Yanaiharas Geliebte wurde – eine Situation, die Alberto, wie er behauptete, voll und ganz begrüßte.

Ich mochte Yanaihara nicht, ich fand ihn arrogant und unnahbar, und die förmliche, wenn auch falsche, traditionell-japanische Höflichkeit, ging ihm völlig ab. Außerdem glaube ich, daß er mich auch nicht besonders mochte. Vielleicht, daß ich ihn als Amerikaner an die schmähliche Niederlage seines Landes erinnerte. Auf alle Fälle, ich bemühte mich nicht gerade darum, mich einzuschmeicheln, wenn ich Yanaihara im Atelier antraf. Ob Alberto dies je bemerkte, weiß ich nicht. Und wenn, dann war es ihm wahrscheinlich egal, denn im allgemeinen behielt er seine Freunde oder Bekannten lieber in getrennten Schubfächern und bevorzugte Begegnungen unter vier Augen. Er hat mich nie jemandem vorgestellt. Einige seiner Freunde wie Balthus, Michel Leiris und Olivier Larronde lernte ich nur kennen dank des Zusammenschmelzens von Künstlerkreisen, wie es allein in Paris vorkommt.

Wenn Alberto zu tun hatte oder nicht da war, verbrachte ich jetzt manchmal meine Zeit mit Diego, der immer da war, immer mit der gewissenhaften Erfüllung irgendeiner Aufgabe für seinen Bruder beschäftigt, aber stets zu einem Gespräch aufgelegt, während er an seiner Arbeit saß. Als er seine natürliche Zurückhaltung allmählich überwand, fand ich in ihm einen weit bequemeren Gesprächspartner als Alberto es war. Er zwang einen nicht zum Nachdenken, denn er war nicht in Gedanken vernarrt. Er liebte allerlei Klatsch und groteske Geschichten. Alberto tat das zwar auch, aber bei ihm war so etwas immer untermauert von theoretischen Spekulationen. Es stellte sich heraus, daß auch Diego den japanischen Professor nicht leiden konnte, den er für unhöflich und kriecherisch hielt. Wenn sie sich im Atelier begegneten, machte sich Yanaihara gar nicht erst die Mühe, Diego zu grüßen, und Diego seinerseits versuchte auch nicht, die Verachtung zu cachieren, die er für das Modell seines Bruders und den Liebhaber seiner Schwägerin empfand. Und sooft der Unwille Diegos Miene umwölkte, war seine Verärgerung oder ein drohender Ausbruch unverkennbar. Die Giacomettis hatten ein stürmisches Temperament und wurden ohne jede Hemmung laut, wenn sie in Zorn gerieten. Der Aufruhr war aber für gewöhnlich von kurzer Dauer und ließ sich schnell beilegen.

Alberto tadelte mich einmal und hatte einmal meinetwegen einen Wutausbruch, was für die ganzen vierzehn Jahre, die die Bekanntschaft, mit Unterbrechungen, währte, keine so ganz schlechte Bilanz ist, in Anbetracht meiner Unbekümmertheit und intellektuellen Unzulänglichkeit, die manches Mal gewiß sehr aufreibend war. Der Tadel kam im November 1956 als eiskalte Überraschung. Ich hatte einen langen, moralisierenden Brief an Picasso geschrieben, und in der Tagespresse veröffentlicht, indem ich ihn, ein engagiertes Mitglied der kommunistischen Partei, öffentlich für seine Nicht-Verurteilung der brutalen sowjetischen Unterdrückung des Ungarnaufstands anprangerte. Als ich nach der Veröffentlichung des Briefes das nächste Mal ins Atelier kam, begrüßte mich Alberto mit spannungsgeladenem Schweigen. Er antwortete nicht auf mein »Hallo«. Offenbar stimmte da irgendetwas ganz und gar nicht. Ich wußte, daß er mich über den Anlaß nicht in seliger Unwissenheit belassen würde, also verhielt ich mich vorerst still. Nach einem Moment, der so lang schien wie eine Ewigkeit, sagte Alberto: »Du hast Unrecht getan.«

»Ich nehme an, du meinst den Brief an Picasso«, sagte ich.

»Es war möglich, ihn zu schreiben. Ihn aber zu veröffentlichen, hätte unmöglich sein sollen.«

»Warum?« wollte ich wissen, »ist den Picasso über jede Kritik erhaben? Du sagst doch selbst ständig, wie sehr du ihn als Mensch ablehnst, und wie sehr dir auch seine Kunst mißfällt.«

»Das mag schon sein,« gab Alberto zu, »ich habe ein Recht auf meine Meinungen. Ich habe aber kein Recht, eine öffentliche Verurteilung auszusprechen, zumal ich selbst ja auch eine Bedrohung des öffentlichen Wohls darstelle. Und du auch. Und wie Picasso. Weißt du, Plato hatte recht mit dem, was er über die Künstler sagt, und ich will darüber gar nicht diskutieren. Du hast Unrecht getan. Ob Picasso recht hat, ist irrelevant. Willst du's mit der Logik der Irrelevanz aufnehmen?«

»Nein, natürlich nicht,« gab ich kleinmütig bei. »Aber ich habe doch auch über dich geschrieben und den Text veröffentlicht. War das auch unrecht?«

Alberto lächelte. »Einer von uns ist vielleicht ein kleiner Jesuit,« sagte er dann, und wir sprachen nie wieder über den Brief an Picasso, obwohl dieser unvermeidlich in unseren Gesprächen auftauchte, wie der Schneemensch oder General de Gaulle.

Im April des folgenden Jahres, während ich bei Marie-Laure in Hyères zu Gast war, erkrankte ich an Mumps, einer an sich harmlosen Kinderkrankheit, die aber, wenn sie nach der Pubertät auftritt, zu schmerzhaften und hinderlichen Folgeerscheinungen führen kann. Dies war bei mir der Fall. Ob die Hodenschwellung bei mir Sterilität verursachte oder nicht, werde ich nie wissen; der einzige Vorteil, den mir das Erleiden dieser Krankheit brachte, war der, daß ich nachher von Alberto erfuhr, daß auch er diese Krankheit nach der Pubertät durchmachte und infolgedessen zeugungsunfähig wurde. Aber er meinte, das sei wahrscheinlich auch ganz gut so, denn Kinder wären für ihn nur lästig, und er als Vater sicher von erbärmlicher Unfähigkeit gewesen. Aber da war natürlich Annette, die sich jetzt nach Mutterschaft sehnte, obwohl sie von Anfang an wußte, daß ihr Mann keine Kinder zeugen konnte. Alberto riet ihr, sich einen Ersatzvater zu besorgen, jeder x-beliebige wäre da recht, behauptete er. Aber Yanaihara, der über mehrere Jahre zwischen Tokyo und Paris hin- und herflog, war bereits Vater, und hatte für Annettes Sehnsucht nach Mutterschaft nicht viel Verständnis. Frustriert, sich ungeliebt und unverstanden fühlend, wurde sie nur noch gereizter und schlechter gelaunt. Alberto hatte Schuldgefühle, wodurch seine Stimmung sich auch nicht gerade verbesserte, und es kam zu Szenen. Diego verfolgte die Entwicklung der verwirrten ehelichen Situation mit Bestürzung, denn er sah, daß der Fehler hauptsächlich bei seinem Bruder lag, der doch ein denkender Mensch war, wogegen seine Frau ein ganz und gar ihren Gefühlen ausgeliefertes Wesen sei. Aber er hätte Alberto niemals in irgendeiner Weise beschuldigt, denn er wußte wohl, daß der Genius seinen Besitzer sogar der Willensfreiheit beraubt.

Jetzt gab es keine sorglosen Abende mehr im »Les Tamaris«. Diego hatte anscheinend beschlossen, sich aus dem ganzen Konflikt zwischen Alberto und Annette rauszuhalten. Er hatte seine eigenen Freunde, zu denen nach und nach auch ich zählte. Hin und wieder gingen wir miteinander essen, fast immer in einem italienischen Restaurant in der Rue des Canettes. Danach gingen wir meistens auf einen Schlummertrunk ins »Flore«, obwohl wir bereits mehr als genug gebechert hatten. Dort war es dann auch, daß er eines abends zu meiner Verblüffung Albertos Arbeit erbittert verurteilte, wobei er ausrief, daß diese ausgezehrten Figuren gar keine richtigen Skulpturen seien, daß jeder Kunststudent es ebensogut könne, wenn nicht sogar besser, und daß er es durchaus wissen müsse, da ja jede von Albertos Skulpturen durch seine Hände gehe, und er sie genausogut herstellen könne wie sein Bruder, – dabei hämmerte er fortwährend auf dem Tisch herum und keuchte vor Verzweiflung. Zum Glück war dieser Ausbruch von kurzer Dauer, und ich hörte nie wieder ähnliches von ihm. Zuweilen aber seufzte Diego und sagte: »Ach, Alberto kann sehr schwierig sein, weiß Gott, sehr, sehr schwierig kann er sein.« Aber nachdem er von uns gegangen war, sagte der leidtragende Bruder manchmal: »Alberto war mein Glück.« Das war er mit Sicherheit, aber Diego war schließlich auch ein Giacometti, und verstand es, aus seinem Glück etwas zu machen.

Von Zeit zu Zeit kamen Balthus und seine sogenannte Nichte von ihrem Landschloß nach Paris, um sich ein paar Tage zu zerstreuen, wobei ich ihm manchmal begegnete. Da ihm bekannt war, daß ich mich regelmäßig mit Alberto traf, schlug er vor, – da es noch immer kein Telephon gab – daß ich einen Tag ausmachen sollte, an dem wir uns alle gemeinsam zum Essen verabredeten. Ich willigte gern ein und sprach mit Alberto, und wir einigten uns auf einen Tag. Es war dies einer der sehr seltenen Anlässe, an denen ich Gelegenheit haben sollte, Alberto im Umgang mit einem engen Freund und noch dazu Künstlerkollegen zu beobachten, so daß ich dem Ereignis mit großer Vorfreude entgegensah, ohne die leiseste Vorahnung des Dramas, das sich da zusammenbraute. Als ich am verabredeten Abend gegen acht ins Atelier kam, waren Balthus und Frédérique schon gekommen, und Annette war auch da, alle für den Abend angezogen und ausgehbereit. Ich hatte im »La Palette« einen Tisch für fünf Personen reserviert. Alberto war der einzige, der noch nicht fertig war. Er arbeitete noch immer an einer großen weiblichen Figur aus Ton, und brummelte wie es seine Gewohnheit war, vor sich hin, daß es wertlos sei, unmöglich, und daß er nie etwas fertigbringen würde, was ihn zufriedenstellte. Annette sagte: »Alberto, wir sind alle ausgehbereit und warten auf dich. Wasch dir die Hände und komm schon.«

Plötzlich wandte sich Alberto von seiner Plastik ab und starrte mich zornig an. »Du!« rief er aus, »Auf dich habe ich gewartet. Daß du es überhaupt wagst. Was für eine Angeberei und Unverschämtheit. Das Letzte vom Letzten. Du verdienst es nicht anders, als daß ... daß ... daß ...« Er stammelte, schnappte nach Luft, drehte sich abrupt wieder zu seiner Figur, die er mit beiden Händen ergriff und zu Boden schmetterte. »Da! Das ist es, was du verdienst, nichts, noch weniger als nichts.«

»O Alberto!« rief Annette aus.

Ich wußte vor Schreck und Entsetzen nicht, was ich tun oder sagen konnte, aber ich mußte irgendetwas sagen, denn Alberto stotterte noch immer vor Wut und war ganz rot angelaufen im Gesicht. »Was ist denn los?« flüsterte ich, »ich verstehe gar nichts. Was hab ich denn getan, ich dachte, du wärst ...«

»Du dachtest, du dachtest!« brüllte Alberto. »Du hast überhaupt nicht gedacht! Du hast doch diesen Abend arrangiert, und es ist dir nicht eingefallen, Diego miteinzuladen? Diego ist mehr wert als wir alle zusammengenommen. Hast du vielleicht an seine Gefühle gedacht?«

»Aber Diego geht doch nie mehr mit uns essen,« wandte ich ein, »und als ich dich bat, einen Tag festzulegen, hast du Diego gar nicht erwähnt. Deshalb habe ich nicht gedacht ...«

»Du hast nicht gedacht,« wiederholte Alberto wütend, »du hast nicht gedacht, weil du gar nicht denken kannst! Mehr gibt es dazu nicht zu sagen. Und da, schau meine Figur an, seit Monaten arbeite ich jetzt daran.«

»Es tut mir leid,« sagte ich, »Das ist alles, was ich sagen kann. Diego jetzt zu bitten, mit uns zu kommen, wäre beleidigend, deshalb kann ich nur sagen, daß es mir schrecklich leid tut.« Damit ging ich zur Tür und verließ das Atelier, und ging durch die Einfahrt hinaus auf die dunkle Straße. Ich fühlte mich unglücklich und beschämt, zugleich aber zu Unrecht beschuldigt. Bevor ich jedoch mein Auto erreichte, kam Balthus hinter mir hergeeilt, holte mich ein und sagte, ich solle mir nichts dabei denken, Albertos Wutanfälle gingen immer schnell vorbei. Außerdem sei ich ja nicht einmal im Unrecht, zumal ihm ja auch bekannt sei, daß Diego mit Alberto und Annette nicht mehr ausging. Möglicherweise befürchtete Alberto, Diego könnte sich einsam fühlen, da ihn unlängst die Frau, mit der er seit zwanzig Jahren zusammenlebte, verlassen hatte. Das konnte ich aber kaum wissen. Nicht etwa, daß Diego sich je darüber beschwert hätte. Ich dürfte nicht beleidigt sein, meinte Balthus, ich sollte zurückkommen und so tun, als sei nichts vorgefallen, der Abend werde bestimmt sehr angenehm verlaufen. Er nahm mich beim Arm, und so ging ich widerstrebend mit ihm. Im Atelier bürstete Alberto gerade sein Jackett ab und band sich die Krawatte neu.

»Ah, da bist du ja,« rief er, als ich hereinkam, »ein Glück, daß du dir's noch mal überlegt hast, statt wie ein Dorftrottel davonzulaufen. Du hättest uns den ganzen Abend verdorben. Also, nun macht schon, Mädels, daß wir nicht noch auf euch warten müssen.«

Wir fuhren also in meinem Auto in den Bezirk Montparnasse und aßen im »La Palette«, einem Lokal, an dessen Wänden die häßlichen Malereien gescheiterter Künstler prangten, Küstenlandschaften, kit-

schige Stilleben mit Blumen, hübsche Nackedeis, niedliche Hund-
chen. »Das sind genau die Bilder, die ich gern malen würde, wenn
ich es nur könnte ...«, sagte Alberto. Diese doppelsinnig ironische
Bemerkung führte zu einer langen Diskussion mit Balthus, über die
Berechtigung gegenständlicher Malerei als vertretbarer Form der
Selbstdarstellung unter den heutigen Bedingungen. Aber war es denn
überhaupt Selbstdarstellung, die ein ästhetisches Unterfangen im
wesentlichen prägte, oder war es vielmehr der Zeitgeist, der einen viel
stärkeren bestimmenden Einfluß auf den schöpferischen Impuls ausübte? Dieser Zeitgeist, meinte Balthus, sei eine Falle, denn er habe
nur Bedeutung für die Vergangenheit, was so viel hieße wie, nur der
Tradition könne man es überlassen, überzeugende künstlerische Kriterien hervorbringen. Und darum, fügte er hinzu, seien Courbet und
Seurat die größten Maler des zwanzigsten Jahrhunderts. An dieser
theoretischen Diskussion nahm ich nicht teil und hatte ohnehin
wenig genug dazu zu sagen. Annette und Frédérique plauderten über
Mode und über die Probleme bei der Einrichtung eines Châteaus.
Ich stand noch zu sehr unter dem Eindruck von Albertos Strafpredigt, als daß ich an dem Abend viel Freude gehabt hätte, und ich
war froh, als er zu Ende war, ohnehin später, als es mir lieb war.

Ich weiß nicht, ob dieser Abend Diego mehr Spaß gemacht hätte
als mir, bzw., ob ihm eine Einladung etwa angenehm gewesen wäre.
Während des ganzen Abends im Restaurant fiel sein Name nicht ein
einziges Mal. Ich jedenfalls fühlte mich zu Unrecht gescholten, und
dies bekümmerte mich umso mehr, als sich meine Klage gegen den
Menschen richtete, den ich am meisten von allen bewunderte, der
einzige, der, wie mir schien, sich niemals irren konnte, dessen Existenz hier auf Erden das Leben bereicherte und veredelte. Daher war
mein Groll bitterer als er nach gesundem Ermessen hätte sein dürfen, und um dies zu unterstreichen, ließ ich in meiner Eitelkeit und
Torheit mehrere Wochen ins Land ziehen, bevor ich mich wieder in
der Rue Hippolyte blicken ließ.

Nach einiger Zeit tauchte ich wieder auf und kam etwas verlegen
ins Atelier hinein. Alberto arbeitete gerade an einem großen Bild,
einem Männerkopf – Diego – sehr kraftvoll und dunkel. »Da schau
nur, was mit diesem Ding hier los ist,« sagte er zur Begrüßung, als
wäre ich gestern erst im Atelier gewesen. »Ich glaube, ich sollte das

Malen endgültig ein für alle Mal aufgeben. Das würde ich auch tun, wenn ich jemanden fände, der es an meiner Stelle übernähme.«

»Viel Glück«, sagte ich.

Alberto drehte sich auf seinem Hocker herum, um mich eindringlich zu fixieren. »Für gewöhnlich untersagt es die Höflichkeit, sich über das Unglück eines anderen lustig zu machen.«

»So habe ich das nicht gemeint,« erwiderte ich ernsthaft.

»Nein, nein, natürlich nicht,« sagte Alberto, »aber trotzdem ging der Spaß auf meine Kosten, und es ist eigentlich gar nicht lustig. Also, setz dich nieder, und erzähl mir, wer war alles dabei, als du zum letzten Mal bei Marie-Laure zum Lunch warst.«

»André und Rose Masson,« sagte ich.

»André war einer meiner ersten französischen Freunde in Paris. Als wir alle noch jung und arm waren, machte es fast Spaß, Künstler zu sein, weil man es fast als Witz auffassen konnte. Ein schlechter Witz, natürlich, aber man konnte trotzdem drüber lachen. Gehen wir ins Café?«

Als wir die Rue d'Alésia hinunterschlenderten, begann Alberto eins dieser anzüglichen Lieder zu singen, die er in den Vorkriegsbordellen aufgeschnappt hatte, und an die er sich gern erinnerte:

> *Oui, je vais te faire un pompier,*
> *Mais d'abord il te faudra me piner.*
> *Oui, tu aimes te faire pomper.*
> *Hélas, il n'y a plus rien á sucer.*

Im Café plauderten wir freundschaftlich über dies und jenes und erwähnten mit keinem Wort Diego, Balthus oder die Umstände unseres letzten Treffens. Alberto sagte, er mache sich Sorgen um Annette, weil sie nichts zu tun hatte und sich ernsthaft nur für sich selbst und für ihr Liebesleben interessierte, welches sie in nur geringem Maße befriedigte, weshalb sie unglücklich und unterbeschäftigt sei, was sie wiederum ihm, Alberto, zur Last legte. Sie sollte sich mit irgendetwas beschäftigen, auch wenn es etwas völlig Sinnloses sei, meinte er, denn es mangle ihr an Charakterstärke, die Eintönigkeit zu ertragen. Es sei sein Schicksal, an all ihren Frustrationen die Schuld zu tragen. Er hatte ihr dies schon viele Male gesagt, aber sie konnte es einfach nicht begreifen. »Es ist schrecklich«, murmelte er, »wenn ich bedenke, was ich ihr schon alles angetan habe.«

»Zum Beispiel?«

»Zum Beispiel, daß ich es vorsätzlich zuließ, daß sie von mir ausgenutzt wird, obwohl sie keine Ahnung haben konnte, wie das sein würde.«

»Und wie ist das?«

»Versklavung. Und jetzt ist es zu spät. Sie würde mit ihrer Freiheit nichts anzufangen wissen. Sie würde wahrscheinlich daran eingehen.«

Darauf hatte ich keine Antwort. In nachdenklichem Schweigen beendete Alberto seinen Café und seine Zigarette, ich meine Coca-Cola, dann schlenderten wir ins Atelier zurück. Unterwegs betrachtete Alberto die Bäume, die die Straße säumten, und sagte: »Ein Baum ist doch viel nützlicher als ein Mensch.«

Als wir das Atelier wieder betraten, sagte er: »Schau dir das nur an, dieses Chaos. Überall diese Haufen von Bildern. Wieso nimmst du dir nicht eins? Es ist schon länger her, daß ich dir was geschenkt habe. Wenn da ein Bild ist, was dir gefällt, nimm es mit.«

Ich begriff sofort, warum er mir gerade jetzt ein Geschenk machen wollte, vielmehr glaubte ich, es zu begreifen. Ich sagte: »Nur weil du mich das letzte Mal, daß wir uns sahen, ausgeschimpft hast, brauchst du mir jetzt kein Bild zu schenken.«

»Es ist zum Zeichen meiner Dankbarkeit. Du erinnerst dich doch an den Abend neulich, als ich meine Figur hinschmiß? Nun, dieser Unfall war ein wahres Wunder, denn als ich nachher aus dem Lokal zurückkam und die Plastik aufhob, fand ich sie ganz verändert. So als hätte ich sie noch nie zuvor gesehen, und plötzlich sah ich auch das, was ich all diese Monate gesucht hatte. Ich arbeitete noch eine Stunde daran, dann war sie fertig. Am Morgen stellte Diego die Gußform her, und am nächsten Tag schickten wir einen Gipsabdruck in die Gießerei. Aber wenn du hier kein Bild findest, das dir gefällt, dann bin ich auch nicht beleidigt, wenn du mit leeren Händen fortgehst, es täte mir zwar sehr leid, aber ich hätte volles Verständnis, denn ich weiß ja selbst, daß sie alle mißlungen sind.«

»Nein, nein, das ist es überhaupt nicht,« protestierte ich, »du weißt doch genau, wie sehr ich deine Bilder bewundere.«

»Wenn das so ist, dann such dir eins aus« sagte Alberto.

Es war keine leichte Wahl. Nachdem ich mir alle Bilder sorgfältig angesehen hatte, wählte ich ein etwas strenges Porträt von Annette in einem rosenfarbenen Kleid. Alberto signierte es in Ölfarbe, wobei er mich warnte, die Unterschrift gut trocknen zu lassen, da sie sonst verwischen könnte. Es war dies das dritte Bild, das er mir schenkte, oder war es das vierte? Dann gab da noch einen kleinen, aber sehr starken Diego-Kopf auf grünem Hintergrund. Ich kann mich nicht mehr genau erinnern und versäumte es dummerweise, mir die genaue zeitliche Abfolge seiner Geschenke zu notieren. Das größte Geschenk, das er mir machte, war natürlich kein Materielles, und aus eben diesem Grunde ein umso wertvolleres – ein Geschenk, das ich heute noch dankbar zu schätzen weiß.

Es war an einem Frühlingsnachmittag. Wir schreiben jetzt das Jahr 1958. Die Tür des Ateliers stand offen. Alberto arbeitete an einer Skulptur. Neben dem Ofen lag ein Haufen Zeichenpapier auf dem Boden, und ich ahnte sofort, daß jedes Blatt mit Zeichnungen bedeckt war. »Wieso liegen all diese Zeichnungen auf dem Boden?« fragte ich Alberto.

»Ich war dabei, meine Mappen aufzuräumen,« sagte er,« und diese Zeichnungen sind es nicht wert, aufgehoben zu werden. Drum liegen sie da, als Ofenanzünder.«

»Aber es sind ja mindestens fünfzig Blätter, sie können doch nicht alle schlecht sein. Ich schau sie mir mal an.«

»Zeitverschwendung,« brummte der Künstler.

Nichtsdestotrotz setzte ich mich hin und begann den Haufen Zeichnungen zu sichten. Es war alles mögliche darunter. Viele davon, das sah ich ein, waren schlichte Skizzen, die aufzuheben Alberto niemals einwilligen würde. Andere jedoch, – Köpfe von Diego und Annette, Stilleben und aufrechte weibliche Figuren – waren wunderbar ausgeführt, und ich konnte mir nicht vorstellen, warum Alberto sie zerstören wollte, es sei denn, daß aus irgendeinem unklaren Grund ihre Qualität ihn kränkte. Ich wählte darunter zwölf aus, die er, wie mir schien, unmöglich verleugnen konnte. Die schönste von allen war ein herrlich genau und klar gezeichneter Strauß von Chrysanthemen auf einem Tisch, und neben der Vase ein einzelner Apfel. Ich teilte Alberto mit, daß ich einige Zeichnungen gefunden hatte, die zu gut waren, als daß man sie einfach verbrennen könnte. Er nahm sie mir immer noch brummend aus den Händen und breitete sie auf dem Bett aus.

»Naja,« sagte er, »es ist ja demütigend, aber ich muß dir recht geben. Sie sind es doch wert, aufgehoben zu werden. Außer einer« rief er aus, »außer einer, denn unfehlbar bist du in deinem Urteil auch nicht. Diese hier ist zu erbärmlich.« Er schnappte sich das Blatt mit dem Blumenstrauß, zerriß es und warf die Schnipsel auf den Boden. Dann setzte er sich wieder, zog einen Bleistift aus seiner Brusttasche und signierte nacheinander die anderen Zeichnungen. Als er damit fertig war, reichte er sie mir rüber und sagte: »Es ist nur recht und billig, daß sie dir gehören sollen, denn ohne dich wären sie in Rauch aufgegangen.«

»Aber es sind doch so viele,« wandte ich ohne rechte Überzeugung ein.

»Diego und Annette sahen sie auch dort liegen und hatten nichts dagegen einzuwenden,« sagte Alberto, »Du hast sie gerettet, und rechtens stehen sie dem Retter zu.«

»Nun, ich bin dir ja wahrhaftig dankbar dafür,« rief ich aus, wobei die Begeisterung meine Verlegenheit überwand.

»*Sie* sind dankbar,« sagte Alberto, »und darauf kommt es an.«

Ich weiß nicht, warum Alberto gegen mich so großzügig war. Ich erfuhr im Laufe der Zeit, daß er für gewöhnlich keineswegs so großzügig mit seinen Werken umging. Genau genommen gab es außer mir nur einen einzigen, an den er seine Arbeiten so bereitwillig und verschwenderisch verschenkte, nämlich Louis Clayeux, dem Direktor der Galerie Maeght, seinem Pariser Galeristen. Es schien auch richtig und angebracht, daß er Clayeux so viel schenkte, der ein sensibler und intelligenter Mann war und in Giacomettis Karriere eine wesentliche Rolle spielte. Seinem langjährigen Freund Balthus schenkte er nur eine einzige kleine Skulptur, die später von dessen Sohn gestohlen wurde. Leiris bekam von ihm nur eine winzige Zeichnung und eine Serie von Radierungen als Illustration zu dem Gedichtband, der nach dem fehlgeschlagenen Selbstmordversuch des Autors entstand. Sartre bekam ein paar Zeichnungen, Simone de Beauvoir einen Bronzekopf von Diego, sonst nichts. Anderen Freunden oder Bekannten schenkte er gelegentlich eine Zeichnung oder

Lithographie. Selbst Yanaihara, der geduldig so vielen Ölbildern und Zeichnungen Modell saß, schenkte er nie auch nur ein einziges Bild, sondern nur eine Handvoll von Zeichnungen und Drucken. Warum also schenkte er mir so viel? Gab es vielleicht einen Phantasiezweck, den er für sich behielt? Ich werde es nie wissen. Später war auch Diego von bemerkenswerter Großzügigkeit. Und Bruno – der dritte Bruder, der geniale Architekt und der einzige Giacometti, der zur Zeit meines Schreibens noch am Leben ist – zusammen mit seiner warmherzigen und feinfühligen Frau Odette gaben mir außerordentlichen Anlaß zur Dankbarkeit. Mein Lebtag lang habe ich Geschenke von Künstlern erhalten, von berühmten wie auch von wenig bekannten, und es ist wohl wahr, daß ich auf mein Art und nach meinem besten Vermögen für die Kunst gelebt habe, – wie auch von ihr – womit ich sagen will, daß die Kunstbegeisterung als eigene Kunstform seit fünfzig Jahren mein wesentlicher Lebensinhalt ist. Möglicherweise reagierten all diese Künstler darauf. Ich möchte hoffen, daß es Albertos Vermutung war, eines Tages werde etwas Lohnenswertes dabei herauskommen. Aber es war mir nie, als hätte ich es verdient, und sogar heute noch wundere ich mich darüber.

Annettes Verhältnis mit Yanaihara, welches von Anfang an ein untunliches Unterfangen war, löste sich auf, und er kehrte für immer nach Japan zurück. Es gibt eine klare Trennlinie, die Albertos vor-Yanaihara Arbeiten von seinen nach-Yanaihara Arbeiten scheidet. Dies kümmerte Annette jedoch herzlich wenig, denn allmählich befand sie, daß das Leben nicht so gut zu ihr war, wie sie es verdient hätte. Gewiß, sie hatte die Frau eines außergewöhnlichen Mannes sein wollen, und nicht eines x-beliebigen, kleinbürgerlichen Spießers, und dieser Ehrgeiz hatte ihr auch glänzenden, um nicht zu sagen triumphalen Erfolg eingebracht. Als Madame Alberto Giacometti wurde sie mit Höflichkeit, zuweilen sogar mit Hochachtung behandelt, von Leuten wie Pierre Matisse, Miró, Strawinsky, und sogar von Malraux, der sie nicht eines Blickes gewürdigt hätte, wäre sie eine Madame Pierre Dupont gewesen. Aber es gab in diesem Fait accompli einen Haken: Monsieur Alberto Giacometti behandelte sie nicht immer und unweigerlich mit Hochachtung, manchmal sogar nicht einmal mit Höflichkeit. Er war jetzt ein reicher Mann, aber er bestand weiterhin darauf, wie ein Almosenempfänger zu leben, und erwartete dasselbe auch von der Frau, die mit ihm zusammenlebte. Wenn sie eine unpassende oder flache Bemerkung von sich gab, war er gewöhnlich schnell bei der Hand mit seinem Spott. Was aber das Schlimmste war, er nahm sie als überaus gefühlsbetonte Frau nicht ernst. In der Rolle des Liebhabers ließ er, wie er selber zugab, einiges zu wünschen übrig, obwohl er seine häufigen Vergnügungen mit Prostituierten keineswegs verheimlichte. Sie hatte dies von Anfang an gewußt und hinnehmen müssen, als aber die Jahre sich längten und sie noch nicht einmal vierzig war, wurde die Situation allmählich unersprießlich. Alberto riet ihr, sich Liebhaber zu nehmen. Das tat sie auch. Diese waren jedoch nicht immer so von Leidenschaft hingerissen, wie sie es war, und es kam zu Enttäuschungen. Es kam zu unglücklichen Szenen, von denen ich einige im Atelier miterlebte. Annette schämte sich nicht, einen tränenreichen Auftritt vor unbeteiligten Dritten zu veranstalten. Während seine Frau weinte, gab ihr Alberto ärgerlich den Rat, mit dem Erstbesten, der ihr begegnete, ins Bett zu steigen. Es war kein bösgemeinter oder ganz verfehlter Ratschlag, aber Annettes Intelligenz saß nun einmal in ihrem Herzen und nicht in ihrem Kopf, und sie hatte sich irrtümlicherweise für eine *femme fatale* gehalten, wo sie im Grunde ein romantisches, eher unschuldig-naives Mädchen war. Solche Verwechslungen mußten zwangsläufig zu Schwierigkeiten führen. Sie stellten sich auch prompt ein, mit zunehmender Bitterkeit und Härte. Alberto nahm es hin, als Ehrenmann, der einsah, daß die Verantwortung für Lebensfehler nicht von einem Menschen getragen werden kann, der unfähig ist, diese zu verstehen.

Diego begann seine Schwägerin zu verabscheuen, ging ihr wann immer möglich aus dem Weg, und sprach mit ihr nur, wenn er unbedingt mußte. »Sie ist eine Hure,« meinte er, »und nicht einmal eine gute. Wenn meine Mutter wüßte, was hier abläuft, es würde sie umbringen.« Ich lernte zu meinem ewigen Bedauern Annetta Giacometti nie kennen, aber nach allem, was ich über sie gehört hatte, schien es mir, als könnte seine Vermutung durchaus zutreffen.

Diego hatte indessen mit dem Entwurf und der Herstellung der Möbel begonnen, die ihn später berühmt machten. In den dreißiger Jahren hatten die beiden Brüder als Dekorateure zusammengearbeitet, um Geld zu verdienen, und der jüngere entwarf immer wieder einmal einen Kerzenleuchter, Aschenbecher, eine Vase oder Lampe.

Als aber die Nachfrage nach Albertos Plastiken immer mehr zunahm, fand Diego, der die Gußformen, Gipsmodelle und Gerüste herstellte, und auch jedes einzelne Stück patinierte, immer weniger Zeit für seine eigenen Arbeiten. Außerdem mußte er manchmal für seinen Bruder Modell sitzen, was er schon von Kindheit an tat. In den fünfziger Jahren wußten nur wenige Leute, daß Diego auch eigene Objekte entwarf, und anfänglich waren es Albertos Freunde und Freundesfreunde, die diese Arbeiten kauften, mehr oder weniger um den beiden Brüdern einen Gefallen zu tun. Alberto lobte ständig Diegos Arbeiten, führte Besucher in sein Atelier, um die neuesten Objekte zu bewundern, und rief dabei: »Diego hat Talent im Überfluß. Er ist ein Monster, er kann alles. O ja, er hat Talent zum Wegwerfen.«

Das erste Mal, daß Diego mich mit zu sich nahm, in seine Ein-Zimmer-Behausung in einer schäbigen Seitengasse, die von der Rue d'Alésia abging, meinte er: »Das hier ist wohl eine Art Slum, oder?« So war es auch, und er wohnte dort schon seit über fünfundzwanzig Jahren. Aber im Jahre 1960 kaufte Alberto das kleine Haus Nr. 54 in der Rue du Moulin-Vert, gleich um die Ecke von der Rue Hippolyte-Maindron. Und wer war überhaupt dieser Hippolyte Maindron? Ein unbekannter Bildhauer der neunzehnten Jahrhunderts, der heute völlig in Vergessenheit geraten ist. Ich frage mich, ob es je irgendwem einfallen wird, jene kurze und unbedeutende Durchgangsstraße in die »Rue Alberto-Giacometti« umzubenennen. Braque hat immerhin seine Straße, Picasso sein grandioses Museum bekommen. Auf jeden Fall zog Diego in das kleine Haus ein, in dem er es sich und seinen Katzen gemütlich machte, obwohl es dort nie sehr sauber war und eine ewige Unordnung herrschte. Jetzt hatte er einen Fußweg von nur etwa zwei Minuten zu Albertos Ateliers hinüber.

Annette, deren begründete Beschwerde über die Beschwerlichkeit und Unbequemlichkeiten des Lebens in der Rue Hippolyte Nr. 46 immer lautstarker geworden war, bekam von ihrem Mann eine hübsche Wohnung in einem an Montparnasse angrenzenden Viertel. Die Wohnung mußte renoviert werden, und sie widmete sich dieser Aufgabe mit nervöser Gründlichkeit und spannte alles und jeden in Ratgeber- und Helferfunktionen ein. Ja, sogar ich wurde in die Rue Léopold-Robert gebeten, um meine Meinung zu den Fliesen der kleinen

Küche abzugeben. Ich sagte ihr, sie seien überaus geschmackvoll, und zu meinem Erstaunen waren sie das tatsächlich. Aber nachdem diese Wohnung fertigrenoviert war, mißfiel sie Annette plötzlich aus irgendeinem fadenscheinigen Grund, und sie zog nie ein. Ein andere Wohnung wurde später für sie gefunden, in der Rue Mazarine, Nr. 70.

Für viele Leute, und für mich insbesondere, lag etwas nahezu Abstraktes in Albertos häufiger Beteuerung seiner Bewunderung für Prostituierte, seinem Respekt für ihre Einfachheit und die leicht erhältliche Befriedigung, die ihre Großzügigkeit verschaffte. Dies beteuerte er zwar jahrzehntelang, aber niemals hatten Albertos Freunde eine Dirne bei ihm angetroffen, weder im Atelier noch sonstwo, es sei denn, man war einmal eingeladen, ihn auf seinen nächtlichen Wanderschaften zu begleiten, was etwa mit der Häufigkeit eines übernatürlichen Ereignisses vorkam. Ein einziges Mal nur forderte er mich auf, mitzukommen in eine ziemlich finstere Spelunke in der Rue Vavin, die sich Chez Adrien nannte. Dort war es, daß Alberto die Dirne kennenlernte, die, wie er meinte, für alles, was er jemals über die Frauen ihres Berufsstandes ausgesagt habe, den Beweis liefere. Und an dieser Frau war ganz und gar nichts Abstraktes. Alberto machte sie zu etwas so Konkretem und Dauerhaftem, wie es nur ein Künstler vermag. Er verlieh ihr Unsterblichkeit, indem er sie immer wieder porträtierte. Sie kam täglich ins Atelier. Er stellte sie nicht nur seiner Frau und seinem Bruder vor, – die sie beide haßten – sondern auch seinen Freunden. Sie fuhr in einem knallroten Sportwagen herum, den ihr Bewunderer ihr geschenkt hatte. Ich traf sie insgesamt nur zwei- oder dreimal und wußte nicht recht, was ich von ihr halten sollte. Sie hieß Caroline. Alberto gab unermüdlich Geschichten über ihre außerordentlichen Ansichten und Verhaltensweisen zum besten. Daß sie sich zusätzlich gelegentlich auch als Diebin betätigte, störte ihn nicht im geringsten. Im Gegenteil, er hörte mit großem Vergnügen ihre Geschichten von ihren Umtrieben in der Unterwelt. Annette war wütend, vor allem, da sie vermutete, daß Carolines Preis weit über dem marktüblichen lag. Es gab erbitterte, heftige Auseinandersetzungen. Diego hielt sich zurück, aber er war beunruhigt.

Während der sechziger Jahre hatte ich ein Verhältnis mit einem Amerikaner, den ich in Paris kennengelernt hatte, der aber in New York leben wollte. Da ich mit ihm zusammensein wollte, willigte ich ein, nach Amerika zurückzugehen, was ich überhaupt nicht geplant hatte. Ich behielt aber die kleine Wohnung in Paris, die meine Eltern 1958 für mich erworben hatte (dieselbe, in die ich mich jetzt zum Schreiben zurückziehe), und fast jedes Jahr kehrte ich für ein oder zwei Monate nach Frankreich zurück, so daß der Kontakt zu meinen Freunden nicht abbrach. Dies sollte sich noch als sehr umsichtig erweisen.

Im Sommer des Jahres 1964 kam ich Ende Juli in Paris an. Alberto war in die Schweiz gefahren, während sich Annette in der Villa von Pierre und Patricia Matisse auf Cap-Ferrat vergnügte. Ich speiste mit Diego allein zu abend, und er erzählte mir, daß Annette die Matisse-Villa mehr oder weniger beschlagnahmt hatte, indem sie darum bat, dort allein bleiben zu dürfen, während die beiden in ihrer Yacht herumsegelten – eine Bitte, die sich nicht leicht abschlagen ließ, der man aber nur widerwillig entsprach. Und das war noch nicht einmal alles. Annette hatte eine Affaire mit einem Galeristen aus Los Angeles, der Frank Perls hieß und in einem Hotel wohnte, das unweit der Villa gelegen war, wo sich die beiden von der Matisse-Dienerschaft königlich bedienen ließen. Dies alles hatte Diego von Patricia erfahren, die ihm zugetan war, und dem Tratsch noch mehr und gern ausgiebig und hingebungsvoll telephonierte.

Ich hatte mich auf ein paar Tage mit meinem alten Freund Bernard und dessen Eltern in St. Moritz verabredet. Dieser Urlaubsort lag von Stampa gar nicht weit entfernt. Ich rief Alberto an und fragte ihn, ob ich nicht auf dem Weg von St. Moritz zum Gardasee, wo ich noch Bekannte besuchen wollte, einen oder zwei Tage, mit ihm verbringen könne. Er sagte, er würde sich freuen, mich zu sehen. So kam ich am 6. August in der Mitte des Nachmittags in Stampa an. Alberto saß vor dem Gasthaus, dem Piz Duan, welches seinem Großvater gehört hatte. Dort sollte ich auch schlafen, in einer kleinen Kammer, über dem blitzenden Bach, der durch des Tales Mitte hinunterschnellt. Wir tranken etwas miteinander, dann begaben wir uns in das Giacometti-Haus, das genau gegenüber lag. Die Familie hatte nur das untere Stockwerk und so eine Art Halbkeller bewohnt. Mich überraschten die kleinen Räume, aber nebenan stand eine uralte Scheune, die von Giovanni, Albertos Vater, einem Maler von Rang, zu einem Atelier umgebaut worden war. Im Haus und im Atelier hingen viele seiner Bilder, von denen einige sehr gut waren. Im Atelier waren auch Bilder und Skulpturen von Alberto, frühe Arbeiten, fast noch aus seiner Kinderzeit, und stapelweise Zeichnungen, von denen viele neueren Datums waren.

Alberto fragte mich, ob ich gern das kleine, hoch am Berg gelegene Städtchen Soglio besichtigen würde, das sich seit dem Mittelalter kaum verändert habe. Als Bub sei er mit seiner Mutter oft durch die Felder und Hochwälder von Kastanien hinaufgestiegen, um seinem Vater das Essen zu bringen, der dort bei gutem Wetter viele Ansichten der Landschaft malte. Wir fuhren hinauf, und der Ort war tatsächlich von unbeschreiblichem Zauber. Wir saßen vor dem Wirtshaus, das in einem uralten Gebäude untergebracht war, tranken Limonade und plauderten. Ich erzählte ihm, daß ich in Paris mit Diego zusammen gegessen hatte, verkniff es mir aber, von dem Hauptthema unseres Gesprächs an dem Abend zu berichten. Alberto selbst brachte die Rede auf Annette. Sie war für beide Brüder ein großes Problem. Obwohl das Ehepaar jetzt getrennt lebte, hatte sie keineswegs die Absicht, Alberto aufzugeben, obwohl sie andere Liebhaber hatte. Er bemerkte mit einiger Belustigung, daß es für Annette drei unumstößliche Überzeugungen gäbe, an die sie sich klammerte, und die nicht nur ihr Leben erschwerten, sondern auch das ihrer näheren Umwelt. Die erste war, daß sie, selbst wenn sie fünf Liebhaber auf einmal hätte, eifersüchtig und besitzgierig über alle herrschen würde; die zweite, daß Leute, die arbeiten, um Geld zu verdienen, Trottel sind; und die dritte, daß es im Leben einzig und allein um die Leidenschaft gehe. Mit einer solchen Grundausstattung an Lebensprinzipien müsse man ja in Schwierigkeiten geraten, meinte Alberto. Und trotzdem schien er ihr aufrichtig zugetan, stets der bleibenden Verantwortung, die er für sie trug, bedacht.

Als wir nach Stampa zurückkehrten, gingen wir ins Atelier, und Alberto bearbeitete einen Diego-Kopf aus Plastilin, den er aus der Erinnerung gestaltete, während ich einen Stapel Zeichnungen durchblätterte. Eine davon war eine große Ölskizze, die einen dahinschreitenden Mann darstellte. Ich machte eine Bemerkung zu Alberto, daß ich diese Zeichnung für besonders gelungen hielte. »Es ist ein Mann, der trabt,« sagte er, und fügte nach einem kleinen Moment hinzu, »vielleicht möchtest du sie haben ...«

»Du weißt, daß es so ist,« sagte ich, »ich hätte sie schrecklich gern.«
Er nahm sie mir aus der Hand und schrieb darauf: »Für James Lord, zum Andenken an seinen Besuch in Stampa, am 6. August 1964, mit herzlicher Zuneigung, Alberto Giacometti.«

Wenn mich das Geschenk erfreute, so beglückte mich die Widmung noch viel mehr. Ich kannte Alberto inzwischen seit über zehn Jahren, hatte ihn oft und unter verschiedenen Umständen gesehen, hatte Gespräche mit ihm geführt, die ausgesprochen intim waren, und trotzdem fühlte ich mich noch immer von ihm eingeschüchtert, wie von keinem Menschen je zuvor. Daß er mir schriftlich Zuneigung zusprach, auf einer schönen Arbeit aus seiner eigenen Hand, das erfreute mich in höchstem Maße. Und doch konnte ich nicht umhin, mich zu fragen, wie es denn überhaupt sein konnte, daß er für mich Zuneigung empfand, der ich so wenig zu bieten hatte, außer meiner alles Maß übersteigenden Bewunderung. Ich hatte nichts für ihn getan, abgesehen von ein paar unerheblichen Artikeln, die ich über ihn schrieb. Was könnte auch ein Mensch wie ich einem derart genialen Manne zu bieten hoffen? Einige wenige Augenblicke banaler Geselligkeit. Dem Genie aber sind möglicherweise Blicke in die Zukunft gegeben. Sollte dem so gewesen sein, mögen sie Alberto beeinflußt haben. Das möchte ich gern annehmen. Wir sprachen eine ganze Weile über den Unterschied zwischen einem Kunstwerk und einem Kunstgegenstand. Alberto sagte, er sei froh, daß er in den dreißiger Jahren dekorative Gegenstände für den Pariser Innenarchitekten Jean-Michel Frank entworfen habe, denn dadurch, daß er ebenso viel Sorgfalt verwendet habe auf die Proportionen und die Verarbeitung einer Lampe oder Vase wie auf die Ausführung einiger seiner surrealistischen Skulpturen, konnte er letztlich deren Begrenztheit erkennen und sich frei machen für andere Arbeiten, was ihm womöglich nicht gelungen wäre, hätte er sich nicht ernsthaft mit dem Entwurf von Objekten beschäftigt, die nie als Kunstwerke gedacht waren. »Eine Vase,« sagte er, »ganz gleich, wie schön oder selten sie ist, kann nie eine Skulptur sein, und sie kann durch nichts zu einer Skulptur gemacht werden.« Wir sprachen in diesem Zusammenhang von abstrakten und halb-abstrakten Bildhauern wie Brancusi und Arp. Alberto bemerkte, daß Brancusi während seiner letzten dreißig Lebensjahre nichts mehr zu tun hatte als seine viel früher ausgeführten Arbeiten zu polieren, während andererseits Rodin am Ende seines Lebens von neuem anfing. »Er hätte noch tausend Jahre lang weiterarbeiten können,« sagte Alberto. Er erinnerte sich, daß Arp ihn einmal aufgesucht habe, und beinahe verzweifelt sagte: »Mach es bloß nicht so wie ich.«

Wir aßen im Gasthaus zu Abend. Alle Leute dort kannten Alberto und redeten mit ihm, wie mir auffiel, mit einem gewissen Respekt, riefen ihn aber ausnahmslos bei seinem Rufnamen. Danach gingen wir wieder ins Atelier, wo Alberto sich auf einem Bett ausstreckte, ich mich in einen Sessel setzte, und wir ein langes Gespräch über Diego führten. Keinem, der die beiden Brüder kannte, konnte es entgehen, wie abgöttisch der ältere den jüngeren liebte, ja, wie er ihn idealisierte. Diego war einmal nach Ägypten gereist und war in seiner Jugend in Norditalien herumgetändelt und hatte alle möglichen Sachen getrieben, einschließlich etwas Schwarzhandel. Wenn Alberto von diesen Abenteuern sprach, klang es, als stünden sie für ihn auf einer Stufe mit den Taten eines Lawrence von Arabien. Darüberhinaus pries er die Gegenstände, die Diego entwarf, in die höchsten Höhen, die Möbel, Lampen, Vasen und anderen Dekorstücke, nach welchen die Nachfrage allmählich zunahm. Es schien mir, als wir von Diego sprachen, daß Alberto auf subtile Art seine hohe Meinung von seinem jüngeren Bruder von mir bestätigt haben wollte. »Diego hat grenzenlose Phantasie, nicht wahr?« wiederholte Alberto desöfteren, und ich pflichtete ihm bei, denn es traf ja glücklicherweise zu. Es war tatsächlich viel leichter, Diego gernzuhaben, wenn man ihn erst einmal kennengelernt hatte, als Alberto. Beide waren zwar ungeheuer freundlich und unterhaltsam, aber der jüngere hatte nicht das Genie, das so einschüchternd wirkte, und so war es viel leichter, eine Freundschaft zu schließen. Es war spät geworden. Alberto, nahm ich an, würde noch etwas arbeiten wollen, bevor er zu Bett ging, und ich wollte am Morgen relativ früh losfahren, um zum Gardasee aufzubrechen. So ging ich ins Gasthaus gegenüber und ließ mich von der Schubertschen Melodie des Bächleins in den Schlaf wiegen.

Alberto hatte mich gebeten, vor meiner Abreise morgens zu ihm zu kommen, um mich zu verabschieden. Ich zögerte es hinaus, da er für gewöhnlich sehr spät aufstand, ging dann aber doch um halbzehn bei ihm vorbei und fand ihn hellwach im Bett sitzend, bei Café und Zigaretten. Wir plauderten noch ein Stündchen oder so. Ich erzählte ihm, daß ich nach dem Besuch am Gardasee zu Marie-Laure nach Hyères fahren wollte, und Alberto entsann sich der lustigen Zeiten, die sie dort in den dreißiger Jahren verlebt hatten. Er und Luis Buñuel hatten im Garten eine lebensgroße Giraffe errichtet, aber aus irgendeinem Grunde hatte der Vicomte de Noailles sie als Verunstaltung empfunden und darauf bestanden, daß sie entfernt werde. »Um die Giraffe hat es mich immer gereut,« sagte Alberto. »Irgendwo im Garten muß eine große Skulptur von mir stehen. Es war genaugenommen Diego, der sie gemacht hat, aber das darfst du niemandem sagen, denn die Noailles haben für etwas von mir gezahlt.« Ich versprach ihm, niemandem davon zu erzählen, und habe mein Versprechen mehr oder weniger bis heute gehalten. Ende August wollte ich wieder in Paris sein, sagte ich ihm. Dann würden wir uns ja wiedersehen, meinte Alberto, und er dankte mir für meinen Besuch. Ich hatte den Eindruck – mehr als das war es nicht – daß er mich gern noch ein wenig länger dabehalten hätte, aber ich wollte mich nicht aufdrängen. Also bedankte ich mich bei ihm – vielleicht ein wenig zu überschwenglich – und fuhr los.

Die Leute, die ich am Gardasee besuchen wollte, waren mir nur flüchtig bekannt und wohnten in einer riesigen Villa mit Blick auf den See. Die Frau war enorm reich, und der Mann, ein angehender Bildhauer, sehr protzig. Nach Stampa und Alberto, was für ein Gegensatz! Man drängte mir eine Skulptur des Hausherrn als Geschenk auf, eine unförmige, häßliche Bronzefigur, die mir beim Herumreisen nur lästig war. Ich verbrachte auch nur zwei Nächte dort. Die Hausherrin erzählte mir, sie habe in ihrem Haus in Mailand einen echten Raffael im Schlafzimmer hängen. Ob das wohl stimmen kann?

Ich atmete auf, als ich in Marie-Laures exzentrischem Château in Hyères eintraf, wo ich gut und gerne zwei Wochen blieb, um von dort aus nach Paris zurückzukehren.

Aus meinem Tagebuch:

*Paris, Freitag, den 28. August, 1964*
*Gestern war ein Giacometti-Tag.*
*Um halb eins ging ich in die Rue Mazarine, wo Annette jetzt wohnt, da sie mich zum Lunch eingeladen hatte. Ihre Wohnung liegt in einem Altbau,*

*keineswegs einem ansehnlichen, aber die Wohnung selbst könnte sich sehen las-*
*sen, wenn sie sich ein bißchen zusammenreißen würde und es fertigbrächte,*
*das ganze Durcheinander aufzuräumen. Im hinteren Teil liegt ein kleines*
*Schlafzimmer (ungemachtes Bett), und ein ziemlich großes Wohnzimmer mit*
*hohen Fenstern schaut auf die Rue Mazarine hinaus. Nicht viel an Möbeln,*
*ein großer Schrank, eine Couch, ein paar Tische, einige Stühle, ein Lehnses-*
*sel. Die Bilder, zumeist von Alberto, hingen einfach irgendwie herum, Zeich-*
*nungen sind an die Wände angeheftet, andere Bilder und Bücher in Stapeln*
*auf dem Fußboden. Keine unangenehme Unordnung, aber trotzdem Unord-*
*nung. Annette sieht sehr gut aus. Tatsächlich sah ich sie noch nie in so guter*
*Form, sonnengebräunt, anscheinend in bester Stimmung, gerade zurück von*
*einem Monat an der Riviera in der Villa von Pierre Matisse. Wir tranken*
*etwas zusammen. Sie erzählte mir, daß sie an vier Nachmittagen in der Woche*
*jobbt, in der afrikanischen Abteilung des Musée de l'Homme, wo sie hölzerne*
*Kopfstützen katalogisieren soll.Nicht, daß sie auch nur das geringste Interesse*
*an hölzernen Kopfstützen hätte, aber sie braucht eine Beschäftigung, eine spe-*
*zielle Tätigkeit, außer Alberto und dem Atelier. Sie hat die Nase voll vom*
*Modellsitzen, und Alberto kritisiert sie ohnehin ständig dafür, daß sie nichts*
*tut, und sich für nichts interessiert. Michel Leiris hatte ihr den Job am Musée*
*de l'Homme verschafft, er ist sowohl ein renommierter Ethnologe als auch ein*
*ausgezeichneter Schriftsteller, und der einzige von Albertos Freunden, sagt sie,*
*der immer aufmerksam und gut zu ihr war. Annette hat etwas seltsam*
*Mädchenhaftes, Verspieltes an sich, vermittelt nie ein Gefühl von Reife. Sie*
*erscheint verletzlich, aber Alberto behauptet, sie könne auch sehr eigensinnig*
*und gerissen sein, wenn es ihr darum ginge, etwas zu erreichen. Nach eini-*
*ger Zeit gingen wir hinunter in das Restaurant, das genau unterhalb ihrer*
*Wohnung liegt, ein anspruchsloses, aber angenehmes Lokal namens La Four-*
*chette d'Or. Wir redeten über dies und das, führten größtenteils eine recht*
*unpersönliche Unterhaltung, weil Annette auf eine seltsame Art »entrückt«*
*ist. Man spürt, daß sie bemüht ist, gesellig zu sein, aber nicht genau weiß,*
*wie das geht. Ich entsinne mich, daß Alberto einmal sagt, es gäbe nur etwa*
*drei bis vier Leute in der Welt, an denen ihr wirklich gelegen war, der Rest*
*sei für sie austauschbar. Ich stellte ihr ein paar persönliche Fragen nach ihrer*
*Beziehung zu ihrer Familie, und sie war offensichtlich überrascht, daß ich mir*
*soetwas erlaubte. Sie gab mir jedoch Antwort, fügte aber hinzu, »Ich habe*
*mein eigenes Leben immer von meiner Familie getrennt halten wollen.«*
*Schämt sie sich ihrer Familie? Ich habe nicht nachgefragt.*

Nach dem Lunch nahm ich ein Taxi ins Atelier, wo ich Alberto im Schlafzimmer antraf, voll angezogen auf dem ungemachten Bett, Schuhe auf den Bettlaken.Er war in seiner verdrießlichsten und pessimistischsten Stimmung und begann sofort davon zu sprechen, wie unmöglich es sei, in der Malerei oder Bildhauerei zu einem auch nur irgendwie zufriedenstellenden Ergebnis zu kommen. Eine seltsame und kaum zutreffende Bemerkung, angesichts der herrlichen Arbeiten, die er mir später zeigte. Er ist dabei aber absolut aufrichtig, wenn er diese Dinge äußert, und während der drei Stunden, die ich mit ihm verbrachte, kam er immer wieder auf diese zwanghafte Unzufriedenheit zu sprechen. Dabei ist er von einem sehr wechselhaftem Temperament, und kann durchaus empfinden, daß er trotzdem etwas Wertvolles geschaffen hat. In der ganzen Zeit, die ich Alberto kenne, habe ich noch nie erlebt, daß er Stolz oder richtige Freude über seine Leistungen ausgedrückt hätte. Gestern sprach er deslängeren über die wesentliche Rolle, welche die Illusion beim vollendeten Kunstwerk spielt. Alberto behauptete, es sei die Notwendigkeit der Illusion (d.h. der Unmöglichkeit, etwas wirklich einem Menschenkopf ähnlichen zu schaffen) die einen kykladischen Kopf so viel lebendiger und überzeugender scheinen läßt als eine römische Porträtbüste. In manchen seiner Arbeiten ist er auf der Suche nach dieser Illusion in Extreme verfallen, und er sagt, gerade weil es unmöglich sei, die Natur in der Skulptur lebenswahr nachzubilden, könne er die Skulptur durch Überhöhung der illusorischen Qualität naturgetreuer nachbilden.

Er sprach über seine Krankheit und die Magenkrebsoperation, die während meiner Abwesenheit in den Staaten stattgefunden hatte, und meinte, daß er sich seitdem besser fühle als je zuvor. In ein oder zwei Tagen würde er nach London fahren, um sich die Räume in der Tate Galerie anzusehen, wo die große, von David Sylvester organisierte Retrospektive im nächsten Jahr stattfinden solle. Er schlug mir vor, daß ich ihm nach seiner Rückkehr Modell sitzen sollet. Für ein Gemälde, diesmal, aber nur für eine eilige Skizze auf Leinwand, in einer einzigen Sitzung hinskizziert, da ich ihn oft gebeten hatte, hin und wieder ein Bild in diesem ursprünglichen Zustand zubelassen. Es versteht sich von selbst, daß ich sofort einverstanden war. Wir gingen ins Atelier. Er sagt immer: »Es ist nichts da im Atelier, ich habe absolut gar nichts gemacht.« Wie üblich, gab es dort viele neue Sachen, hervorragende Plastiken und Gemälde, vor allem die Porträts von Caroline. Nach einer Weile schlug er vor, daß wir ins Café an der Ecke der Rue Didot gehen und was trinken. Dies taten wir dann auch und verbrachten dort anderthalb Stunden im

*Gespräch. Ich habe gar nicht versucht, unser Gespräch in seiner Gänze zu
behalten, um es hier aufzuzeichnen, ich entsinne mich aber, daß wir über das
sprachen, was Alberto als die Unmöglichkeit bezeichnete, in der heutigen
Kunst irgendetwas wirklich Befriedigendes zu erreichen. Er erwähnte Rauschenberg und meinte, seine Arbeit stelle eine Sackgasse dar. »Sein Kopf ist
unter Wasser.« Wir sprachen auch über die Literatur, und auch auf dem Gebiet
fiel Alberto nichts Zeitgenössisches ein, das er bewunderte. Er entsann sich,
daß ihn das Gefühl von Raum und Perspektive im* Gatsby *tief beeindruckt
hatte.*

*Nach einiger Zeit tauchte Annette auf. Sie sah sehr hübsch aus und
benahm- nahm sich Alberto gegenüber recht verspielt. Er freute sich offenbar,
sie zu sehen, lächelte und begann prompt, sie zu necken. Dieses Neckspiel habe
ich schon unzählige Male mitbekommen. Es endet immer auf dieselbe Weise:
Annette ist am Ende beleidigt, weil Alberto es anscheinend absichtlich darauf anlegt, sie als lächerlich oder doof darzustellen (und ich kann mich der
Vermutung nicht entziehen, daß es tatsächlich seine Absicht ist), und Alberto
wird dann selbst auch ärgerlich, weil er Annettes Reaktion albern findet.
Dann fangen sie an, sich zu streiten. Dieses Mal war der Vorwand zum
Streiten dumm und banal genug, es ging darum, wer zu Cook's gehen sollte
und die Tickets nach London abholen. Ich wollte daran in keiner Weise teilhaben, und da es ohnehin spät wurde, verabschiedete ich mich.*

*Sonntag, 30. August, 1964*
*Als ich gestern ins Atelier kam, fand ich einen Zettel von Alberto an der Tür,
auf dem er mitteilte, er sei im Café. Ich ging dorthin, und traf ihn allein im
Hinterzimmer beim Lesen eines Artikels in der* Paris Match *über den ersten
Weltkrieg an. Wir fingen sofort an, über Annette zu reden. Nachdem ich das
Café verließ, hatte sie einen Wutanfall gehabt, weil Alberto sie wegen der
Tickets nach London hänselte. Sie behauptete, daß er vor anderen Leuten
keine Rücksicht auf sie nehme -ne lui montrait pas d'égards – und fügte noch
hinzu, daß er 1) verrückt, und 2) aufgeblasen sei von Stolz und Selbstgefälligkeit, weil er wohl meine, infolge seiner Arbeit sei er kein gewöhnlicher
Mensch. »In dem Punkt hatte sie zumindest recht, ganz abgesehen davon, daß
meine Arbeit ein Berg von Mißerfolgen ist.« Das Merkwürdige an ihrem Verhältnis zueinander ist, daß Annette mit echter Nostalgie an die Zeiten zurück-
denkt, bevor Alberto berühmt wurde und sie nur ganz wenig Geld hatten. Es
ärgert sie insbesondere, daß immer irgendwelche Leute mit ihm sprechen wol-*

len: Journalisten, Sammler, Museumskuratoren usw. Sie sind selten miteinander allein. Wenn sie aber einmal allein sind, dann will Annette nur über die Einrichtung ihrer neuen Wohnung reden. Und es macht sie rasend, daß Alberto keine großen Summen da hineinzustecken will. Ich kann mir zwar nicht vorstellen, daß sie das Zeug zu einer großen Verschwenderin hat, dazu ist in ihr zu viel kalvinistisches Genf. Aber zumindest hätte sie gern schöne Kleider wie Patricia Matisse, und vielleicht ein paar Schmuckstücke.

Sonntag, am 6. September 1964

Gestern nach dem Mittagessen beschloß ich, im Atelier vorbeizugehen, und Diego zu fragen, wann er Alberto aus London zurückerwarte. Ich nahm ein Taxi von St.-Germain-des-Prés und dachte mir noch, es wäre eigentlich für Alberto ganz typisch, wenn sich etwas Unvorhergesehenes ereignet hätte und er doch noch länger in London geblieben wäre. Als ich vor dem Haus ankam und in die Einfahrt trat, bemerkte ich, daß die Türen zum Atelier und zum Schlafzimmer geschlossen waren, so daß ich annehmen konnte, Alberto und Annette seien noch in London. Eines der beiden Ateliers am Ende des Flurs, das mit dem Telephon, war aber auf. Ich rief Diegos Namen. Keine Antwort. Dann aber hörte ich eine Tür aufgehen, und erblickte Annette, die in einem Morgenmantel aus dem Schlafzimmer heraustrat. »Was machst du denn hier?« rief ich aus. Sie erzählte mir, daß Alberto am Tag vor ihrer geplanten Abreise krank geworden war, so daß sie doch nicht nach London gereist seien. Ich folgte ihr ins Schlafzimmer. Alberto lag auf dem ungemachten Bett, voll angekleidet, aber dieses eine Mal lagen seine Schuhe nicht dem Bettlaken auf, sondern einem Blatt Zeitungspapier. Er hatte sich ausruhen wollen, und Annette hatte sich zu ihm gelegt. Ich setzte mich in den Korbsessel beim Tisch, während Annette sich wieder neben Alberto niederlegte und sich zutraulich an seine Schulter schmiegte, zärtlich und wie üblich sehr mädchenhaft. Das Vater-Tochter Element ist in ihrer Beziehung sehr betont. Alberto begann von seiner Erkrankung zu reden, wie das Fieber ganz plötzlich aufgetreten sei. Dann wandte er sich ihr zu und sagte: »Du kannst das doch erklären, oder?« Sie antwortete: »Natürlich nicht, du glaubst doch nicht, daß ich so klug bin?« Darauf erwiderte er: »Natürlich nicht. Ich weiß doch, wie strohdumm du bist, du hast von gar nichts eine Ahnung.« Er lachte, und lächelte mir zu, und Annette, die mit geschlossenen Augen an ihm lehnte, kicherte. Er hatte den Arm um sie gelegt, und streichelte ihr Hals und Wange. Sie begann über irgendetwas zu reden – ich weiß nicht mehr worüber – und plötzlich preßte

292

ihr Alberto die Hand über den Mund. »Du redest zu viel,« sagte er. Sie schob seine Hand fort und redete weiter. Alberto legte ihr seine andere Hand auf den Mund, aber mit einem Lächeln, zum Spaß, und sie machte den Spaß auch mit. Nach einer kleinen Weile drückte er ihr mit seinen Fingern leicht auf die Kehle und sagte: »Ist es dir klar, daß du in fünf Minuten tot sein könntest?« Ich sagte: »In zwei Minuten.« Darauf Alberto: »Wenn ich wollte, in einer Minute.« Annette lachte. Aber Alberto bestand darauf, daß es möglich sei. Ich wandte ein, daß Annette zweifelsohne Widerstand leisten würde, und daß Menschen, wenn sie bedroht sind, ganz ungewöhnliche Kräfte entfalten können. Er war sich aber ganz sicher, daß er sie umbringen könnte, wenn er es wollte. Dann könne er auf geistige Unzurechnungsfähigkeit plädieren, meinte er, und man würde ihn anstatt ins Gefängnis in eine Irrenanstalt sperren, wo er eine angenehme, warme Zelle hätte, mit Leinwand und Ton versorgt würde, und in Ruhe arbeiten könnte. Die Doktoren und Irrenwächter würden ihm sogar Modell sitzen. Es wäre die ideale Situation. Und nicht allein das, sagte er, sondern es wäre auch eine unheimlich wirksame Reklame und er könnte seine Arbeiten zu höheren Preisen verkaufen. Dieser Gedanke belustigte ihn sehr, und ist in der Tat auch sehr belustigend, wenn man bedenkt, wie gleichgültig ihm das Geld ist. Ich wies ihn daraufhin, daß es in seinem Plan eine Schwäche gebe. »Und die wäre?« fragte er. »Die bin ich,« sagte ich, »denn ich müßte alles in meiner Macht stehende tun, um Annette zu helfen, sonst wäre ich mitschuldig an dem Verbrechen, und trüge ebensoviel Schuld dafür wie du, oder zumindest beinahe soviel.« Das hielt ihn keine Minute lang auf. Er lächelte und sagte, »Dann würde ich dich eben auch umbringen!« Dann könne er aber unmöglich auf Unzurechnungsfähigkeit plädieren, widersprach ich ihm, weil das Motiv für den Mord an mir so überaus berechnend wäre. Ach, meinte er dazu, er würde schon davonkommen, er würde ihnen einfach die Ohren vollquatschen. Das war das ganze Geheimnis: man durfte nicht aufhören zu reden. Ich sagte, man dürfe aber nicht allzu intelligent erscheinen. Im Gegenteil, sagte Alberto, je intelligenter man erschien, desto besser die Chancen, das Gericht von seiner Unzurechnungsfähigkeit zu überzeugen. Außerdem, fuhr er fort, könne er den Mord an mir mit Leichtigkeit rechtfertigen, wenn er erklärte, ich sei ein unerwünschtes Element in der Gesellschaft, und daß er die Allgemeinheit davon befreie. Diese Vorstellung amüsierte ihn königlich, und mich eigentlich auch, aber ich bat ihn um keine Erklärung, weil ich wohl auf eine gewisse Art seiner Meinung bin. Wir sprachen noch ein Weilchen weiter über Albertos

*Schnapsidee von einem Doppelmord. Die Idee einer riesigen Reklamewirkung schien ihm unerhört zuzusagen, denn er wiederholte mehrmals, daß sein Photo dann sicher in allen Zeitungen erschiene. Er fragte mich, ob ich glaubte, daß man sein Photo veröffentlichen würde. »Zweifelsohne,« meinte ich. »Du würdest natürlich auch einiges an öffentlicher Aufmerksamkeit ernten,« sagte er. Nicht so sehr viel, bemerkte ich, da ich nur eines der Opfer wäre, und das weniger Interessante von beiden. Außerdem, was ginge mich die öffentliche Aufmerksamkeit an, da ich doch ohnehin tot wäre? Naja, das stimmte schon, gab Alberto zu, ich würde wahrscheinlich nicht soviel Aufmerksamkeit bekommen wie er, weil der Mörder immer mehr bekommt, aber ein bißchen fiele doch für mich ab. Der Tatbestand, daß ich dann tot wäre, schien ihn nicht im geringsten zu stören. Es ist schwer jemandem, der Alberto nicht kennt, zu erklären, wie solche Unterhaltungen mit Alberto lustig und zugleich interessant sein können, weil so viel dabei von seinem Mienenspiel abhängt, weit mehr als vom Klang der Stimme. Obwohl die ganze Unterhaltung absurd war, nahmen wir alle, Annette und ich, vor allem aber Alberto den Fall als glaubhafte Möglichkeit halbwegs ernst. Trotzdem mußte ich darüber lachen, wenn Alberto sagte, die ganze Angelegenheit würde seine Preise in die Höhe treiben. Alberto selbst lächelte aber nur, er lachte nie geradeheraus, und er wäre, des bin ich gewiß, augenblicklich bereit gewesen, die Glaubwürdigkeit seiner Ideen mit eindrucksvollem Aufwand an vernünftigen Argumenten zu verteidigen. Vielleicht im Hinblick darauf, meinte Annette nach einer Weile, daß Alberto, sollte sie vor ihm sterben, sie doch auf dem Friedhof Montparnasse beerdigen lassen solle. »Mit Sicherheit nicht,« sagte er. »Warum nicht?« fragte sie. »Der ist zu teuer,« erwiderte Alberto lächelnd, »ich schicke dich zurück nach Genf.« Annette wollte alles, nur nicht nach Genf zurückgeschickt werden, und sie bestand darauf, daß sie auf dem Montparnasse Friedhof beerdigt sein wolle. Alberto murmelte irgendetwas, dessen genaue Formulierung etwas vage, dessen Bedeutung aber sonnenklar war: daß er nämlich mit Sicherheit lange vor ihr sterben würde. Und ich entsann mich auch einer Bemerkung, die er ein paar Tage zuvor gemacht hatte: »Vielleicht wartet auf mich ein schrecklicher Tod.«*

Ein paar Tage später ging ich ins Atelier, um mich von Alberto und Annette zu verabschieden. Er sagte mir, er würde nur drei Tage fortbleiben, während Annette etwas länger bleiben wollte, um Isabel zu besuchen, die Frau, die er vor langer Zeit geliebt hatte, eine echte

Männerverschlingerin. »Und wenn ich zurückbin,« fügte er hinzu, »dann kümmern wir uns um das berühmte Porträt.«

»Wir werden es wenigstens versuchen,« sagte ich.

Alberto lachte und meinte, ich sollte nicht frech sein zu älteren Leuten.

Zu meiner Überraschung kehrte Alberto tatsächlich wie geplant aus London zurück, am Freitag, den elften. Am nächsten Tag kam ich ins Atelier, und nachmittags um vier etwa begann er mit meinem Porträt. Ich habe bereits ein kurzes Buch darüber verfaßt, das ausführlich berichtet, was während jener Wochen geschah und gesprochen wurde, die ich für Alberto Modell saß, und es wäre überflüssig, dies hier zu wiederholen. In diesen Erinnerungen wollte ich die Einzelheiten meiner persönlichen Beziehungen zur Giacometti Familie wiedergeben: zu Alberto, Diego, Annette, Bruno, Odette und Silvio.

Während ich für Alberto saß, gab es natürlich Ereignisse und Gespräche, die ich aus verschiedensten Gründen in dem »Giacometti Porträt« nicht erwähnte. Da ich aber die vor einunddreißig Jahren niedergeschriebenen Notizen noch habe, stieß ich darin auf einige Details, die sich jetzt vielleicht ganz interessant oder amüsant lesen.

Am Donnerstag, den 17. September, zum Beispiel, sprachen Alberto und ich über Matisse. Ein paar Tage zuvor war ich bei Diego gewesen, und aus irgendeinem Grund in sein Schlafzimmer im Oberstock gegangen, was nur äußerst selten vorkam. Zu meinem Erstaunen hing über Diegos Bett ein ziemlich großer Matisse, ein Brustbild einer jungen blonden Frau in herrlich leuchtenden Orange- und Rottönen. Als ich Diego gegenüber meine Verwunderung äußerte, sagte er: »Es ist ein Geschenk von Alberto.« Dies erwähnte ich Alberto gegenüber. »Stimmt,« sagte er, »als ich neulich in Basel war, ging ich in die Galerie Beyeler, und dort sah ich das Bild. Der ganze Matisse schien in diesem einen Gemälde enthalten zu sein. Es war schon sehr lange her, daß ich ein Kunstwerk sah, daß ich wirklich besitzen wollte. Darum schlug ich Beyeler ein Tauschgeschäft vor. Er war damit einverstanden, und ich nahm das Bild an mich. Aber ich habe ihm immer noch nichts dafür gegeben. Als ich zurückkam, hing ich das Bild im Atelier auf, aber nach vier Tagen konnte ich es nicht mehr anschauen.«

»Du hättest es doch ins Schlafzimmer hängen können,« meinte ich.

»Da konnte ich es auch nicht aushalten,« sagte Alberto. »Also gab ich es Diego, und der ist sehr glücklich damit.«

Obwohl das Porträt von mir ursprünglich an einem einzigen Nachmittag beendet werden sollte, wollte Alberto doch noch länger daran arbeiten, ein Wunsch, den ich ihm kaum abschlagen konnte. Ursprünglich hatte ich jedoch Mitte September nach Amerika zurückzukehren beabsichtigt. Aber ich wollte natürlich Alberto gefällig sein, und der Gedanke, ihm endlich irgendwie nützlich sein zu können, war mir sehr angenehm. Dies machte jedoch eine Änderung meiner Pläne erforderlich, die wir miteinander besprachen. Außerdem gab es da noch etwas anderes zu berücksichtigen.

In Anbetracht der unglaublichen Großzügigkeit, die Alberto schon gegen mich bewiesen hatte, wäre es nachgerade pervers gewesen, wenn ich mich nicht gefragt hätte, ob er mir am Ende mein Porträt schenken würde. Natürlich konnte ich ihm diese Frage nicht stellen. Und ich wußte auch, daß Alberto auf seine eigene Art auch pervers sein konnte. Er war mit David Sylvester befreundet und hatte ein schönes Bild von ihm gemalt, es ihm aber nicht geschenkt, sondern an Pierre Matisse verkauft. Von Yanaihara hatte er mehrere Porträts gemalt, der aber bekam kein einziges. Welchen Grund hatte ich also zu der Annahme, mein Porträt könne einmal mein Besitz werden? Alberto, der ja nicht auf den Kopf gefallen war, nahm selbstverständlich an, daß ich das Porträt gerne besitzen würde, und diese Vermutung bot ihm beste Gelegenheit zu Hänseleien, womit er sich liebend gern amüsierte.

Am 19. September, als die Arbeit an dem Bild schon einige Zeit andauerte, sagte Alberto: »Du fährst doch jetzt nicht nach Amerika, oder?«

»Nein,« sagte ich.

»Von jetzt an werde ich nämlich ernsthaft an dem Bild arbeiten, und dazu brauche ich dich. Aber ich werde dir das Modellsitzen löhnen.«

»Was! Bist du verrückt?« rief ich aus, »Das kommt überhaupt nicht in Frage!«

»Selbstverständlich werde ich dir zahlen,« beharrte er, »ich muß es dir löhnen. Irgendetwas muß ich dir ja geben, da das Porträt nie so gut wird, daß ich es dir schenken könnte.«

Darauf sagte ich nichts.

Nach einer kleinen Pause fügte er mit verschlagenen Lächeln hinzu: »Du denkst dir jetzt sicher, ›Was für ein mieser Trick!‹«

Ich sagte: »Nein, das ist überhaupt nicht, was ich denke. Ich sag es dir später einmal.«

Tatsächlich aber dachte ich, daß ganz gleich, was aus dem Porträt wurde, mir die wunderbare, seltene Gelegenheit zuteil geworden war, meine Bewunderung und Zuneigung für diesen großen Mann zum Ausdruck zu bringen, indem ich an dessen schöpferischem Ringen teilhatte, wenn auch nur auf passive Art, und ihm so, wenn auch auf eine sehr bescheidene Weise, symbolisch seine Großzügigkeit vergüten konnte. Ich wußte aber, daß Alberto diese Art von Empfindungen nicht gern offen ausgesprochen hörte. Er war von wirklich übermäßiger Bescheidenheit. Er setzte diese Hänselei eine ganze Weile fort, und ich hatte wirklich keine Ahnung, ob das Porträt eines Tages mir gehören würde oder nicht. Überdies war ich so in das Abenteuer verwickelt, welches das Bild symbolisierte, daß es mir mehr um einen befriedigenden Abschluß ging als um die Frage seines künftigen Besitzers.

Was Geschenke angeht, so hätte ich ein schon mehr als ungehobelter Klotz sein müssen, um unzufrieden zu sein, denn seit Beginn unserer Sitzungen hatte ich schon drei kleine, aber sehr schöne Skulpturen bekommen. Vor fünf oder sechs Jahren vorher hatte man Alberto gebeten, einen Entwurf für eine Plastik einzureichen, die auf dem Platz vor dem neuerrichteten Wolkenkratzer stehen sollte, in dem sich die Generalverwaltung der Chase Manhattan Bank in New York befand. Er hatte zunächst drei winzige Skulpturen als Maquetten entworfen – ein schreitender Mann, eine stehende Frau, und ein Männerkopf. Später fertigte er alle drei Plastiken in größerer Ausführung an, aber die Bank lehnte sie ab. Die drei winzigen Plastiken befanden sich im Atelier, und an einem Nachmittag während einer Pause, als ich die kleinen Figuren bewunderte, sagte Alberto: »Tust du mir einen Gefallen? Bitte schaff diese Dinger fort. Es geht mir langsam auf die Nerven, sie dauernd anschauen zu müssen.« Diesem Wunsch kam ich nur allzu gern nach.

Eigentlich hätte es klar sein müssen, daß Alberto mich nie so lang und so ausgiebig getriezt hätte, wenn er nicht von Anfang an beabsichtigte, mir das Bild zu schenken. Am 26. September sagte er: »In jeden Fall wird das Bild dir gehören. Sollte es schlecht werden, ist es mir gleichgültig, sollte es aber gut werden, so ist es mir ein Vergnügen, es dir zu schenken.«

Annette kam bei diesen Worten ins Zimmer, und ich sagte zu ihr: »Du hast es gehört, Annette.«

»Ja,« sagte Alberto, »sie ist Zeugin.«

»Ja, ich habe es gehört,« sagte sie. »Aber Yanaihara hat viel mehr gesessen als James, und du hast ihm trotzdem nie ein Bild geschenkt.«

»Wenn er ein Bild haben will, dann kann er ja zurückkommen und nochmal sitzen,« sagte Alberto.

Ich erkundigte mich, wie es Carolines Bein ginge, das sie sich verletzt hatte, und welches ihr einige Schmerzen bereitete. Annette stieß verächtlich die Luft aus und sagte, »Es ist nichts. Sie kann schließlich noch laufen, oder?«

Ich lachte und bemerkte, das seien ja ein hartes Kriterium. Annette erwiderte nichts und ging bald darauf ins Schlafzimmer, um sich etwas hinzulegen.

Alberto sagte: »Alles, was nicht sie selbst betrifft, ist ihr völlig gleichgültig. Wenn sie das hätte, was Caroline hat, würde sie ein Riesentheater machen.«

Als ich am nächsten Tag ins Atelier kam, war Alberto gerade mit Pierre Matisse beschäftigt. Ich wartete mit Annette im Schlafzimmer. Sie schien in gereizter Stimmung zu sein. Es war wahrscheinlich eine Taktlosigkeit von mir, daß ich erwähnte, wie sehr ich mich über das Geschenk des Bildes freute. »Du hast großes Glück,« sagte sie. »Was wirst du denn damit machen?«

»Na, auf alle Fälle werde ich es nicht verkaufen.«

»Das will ich wohl hoffen,« meinte sie sauertöpfisch. »Alberto wäre sehr ungehalten, wenn du das tätest. Es ärgert ihn immer sehr, wenn Leute verkaufen, was er ihnen geschenkt hat.«

Ich erzählte ihr nicht, daß ich dieses bereits getan hatte, und daß Alberto es auch wußte. In dem Augenblick ging mir auf, daß Annette auf meine Beziehung – Freundschaft konnte ich dazu nicht sagen – zu ihrem Mann wohl eifersüchtig war. Dieser Gedanke rief in mir mitleidige Gefühle für sie hervor, die ihr gewiß nicht recht gewesen wären, hätte ich sie zum Ausdruck gebracht.

Da kam Alberto ins Schlafzimmer. »Pierre nimmt achtundfünfzig Zeichnungen,« sagte er, »die er im November ausstellen will. Zeichnungen aus allen Perioden. Ich hatte nur noch einen Lord, und den wollte er haben, aber ich hab ihn nicht gehen lassen. Ich dachte, vielleicht will Lord ihn selber gern haben.«

»Es ist mir peinlich, aber ich muß gestehen, daß es so ist.«

Annette zog ihren Regenmantel an und ging zur Tür. »Ich gehe ins ›Samaritaine‹, Handtücher kaufen,« sagte sie.

Alberto seufzte. »Ich muß oft an die guten, alten Zeiten denken, als alles noch friedlich war, als Diego, Annette und ich zusammen im »Les Tamaris« essen gingen. Du erinnerst dich ans »Les Tamaris«. Vor sieben oder acht Jahren hat es zugemacht. Jetzt ist alles anders. Es begann mit Yanaihara. Zu der Zeit habe ich das nicht erkannt. Aber auch Vorherwissen vermag nicht unbedingt den Lauf der Dinge zu verändern. Der Mensch kann die Dinge nur verändern, wenn er sich selbst ändert. Es tut mir unendlich leid, daß ich nicht mehr dasselbe enge Verhältnis zu Diego und zu Annette habe wie damals. Beide hassen Caroline. Wir gingen früher auch in den Parc Montsouris zum Essen. Komm, laß uns noch ein bißchen arbeiten.«

Alberto hatte beschlossen, mein Porträt an das Carnegie Institute in Pittsburgh zu senden, da er um eine Leihgabe für eine Ausstellung gebeten worden war, und er die allerneueste seiner Arbeiten ausstellen wollte. Es würde, noch nicht einmal ganz trocken, am 2. Oktober verschifft werden müssen, folglich war das letzte Mal, daß ich für ihn saß, der erste, ein Donnerstag. Ich hatte vor, am folgenden Nachmittag abzureisen. Alberto bestand darauf, mich zum Flughafen zu begleiten. Im Taxi dahin erklärte er mir, daß das Bild, wenn die Ausstellung im Januar beendet war, nach New York geschickt würde, wo Pierre Matisse es mir aushändigen würde. Ich fragte ihn, was er denn wünsche, daß letztlich mit diesem Bild geschehe, welches das wichtigste Geschenk sei, das er mir je gemacht hätte? Ich sollte mich einfach an seinem Besitz erfreuen, meinte er, wenn möglich. Was ich damit anstellte, fügte er hinzu, ginge nur mich etwas an, denn es sei ja mein Besitz und mein Porträt. Ich könnte es verschenken oder verkaufen oder einem Museum vermachen. Er wäre bis dahin auf alle Fälle tot und würde es nie erfahren. Es würde ihn jedoch traurig machen, wenn das Bild zerstört würde, denn die Arbeit daran hätte ihm Freude gemacht, er hätte etwas daraus gelernt, und vor allem gefiele ihm der Umstand, daß wir beide auf dieser Leinwand vereint wären, lange nach unser beider Tod.

Nach meiner Ankunft in New York schrieb ich als erstes einen Bericht über alles, was sich während der Zeit, die ich für Alberto gesessen hatte, zutrug. Zu der Zeit hatte ich einen guten Freund, Wilder Green, der ein begeisterter Liebhaber und Sammler von Giacometti-Werken war, und nebenbei auch Direktor am Museum of Modern Art, wo zufällig eine große Giacometti Retrospektive geplant war, die im Juni 1965 eröffnet werden sollte. Ich zeigte Wilder meinen Text zu dem Porträt, und er fand ihn von hinreichendem Interesse, um ihn dem Direktor für Museumsveröffentlichungen vorzulegen. Dieser schlug vor, den Text als Broschüre drucken zu lassen, als ergänzende Beilage zum Ausstellungskatalog. Da ich nicht wußte, was Alberto davon halten würde, zumal er kein Englisch lesen konnte, wandte ich mich an Pierre Matisse um Rat.

Ein Vierteljahrhundert lang nach Kriegsende war ich ein treuer Besucher der Kunstgalerien in New York, Paris und London. In New York galten meine häufigsten Besuche den Galerien von Curt Valentin, Eugene Thaw und Pierre Matisse, die alle zu meinen Freunden wurden. Pierre war der unnahbarste von allen, ein kalter, verschlossener, mißtrauischer Mensch, der eigentlich überhaupt keine engen Freunde besaß. Mit seiner Frau Patricia freundete ich mich jedoch sehr an. Sie arbeitete auch in der Galerie und war eine lebhafte, exzentrische, unterhaltsame Frau, die sehr schöne Feste zu geben verstand und viel zu viel trank. Durch meine Freundschaft mit ihr sah ich auch Pierre desöfteren. Mein Text gefiel ihm zwar auch, er meinte aber, man sollte einige Details um der Diskretion willen besser auslassen. Diese las er Alberto am Telephon auf Französisch vor, und zusammen beschlossen sie, was veröffentlicht, und was ausgelassen werden sollte. Gleichzeitig plante Pierre, die achtundfünfzig Zeichnungen, die er Alberto abgekauft hatte, im November auszustellen, und bat mich um eine Einleitung ... zum Ausstellungskatalog, die ich auch für ihn schrieb.

Die New Yorker Retrospektive im Museum of Modern Art war eine wichtige Ausstellung. Einhundertundvierzig Plastiken, Gemälde und Zeichnungen aus allen Schaffensperioden wurden gezeigt, einschließlich meines Porträts, das mir Albertos Wunsch entsprechend übergeben worden war. Man war beeindruckt. Es gab erheblichen Publikumsandrang. Die Pressekritik war begeistert. Gleichzeitig fand eine weitere, von David Sylvester organisierte, noch größere Retrospektive in der Tate Gallery in London statt. Alberto besuchte sie zweimal. Da seine Abneigung gegen das Reisen generell, und speziell seine Weigerung, sich je in ein Flugzeug zu setzen, sattsam bekannt waren, erwartete eigentlich niemand, daß er nach New York käme. Deshalb sorgte er für einige Überraschung, als er im September verlauten ließ, daß er vier Tage vor Ende der Ausstellung in New York einträfe, um sie sich anzuschauen. Pierre Matisse organisierte alles. Er und seine Frau Patricia würden Alberto und Annette auf der Hinreise an Bord der *Queen Elisabeth* begleiten, die am 6. Oktober in New York einträfe, und nur acht Tage später würde der Künstler mit seiner Frau zusammen an Bord der *France* wiederzurückfahren. Diese Informationen erhielt ich von Patricia, die aus Cap Ferrat anrief.

Am Abend ihrer Ankunft begab ich mich in die Wohnung von Pierre Matisse in der East 94th St., wo sie in den oberen drei Stockwerken eines großen Wohnhauses feudal untergebracht waren. Ich hatte Alberto zuletzt vor genau einem Jahr gesehen. Als er in die Bibliothek kam, war ich schockiert. Er war hager und ausgemergelt, und sein für ihn so untypischer blauer Anzug hing an ihm wie an einem Knochenmann. Dennoch war er so lebhaft wie immer. Die ersten Worte, die er an mich richtete, waren: »Von nun an werde ich aufpassen müssen, was ich in deiner Gegenwart rede. Hätte ich gewußt, daß du alles aufschreibst, wäre ich vielleicht etwas schweigsamer gewesen.«

»Aber hast du mir nicht selbst einmal gesagt, daß Schriftsteller schreiben müssen? Und wenn es ihnen ernst genug ist, dann schreiben sie alles nieder, was ihnen wichtig erscheint, und noch so einiges mehr. Außerdem gibt es einige Leute, denen das Buch gut gefällt,« protestierte ich.

»Das sagt Pierre auch, deshalb muß ich wohl annehmen, daß es stimmt, trotz allem.«

»Ich hoffe, du wirst es eines Tages einmal lesen können.«

»Ach, ich würde mich nur schämen, all die Idiotien zu lesen, die ich von mir geben kann.«

Am folgenden Nachmittag gingen wir, – Alberto, Annette und ich – in die Ausstellung. Der Direktor und mehrere Kuratoren waren da, um ihn willkommen zu heißen. Er besah sich jede einzelne Skulptur, jedes Bild und jede Zeichnung mit eingehender Sorgfalt und schien überrascht, so als habe er die Dinge nie zuvor gesehen. Ein Museumsphotograph war auch anwesend, und unter den vielen Aufnahmen, die er machte, war zu meiner großen Freude eine von Alberto und mir, zusammen vor meinem Porträt stehend. Alberto betrachtete es ein paar Minuten lang, dann sagte er: »Wir haben einen Anfang gemacht. Aber es könnte größer sein. Du kommst doch wieder und sitzt mir noch einmal, oder?«

»Aber natürlich,« sagte ich.

»Aber der Rest ist sehr enttäuschend,« seufzte er, »wie konnte ich nur so schlecht abschneiden? Du weißt, ich war immer ganz aufrichtig dabei. Gehen wir doch irgendwo was trinken …«

Draußen regnete es. Wir gingen in die St. Regis Bar, die um fünf Uhr am Nachmittag beinahe leer war, und bestellten etwas zu trinken, während Alberto die Unzulänglichkeit seiner Arbeiten beklagte. Er sagte jedoch: »Ich werde es besser machen. Ich weiß, daß ich das kann.«

»Ach Alberto,« sagte Annette, »du weißt doch selbst ganz genau, daß es alles ganz ausgezeichnet ist.«

»Ich weiß nicht einmal, wie ich heiße,« antwortete Alberto, »und ganz davon abgesehen, ist auch das ziemlich egal. Bald wird es sowieso keinen mehr geben, der so heißt.«

Pierre Matisse schien sich nicht darum zu reißen, Alberto und Annette durch New York zu führen. Patricia nahm mit deutlichem Mißvergnügen Annette an die Hand, und mir war es überlassen, Alberto die Stadt, ihre Museen und Monumente zu zeigen. Wir gingen ins Metropolitan und ins Frick, aber Alberto eilte durch beide Museen hindurch wie ein Mensch, der in panischer Hast dem Ladenschluß zuvorzukommen versucht. »Ich habe genug von Museen,« sagte er. Als ich ihn dazu bewegen wollte, doch vor dem großen Rembrandt-Selbstporträt im Frick-Museum zu verweilen, welches schließlich eines der ganz großen Meisterwerke der Menschheit ist,

sagte er, »Ich habe zur Zeit eine schlechte Beziehung zu Rembrandt.«
Aber Goyas großes Gemälde, *Die Schmiede*, fesselte ihn.

Das einzig Faszinierende für ihn in der ganzen Stadt war die Chase
Manhattan Plaza, für die noch immer keine Skulptur ausgewählt
worden war, die vor dem senkrechten Steilabfall des Wolkenkratzers
stehen sollte. Der Gedanke, daß er noch etwas schaffen könnte, daß
sich angesichts dieser überwältigenden Fassade zu behaupten vermöchte, besetzte ihn. Wir gingen mehrmals zu der Plaza hin, einmal sogar mitten in der Nacht, als sich keine Menschenseele im
Finanzviertel befand, und Alberto wies Annette und mir verschie-
dentliche Positionen auf dem weiten, leeren Platz zu, um herauszufinden, wie die Plastik proportioniert sein müßte, um die größt-
mögliche Wirkung zu erzielen.Sobald er wieder in Paris sei, sagte er,
würde er eine große Figur entwerfen, größer als alle, die er bisher
gemacht hatte, die würde vielleicht hinkommen.

Es gab Empfänge und Diners. Im Museum lud man eine Gruppe
zeitgenössischer Künstler ein, um Alberto kennenzulernen. Es war
eine recht ironische Angelegenheit. Alle Anwesenden legten großen
Respekt für ihn an den Tag, obwohl keiner von ihnen zu begreifen
schien, daß er eine Tradition verkörperte, die fortzusetzen sie weder
die Vision noch die Charakterstärke besaßen. Alberto verstand das
nur allzu gut. Später sagte er: »Es war ein bißchen wie eine Beerdigung, nicht wahr?« Nach einer Woche hatte Alberto offenbar genug
von der Neuen Welt. Dagegen war Annette von der Stadt begeistert,
von ihren Luxusgeschäften und Restaurants, und vor allem von dem
aufrichtigen, warmen Respekt, den man ihr als der Frau des großen
Künstlers entgegenbrachte. Sie wäre sicher gern länger geblieben,
Alberto aber wollte nach Hause. Obwohl er eine ganze Mappe voll
Zeichenpapier mitgebracht hatte, machte er in New York nur eine
einzige Zeichnung, ein Porträt des schlafenden Pierre, die an einem
Abend in der Bibliothek entstanden war, als wir drei bis spät in die
Nacht hinein über unseren Brandygläsern hocken blieben.

Alberto und Annette reisten also wie geplant am Donnerstag, den
14. Oktober an Bord der *France* ab. Am darauffolgenden Sonntag traf
ich in Paris ein, um vierzehn Tage dort zu verbringen, bevor ich über
Dänemark, Schweden und Finnland nach Rußland weiterreiste. Ich
traf mich mehrmals mit Alberto, Diego und Annette, deren schlechte

Laune sich alsbald wieder eingestellt hatte, da ihr Mann mit Caroline wiedervereint war. Die Szenen wurden immer ausfallender und brutaler, und Annette ging sogar so weit, über die ausgezehrte und fahle Gestalt ihres Mannes zu spotten. Er gab ihr den Spitznamen: Schall und Wahn.

Ich war fast einen Monat auf Reisen, und kehrte erst gegen Ende November nach Paris zurück. Als ich in die Rue Hippolyte kam, entsetzte mich Albertos Erscheinung aufs neue. Es schien ihm noch schlechter zu gehen als in New York. Obwohl er es nie auf Lob und Ehrungen abgesehen hatte, waren sie ihm in den vergangenen Jahren zugefallen. Er hatte widerwillig ein Ehrendoktorat der Universität Bern angenommen, welches ihm am 27. November, einem Samstag verliehen werden sollte. Es ging ihm nicht gut, und er war sich nicht schlüssig, ob er reisen sollte, aber ganz typisch für ihn war, daß er sich dennoch dazu entschloß, weil er eine Verantwortung auf sich genommen hatte, denen gegenüber, die ihn ehren wollten. Er packte ein paar Sachen in einen Koffer und fuhr mit dem Nachtzug ab.

Am Bahnhof Bern erlitt er einen Herzschlag, und obwohl er dies nicht richtig erkannte, merkte er doch, daß es ihm nicht gut ging. Aber der Anfall ging vorüber, und er stand die Verleihungsfeier mit dem anschließenden Bankett durch. Seine Befürchtung war jedoch, daß der Schmerz, den er gespürt hatte, ein Wiederauftreten der Krebserkrankung bedeutete, wegen der er 1963 operiert worden war. Nach Paris zurückgekehrt, beschloß er, sich ins Kantonspital in Chur in der Schweiz zu begeben, unweit von Zürich, wo er von Ärzten seines Vertrauens gründlich untersucht werden konnte. Diego, Annette und ich drängten ihn dazu, gleich in Paris schon einen Arzt aufzusuchen. Nach vielem Brummen willigte er ein, und man verschaffte ihm einen dringenden Termin bei einem renommierten Herzspezialisten. Ich brachte ihn in die Ordination des Arztes in der Rue du Bac, während er den ganzen Weg protestierte. Am nächsten Tag saß er, natürlich rauchend, auf dem Rand seines ungemachten Bettes und sagte, der Arzt habe nicht Bedenkliches finden können. Er litt an chronischer Bronchitis, aber das sei nichts Neues. Das Herz sei zwar anormal erweitert, doch es gebe keinen Anlaß für Besorgnis, daran hielt er fest. Dann schwieg er einen Augenblick, bevor er hinzusetzte: »Es käme mir sehr ungelegen, ausgerechnet jetzt zu sterben.«

»Es ist doch absurd, so zu reden,« wandte ich ein.

»Wieso?« sagte Alberto, »es ist überhaupt nicht absurd. Ich habe noch soviel zu erledigen.«

Drei Tage später, am Sonntag, den 5. Dezember, wollte er in die Schweiz abreisen. Zufällig hatte auch ich meinen Flug nach New York am selben Tag gebucht. Ich war besorgt, wie Diego auch. Annette aber nicht. »Schließlich ist Alberto doch erst vierundsechzig,« sagte sie. »Wenn er besser auf sich acht gibt, wird er noch lange leben.«

Am letzten Samstagnachmittag begleitete ich Alberto in die Künstlerbedarfshandlung von Maurice Lefebvre-Foinet, wo er seit Jahrzehnten seine Materialien kaufte. Er besorgte dort ein paar Dinge, die er in die Schweiz mitnehme wollte, dann kehrten wir mit dem Taxi auf der Straße, die den Friedhof Montparnasse durchquert, ins Atelier zurück. Alberto schlug sich mit der Faust aufs Knie und rief, »Es scheint einfach unmöglich zu sein!«

»Was denn?« fragte ich.

»Einen Kopf so zu gestalten, wie ich ihn wahrnehme. Zwischen heute und morgen muß ich es einfach schaffen.«

Aber er schaffte es natürlich nicht. Er war an jenem Abend mit Caroline und ein paar anderen Freunden noch spät unterwegs in Montparnasse. Am nächsten Tag verließen wir beide Paris.

Durch Patricia erhielt ich regelmäßig Nachricht aus dem Kantonspital in Chur, während ich in New York war. Alles schien gut zu gehen, kein Grund zur Besorgnis. Nach einer Woche der Ruhe und Behandlung, anständigen Essens und regelmäßigen Lebenswandels, schien Alberto ganz der alte geworden zu sein. Er stand auf, spazierte in den Spitalsgängen herum, telephonierte mit Familie und Freunden und versicherte allen, daß er in Kürze wieder in Paris zurücksein werde. Bruno und Odette, Diego, und Caroline besuchten den Patienten und waren zuversichtlich. Sogar Annette reiste nach Chur, obwohl sie Carolines Besuch dort sehr übel nahm. Aber sie mußte dann doch länger in der öden, kalten Schweizer Stadt bleiben, weil Albertos Arzt, N. G. Markoff, eine bekannte Autorität auf seinem Gebiet, Giacometti nicht für gesund genug hielt, um ihn zu entlassen. Da ich selbst nicht in Chur, ja überhaupt nicht in Europa war, konnte ich natürlich nicht wissen, was sich täglich im Spital zutrug. Später erfuhr ich die Einzelheiten von allen, die damals dabei waren – ausgenommen Alberto.

Ein paar Tage vor Weihnachten verschlechterte sich Albertos Zustand ganz plötzlich. Sein Kreislauf war gestört, und der Herzmuskel arbeitete mit zunehmender Mühe, was zu schwerem Leberstau führte. Trotzdem schien noch kein Anlaß zu ernsthafter Beunruhigung gegeben zu sein. Alberto telephonierte weiterhin mit Bruno, Diego, Caroline und Patricia, und beschwichtigte alle mit seiner vertrauten, heiseren Stimme, daß es nichts zu befürchten gäbe.

Es gab jedoch einiges zu befürchten. Kurz nach Neujahr verschlechterte sich der Zustand des Patienten weiter. Schwach und blaß, hatte er seit seiner Aufnahme in der Klinik vor weniger als einem Monat zwanzig Pfund abgenommen. Er begann sich Sorgen zu machen. Er telephonierte mit Bruno und bat ihn, ihm zu helfen, seine Angelegenheiten zu ordnen, obwohl er ihm nicht auseinandersetzte, was für eine Ordnung er wünschte. Er sagte Dr. Markoff, daß er unbedingt für eine Woche nach Paris reisen müsse, wirklich nur eine Woche, um seine Angelegenheiten in Ordnung zu bringen. Er rief Pierre Matisse an, der gerade mit Patricia in seiner Villa auf Cap-Ferrat war, und flehte ihn an, dringend in die Schweiz zu kommen, um wichtige Anordnungen zu treffen. »Ich will nicht, daß Annette meine Dinge in die Hände bekommt,« sagte er zu Pierre, »Ich will nicht, daß sie irgendwas mit meinen Sachen zu tun hat.«

Jetzt war es jedoch zu spät. Dr. Markoff sagte seinem Patienten, daß er in seinem Zustand nicht reisen könne. Vor Jahren schon hatte man Alberto gebeten, die Anordnungen zu treffen, die jeder vernünftige Mensch mit wertvollem Besitz längst getroffen hätte. Dies hatte er aber versäumt.

Am Dienstag, den 11. Januar, am frühen Abend, blickte Alberto von seinem Krankenlager auf und sah Diego, Bruno, Odette, Annette und Caroline um ihn herumstehen. »Ihr seid alle hier,« murmelte er, »das heißt, daß ich sterben muß.« Gegen sieben Uhr abends verfiel er in ein Koma. Drei Stunden später war er tot. Sein Herz hatte versagt.

Am folgenden Tag, wurde ich frühmorgens vom Telephon geweckt. Es war mein Freund Wilder Green, der vom Museum of Modern Art anrief, um mir die böse Nachricht so schonend wie möglich beizubringen. Das letzte Mal, daß ich Alberto sah, – vor achtunddreißig Tagen – war er mir müde vorgekommen, aber so schien er eigentlich immer – kurz davor, seinen letzten Heller an Vitalität zu vergeuden, und dennoch, eben aus diesem Grunde bereit, sich über seine Mittel hinaus zu verausgaben, immer in der Hoffnung, am Ende die Gewißheit zu haben, daß sein Einsatz von der Nachwelt reichlich zurückgezahlt würde. Jetzt war die Zeit der Abrechnung gekommen. Damals wäre es mir nie in den Sinn gekommen, daß mir bei diesen Berechnungen irgendeine Rolle zufallen sollte.

Jener graue und frostige Tag, New York in seiner übelsten Winterstimmung, legte sich mit einer Wucht auf mein Dasein, deren Folgen selbst Alberto, trotz seiner nahezu gottähnlichen Hellsichtigkeit nicht hätte vorhersehen können. Ich fühlte mich natürlich schmerzlich beraubt und mir war bewußt, daß ich höchstwahrscheinlich nie wieder eine so vertraute Beziehung zu einem wahrhaft großen Menschen haben würde, und daß diese Vertrautheit selbst unschätzbaren Wert besaß, weil dieser Mensch auf so vertrautem Fuße mit der Wahrheit gestanden hatte. Jetzt, da er fort war, auf wessen Urteil konnte ich mich verlassen, wenn es darum ging zu entscheiden, was groß und richtig sei? Und doch, während ich durch die häßlichen Seitengassen wanderte, schien mir mein Gefühl von Verlust auf merkwürdige Art gekoppelt zu sein mit dem ebenso aufregenden wie beängstigenden Glücksgefühl, ihn gekannt zu haben. Damals beschäftigte mich dies nicht weiter, zu sehr war ich von meiner unverdienten Betroffenheit durch den Trauerfall eingenommen. Jetzt aber denke ich daran und mit mehr Ursache, wie sich im Verlauf meiner Geschichte noch herausstellen wird. Ich frage mich manchmal tatsächlich, ob Albertos Hellsichtigkeit nicht gottähnlicher war als wir alle ahnten.

Ob ich der Bestattung beiwohnen sollte oder nicht, das war die Frage, die mich an jenem trostlosen Nachmittag beschäftigte. Niemand hatte anklingen lassen, daß meine Anwesenheit etwa willkommen oder gar angebracht wäre, aber ich verfügte über jede Menge von Anmaßung, und später stellte es sich heraus, daß dies nur gut war. Hätte ich gewußt, welche Leidenschaften die letzten Lebensstunden des sterbenden Künstlers überschatteten – die durch sein Überwechseln zu unverzüglicher, posthumer Berühmtheit nur umso erbitterter tobten – dann hätte sogar ich mich wahrscheinlich entschieden, ihm so gut ich es eben konnte die letzte Ehre zu erweisen: nämlich, indem ich allein blieb mit meiner wachen Erinnerung an die heroische Einfachheit und unermüdliche moralische Wachsamkeit, von der er gelebt hatte und durch die er überleben würde, da er sein Werk nach dem Bilde seines Lebens geschaffen hatte. So wie die Dinge standen, hatte ich sowieso kaum die nötigen Mittel, um so urplötzlich in die Schweiz abfliegen zu können. Nachdem die eitle Einbildung einer nachempfundenen Betroffenheit der vernünftigen Besinnung gewichen war, mußte ich einsehen, daß ich gar zu wenig Recht hatte, ihm, der sie in so überreichem Maße verdient hatte, die letzte Ehre zu erweisen. Verwandte, Freunde, hohe Regierungsbeamte, und all jene, die dazu beigetragen hatten, Ruhm und Reichtum des Verstorbenen zu begründen, sie waren es, die mit gebührlicher Würde seinen Abschied von dieser Welt feiern konnten und sollten.

Bevor ich mich weiter auf dem problematischen Gebiet vorwage, Alberto überlebt zu haben, aber in der Phantasie mit ihm und für ihn weiterzuleben, muß ich nochmals betonen, daß unsere Bekanntschaft nie eine enge Freundschaft war. Er ließ es zu, daß sich zwischen uns etwas entwickelte, das den Anschein von Nähe hatte, weil, so glaube ich, durch die Aspekte der Nähe eine Beziehung an Interesse gewinnt, und weil für Alberto das Interesse, das er in jedem sah und suchte, so unbedingt nötig war, daß es ihm auf die Nähe an sich gar nicht ankam. »Du mußt verstehen,« sagte er einmal zu mir, »daß mich jemand, den ich erst seit zehn Minuten kenne, ebenso interessiert wie jemand, den ich seit zehn Jahren kenne.« Vielleicht lag in der neuen Bekanntschaft sogar der gewinnendere Reiz. In Albertos Vision wurde jeder Mensch und jedes Ding zu etwas einzigartigem, weshalb er sein Atelier nicht verlassen mußte, um die Wunder des Weltalls zu entdecken. Alberto kannte sehr, sehr viele bemerkenswerte Männer – darunter Picasso, Sartre, Strawinsky, Balthus, Beckett, Genet und Francis Bacon, um nur ein paar der berühmteren Namen zu nennen – aber keiner von ihnen hatte verändernden Einfluß auf sein

Leben. Sie machten seinen Lebensweg interessanter, ohne ihn jedoch zu entlasten oder zu beeinflussen. Die einzigen Menschen, die dies taten, bis zum Schluß und auf beispiellose Art, waren die Mutter und die Brüder des Künstlers, Diego und Bruno, in geringerem Maße seine Frau, und am Ende seine Geliebte, Caroline. Ich kann nicht sagen, wer Albertos wahre Freunde eigentlich waren, ich gehörte jedenfalls nicht zu ihnen. Trotzdem schenkte er mir erstaunlicherweise von seiner Freundschaft, indem er mir tiefen Einblick in sein Leben gewährte, und indem er mich manchmal tief genug ansah, um Giacomettis in meinem Bilde zu erschaffen. Und dann, obwohl ich nicht einmal wußte, daß es sie gab, gingen seinetwegen meine geheimsten Träume in Erfüllung, als er nicht mehr da war, um sie zu verkörpern. Noch immer weiß ich natürlich nicht, in wie weit solche Träume Wahrheit werden können, noch wie tiefgeheim sie überhaupt je waren, aber Albertos Bedeutung in meinem Leben nahm nach seinem Tode stetig zu, wie um meine eigene Unwichtigkeit während seiner Lebzeiten zu unterstreichen.

An jenem frostigen Mittwochmorgen erwachten in dem verschneiten Städtchen Chur die Menschen, die am Abend zuvor um Albertos Totenbett gestanden hatten, und wurden sich einer durch sein Fehlen verwandelten Wirklichkeit bewußt. Am meisten betraf diese Verwandlung Diego, der jedoch die Charakterstärke eines Giacometti besaß, die ihm ermöglichte, auf den Verlust hin eine Wandlung seiner Selbst vorzunehmen, und dadurch zu der Erfüllung zu gelangen, die ihm, solange der Bruder lebte, versagt war. Annette, die Witwe des Künstlers, stand auch einem durch seinen Tod völlig veränderten Dasein gegenüber, denn der Wandel brachte übernacht sowohl verbindliche Verantwortung, wie auch beträchtliche Möglichkeiten. Der jüngste Bruder, Bruno Giacometti, und seine Frau Odette, die Alberto zwar in lebenslanger, ungestörter Zuneigung und geteiltem Erleben anhingen, waren nie gänzlich in sein Künstlerleben eingebettet gewesen, so daß sie durch dessen Ende nicht in vergleichbarem Maße betroffen waren. Caroline jedoch, die letzte Geliebte des verstorbenen Künstlers und sein Hauptmodell während der letzten Schaffensperiode, war so vollständig darin eingegliedert, daß man wohl mit einiger Sicherheit behaupten kann, ihr Verlust werde ihr in Zukunft zum Allerwesentlichsten überhaupt werden.

Es wurde Mitte Juni, bevor ich wieder in Paris war, fast auf den Tag genau fünf Monate nach Albertos Tod. Als erstes dachte ich, Diego aufzusuchen. Ich rief im Atelier an, aber niemand hob ab, also ging ich am Tag nach meiner Ankunft nachmittags in die Rue Hippolyte. Diego war in seinem Atelier, er bearbeitete ein kleines Gipsobjekt. Da die Tür offenstand, ging ich hinein und grüßte. Er drehte sich nach mir um, und fixierte mich eingehend – fast, schien es mir, als sei ich ein Fremder – aber er sagte nichts. An jenem Sommernachmittag in seinem staubigen Atelier prägte sein Antlitz eine derart tiefe Einsamkeit und Melancholie, wie ich sie noch nie im Leben sah, es sei denn der Ausdruck meiner Mutter, als sie neben der Bettstatt meines toten Vaters stand. Ich blieb noch etwa fünfzehn bis zwanzig Minuten im Atelier, was eine ewig lange Zeit zu sein schien. Schließlich sagte ich: »Ich wollte nur mal so vorbeischauen, um Guten Tag zu sagen.« Von Diego kam weder eine Antwort, noch blickte er sich nach mir um, und mir wurde klar, daß ich ihm den größten Gefallen täte, wenn ich ihn ganz in Ruhe ließ.

Annettes Reaktion war ganz anders. Als ich ein paar Tage später anrief, schlug sie sofort vor, daß wir uns zum Mittagessen träfen. Ich begab mich gegen Mittag in ihre Wohnung. Wenn sich überhaupt etwas verändert hatte, so war das in der Wohnung herrschende Durcheinander noch allgemeiner als bei meinem letzten Besuch. Wir tranken ein Glas Vermouth, bevor wir ins Restaurant hinuntergingen. Es wäre mir nicht im Traum eingefallen, sie darum zu bitten, mir von Albertos letzten Tagen und seinem Tod zu erzählen. Für sie war es aber offenbar wichtig, all diese betrüblichen Details zu berichten. Ich kann mir nicht denken warum. Mag sein, daß sie in dem Besitz soviel intimer Informationen auf eine unklare Art und Weise Bestätigung fand. Auf jeden Fall erzählte sie mir eine Menge über jene Tage und Stunden im Kantonsspital, sogar einige Einzelheiten, die für sie nicht gerade schmeichelhaft waren, wie beispielsweise von Dr. Markoff, der sich weigerte, mit ihr zu reden, als er die Familie in sein Büro berief, um ihnen mitzuteilen, daß das Ende nahe sei, oder der Streit mit Caroline im Gang, oder Diego, der sie unmittelbar nach Albertos Verscheiden mit Gewalt daran hinderte, seine Hand zu berühren. Ja, es hatte bedauerliche Szenen gegeben, aber alle wußten ja, wie unmöglich Alberto manchmal sein konnte, und es bedeutete natürlich für seine Frau eine tiefe Demütigung, aus seinem Krankenzimmer verbannt zu werden, damit er den letzten Nachmittag seines Lebens mit einer Prostituierten zubringen konnte. Ich empfand mit ihr trotz allem ein gewisses Mitgefühl, wiewohl ich mich nur allzugut ihrer albernen, wütenden Auftritte erinnerte, mit denen sie häufig jenem Mann zusetzte, dessen Dasein die Welt so veredelt hatte. Während des Mittagessens erzählte mir Annette, was ich von Patricia bereits wußte: daß Alberto ohne Testament verstorben war, was bedeutete, daß sie die Haupterbin war. Ich fragte mich, ob sie wohl wußte, was ihr Mann kurz vor seinem Tode Pierre gesagt hatte, daß er nicht wolle, daß Annette irgendetwas mit seinen Sachen zu schaffen habe. Jetzt sollte sie aber alles Sagen darüber haben. Diego, Bruno, und Silvio, der Sohn Albertos verstorbener Schwester, würden natürlich ihren geringen Pflichtanteil bekommen, der für jeden etwa um ein Sechzehntel lag. Zuerst müßte jedoch ein Inventar aufgenommen werden. Dann gab es viele Dinge, die sich in der Schweiz befanden, einschließlich Häuser und Grundbesitz. Es würde alles sehr kompliziert werden, und auf seiten der Giacomettis gab es natürlich böses Blut. Aber das könne sie nun auch nicht ändern, oder? Während Alberto am Leben war, hatte man ihr auch nicht viel Entgegenkommen bewiesen. Na, und jetzt, wo er nicht mehr lebte, und sie das Sagen hatte, bräuchte man von ihr keine Geschenke zu erwarten. Ein Direktor der Tate-Gallery war zu ihr gekommen und hatte behauptet, Alberto habe der Galerie eine gewiße Bronzefigur versprochen. (Ich wußte zufällig, daß das stimmte, denn ich war an seinem letzten Nachmittag in Paris mit Alberto zusammen gewesen, und hatte gehört, wie er mit Lefebvre-Foinet darüber sprach, welche Bronze er dem Museum in London zu senden wünschte.) Annette aber hatte dem Direktor gesagt: »Das mag schon sein, aber ich weiß davon nichts. Und Alberto ist schließlich nicht da, um irgendetwas zu verschenken, oder?« Die Leute würden schon merken, daß sie das letzte Wort habe. Als des Künstlers Witwe hatte sie nicht nur den Großteil seiner Sachen geerbt, sondern, was viel wichtiger war, auch das moralische Recht – das entscheidende *droit morale* – über das Erbe zu verfügen, die Entscheidung darüber, von welchen Gipsabdrücken ein Bronzeguß gemacht werden sollte, und in welcher Auflagenhöhe; welche Zeichnungen und Malereien echt waren, und welche gefälscht und daher von der Polizei beschlagnahmt werden konnten; wie das Urheberrecht von Albertos Werken zu verwalten sei, und welche Ausstellungen seiner Arbeiten sie unterstützen wolle. Ohne es zu wissen, hatte Alberto hatte ihr nicht nur den Besitz seiner Werke vermacht, sondern auch eine große Macht über ihre geistige Tragweite. Und diese Macht gedachte sie nach ihrem alleinigen Gutdünken auszuüben.

Im Frühjahr 1968 war ich der New Yorker Atmosphäre von Gewalt und allgemeinem Verfall und immer aufdringlicher werdenden Häßlichkeit so überdrüssig, daß ich meine Wohnung dort kündigte und von einem entfernten Vetter ein großes, auf einer Anhöhe gelegenes Wohnhaus aus dem achtzehnten Jahrhundert anmietete, in der Nähe von Old Lyme, Connecticut. An diesem schönen, friedlichen Ort verbrachte ich anderthalb Jahre, in denen ich viel Mühe auf nicht zu veröffentlichende Texte verwandte. Ich korrespondierte regelmäßig mit Freunden in Frankreich, und fuhr oft nach New York, wo ich mich meistens mit Pierre und Patricia traf, und gelegentlich in ihrer geräumigen Wohnung übernachtete. Eines abends, als ich bei ihnen war, und auf den Beginn einer Abendgesellschaft wartete, forderte mich Patricia auf, mit ihr in ihr Schlafzimmer hinunter zu kommen, um eine Reihe neuer Goldketten anzusehen, die sie dort ausgelegt hatte. Es war das erste und einzige Mal, daß ich je ihr Schlafzimmer betreten habe, da sich das Wohnzimmer, die Bibliothek, das Eßzimmer, die Bar und die Gästezimmer alle in den oberen beiden Stockwerken befanden. Die Goldketten, derer Patricia viele besaß, waren ordentlich auf einem niedrigen Tischchen zur rechten Seite des großen Bettes ausgelegt. Ich bewunderte sie, und es waren auch wirklich erlesene Stücke der Goldschmiedekunst, aber mich interessierte natürlich viel mehr, was an den Wänden hing. Und wie groß war mein Erstaunen, als ich direkt über dem Nachttisch eine Zeichnung von Alberto entdeckte, die ich sofort wiedererkannte: es war das vorzügliche Porträt von Pierre's Vater Henri, das vor beinahe fünfzehn Jahren auf mysteriöse Art aus dem Atelier verschwunden war. Meine Überraschung war so groß, daß ich kaum die herrlichen Matisse-Aquarelle und andere erlesene Kunstwerke bemerkte, die sich außerdem noch in dem Raum befanden. Mir entfuhr ein überraschter Ausruf, aber Patricia legte schnell den Finger auf ihre Lippen und sagte, es sei unüberlegt von ihr gewesen, mich hier hinunter zu führen. Pierre erlaubte Fremden niemals das Betreten ihres Schlafzimmers. Und es sei sehr bedauerlich, daß ich dieses Porträt jetzt gesehen habe, denn es sei ein großes Geheimnis, daß es sich in Pierre's Besitz befand, das auf keinen Fall nach draußen dringen durfte. Ich versteifte mich nicht darauf. Ich erzählte niemandem davon, daß ich die Zeichnung gesehen hatte, aber ich hatte sie gesehen, und dadurch war das Undenkbare beinahe denkbar geworden, und es war alles noch geheimnisvoller als bisher.

Noch im selben Frühjahr erfuhr ich, daß im Herbst des Jahres eine wichtige Retrospektive von Albertos Werken in der Orangerie in Paris geplant war, und ich plante im November hinzufahren, um die Ausstellung zu besuchen.

Anfang Mai wurde das Quartier Latin eines abends ganz plötzlich und unerwartet von Studentenunruhen heimgesucht. Und es war ein Handgemenge, das durchaus ernstgemeint war. Autos wurden umgestürzt und angezündet, Barrikaden errichtet und Pflastersteine nach der Bereitschaftspolizei geworfen, die mit Tränengas antwortete und mit Schlagstöcken durchgriff. Diese chaotische Unruhe war ursprünglich aus studentischer Unzufriedenheit mit den Studienbetrieb betreffenden Gesetzen hervorgegangen. Es wäre auch nicht mehr daraus geworden, und das Ganze hätte sich nach ein oder zwei Tagen wieder verlaufen, hätte es nicht die wortgewaltigen Aufrufe zur Anarchie seitens einiger weniger fanatischer Hitzköpfe gegeben, die in der allgemeinen Unruhe eine Gelegenheit erblickten, eine Gesellschaftsordnung zu stürzen, die sie für korrupt und überholt erklärten. Ihre aufwieglerischen Parolen und Aufrufe zum Aktionismus sowie ihre Appelle an idealistische Prinzipien erwiesen sich als ansteckend, die Unruhen setzten sich tagelang fort, richteten viel Schaden an, verursachten beispiellosen Aufruhr, und brachten große Gebiete Frankreichs fast einen Monat lang zum Stillstand. Dadurch geriet die Regierung in große Verlegenheit, denn sie schien ohnmächtig gegen das Andauern weitverbreiteter Anarchie. Doch dies war nur der Schein, denn was wie Entschlußlosigkeit der Regierung aussah, war in der Hauptsache von ihrem Bemühen motiviert, größere Opfer zu vermeiden. Die Unruhen waren größtenteils ein Aufruhr der naiven Jugend, es gab aber viele Erwachsene, die sich einbildeten, der

Anbruch einer neuen Weltordnung könne von ihren Ratschlägen profitieren, während andere sich von einer Demonstration ihrer Sympathien für den Übermut der Studenten etwas Unterhaltung versprachen. Zu diesen letzteren gehörte Annette. Patricia erzählte mir, daß sie fast tägliche Telephonate aus der Rue Mazarine erhalte, die ihr von den Reizen und Risiken berichteten, die sie mit Michel Leiris zusammen erlebte, von ihren Märschen um zwei Uhr nachts entlang der Rue Soufflot, wie sie mithalfen, die Bäume, die den Boulevard St. Michel säumten, zu fällen und auf der Straße, die zum Odéon Theater führte, Barrikaden zu errichten.

Als es Juni wurde und die Sensationen des Mai verblaßt waren, kam der Gnadenstoß. Annette sagte die Orangerie-Ausstellung ab. Pierre und Patricia tobten, da sie schon viel Mühe mit den diversen Vorbereitungen gehabt hatten. Patricia schickte mir die Photokopie eines Zeitungsausschnittes aus Le Monde:

## GIACOMETTI WITWE GEGEN RETROSPEKTIVE VON GIACOMETTIS WERKEN

Madame Alberto Giacometti, die Witwe des Bildhauers, schrieb kürzlich einen Brief des folgenden Wortlauts an Monsieur Pierre Moinot, dem Minsterialbeauftragten für Kunst und Literatur:
»Angesichts der jüngsten Polizeigewalt gegen Studenten und Arbeiter, der Ausweisung von Ausländern, insbesondere von Künstlern, wäre Alberto Giacometti mit Sicherheit nicht mit einer offiziellen Ausstellung seiner Arbeiten einverstanden gewesen.
»Ich gebe hiermit offiziell meine Mißbilligung der für den nächsten Oktober in der Orangerie geplanten Ausstellung bekannt und stelle ab sofort alle Arbeiten ein, die ich hinsichtlich dieser Darbietung unternommen habe.«

Es war eine kühne und provokative kulturelle Einschüchterungstaktik, die an die Verlautbarungen der Surrealisten erinnerte, die sie in den längst vergangenen Tagen ihrer jungen Begeisterung so gern abgaben. Ich fragte mich unwillkürlich, ob Annette diesen Text wohl selbst verfaßt hatte. So eigensinnig sie auch war, besaß sie wirklich die Verwegenheit, derart kategorische Erklärungen darüber abzugeben, was ihr verstorbener Ehemann akzeptabel gefunden hätte, und was nicht, und unter welchen Umständen? Außerdem gab es da ein moralisches Fragezeichen bezüglich der Vermessenheit, jemanden aus dem Jenseits zurückzuholen, damit er sein Urteil über die Gegenwart spreche. Alberto war immer für Barmherzigkeit und Vergebung gewesen, was Annette, weiß Gott, hätte erinnerlich sein müssen.

Annette besaß nie die Fähigkeit des logischen Denkens. Als ihr ihr zuerst begegnete, war sie noch keine Dreißig, und ihre munteren, unüberlegten Meinungen hatten damals noch einen gewissen Charme. Jetzt aber war sie fünfundvierzig, und wild entschlossen, ernst genommen zu werden. Patricia sagte, »Das Gör wird noch eine ganze Menge Schwierigkeiten machen, für eine ganze Menge Leute. Es ist zu dumm, weil Pierre mit ihr auskommen muß. Aber ich nicht.«

Trotz allem wollte ich meine Beziehungen zu Annette nicht völlig abreißen lassen, sei es in Erinnerung an alte Zeiten, oder, weiß man's, mit einem Blinzeln in die Zukunft? Als ich also Ende November wieder in Paris war, rief ich bei ihr an. Wie üblich schlug sie vor, sich zum Mittagessen zu treffen. Ihre Wohnung war jetzt nicht mehr nur ein Durcheinander, sondern ein richtiger Saustall. Mir fiel das alte Sprichwort ein, welches besagt, wie es in der Wohnung eines Menschen aussieht, so sieht es auch in seinem Innenleben aus. Wir tranken einen Apéritif. Sie war von den Ereignissen, die vor einem halben Jahr stattgefunden hatten, noch immer aufgewühlt, und brannte vor Ungeduld, darüber zu reden. Es schien, als könne sich nichts in ihrem Leben mit der wunderbaren, erfüllenden Erregung dieser chaotischen Wochen messen. Dabei hatte sie über zwei Jahrzehnte lang an der Seite eines der bedeutendsten Männer dieses Jahrhunderts gelebt.

Michel Leiris, erzählte sie, habe sie in die Reihen der Aufständischen eingeführt. Ohne seinen Schneid und seine Unterstützung hätte sie wahrscheinlich das bedeutendste Ereignis seit der Befreiung verpaßt, mit der es so viel Ähnlichkeit hatte. Sie und Michel waren Nacht für Nacht miteinander marschiert, hatten Arm in Arm mit den Studenten deren Sprüche und Lieder mitgesungen, sich Tränengas und Schlagstöcken ausgesetzt. Michel kannte keine Furcht, und es ist tatsächlich wahr, daß er, obwohl von schmächtiger Gestalt, während der frühen surrealistischen Jahre der kampflustigste der ganzen Bande war. Michel war der einzige von Albertos Freunden, der ihr nach Albertos Tod Freundschaft und Verständnis bewiesen hatte. Es hatte Zeiten gegeben, sagte sie, da hätte sie weder ein noch aus gewußt, wäre Michel nicht gewesen. Michel, Michel, Michel. Ihre Bewunderung für Michel und ihre Dankbarkeit ihm gegenüber kamen mir ebenso übertrieben vor wie ihre Begeisterung für den Maiaufstand, welcher schließlich so gut wie keine Nachwirkungen auf das Leben in Frankreich hatte.

Während des Essens beschwerte sie sich, wie kompliziert es sei, die Verteilung von Albertos Nachlaß zu regeln, welche zwei Jahre nach seinem Tode noch immer nicht abgeschlossen sei. Die Verzögerung, meinte sie, läge größtenteils an den nachtragenden Ressentiments von Diego, Bruno und Silvio, die sie haßten, und auf sie eifersüchtig wären, weil sie fast alles geerbt hatte. Das erschien mir, zumindest in Diegos Fall, höchst unwahrscheinlich, aber ich ließ sie weiterreden. In ihrer Rede war jetzt eine fast hysterische Schärfe zu vernehmen, die man vorher nie an ihr bemerkt hatte. Nach dem Essen bat sie mich wieder mit zu sich hinauf, damit ich die junge Frau kennenlerne, die ihr dabei half, den *catalogue raisonné* (den nach Themen erstellten Katalog) von Albertos Werken vorzubereiten. Es stellte sich heraus, daß sie Amerikanerin war, ein sympathisches, gutartiges Mädchen, das fließend Französisch sprach. Sie hieß Julie Burns. Ich dachte mir, was sie doch für eine gewaltige Aufgabe vor sich habe. Das Erstellen eines *catalogue raisonné* erfordert genaue Kenntnis vom Leben und Werk des Künstlers, endlose Geduld und Höflichkeit, politisches Feingefühl von seltener Güte, und eine zähe Ausdauer auf lange Sicht, womöglich ein halbes Leben lang. Annette hatte ihre Aufgabe am Musée de l'Homme nicht einmal ein Jahr lang ausgehalten, und gemessen an der jetzigen Aufgabe – der Bestandsaufnahme von Werken, die über die halbe Welt verstreut und oftmals nicht einmal erfaßt waren – war das Aufzählen von ordentlich im Museumskeller gestapelten afrikanischen Kopfstützen ein Kinderspiel. Ich hielt die Veröffentlichung eines Giacometti *catalogue raisonné* in der vorhersehbaren Zukunft für nicht sehr wahrscheinlich, und dieser Meinung bin ich noch immer.

Ich ging natürlich auch zu Diego. Diesmal war er ein wenig mitteilsamer als beim letzten Mal, aber nicht sehr viel. Er stellte ein paar konventionelle Fragen, und ich gab ihm konventionelle Antworten, aber das Miasma der Melancholie umgab ihn noch immer. Ich hatte jedoch einen erfreulichen Eindruck von der Schönheit, Verspieltheit und Originalität der Bronzemöbel, die er entwarf; daran war absolut nichts Melancholisches.

Im Februar des darauffolgenden Jahres, 1969, als ich wieder in Amerika war, fand ein schicksalhaftes und unvorhergesehenes Treffen statt. Seit fünfzehn Jahren beschäftigte ich einen literarischen Agenten, einen sympathischen, schwer geprüften Mann, dessen professionelle Bemühungen um mich ihm nur sehr mäßige Zufriedenheit und Profite eingebracht hatten. Aber er besaß Geduld. Eines Tages rief er mich in Connecticut an und sagte mir, er habe einen Verleger getroffen, der eine Biographie von Alberto Giacometti in Auftrag geben wollte. Dieser Verleger verstand, wie er selbst zugab, nichts von Kunst, und schon gar nichts von Giacometti. Er hatte aber Photos von Alberto gesehen, und das Gefühl gehabt, ein Mensch, der ein so bemerkenswertes Gesicht hätte, müsse auch ein bemerkenswertes Leben gelebt haben, das vielleicht eine gute Biographie hergab, und vielleicht sogar ein gutes Buch, so sich ein geeigneter Erzähler für die Geschichte fände. Mein Agent hatte dem Verleger erklärt, er habe genau den richtigen Mann für diese Aufgabe. Er bestellte mich nach New York, um mich dem Verleger vorzustellen. Ich willigte ein. Jeder, der Alberto gekannt hatte, wußte sehr wohl, daß er ein äußerst bemerkenswerter Mensch gewesen war, und daß seine Lebensgeschichte, sofern sie gekonnt wiedergegeben wurde, auch eine bemerkenswerte Geschichte darstellte. Alberto hatte viele Literaten zu Freunden gehabt, darunter auch einige berühmte, aber seit seinem Tode hatte sich noch keiner gemeldet, um sein Leben nachzuerzählen. Vielleicht war das bemerkenswerte Thema an sich so einschüchternd, vielleicht meinten sie auch, die Welt würde eher auf sie aufmerksam, wenn sie Werke schufen, die in der Kreativität eines anderen Mannes in nichts verpflichtet wären. Wie dem auch sei, ich war ein Schriftsteller, ich hatte Giacometti gekannt, und mein einziges literarisches Erzeugnis von einiger Bedeutung war bis dato das kurze Büchlein, in dem ich die Entstehung meines Porträts beschrieb. Also sagte ich leichtfertig zu, mich an einer Biographie zu versuchen, und der Verleger war bereit, das bescheidene Risiko mit einem Schreiber einzugehen, der auf die Fünfzig zuging, und dessen rühmlichster Verdienst darin bestand, daß er bisher keinen erworben hatte.

Mit tollkühner Verkennung aller Wahrscheinlichkeiten, nahm ich das Schreiben der Giacometti-Biographie auf mich. Als der Verleger mich fragte, wie lange ich für die Arbeit wohl brauchen würde, sagte ich: »Zwei bis drei Jahre,« woraufhin er antwortete, »Einigen wir uns besser auf fünf.«

Die Lebensgeschichte eines Menschen wiederzugeben, stellt eine fast unüberwindliche Herausforderung dar. Sollte es sich dabei noch dazu um einen großen Menschen handeln, dann überschreitet die Herausforderung schlichtweg die realisierbaren Grenzen der Wahrscheinlichkeit. Ich stand jedoch unter dem Einfluß meiner Bewunderung für Alberto und meiner Überzeugung, daß er ein heroisches Leben geführt habe, welches, gut nacherzählt, einen jeden um die Werte der Zivilisation bemühten Menschen interessieren und inspirieren müßte. Zudem hatte ich einen Vorteil, der für mich sprach: ich hatte Alberto persönlich gekannt und diverse Aspekte seines Lebens erlebt, daher kannte ich die meisten Leute, die ich für diese Arbeit kennen mußte, um mehr über Alberto zu erfahren, und die meisten von ihnen wußten auch, wer ich war. Noch dazu waren sie noch am Leben, was für einen Biographen von ein unschätzbarem Vorteil war. Nichts kann die direkte Aussage eines Zeugen ersetzen, denn auch aus den Ungenauigkeiten und Vorurteilen kann viel geschlossen werden, sollte es eine Vielzahl von Zeugen geben. Und es gab sie. Aber die Menschen sterben, wie Albertos Tod unglücklicherweise bewies. Seine Biographie sollte daher am besten verfaßt werden, bevor unentbehrliche Zeugen ihm ins Jenseits nachfolgten.

In erster Linie dachte ich natürlich an Diego und Annette, und ich konnte mir ihre Reaktionen auf einen Brief, der das Thema einer Alberto-Biographie anschnitt, schon ganz gut vorstellen. Darin sollte ich mich auch nicht getäuscht haben.

Aus Annettes weitschweifiger Antwort zitiere ich nur den wesentlichen Absatz:

*Was die Biographie von Alberto betrifft, so werde ich Dich bitten, James, damit noch zu warten. Es ist offensichtlich voreilig und einstweilen völlig ausgeschlossen, daß ich mich jetzt schon damit beschäftigen sollte. Ich will ganz offen sein: Albertos Leben ist mit dem meinigen noch zu eng verbunden, als daß ich darüber überhaupt sprechen wollte. Ein wenig* STILLSCHWEIGEN *tut not und gut. Jawohl.*

Von Diego:

*Paris, am 10. März, 1969*

*Mein lieber Lord,*
*Verzeih mir, daß ich erst jetzt auf Deinen netten Brief antworte, der schon über einen Monat alt ist. Wie schnell doch die Zeit vergeht!*

*Ich habe Dir bereits schon gesagt, daß ich ganz Deiner Meinung bin, daß es eine sehr gute Idee wäre, wenn Du eine Biographie von Alberto schreiben wolltest, und natürlich jetzt, solange Albertos Freunde noch am Leben sind.*

*Was mich betrifft, so kannst Du selbstverständlich meiner Hilfe, wie auch meiner begeisterten Unterstützung für Deine Bemühungen gewiß sein.*

*Besprich es mit Pierre – und laß mich hin und wieder von Dir hören.*

*Mit sehr herzlichen Grüßen,*
*Diego*

Annette überlegte es sich bald schon anders, was Albertos mutmaßliche Meinung über die Zulässigkeit einer offiziellen Ausstellung seiner Arbeiten anging, und gab bekannt, daß sie jetzt die Ausstellung in der Orangerie nicht mehr mißbillige. Im Gegenteil, sie war ganz und gar dafür und beabsichtigte, jeden Aspekt der Vorbereitungen zu ihrer ganz persönlichen Angelegenheit zu machen. Die Ausstellung sollte am 24. Oktober 1969 eröffnet werden und bis zum 12. Januar, 1970 dauern. Ich beschloß, erst am 6. Januar nach Paris zu reisen. Der erste, den ich am Tag meiner Ankunft aufsuchte, war Diego. Ich traf ihn vor einem Schreibtisch sitzend an, in dem unteren Zimmer des kleinen Hauses in der Rue du Moulin-Vert, welches Alberto zehn Jahre zuvor gekauft hatte. Jetzt war von der bedrückenden Melancholie, die mir bei früheren Besuchen an ihm aufgefallen war, nichts mehr zu merken. Er schien lebhaft und guter Dinge zu sein. Nachdem wir so über dies und jenes geplaudert hatten, über Pierre und

Patricia, und was wir so in letzter Zeit getrieben hatten, erwähnte ich die Biographie und sagte: »Ich habe das Gefühl, dieses Buch wird fast genausoviel über und für dich sein, wie es für und über Alberto sein wird.«

»Na, das ist ja auch normal,« meinte er, »schließlich haben wir vierzig Jahre lang alles zusammen gemacht.« Dies sagte er auf die einfachste Art, die man sich vorstellen kann, völlig ohne falschen Stolz, aggressiven Egoismus oder den Wunsch, seine Rolle überzubetonen.

Ich beschrieb ihm im Ansatz meine Auffassung des Werkes, das wir vor uns hätten, und betonte, daß es eine Zusammenarbeit werden müsse. Das akzeptierte er in aller Bescheidenheit. Die Aussicht, Diego näher zu kommen, indem ich mehr über sein Leben erfuhr, gefiel mir sehr. Er hatte etwas äußerst Gewinnendes an sich, eine Art Reinheit und Anstand, die unwiderstehlich waren.

»Ich nehme an, es wird Leute geben, bei denen ich beim Schreiben dieses Buches auf Schwierigkeiten stoßen werde, Leute, die aus irgendwelchen Gründen nicht bereit sind, dabei zu helfen, die nicht wünschen, daß man die Wahrheit sagt, auch nicht den Teil der Wahrheit, der eigentlich wichtig wäre.«

Diego zuckte mit den Achseln. »Stehst du dich nicht gut mit Annette?« fragte er.

Ich lachte. Er hatte sofort begriffen. »Doch«, sagte ich. »Ich habe sie angerufen, aber sie sagte, sie hätte furchtbar viel zu tun.«

»O ja,« murmelte Diego, mit einem Kopfschütteln, »sicher hat sie viel zu tun, sie hat immer furchtbar viel zu tun. Zumal sie selbst für die geringste Verrichtung zehnmal so lang braucht wie jeder normale Mensch. Darum hat sie immer schrecklich viel zu tun.«

Wir sprachen von der Ausstellung in der Orangerie, und Diego fragte sofort: »Wieso hast du dein Porträt nicht als Leihgabe hingegeben?«

»Niemand hat mich darum gebeten,« sagte ich, »weder darum, noch um sonst irgendetwas, und du weißt ja, daß ich eine ganze Menge von Albertos Arbeiten besitze.«

»Mich hat auch keiner gebeten,« sagte Diego sofort, »mit mir hat sich überhaupt niemand besprochen, bis vier Tage vor Ausstellungsbeginn, als Jean Leymarie beinahe in Tränen aufgelöst zu mir kam, und mich anflehte, in die Orangerie zu kommen und beim Aufbau der Ausstellung zu helfen. Annette treibe ihn vollends in den Wahnsinn, sagte er, sie hätte keine Ahnung, was das Ausstellen von Skulptur anginge, bestünde aber darauf, alle Entscheidungen selber zu treffen. Die Sockel seien alle völlig falsch, und es blieben nur noch vier Tage, um alles zu berichtigen. Wir taten, was wir konnten, während sie schmollend mit ihrem Boyfriend in der Ecke saß und Zigaretten rauchte.«

An nächsten Tag begab ich mich in die Orangerie. Zu meinem Erstaunen und zu meiner großen Verlegenheit, füllten sich meine Augen mit Tränen, sobald ich den ersten Ausstellungsraum betrat. Ich trat an das auf die Seine hinausblickende Fenster und stand dort mehrere Minuten lang, und betupfte mir mit meinem Taschentuch die Augen, überwältigt von der unmittelbaren Heftigkeit meiner Reaktion. Als ich mich wieder gefangen hatte, ging ich einen der weiter hinten gelegenen Räume der Ausstellung, und betrachtete die mir teils wohlbekannten Skulpturen und Gemälde mit einem Gefühl leidenschaftlicher Identifikation. Ich drehte mich um, und erblickte plötzlich Annette mit zwei Begleitern, einer von ihnen war Michel Leiris, den ich sofort erkannte. Ich ging rasch zu ihr hinüber und küßte sie zur Begrüßung impulsiv auf beide Wangen, was ihr, wie ich sofort merkte, gar nicht recht war. »Ich bin so gerührt, Annette, ich weiß gar nicht, was ich machen soll.«

Sie schien es auch nicht zu wissen, da sie nicht erwartet hatte, von mir so überrumpelt zu werden, aber sie machte das Beste draus, indem sie mich Michel Leiris vorstellte, der irgendetwas Undeutliches murmelte, er habe mich früher schon einmal getroffen, und mir steif und befangen die Hand schüttelte. Der andere Begleiter war ein großer, schlanker, dunkler Mann namens Daran, dessen Zugehörigkeit nicht weiter erklärt wurde. Insgesamt war Annette nett und freundlich, vor allem, wie mir nicht entging, nachdem Leiris gegangen war. Sie fragte mich, was ich vom Aufbau der Ausstellung hielte, die ich natürlich pflichtschildigst lobte. Ich sagte ihr, ich riefe sie in der folgenden Woche einmal an, um mit ihr auszumachen, wann wir uns treffen könnten. »Gut,« sagte sie, »denn ich werde viel zu tun haben, dies alles wieder abzubauen,« als müsse sie jede Skulptur selbst verpacken und jedes Bild eigenhändig von der Wand nehmen.

Nachdem ich mich von Annette verabschiedet hatte, wanderte ich durch die Räume zurück, vor Rührung kaum der Worte mächtig und nahezu besinnungslos, bis ich auf eine Nische mit ein paar Stühlen stieß, wo ich mich niederließ und in meinem Notizbuch zu schreiben begann. Beim Schreiben, blickte ich einmal kurz auf und sah plötzlich die fettleibige, bärtige und düstere Gestalt von David Sylvester auf mich zukommen. Er setzte sich neben mich. Ich freute mich sehr ihn zu sehen, denn ich hatte von Anfang an gedacht, daß er eigentlich einen hervorragenden, natürlichen Biographen für Alberto abgeben würde, und daß ich mich sofort von der Aufgabe zurückziehen würde, wenn er sie übernehmen wollte. Jetzt hatte ich die Gelegenheit, ihn zu fragen. Es gab abgesehen von Sylvester noch einen anderen, der als Biograph bessere Voraussetzungen mitbrachte als ich, und auch diesen wollte ich noch fragen, ob er die Biographie vielleicht angehen wolle. Dieser war Louis Cayeux' Assistent in der Galerie Maeght, ein junger Dichter, Jacques Dupin, von dem bereits eine ausgezeichnete kritische Studie über Giacomettis Werk erschienen war. Als ich Sylvester sagte, daß ich mich mehr oder weniger dazu verpflichtet hatte, Albertos Biographie zu schreiben, sagte er: »Das ist unmöglich.«

»Wieso?« fragte ich.

»Weil du nicht die Wahrheit sagen kannst.«

»Vielleicht nicht die volle Wahrheit,« räumte ich ein, »aber das kann sowieso niemand. Alberto wäre der erste gewesen, dies einzugestehen. Man kann aber immerhin so viel von der Wahrheit sagen, daß es lebensecht wirkt. Ich wollte dich fragen, ob du diese Aufgabe gern übernehmen möchtest, denn dann würde ich mich gar nicht erst daran versuchen. Du würdest es sowieso viel besser machen als ich.

»Es würde mir nicht im Traum einfallen, mich damit zu befassen,« sagte Sylvester. »Aber ich werde dir auch nicht im Weg stehen. Wenn ich dir helfen kann, dann werde ich es tun. Ich tue alles, um Alberto die Treue zu bewahren, und Diego auch.«

Diese Zusicherung ermutigte mich. Zwei Tage später traf ich mich mit Jacques Dupin und stellte ihm dieselbe Frage wie Sylvester. Er antwortete, daß er mit anderen Sachen viel zu viel zu tun habe, um eine so komplexe Aufgabe auf sich nehmen zu können, und daß er mich um die viele Mühe, die da auf mich zukäme, nicht beneide. Wovon ich noch keinen blassen Schimmer hätte, fügte er hinzu. Auch er versprach mir zu helfen, wo er nur könne, um auf diese Weise seine Verehrung für Albertos kompromißloses Bekenntnis zur Wahrheit zum Ausdruck zu bringen.

Dupin hatte zumindest in Bezug auf die Arbeit recht. Ich hatte wirklich keine Ahnung, wie und wieviel das sein würde. Und das war wahrscheinlich auch gut so, denn so ging ich ohne Ängste an die Sache heran. Eine Biographie ist ein schriftlicher Bericht über das Leben eines anderen Menschen. Sie soll sich nur mit den Fakten beschäftigen, und diese sind Informationen, die als objektive Realität präsentiert werden. Aber eine Biographie soll im Leser auch den Eindruck einer engen Bekanntschaft mit dem nicht mehr lebenden Subjekt des Berichts erwecken, womit die objektive Realität bereits den Bach hinabgeflossen ist. Alberto hatte dies selbst am besten erkannt. »Um ein wirkliches Ebenbild zu erschaffen,« hatte er einmal gesagt, »müßte man über die Realität herrschen. Das hieße absolutes Wissen. Das Leben würde aufhören.« Das Leben geht aber weiter, und die Menschen haben ein berechtigtes Interesse an den außergewöhnlichen Männern und Frauen, die vor ihnen gelebt haben. Was Alberto so interessant machte, war der Grad von Interesse, den er als Mensch und Künstler immer für das entscheidende Kriterium hielt für das Interesse am Leben selbst. Er sagte: »Die Kunst interessiert mich sehr, aber die Wahrheit interessiert noch viel, viel mehr.« Jetzt, da unser unheroisches Jahrhundert seinem Ende entgegenlahmt, wird es zusehends deutlich, daß er ein Mensch war, den die Nachwelt dafür verehren wird, daß er heroisch zu sich selbst stand. Er opferte sein Leben der Wahrheit. Das ist gewiß der Preis, den alle großen Künstler haben zahlen müssen. Wenige besitzen die Mittel dazu, und noch weniger besitzen die Charakterstärke, diese Mittel mit kompromißloser Großmut zu veräußern. Es ist eine undankbare Aufgabe, da sie nicht den Dank der Welt zum Ziele hat, und sowieso nur den Toten gilt. Der Biograph, zumal wenn sein Thema ein großer Künstler ist, hat sich auch mehr für die Wahrheit als für die Kunst zu interessieren, und er muß sogar zu erkennen suchen, warum die Wahrheit von größerem Interesse ist als die Kunst, um somit Wesen und Definition des Künstlers Größe zu erläutern.

Man fragt sich, was Alberto davon gehalten hätte, daß man seine Biographie verfaßte. Ich schätze, er dachte, wenn überhaupt, sehr wenig an derlei, und er hätte das Unterfangen wahrscheinlich als unergiebig bezeichnet. Und doch war er selbst ein unermüdlicher Porträtist gewesen, einer, der überdies in allen Lebensphasen seine eigenen Züge genauer Untersuchung unterzog, auf der Suche nach bleibendem Interesse, und dieses fand er auch ganz sicherlich. Außerdem liebte er die Worte, war ein glänzender Gesprächspartner, ein unersättlicher Leser, und auch seine schriftlichen Äußerungen waren beachtlich: er schrieb vorzügliche Briefe, gelegentliche Essays und autobiographische Notizen. Er hätte jegliches Theater um das Schreiben und die Veröffentlichung seiner Biographie mit Spott und Hohn bedacht, er hätte vermutlich gemeint, die Lebensgeschichte eines x-beliebigen Passanten würde ebenso interessanten und bemerkenswerten Stoff liefern wie die Seinige. Und er hätte natürlich recht gehabt. Meistens hatte er recht. Gleichzeitig war er aber zu fair, um nicht zuzugeben, daß er selbst tief in sich hineingeblickt hatte, um herauszufinden, was es denn sei, das den Menschen außerordentlich mache, und er hatte sich ein halbes Jahrhundert lang mit unermüdlicher Leidenschaft abgemüht, einen Beweis dafür zu liefern, daß das, was er sah, interessant war. Er ging dies auf eine Weise an, die ihn für alle, die ihn kennenlernten oder auch nur sahen, außerordentlich bannend machte. Also schritt ich im Winter 1970 unbedacht ans Werk, seine Biographie zu schreiben. Die Bemühung sollte mein Leben verändern.

Da ich mir Diegos Sympathie und Mitarbeit sicher sein konnte, ging es mir in erster Linie darum, mein gutes Verhältnis zu Annette zu pflegen, indem ich die Biographie nie ausdrücklich erwähnte, gleichzeitig aber versuchte, ein paar Informationen aus ihr herauszulocken, die nur sie liefern konnte. Dies erwies sich als relativ einfach, denn sie redete gern, und ihr Lieblingsthema war sie selbst. Während der ersten sechs Monate meiner Recherchen traf ich mich sechzehn Mal mit Annette. Da ich bereits eine ganze Menge über ihr Leben wußte, war es nicht schwierig, unsere Gespräche auf Neuland zu lenken, von dem ich mir maßgebliche Mitteilungen erhoffen konnte. Natürlich benutzte ich in all den Hunderten von Interviews, die ich mit Leuten führte, die Alberto gekannt hatten, kein einziges Mal mein Notizbuch oder das ekelhafte Tonbandgerät. Scheinbar willkürliche Gespräche bringen immer die lebendigsten Aufschlüsse. Bei Annette verfügte ich, wie es sich herausstellte, zur der Zeit über einen unerwarteten Vorzug, aufgrund dessen ich ihr Vertrauen genoß. Wie alle, die sie einigermaßen gut kannten, wußte ich, daß sie seit einigen Jahren – seitdem ihr Verhältnis zu Alberto sich verschlechtert hatte – so gut wie abhängig war von gewissen rezeptpflichtigen Drogen, welche die unberechenbaren und überreizten Aspekte ihrer Persönlichkeit verstärkten. Sie gewann leicht den Eindruck, man möge sie nicht und lehne sie ab, man mache sie schlecht und versuche sie auszunutzen. Alberto sagte immer, daß Annette keinem Mann voll vertrauen könne, mit dem sie nicht geschlafen hätte. So gesehen, hatte ich natürlich keinen Anspruch auf das geringste Fünkchen ihres Vertrauens.

Die zahlreichen Pillen, die sie schluckte, fielen in der Hauptsache in zwei Kategorien: die eine Sorte, um sie nachts zu beruhigen, die andere, um sie tagsüber munter zu machen. Letztere zu besorgen war für sie vor allem schwierig geworden, eine Droge, die den Markennamen Optalidon trug. Die Apotheken in ihrem Viertel hatten es ihr eine Zeitlang ohne Rezept verkauft, aber im Frühjahr 1970 waren sie dazu nicht mehr bereit. Annette wandte sich an mich, daß ich meine Überzeugungskünste auf die unwilligen Apotheker anwenden sollte. Darüber war ich sehr überrascht, bis sie mir ihre Gründe dafür auseinanderlegte, was nur die ausgepichte Schlauheit bewies, deren sie fähig war, wenn es ihr paßte. Der springende Punkt dabei war kein anderer als meine Staatsangehörigkeit. Ein Ansuchen um eine geringfügige Regelwidrigkeit beim Medikamentenverkauf hätte weit größere Erfolgsaussichten, wenn es von einem respektabel gekleideter Amerikaner auf Urlaub in Paris vorgebracht würde. Ich wohnte zwar in Paris, aber das tat nichts zur Sache. Ich sollte am besten sagen, daß ich das Wiederholungsrezept für eine ähnliches Medikament bedauerlicherweise zu Hause vergessen hätte. Es war zwar eine für mich ein keineswegs angenehme Aussicht, aber ich willigte ein und war dabei sogar mehrfach erfolgreich. Es war jedoch ein Spiel, das mir überhaupt nicht lag, so daß ich Annette leichtsinnig von einem Arzt erzählte, den ich kannte, der ihr unter Umständen ein Rezept ausstellen würde. Dieser war ein gutmütiger, toleranter Mann, der zunächst einverstanden war. Sie war zwar hocherfreut, es fiel ihr aber gar nicht ein, irgendeinen greifbaren Beweis für ihre Anerkennung beizubringen. Der Arzt stellte ihr sogar mehrere Rezepte aus, aber nach einiger Zeit weigerte er sich, wie die widerwilligen Apotheker, dies fortzusetzen. Es war zu Beginn der Sommerferien, und ich sah Annette nicht mehr bis zum Herbst, und dann sprach oder telephonierte ich nur noch zehn Mal mit ihr, bis ich im Januar nach Amerika zurückfuhr, um meine Recherchen dort fortzusetzen.

Wenn ich auch Grund hatte, bei Annette vorsichtig, um nicht zu sagen schlau vorzugehen, so waren solche Vorkehrungen bei Diego niemals nötig. Obwohl er anfangs zurückhaltender war als Alberto, bezüglich seiner selbst, seiner Vergangenheit, seiner Gefühle und Ziele, war er trotzdem bereit, in allen Einzelheiten vom Leben der Familie Giacometti zu erzählen, den Karrieren seines Vaters und seines Bruders, Kindheits- und Jugenderinnerungen, und er ermöglichte mir unschätzbare Einblicke in den Arbeitsalltag eines Genies. Er war zwar ein waschechter Bohémien, trotzdem aber ganz anders als Alberto; Ideen und Bildung waren ihm völlig einerlei, er fühlte sich dem Konzept der Zivilisation nicht verpflichtet und wurde ärgerlich, wenn man ihn als Künstler ansah oder behandelte, obwohl der Ruhm schließlich diesen Irrtum Lügen strafte. Ich habe nie jemanden gekannt, der so leicht zu mögen war wie Diego, und der einem so bereitwillig aufrichtige Zuneigung entgegenbrachte. Dabei schenkte er nur sehr langsam sein volles Vertrauen, und er begriff sehr rasch, wenn man ihm um irgendeines persönlichen Vorteils willen Honig um den Bart strich.

Meine Beziehung zu Diego nahm ziemlich bald schon einen regelmäßigen Rhythmus an, da er am liebsten tagsüber ungestört arbeitete, sehr wenig zu Mittag aß, abends aber ungern allein speiste. Für mich war es genauso. Ich rief ihn also an, um zu erfahren, ob er an einem bestimmten Abend abkömmlich wäre, mit mir essen zu gehen. Meistens war er es, obwohl er eine ganze Reihe von Freunden hatte, von denen einige auch zu meinen Freunden wurden. Ich ging zwischen acht und halbneun zu ihm nach Hause. Dort redeten wir ein bißchen, während wir ein oder zwei Whiskys tranken – Johnnies, wie er sie nannte – oder eine Flasche Champagner. Sofern es sich um letztere handelte, betrachtete er die Flasche, wenn sie geleert war, immer mit traurigem Blick, und murmelte dann: »Es ist doch erstaunlich, wie wenig in so einer Flasche drin ist.« Dann liefen wir zum Taxistand an der Place d'Alésia hinüber und fuhren in unser Restaurant »Chez Alexandre«, das in einer kurzen, engen Gasse gelegen war, nahe bei Saint-Germain-des-Prés. Es gehörte einem neapolitanischen Gauner namens Bartolo, dessen Helden Mussolini und Lucky Luciano waren, der desöfteren, zu meinem Ärgernis, den halben Abend an unserem Tisch zubrachte, wo er von der Korruption der Politiker, den Missetaten der Juden oder der Tapferkeit der Boxer schwafelte. Das Essen war jedoch anständig und billig, der Wein äußerst süffig, so daß wir ohne Anstrengung jeder eine Flasche davon wegtranken, und am Ende noch ein Extra-Gläschen dazu, um den Käse hinunterzuspülen. Dann gingen wir entweder ins »Café de Flore« auf einen Schlummertrunk, oder in eine Bar, »Le Village«, und danach setzte ich Diego, der dann oft nicht mehr ganz standsicher war, in ein Taxi, das ihn heimbrachte. Ich ging zu Fuß in die Rue de Lille, und wie es kam, daß ich auf der steilen Treppe, die zu meiner Wohnung führte, nie stürzte, ist mir bis heute ein Rätsel. Auf jeden Fall lernte ich durch Diego die Freuden des übermäßigen Alkoholgenusses kennen.

Nach und nach vertiefte sich mein Gefühl für ihn, bis ich zu meiner Freude erkannte, daß daraus Liebe geworden war, das ideale Gefühl, das man für einen älteren Bruder hegen kann. Er war ganz genau zwanzig Jahre und zwölf Tage früher geboren als ich. Ein solches Gefühl hätte ich mir Alberto gegenüber niemals erlaubt, dazu verehrte ich ihn viel zu sehr. Diego wollte ich beschützen, trösten, Freude machen. Über einen Zeitraum von fünfzehn Jahren, sah ich ihn mehr als fünfhundert Mal, und er schenkte mir viele seltene und wertvolle Dinge, die sein Bruder geschaffen hatte. Ein einziges Mal habe ich ihn verärgert.

Unter den vielen, vielen Leuten, mit denen ich über Alberto sprechen wollte, war der Basler Galerist Ernst Beyeler, den ich bereits bei verschiedenen Gelegenheiten getroffen hatte. Am 29. Mai 1970 aßen wir zusammen zu Abend. Im Laufe unseres Gesprächs erwähnte er das Matisse-Bild, welches Alberto 1964 aus seiner Galerie mitgenommen hatte und ihm dafür eine seiner eigenen Arbeiten versprach. Er war jedoch verstorben, bevor er sein Versprechen einlösen konnte, und hatte das Bild überdies Diego geschenkt, in dessen Schlafzimmer es seither hing. Die Verantwortung, für das Versprechen des Verstorbenen einzustehen, sei nunmehr auf seine Erben übergegangen. Nun wußte Beyeler sehr wohl, daß die Witwe des Künstlers mit dem Rest der Giacometti-Familie nicht auf gutem Fuße stand, zumal sie sich auf ihre übliche unbedachte Art mit der Regelung der Nachlaßverteilung, gelinde gesagt, reichlich Zeit gelassen hatte. Folglich hatte er sich eine ehrenhafte Lösung überlegt, die Diego gestattete, das Matisse-Bild zu behalten,und Annette dagegen lediglich ihre Einverständniserklärung abforderte. Beyeler besaß eine einzigartige Standfigur von Alberto. Sein Vorschlag war der, daß Annette sich einverstanden erklären solle, daß er einen zusätzlichen Abguß dieser Figur machen lasse, womit er dann die Angelegenheit für erledigt betrachte. Sie aber verweigerte die Erlaubnis und fügte hinzu, wenn er auch nur einen weiteren Abguß davon mache, werde sie diesen für eine Fälschung erklären und von der Polizei beschlagnahmen und zerstören lassen. Beyeler war ratlos und bat mich um Rat. Die Sache erschien mir einfach genug. Die Erben waren gesetzlich dazu verpflichtet, das ursprünglich gegebene Versprechen zu erfüllen, und wenn Annette seinen vernünftigen Vorschlag ablehnte, müßte er auf gesetzlichem Wege sein Recht einklagen. Obwohl er nur ungern auf dieses Mittel zurückgriff, war er nicht gewillt, sich von dem sturen Weibsbild übertölpeln zu lassen. Entsprechend schrieb er ihr zehn Tage später einen höflichen Brief, in dem er sie aufforderte, diese seit sechs Jahren unerledigte Angelegenheit unverzüglich und in angemessener Weise zu regeln.

Annette hatte keine Lust, auf Beyelers Ersuchen zu antworten, und ließ noch einmal sechs Monate verstreichen. Dann schickte sie einfach eine Kopie des Briefes an Diego und verlangte, daß er sich direkt mit dem Galeristen auseinandersetze, was das Matisse-Bild anbelangte. Sie wußte natürlich, daß Diego das Bild als Geschenk erhalten hatte, und ein gesetzliches Recht auf seinen Besitz hatte. Sie pflegte jedoch gern zu wiederholen: »Ich bin nicht geneigt, Geschenke zu verteilen.« Sie schenkte auch nie etwas her, außer einer winzigen Bronzestatuette an Michel Leiris. In dem Vierteljahrhundert nach dem Tod ihres Mannes vermachte sie nicht einmal eine einzige Lithographie an irgendein Museum in der ganzen Welt. Bereits von seinem Todestag an bewies sie ihre Unwilligkeit, sich von ihrem Geld zu trennen, als sie sich weigerte, die Kosten des Sarges oder der Bestattung mitzutragen. Diego natürlich, da er Diego war, setzte sich unverzüglich mit Beyeler in Verbindung, und zwei Wochen später wurde der Matisse nach Basel zurückbefördert. Er machte auch mir gegenüber seiner Verärgerung Luft, wegen – so erschien es ihm – meiner Einmischung in Dinge, die mich nichts angingen. Ich war bekümmert und zerknirscht, dachte mir aber doch, er begehe einen Fehler, indem er der  unnachgiebigen Verantwortungslosigkeit seiner Schwägerin stattgab. In Wahrheit verabscheute er sie aber derart, daß er nichts mit ihr zu tun haben wollte. Dies wußte sie, und da sie ein gehässiges Temperament besaß, nutzte sie jede Gelegenheit aus, um ihn zu ärgern.

Als ich in Amerika war, wurde ich von einem anderen Verleger angegangen, der einen Band Reproduktionen von Giacometti-Zeichnungen herauszugeben beabsichtigte und von mir dazu ein kurzes Vorwort geschrieben haben wollte. Da mir schien, daß mich dies nicht allzu sehr von den Recherchen für die Biographie ablenken würde, sagte ich zu. Es erwies sich auch als einfach genug, eine Sammlung von einhundertundsiebzehn guten Zeichnungen aus allen Schaffensperioden zusammenzustellen und ein annehmbares Vorwort zu verfassen. Dies alles wäre nicht einmal erwähnenswert, hätte es nicht dem Rätsel des geheimnisvollen Verschwindens der besten Porträtzeichnung von Henri Matisse, die aus dem Künstleratelier verschwunden war, nur um im Schlafzimmer des Sohnes des Modells wiederaufzutauchen, noch eine bizarre Wendung gegeben. Diese Zeichnung wollte ich sehr gern reproduzieren lassen. Aus Rücksicht auf Patricias Ermahnungen zögerte ich, mit Pierre darüber zu reden. Aber ich wußte damals schon recht gut, daß eine Rüge des Monsieur Matisse, wie seine Frau ihn oft nannte, sie nicht mehr erschütterte als die laue Luft des Lenz. So ergriff ich einmal, als ich mit Pierre allein in seinem Büro war, die Gelegenheit und bat ihn um die Erlaubnis, das Giacometti-Porträt seines Vaters, welches sich in seinem Besitz befände, reproduzieren zu dürfen.

»Aber ich besitze kein solches Porträt,« erwiderte er darauf sofort. Worauf ich sagte, es schiene mir, als hätte ich doch ein solches in seiner Wohnung gesehen. »Da mußt du dich wohl getäuscht haben.« sagte er, »ich weiß schließlich, was ich besitze, und eine solche Zeichnung besitze ich nicht.« Sein Gesicht war unbewegt, unerschütterlich, und er fixierte mich durch seine dicken Brillengläser mit starrem Blick. Es gab nichts weiter dazu zu sagen. Er gestattete mir, mehrere andere Zeichnungen aus seinem Besitz zu reproduzieren, und ich erwähnte die Zeichnung seines Vaters ihm gegenüber nie wieder. Noch habe ich sie seitdem wiedergesehen, obwohl ich weiß, daß sie existiert.

Pierres Lüge war mir rätselhaft, bis mir klar wurde, warum. Die Zeichnung war zweifelsohne gestohlen, und hätte Annette jemals erfahren, wo sie sich befindet, hätte sie die Polizei beauftragen und die Rückgabe der Zeichnung verlangen können und ihm überdies wegen Hehlerei den Prozeß machen können. Pierre war ein überaus umsichtiger Mann.

Auf beharrliche Anfragen hin gestattete Annette schließlich die Reproduktion eines der Matisse-Porträts aus ihrem Besitz. Das Rätsel um die gestohlene Zeichnung blieb bestehen, obwohl ich mir sicher war, daß Jean Genet sie genommen hatte, und er mir später auf die ihm eigene miese, hinterhältige Art Bestätigung für meine sichere Annahme lieferte.

Den dritten und jüngsten Bruder Bruno hatte ich bisher noch nicht kennengelernt, aber er wußte schon gut über mich Bescheid, und ich erhielt eine sehr freundliche Antwort von ihm und seiner Frau Odette auf meine Bitte um ihre Hilfe bei meinen Vorbereitungen für Albertos Biographie. Beide waren zunächst damit etwas zurückhaltend, da sie mich verständlicherweise erst einmal abschätzen wollten. Offenbar fanden sie mich annehmbar, denn ihre Unterstützung und die Gastfreundlichkeit, die sie mir gewährten, wurden mit den Jahren immer vertrauensvoller und herzlicher. Als ich Bruno das erste Mal kennenlernte, war er erst dreiundsechzig, Odette ein paar Jahre jünger. Beim Schreiben dieser Worte wird mir mit einem Mal zu meinem Erstaunen bewußt, daß er in genau zwei Wochen seinen achtundachtzigsten Geburtstag feiern wird, glücklicherweise in vorzüglicher Gesundheit.

Im Jahre 1970 war Bruno noch als Architekt tätig und in der Schweiz bekannt und hochangesehen, wo er eine Reihe ausnehmend schöner Kirchen, Spitäler, Museen und Privathäuser entworfen hatte. Die Giacometti-Familie sollte der kreativen Berufung ganz eindeutig alle Ehre machen. Brunos Werk ist wie er selbst – bescheiden, nicht revolutionär im Konzept, aber von einer raffinierten Verfeinerung in der Form und einer liebevollen Bemühtheit um die Beziehung verschiedener Baustoffe zueinander. Odette und er wohnten in einem bequemen, geräumigen Haus am Stadtrand von Zürich, das er selbst entworfen hatte, inmitten eines ansehnlichen Gartens mit einem Swimming-pool. Weder Alberto noch Diego, das muß man dazusagen, hätten sich je in einer solchen Behausung wohlgefühlt. Bruno und Odette sind jedoch weltgewandt, tolerant und aufmerksam, aber sie sind keine Bohémiens, und zuweilen waren sie dem Treiben der Pariser Brüder gegenüber doch etwas mißtrauisch. Ich habe sie beide mit der Zeit sehr lieb gewonnen und betrachte sie, wie seinerzeit Diego, als Teil meiner Familie, – zwar nicht ganz derselbe Teil, aber einer, der mir trotzdem unentbehrlich erscheint. Wir telephonieren oft miteinander, und in den letzten Jahren habe ich jedes Jahr ein paar Tage mit ihnen in Zürich verbracht. Als Albertos Biographie endlich erschien, schenkten sie mir zur Feier des Tages eine der Porträt-Zeichnungen von mir, die ich damals, als Alberto mir alle geben wollte, aus Schüchternheit nicht annehmen wollte, und die ihnen als Teil ihrer mageren Erbschaft zugefallen war.

Es gab noch einen Giacometti, dessen Aussagen ich brauchte. Dies war Silvio Berthoud, der Sohn von Ottilia, der einzigen Tochter in der Familie, die während der Geburt ihres Kindes gestorben war. Gutaussehend und einnehmend, empfing auch er mich mit freundlichem Wohlwollen und wußte viele amüsante und interessante Anekdoten über seinen berühmten Onkel zu erzählen, dem er äußerlich auf eine beinahe unheimliche Art ähnelte, sogar bis auf die Stimme. Er war wie sein Vater Arzt, und hatte mehr mit seinen Pariser Onkeln insgemein als mit dem Züricher Onkel, obwohl er sich mit allen gut verstand.

Der gewissenhafte Biograph eines erst kürzlich Verstorbenen wird eine lange, lange Liste haben von Leuten, deren Zeugnis er einholen müßte. Es waren nur sehr wenige unter den vielen, die in Albertos Leben von Bedeutung waren, die der Tod vor mir fand. Die interessantesten waren für mich Genet, Balthus, Sartre, Beckett, Michel

Leiris und Caroline, die Prostituierte, die während seiner letzten Lebensjahre Albertos Geliebte und sein Modell gewesen war.

Genet, diebisch und gerissen wie eh und je, war nicht leicht anzutreffen. Es kostete mich einiges an Mühe, um herauszufinden, wo er sich aufhielt, dann rief ich ihn an, und er gab seine Einwilligung zu einem Gespräch. Ich sprach mit Diego darüber und dachte bei der Gelegenheit einmal die gestohlene Zeichnung zu erwähnen, die ich bei Pierre gesehen hatte. »Ich war es, der sie für ihn besorgt hat,« sagte Diego.

»Wie denn das?« fragte ich.

Das war ganz einfach, erklärte er mir. Ein paar Jahre nach Albertos Tod erschien ein junger Mann, den Diego nicht kannte, in der Rue du Moulin-Vert, woran sich zeigte, daß er mehr über Diego wußte als Diego über ihn, der ihm sagte, er habe eine Giacometti-Zeichnung zu verkaufen, falls Diego Interesse habe. Es war das Matisse-Porträt, und der Preis, in bar, betrüge zweitausend Dollar, damals der gängige Preis. Diego sagte, er selbst habe zwar kein Interesse, er kenne aber jemanden, der sehr wohl interessiert sein könnte. Wenn der junge Mann in zwei, drei Tagen wiederkommen wolle, könnte er wahrscheinlich den Handel beschließen. Damit war er einverstanden. Diego rief nachher Pierre in New York an, erklärte ihm die Umstände und erhielt die Anweisung, das Werk auf alle Fälle zu erstehen, das Geld von Maurice Lefebvre-Moinet, Pierres Vertreter in Paris abzuholen und ihm die Zeichnung für den Versand zu übergeben. Und genauso lief alles auch ab.

»Ich habe immer gedacht, daß es Genet gewesen sein muß, der diese Zeichnung gestohlen hat«, meinte ich.

»Natürlich hat er das,« sagte Diego.

Mein Treffen mit Genet fand im Empfangsraum eines jener tristen und schäbigen Hotels statt, die Genet mit Vorliebe frequentierte, und die er oft genug, ohne die Rechnung zu zahlen, verließ. Gutgekleidet und höflich, sprach er im verhaltenen Ton kultivierter Beredsamkeit. Wir sprachen ausgiebig über Alberto, wobei keiner von uns beiden etwas Neues oder Überraschendes vorbrachte. Er lachte häufig und schien mit sich selbst und seinen Überzeugungen in Frieden zu leben, sich seiner Bedeutung bewußt, doch weder eitel noch selbstgefällig. Ich fühlte seinen unerbittlichen Charme, war mir aber seiner grundsätzlichen Unverläßlichkeit bewußt und mochte ihn deswegen nicht. Ich fragte mich, welche brutalen, perversen und grausamen Handlungen er wohl mit Wonne auszuüben imstande sei. Unser Gespräch dauerte beinahe zwei Stunden und berührte außer Alberto, auch Rembrandt, Cézanne, Mallarmé und vieles andere. Ich wollte ihn natürlich wegen des gestohlenen Bildes befragen, traute mich aber nicht. Ich hatte, als ich ihn verließ, das Gefühl, aus einer geschlossenen, luftlosen, nahezu schädlichen Atmosphäre ins Freie, an die frische Luft hinauszutreten.

Fünf Monate nach diesem Treffen, als ich einmal spät in der Nacht von einer Schwulenkneipe in der Rue Sainte-Anne nach Hause ging, erblickte ich auf dem damals noch unversehrten Hof des Louvre, Genet, der mir entgegenkam. Als wir auf gleicher Höhe waren, sagte ich, »Bonsoir, Monsieur Genet.«

Er blickte fragend zu mir auf und sagte, »Kenne ich Sie?«

»Vor mehreren Monaten war ich bei Ihnen, um über Alberto zu sprechen.«

»Ach ja,« sagte er dann, »du bist James Lord.«

Es freute mich, daß er sich an mich erinnern konnte, und ich fragte ihn, wo er denn hinginge. Nach Hause, sagte er, und ich erbot mich, ihn ein Stück des Weges zu begleiten, was er gern annahm. Er habe den Abend gerade mit James Baldwin und einer Gruppe der Black Panthers verbracht, erzählte er mir, die ihn um Hilfe baten. Er fragte mich, ob ich Jimmy kenne, und ich sagte, wir seien seit zwanzig Jahren miteinander bekannt, seitdem Richard Wright uns einander vorgestellt hatte. Wieder bekam ich Genets Charme zu spüren, aber ich bemerkte dennoch, und diesmal noch stärker als zuvor, das Lauern der Schlange, das hinter dem Lächeln lag. Als wir so ganz allein durch die größtenteils ausgestorbenen Straßen wanderten, schien uns eine seltsame Abgehobenheit von der Alltagswelt zu umgeben, was dadurch noch betont wurde, daß Genet mehrmals nicht ganz zu wissen schien, wo wir eigentlich hingingen, und es war fast so, als ob wir uns im Herzen der ungeheuren schlummernden Riesenstadt verlaufen hätten. Vielleicht machte mich das so mutig.

Es war unwahrscheinlich, dachte ich mir, daß sich eine so ideale Gelegenheit, die schicksalsschwere Frage zu stellen, noch einmal bieten würde. Es fiel mir nicht leicht. Schließlich brachte ich es hervor:

»Es gibt etwas, das ich dich schon das letzte Mal, daß wir uns trafen, fragen wollte. Aber es ist mir ein bißchen unangenehm.«

»Und, was ist es?« erkundigte er sich und sah gespannt zu mir auf.

»Du erinnerst dich doch, als du für Alberto Modell gesessen bist, da verschwand einer der Zeichnungen, die er von Henri Matisse gemacht hatte.«

»Nein.«

»Doch. Alberto hatte eine ganze Serie von Porträts von Matisse gezeichnet. Sie waren alle in seinem Atelier. Dann verschwand die beste von allen. Alberto glaubte, du könntest sie genommen haben.«

»Ich kann mich an nichts derartiges erinnern,« sagte Genet ganz ruhig. »Ich habe nie etwas aus Albertos Atelier genommen.«

»Aber kannst du dich denn nicht entsinnen, daß einmal eine Zeichnung wegkam?« beharrte ich weiter. »Alberto war ja gar nicht unbedingt gegen Diebstahl, er sagte sogar einmal, daß er ganz dafür sei. Aber bei dieser Zeichnung war es etwas anderes, weil sie ein Porträt von Matisse war, und noch dazu das beste, das er von ihm gemacht hatte.«

»Simone de Beauvoir erwähnte so etwas,« sagte Genet. »Ich entsinne mich. Sie sagte, ›Wie hast du nur das Matisse-Porträt aus Albertos Atelier rausbekommen?‹«

»Ach ja?« machte ich, »Aber Alberto selbst hat dir gegenüber nie etwas erwähnt?«

»Nie.«

»Und was hast du gesagt, als Simone de Beauvoir dich fragte?«

»Dasselbe, was ich dir gerade gesagt habe: daß ich es nicht genommen habe. Ja, ich kann mich erinnern. Es was die Beauvoir, die davon anfing. Ich war mit ihnen essen, nur Sartre und sie, nur wir Drei, und sie machte daraus einen Witz, ›Wie hast du das Matisse-Porträt nur unter deinem Mantel untergebracht?‹« Und er machte eine Geste, als ob er ein Blatt Papier zusammenrollte und es sich unter die Jacke schob, wobei er lachte.

»Aber du hast es nicht genommen?« fragte ich noch einmal.

»Ganz sicher nicht.«

»Es interessiert mich so brennend,« begann ich zu erklären, »weil zu der Zeit du und ich die einzigen Fremden waren, die zu Albertos Atelier freien Zugang hatten, die kamen und gingen, wann es uns beliebte, und Alberto sagte, daß es einer von uns beiden gewesen sein mußte, der die Zeichnung mitnahm.«

»Dann warst du es,« sagte Genet sofort, sich mit einem schnellen, schlauen Lächeln mir zuwendend.

»Nein,« sagte ich, »ich weiß, daß ich es nicht war. Deshalb war mir so daran gelegen, mit dir darüber zu sprechen. Es tut mir leid, aber du weißt ja, na ja, du bist nicht gerade ganz unbeleckt auf diesem Gebiet ...«

»Natürlich,« seufzte Genet, »sobald jemand sein Feuerzeug vermißt, denken alle, ich hätte es gestohlen.«

Ich erzählte ihm noch, daß die Zeichnung seitdem wiederaufgetaucht sei und teilte ihm auch die genauen Umstände mit. Er hörte zu, machte dazu aber keine Bemerkung.

Es gab nichts mehr zu sagen. Zumindest nicht über die gestohlene Zeichnung. Und sonst auch nicht viel mehr. Unser Gespräch verlief diffus, wenn auch immer noch höflich, bis wir schließlich, trotz unseres planlosen Umherlaufens vor seinem Hotel angekommen waren.

»Ich habe dich weit in den Busch geführt,« sagte Genet, »dies ist überhaupt nicht dein Viertel.«

»Ich hoffe, wir sehen uns einmal wieder,« sagte ich. »Gute Nacht.«

»Gute Nacht,« sagte Genet, worauf wir uns die Hand gaben. Dann ging er hinein. Ich habe ihn nie wieder gesehen.

Als es zu spät war, hatte ich auf mich selbst eine riesige Wut, daß ich mich von Genet so hatte narren lassen, anzunehmen, ein Mensch wie er, der Betrug und Lüge verherrlichte, ließe sich so einfach dazu bewegen, die Wahrheit zu sagen. Das hätte ich sofort begreifen müssen, als er zunächst jede Erinnerung an die Zeichnung leugnete und dann im nächsten Satz sich selbst widersprach, als er sich plötzlich an Simone de Beauvoirs Frage und Gewitzel erinnern konnte. Er machte sich ganz offen über mich lustig. Mit dem Verrat als Kernstück seiner Ethik verkehrte Genet durch vorsätzliche Niedertracht die Schande in Stolz. Keine Reue, kein Skrupel, keine Sühne, kein Geständnis durfte jemals die höchste Tugend des Verrats schmälern oder entstellen. Genet war in erster Linie ein Verräter, der keinerlei Loyalität oder Verantwortung anerkannte, keine Schuld oder Verpflichtung zugestand, der den Verrat in allen Varianten ständig praktizierte. Wie Sartre in seinem gnadenlosen Wälzer über Genet penibel erklärt, bestahl der ehemalige Sträfling regelmäßig seine Freunde, weil das die höchste Form des Verrats war. Natürlich hatte er das Matisse-Porträt aus Albertos Atelier genommen. Die Genugtuung wäre einfach zu unwiderstehlich gewesen, weil es etwas war, was sein Freund besonders schätzte. Nach Albertos Tod sagte Genet oftmals, daß Giacometti der Mensch war, den er am meisten bewundert habe. Welch größeren Genuß konnte es dann geben, als diesen Menschen zu verraten? Ich glaube auch, Alberto hatte damals mich anstelle von Genet ausgefragt, um sicher zu sein, daß Genet der Dieb war. Er wollte jeden Zweifel daran ausschließen, da er weise und edel genug war, um Genets »Wahrheit« respektieren zu können.

Ich wußte, daß ich Albertos Freundschaft mit Balthus in der Biographie ausführlich besprechen mußte. Er war auch sehr entgegenkommend, als ich ihn um eine Verabredung bat, und sprach bereitwillig und ausführlich sowohl über Alberto als auch über Annette. Er bewunderte Alberto sehr und muß ihn, glaube ich, in gewisser Hinsicht ein wenig beneidet haben, und er war sich wohl auch bewußt, daß der vermögende Künstler, der praktisch in verkommenen Verhältnissen zu leben vorzog, zumindest mit einiger Verwunderung auf seinen eigenen Anspruch auf Adelsherkunft und seine Vorliebe für Grandeur und Herrschaftlichkeit blicken mußte. Dies hinderte ihn jedoch nicht, sich im Verlauf unseres Gesprächs mehr als einmal als »Graf de Rola« zu bezeichnen; auch gab er eine weitschweifige, absurde Anekdote zum besten über seine Weigerung, bei einem Empfang für Charles de Gaulle in Rom zu erscheinen, weil der Platz, den er unter denen einnehmen sollte, die dem General vorgestellt werden sollten, seinem Rang nicht angemessen war.

Es gab unter all den Leuten, mit denen ich wegen Albertos Biographie sprechen wollte, nur einen einzigen, den ich seit neun Jahren nicht zu fassen bekam: Jean-Paul Sartre. Dabei war ich hartnäckig hinter ihm her, hatte Briefe geschrieben, und sowohl Henri Cartier-Bresson, Michel Leiris als auch Gisèle Halimi, Sartres Rechtsanwältin, gebeten, für mich einzutreten. Mehrmals telephonierte ich mit Simone de Beauvoir und bat um ein Interview, um ihre Hilfe für ein Treffen mit Sartre zu gewinnen. Sie war jedesmal schroff fast bis zur Unhöflichkeit und weigerte sich ganz unverblümt, mich zu sehen oder mir zu helfen. Ihre persönlichen Ansichten über Alberto brauchte ich eigentlich nicht, denn sie hatte in ihrer bereits erschienenen Autobiographie über ihn geschrieben – stellenweise ziemlich ungenau – und ich glaubte nicht, daß sie noch etwas von Interesse nachzutragen hätte. Aber ein Interview mit Sartre, dessen Gesundheit, wie ich wußte, allmählich nachließ und der schon halberblindet war, war mir immer noch sehr wichtig. Ich hatte die Hoffnung praktisch schon aufgegeben, als ich am Donnerstag, den 22. Februar 1979, in der Brasserie Zipp, wo ich mit meinem Freund Gilles Roy zu Mittag aß, Sartre entdeckte, der mit einer Frau an einem Tisch am anderen Ende des Raumes saß. Es war natürlich undenkbar, einen Mann von derartiger Prominenz in der Öffentlichkeit einfach so anzusprechen, aber ich mußte mir sagen, daß es nur allzu unwahrscheinlich war, daß mir je wieder eine solche Gelegenheit mit Sartre zu sprechen, geboten würde. Zum Glück beendeten er und seine Begleiterin, die nicht der allmächtige Biber (Beauvoir) war, ihre Mahlzeit vor uns, zahlten und standen auf, um zu gehen. Mir war nur allzu klar, daß hiermit meine letzte Chance am Entschwinden war, also wartete ich noch einen kleinen Moment, dann folgte ich dem Paar hinaus auf das unpersönliche Trottoir, stellte mich Sartre vor und erklärte ihm hastig meine Gründe für meine so formloses Auftreten. Er war sofort sehr verständnisvoll, stellte mich seiner Begleiterin Michèle Vian vor und sagte, er wäre gern bereit, mit mir über Alberto zu reden, gab mir seine Telephonnummer und schlug vor, daß ich ihn anrufe, damit man sich verabreden könne. Dann steigen er und Madame Vian in ein Taxi und fuhren davon.

Voller Genugtuung, endlich die Zusage für eine Verabredung mit dem letzten wichtigen Zeugen auf meiner Liste erhalten zu haben, wartete ich drei Tage, bevor ich ihn anrief. Sartre war sehr freundlich und nüchtern, als sei es das einfachste und passendste der Welt, daß wir uns träfen. Er bat mich, am folgenden Donnerstag um elf Uhr früh zu ihm in die Wohnung zu kommen, und erklärte mir mit größter Genauigkeit, wie ich dahinfände. Darauf bedacht, auch ja pünktlich zu sein, stellte ich mich ein wenig zu früh vor dem großen Wohnblock am Boulevard Edgar-Quinet ein, in dem Sartre wohnte, und hatte deshalb einige Minuten auf dem Treppenabsatz vor seiner

Tür zu warten. Hinter der Tür vernahm ich ganz deutlich eine Stimme, die ich sogleich als die der Beauvoir erkannte. Sie war laut am Vorlesen. Aus meinen Telephongesprächen mit ihr wußte ich bereits, daß ihre Stimme von einer einmalig ungefälligen Tonlosigkeit war. Sie las sehr, sehr schnell, aber fast ohne Ausdruck oder Betonung. Es klang eher wie eine Leseautomat als eine Person mit einem Empfinden für Worte oder Thematik. Ich konnte den Text immerhin so gut mithören, daß ich folgerte, es handle sich um einen Roman. Obwohl ich ihre Anwesenheit als ein höchst ungünstiges Zeichen wertete, läutete ich pünktlich um elf Uhr an der Wohnungstür. Die Automatenstimme hörte schlagartig auf zu lesen und sagte, »Da ist wer.« Sie kam an die Tür und fragte, ohne sie zu öffnen, durch sie hindurch: »Was gibts?«

»Es ist für Monsieur Sartre,« sagte ich.

Sie sagte, offensichtlich an Sartre gewandt: – »Hast du dich mit irgendwem verabredet?«

»Nein,« sagte Sartre.

Beauvoir fragte mich: »Haben sie eine Verabredung?«

»Ja. Ich telephonierte am letzten Sonntag mit Monsieur Sartre, und er bestellte mich für heute morgen um elf.«

»Wer sind Sie?«

»Monsieur Lord.«

Beauvoir sagte zu Sartre: »Es ist ein Monsieur Lord.«

»Und worum handelt es sich?« fragte sie mich.

»Um ein Gespräch mit ihm über Giacometti.«

»Du hast eingewilligt, über Giacometti zu reden!« rief sie in einem eindeutig vorwurfsvollen Ton. Dann wandte sie sich wieder zu mir: »Sie müssen warten. Monsieur Sartre ist noch nicht angezogen. Gehen Sie ins Café nebenan und kommen Sie in einer halben Stunde zurück.«

»Sehr wohl, Madame,« sagte ich und tat, wie mir befohlen wurde.

Als ich mich, nachdem ich das Vorhergehende in mein Notizbuch aufgenommen hatte, wieder vor der Tür einfand, hörte ich dahinter Musik spielen, ein Bach-Concerto für Cembalo. Ich klingelte zweimal – die Musik hörte auf, schlurfende Schritte näherten sich, und Sartre öffnete die Tür. Er war damals schon so blind, daß er mich offenkundig nicht sehr gut sehen konnte. Wir gaben uns die Hand, und er bat mich sehr höflich herein. Er war von kleiner und gedrungener Gestalt, mit schütterem Haar, einem schwammigen Gesicht, dicken Lippen, sehr schlechten, fleckigen und brüchigen Zähnen, dicken Brillengläsern und dem auswärtsschielenden Auge, ausgesprochen häßlich. Das Zimmer, in dem wir uns befanden, war sehr schlicht, spärlich möbliert, mit kahlen Wänden, und wie mir auffiel, Staub auf dem Fußboden. Sartres Sprache war zunächst etwas stockend, dann aber, im Verlauf unserer Unterhaltung wurde sie allmählich lebhafter und verriet die offenkundige Autorität eines hoch entwickelten und disziplinierten Intellekts. Es interessierte ihn offenbar, was zu ihm gesagt wurde, und er hörte sehr aufmerksam zu. Alberto und er waren sich kurz vor dem Krieg das erste Mal begegnet, aber sie wurden erst später wirklich miteinander vertraut. Von Anfang an hatte ihn jedoch Albertos starke Persönlichkeit beeindruckt, die von seiner ausdrucksstarken Erscheinung noch betont wurde. Ich fragte ihn, ob er von Anfang gewußt habe, daß Alberto ein Genie sei. »Ich mag das Wort »Genie« nicht,« sagte er, »es ist mit zu vielen verfänglichen Assoziationen beladen. Aber, ja doch, ich hatte sofort den Eindruck, daß Alberto ein außergewöhnlicher Mensch sei, daß sein Talent mit seinem Charakter auf eine besondere und einzigartige Weise integriert war, die einem das Gefühl von Größe gab.«

»Welche Unterscheidung könnte man zwischen Alberto und Picasso treffen?« fragte ich.

»Auf der ›oberflächlichen‹ Ebene des persönlichem Verhaltens,« sagte Sartre, »besaß Picasso keinen guten, starken oder vorbildlichen Charakter, was man seinen Werken oft anmerkt, während Albertos bemerkenswerter Charakter in seinen Arbeiten immer zu spüren war.«

»Haben Sie den Eindruck, daß Alberto Ihr Denken beeinflußt hat?«

»Nein, nicht direkt. Aber indirekt schon, weil Albertos Art, an das Leben heranzugehen, meiner eigenen sehr ähnlich war. In unseren Gesprächen fand ich folglich meine eigene Position bestätigt und bestärkt.«

»Mir scheint, es könnte eine Verbindung in dem Umstand gelegen haben, daß Alberto immer, oder zumindest sehr oft an der

Grenze zwischen Sein und Nicht-Sein arbeitete, ein konzeptueller Bereich, der Ihrer philosophischen Position doch sehr nahekommt.«

»Nun, es war für mich wirklich sehr aufschlußreich, mit Alberto über seine Arbeit zu sprechen und seine künstlerische Entwicklung zu verfolgen,« sagte Sartre. »Er hatte etwas Universelles an sich. Er war ein echter Humanist, im Sinne des siebzehnten Jahrhunderts, der an allem interessiert war, und auf alles und jedes ansprach. Alberto hatte die besondere Eigenschaft, über sich, seine Arbeit, seine Erlebnisse und Meinungen sprechen zu können, und sich dabei so über sich selbst hinaus zu dehnen, daß er nie nur von sich selbst zu reden schien, sondern über Dinge, die jeden angingen.«

Wir sprachen außer über Alberto auch von anderen Dingen. Sartre äußerte sich sehr offen über die Schwierigkeiten, die ihm sein schwaches Augenlicht bereitete, so daß er sich gezwungen sah, seine Arbeit auf Tonband zu diktieren. Ich sah es auf einem billigen Holztisch in einer Ecke stehen. Nach einer gewissen Zeit gedachte ich mich zu verabschieden. Er wünschte mir viel Glück bei meiner Arbeit, und ich sagte, daß ich mich der Aufgabe überhaupt nicht gewachsen fühlte.

»Niemand fühlt sich seiner Aufgabe gewachsen,« sagte Sartre. »Alberto ganz gewiß nicht, und ich habe es noch nie getan.«

»Es muß doch auch Leute geben, die sich ihrer Aufgabe gewachsen fühlen,« meinte ich, »Hegel, zum Beispiel.«

»Dazu müßte man erst einmal mehr über Hegels Leben wissen,« erwiderte er darauf.

»Bei den wichtigsten Vertretern der Philosophie,« sagte ich, »von der ich- sei es gleich vorausgeschickt - nicht das geringste verstehe, hat man doch den Eindruck, daß sie sich ihrer Aufgabe durchaus gewachsen fühlten und sich ihres Zugangs zur Wahrheit recht sicher waren.«

»O, das ist nur ein Trick,« sagte Sartre.

Ich lachte, wir gaben uns die Hand, und sagten einander Lebewohl, dann ging ich. Nichts von all dem, was Sartre mir über Alberto gesagt hatte, war mir neu, aber ich bin trotzdem sehr froh, es von ihm persönlich gehört zu haben. Ein Jahr später war er tot.

So schwierig es für mich gewesen war, an Sartre heranzukommen, so einfach war es wiederum, mich mit Samuel Beckett zu verabreden, der für seinen Widerwillen gegen Interviewer berühmt war. Irgendwie besorgte ich mir seine Adresse auf dem Boulevard Saint-Jacques und schrieb ihm einen Brief, in dem ich ihm mein Anliegen darlegte, und wieso ich ihn zu treffen wünschte. Nach drei Tagen – an einem Sonntag, dem 19. April 1970 – läutete das Telephon.

»Hallo?« sagte ich in den Hörer hinein.

»Mr. Lord?« eine tiefe, leicht heisere Stimme, auf Englisch.

»Ja.«

»Hier ist Beckett.«

»Guten Morgen, Mr. Beckett. Wie nett von Ihnen, daß Sie mich anrufen.«

»Ich bitte Sie. Ich habe Ihren Brief erhalten und würde Sie gern treffen. Jetzt gerade habe ich viel zu tun, aber wenn Sie am Dienstag Zeit hätten, könnten wir uns treffen.«

»Aber selbstverständlich.«

»Könnten Sie zu dem Theater kommen, wo ich gerade die Proben leite? Es ist das Récamier.«

»Ja, das kenne ich.«

»Wenn Sie mittags da sein könnten, könnten wir zusammen einen Café nehmen.«

»Wunderbar.«

Am Dienstag morgen war ich um elf Uhr fünfzig im Foyer des Theaters. Ich konnte hören, wie drinnen im Saal *Das letzte Band* geprobt wurde. Etwa eine halbe Stunde später kam Beckett heraus. Ich ging auf ihn zu und sprach ihn an: »... Mr. Beckett.«

Er sah verdutzt aus, und momentan dachte ich, er würde einfach weitergehen. Dann stellte ich mich mit Namen vor.

»O, es tut mir leid,« sagte er, »ich habe Sie warten lassen.«

»Das macht nichts,« versicherte ich ihm. Wir gingen zusammen hinaus auf die Straße, wo ein leiser Regen fiel, und er schlug vor, in ein kleines Café auf der anderen Seite der Rue de Sèvres zu gehen. Wir fanden ganz hinten eine leere Nische, in der wir einander gegenüber Platz nahmen. Beckett war sehr groß und dünn, mit tiefen Furchen im Gesicht, und stahlgrauem Haar, aber seiner Erscheinung konnte man schwer das Alter ablesen. Er hatte etwas Ursprünglich-Zeitloses an sich. Er trug eine eher kleine, goldgefaßte Brille mit ziemlich dicken Gläsern, die er hin und wieder auf seine Stirn hinauf, dann wieder auf die Nase zurückschob, mitunter minutenlang ganz absetzte. Seine Augen waren von einem tiefen Blau, sehr sanft und einladend. Es schüchterte mich auch überhaupt nicht ein, ihm direkt in die Augen zu sehen, es gab mir vielmehr ein ganz einzigartiges und starkes Gefühl von Lust, als könnte man genüßlich in seinem blauen Blick ertrinken, eine Empfindung, die ich noch nie zuvor gehabt hatte. Sein Aufzug war unauffällig, weder elegant noch schäbig. Die gelegentlichen Gesprächspausen waren überhaupt nicht peinlich, im Gegenteil, sie schienen ganz natürlich und angebracht zu sein. Seine Stimme war klangvoll, aber nicht sehr laut, und verfiel gelegentlich in den singenden irischen Tonfall, was äußerst einnehmend war. Ein Mann von unmittelbarer und bemerkenswerter Anziehungskraft, obwohl man ihn nicht unbedingt charmant nennen konnte.

»Sie schreiben also ein Buch über Giacometti,« sagte er.

Ich antwortete, daß ich dies vorhätte, aber noch sehr weit vom Beginn des eigentlichen Schreibens entfernt sei, da ich noch voll mit den Recherchen zu tun hätte.

»Sie suchen all seine Freunde auf,« sagte er.

Ich fragte ihn, wie er Giacometti kennengelernt habe, und er erzählte mir, sie hätten sich irgendwann vor dem Krieg flüchtig im Café de Flore kennengelernt, und er fügte gleich hinzu, daß er mir wirklich nicht sehr viel über Alberto zu erzählen habe, da sie sich meistens spät nachts zufällig in Montparnasse begegnet seien, wo sie stundenlang miteinander herumzogen und redeten. Und es sei Alberto gewesen, der die meiste Zeit redete, der unermüdlich seine Qualen beschrieb, weil er nicht zuwegebrachte, was er sich vorstellte.

»Er war nicht versessen, sondern besessen,« sagte Beckett. »Ich schlug ihm vor, es könne vielleicht nützlicher sein, sich auf das eigentliche Problem zu konzentrieren, anstatt ständig um eine Lösung zu ringen. Das heißt, indem er die Unmöglichkeit des von ihm Angestrebten akzeptiere und das innere Wesen und natürliche Potential eben jener Unmöglichkeit entwickle und benutze, könne er möglicherweise mehr Vielfalt und Fülle erreichen, als durch das ständige, wiederholsame Ringen um etwas von vornherein als unmöglich Erkanntes: das Erschaffen einer Illusion so wirklich wie die Wirklichkeit selbst. Aber Giacometti war fest entschlossen, seinen Kampf fortzufechten, und einen Fortschritt zu erringen, sei es auch nur um ein Zoll, Zentimeter, oder gar Millimeter.«

»Aber,« wandte ich ein, »absolut gesehen bedeutet doch schon der Fortschritt eines Millimeters eine Unendlichkeit.«

»Wenn möglich,« sagte Beckett.

»Es ist oft gesagt worden, daß es Parallelen gibt zwischen Ihrem Werk und dem Giacomettis, daß beide die Einsamkeit, Entfremdung und Verzweiflung unserer heutigen Zeit ausdrücken.«

Beckett nahm seine Brille ab, schwieg eine Weile, spielte an seiner Kaffeetasse herum, dann sagte er: »Ich habe nie glauben können, daß Malerei oder Bildhauerei dieselben Inhalte auszudrücken vermag wie die Literatur. Ich sehe zwischen beiden Kunstformen keine Parallele. Ich hatte oft den Eindruck, daß Giacomettis künstlerisches Bemühen etwas von einem Kinderspiel an sich hatte, wobei man mit einer Hand einen Finger der anderen Hand zu schnappen versucht, der sich aber partout nicht schnappen lassen will.«

Ich fragte ihn, ob er je einen Menschen kennengelernt hatte, der ihn an Alberto erinnerte. Nachdem er eine Weile darüber nachgesonnen hatte, sagte er: »Nein.«

Als ich bemerkte, ich habe kürzlich die James Joyce-Biographie von Richard Ellmann gelesen, sagte er, daß er das Buch sehr bewundere, wobei er hinzufügte, daß es Ellmann gelungen sei, Leute zu interviewen, die nur sehr ungern über Joyce redeten. Er benutze manchmal sogar ein Tonbandgerät. Ich meinte, das täte ich nicht gern, und er sagte, »Ich würde nie in ein solches Gespräch einwilligen.« Ich fragte ihn noch, ob man sagen könnte, daß Joyce »ein lustiger Kerl« gewesen sei. Beckett sah recht erschrocken drein und sagte: »Absolut nicht! Joyce war sehr förmlich und einschüchternd. Es gab bei ihm keine Vornamen. Sogar ein alter Freund wie Padraic Colum war für ihn immer Colum. Und die längste Zeit war ich für ihn Mr. Beckett, bis ich schließlich zu Beckett wurde.«

Ich sagte, daß Alberto auch so war, und Beckett sagte, daß er ihn nie Sam genannt hatte. Es fiel mir auf, daß auch er immer Giacometti sagte, wenn er über Alberto sprach.

Nachdem wir fast eine Stunde lang geredet hatten, sagte ich, er sei ein vielbeschäftigter Mann und wolle wahrscheinlich aufbrechen. »Ich habe nicht immer so sehr viel zu tun, leider,« sagte er darauf,

»nur zur Zeit bin ich sehr beschäftigt, weil ich in diesem Stück Regie führe.« Nach ein paar weiteren Minuten, raffte er sich auf, bestand darauf, unsere Kaffees zu bezahlen, und wir verabschiedeten uns draußen auf dem Trottoir. Ich schrieb ihm noch ein paar Mal, als spezielle Fragen auftauchten, und bekam von ihm immer prompte Antwort.

Ein paar Jahre später begegneten wir uns zufällig auf der Straße in der Nähe des Jardin de Luxembourg. Er fragte mich, wie ich denn mit der Biographie vorankäme, und ich sagte ihm, mit Mühe. Er nickte dazu und sagte, »Natürlich, das ist ganz klar.« Als die Biographie endlich erschien, schickte ich ihm ein Exemplar. Er hat den Empfang nie bestätigt, vielleicht weil eine längere Passage über ihn darin vorkommt.

Wie Beckett reagierte auch Michel Leiris prompt auf meine Bitte um ein Gespräch. Er war mit geradezu auffälliger und doch verhaltener Eleganz gekleidet, wie um die Schmächtigkeit seiner Gestalt zu überspielen, und auch sein persönlicher Stil war von unverkennbarer Vornehmheit. Ich entsann mich einer Anekdote, die ich von Alberto gehört hatte, in der er mir mit einem gewissen, bei ihm ganz selbstverständlichen Spott von Leiris' Zwanghaftigkeit in Bezug auf die Reinlichkeit seiner Kleidung erzählte. Während des Essens in irgendeinem Lokal hatte er Soße über den Ärmel seiner Anzugsjacke verschüttet und war wegen des dadurch entstandenen Flecks ganz aufgeregt. Als einer der Anwesenden meinte, der Fleck würde in der chemischen Reinigung sicher entfernt, entgegnete Leiris: »Ich trage niemals Kleidung, die chemisch gereinigt werden mußte.« Alberto hatte in sich hineingelacht und gemeint, dasselbe träfe auch für ihn zu, weil seine Kleider so dreckig würden, daß er sie irgendwann einfach wegwarf und mit anderen genau desselben Stils ersetzte.

Zu unserem ersten Treffen bat mich Leiris ins Musée de l'Homme zu kommen, wo er im Keller ein kleines Büro innehatte. Es gab im Museum eine Cafeteria, und wir nahmen miteinander einen kleinen Imbiß ein. Er war von ausgesuchter, fast peinlicher Höflichkeit, sprach langsam und wählte seine Worte mit soviel Bedacht, als sollten sie später schriftlich festgehalten werden. Ich hatte einige seiner autobiographischen Schriften gelesen und dabei bemerkt, wie hochdifferenziert und feingewunden sein Stil war. Er war der erste, der mit kritischer Bewunderung über Albertos Arbeiten geschrieben hatte, und die beiden waren fünfunddreißig Jahre hindurch eng befreundet gewesen. Er war bis zu seine manikürierten Fingerspitzen ein gebildeter Intellektueller, und ich wußte, daß er sowohl von Haus aus als auch durch Heirat ein wohlhabender Mann war, der in einer großen Wohnung mit Blick auf die Seine wohnte und von Bediensteten versorgt wurde. Die Vorstellung dieses überaus gepflegten Herrn, der mitten in der Nacht grölend mit einem Haufen von aufrührerischen Studenten mitmarschierte, wollte einem fast nicht in den Kopf. Diese scheinbare Widersprüchlichkeit war in seltsamer Weise beunruhigend und wurde durch Kritik vonseiten solcher, die anscheinend keine Hintergedanken hegten, noch verschärft. Leiris stand im Rufe, ein Mann von besonderer Integrität zu sein. Und doch, als ich Diego erzählte, daß ich mich mit ihm getroffen hatte, sagte dieser: »Ich verachte ihn. Er war Alberto kein wahrer Freund. Ein Heuchler. Und im Mai 1968 hat er diese arme Annette auch noch dazu gebracht, sich lächerlich zu machen. Ich würde ihm nicht einmal die Hand geben.« Einige Jahre später, als Albertos Biographie erschienen war, unterstützte Leiris einen das Buch öffentlich anprangernden Brief, den etwa vierzig Leute unterschrieben, die Alberto gekannt hatten – eine Handlung, die ich einfach nicht verstehen konnte. Ich erwähnte meine Verwunderung darüber gegenüber Françoise Gilot, die Picassos Geliebte gewesen war und Leiris gut gekannt hatte, da Leiris' Frau Picassos Galeristin war und seine Lieblingskünstler in absteigender Reihenfolge Picasso, Masson, Bacon und Alberto waren. Françoise sagte: »Du mußt verstehen, daß Leiris ein Mann ist, der eine Maske trägt. Er würde der Welt nie gestatten, die Person zu sehen, die sich hinter der Maske verbirgt, und darum handeln all seine Schriften von ihm selbst. Die Wahrheit über ihn muß seine Wahrheit sein und sonst keine.«

Trotzdem interessierte mich Leiris, und ich habe mich während der langen Jahre meiner Arbeit zehn oder zwölf Mal mit ihm getroffen. Er hatte Alberto offensichtlich gern gehabt, und er sprach mit Respekt und warmem Gefühl von ihm, obwohl er nichts überwältigend Originelles über ihn zu sagen hatte. Nie erwähnte er Diego, aber zu meiner Überraschung sprach er bei verschiedenen Gelegenheiten mit viel Wärme von Annette, pries ihre Intelligenz und ihr

Verständnis für Albertos ästhetisches Bemühen, eine Meinung, die in krassem Gegensatz zu der ihres Mannes stand. Aber ich nahm es mir nicht heraus, ihm zu widersprechen. Ganz offenkundig war Leiris Annette zugetan. Bruno erzählte mir, daß einmal, als Odette und er in Stampa waren, Annette wutentbrannt aus Paris angerufen hatte und von Alberto verlangt habe, daß er alle Beziehungen zu Caroline abbreche und ihm androhte, wie sie es oft tat, sie werde sich andernfalls umbringen. Alberto, außer sich vor Verzweiflung, hatte ihr geantwortet: »Dann tu es doch endlich,« woraufhin Leiris Annette den Hörer aus der Hand genommen und Alberto ernsthaft für seine grausame Gleichgültigkeit zurechtgewiesen hatte. Er war Annette eindeutig nahegestanden.

Ich war gern mit Leiris zusammen. Für gewöhnlich aßen wir zusammen zu Mittag, in einem mittelmäßigen Restaurant in der Rue Saint-Benoît, welches »Le Grand Horloge« hieß. Ein einziges Mal lud er mich zu sich in die Wohnung ein zum Tee. Wir sprachen abgesehen von Alberto auch von vielen anderen Dingen. Er war ein urteilsfähiger und über die Maßen kultivierter Mensch, und seine Analyse von *Herz der Finsternis* war nicht weniger profund als die der Ikonographie der Geschichte des wahren Kreuzes in Arezzo.

Caroline zu treffen war zwar nicht ganz so schwierig wie Sartre, erforderte aber etwas fragwürdigere Methoden. Da sie ein anerkanntes Mitglied der Unterwelt war, half mir das Telephonbuch nicht weiter, und ich hatte auch keinen Erfolg mit meinen Nachfragen in den Bars und Nachtklubs von Montparnasse, wo sie und Alberto gewöhnlich viel Zeit und Geld durchbrachten. Man reagierte auf meine Fragen mit unverhohlenem Argwohn, zumal mein Akzent mich als Ausländer und Milieufremden zu erkennen gab. Letztlich sah ich mich gezwungen, mich an eine Instanz zu wenden, deren Dienste in Anspruch zu nehmen ich mir nie hatte träumen lassen: eine Privatdetektei. Der Direktor empfing mich in seinem geschmackvoll ausgestattetem Büro mit der weltmännischen Gelassenheit eines Modearztes, kassierte eine elegante Gage im Voraus und überreichte mir zwei Tage später Carolines vollständigen Namen, ihr Geburtsdatum, ihre laufende Adresse und Telephonnummer. Als ich bei ihr anrief, wußte sie ganz genau, wer ich war, erinnerte sich daran, mich mit Alberto zusammen gesehen zu haben, und war bereit, mich gleich am nächsten Tag zum Lunch zu treffen. Sie war eher auffallend als schön zu nennen, und man empfand sofort, daß man einen ungewöhnlichen Menschen vor sich hatte. Sie schien womöglich noch interessierter, über Alberto und ihr Verhältnis mit ihm zu sprechen, als ich. Sie war sehr stolz darauf, daß sie im Leben eines großen Mannes eine wichtige Rolle gespielt hatte. Mit entwaffnender Offenheit erging sie sich in den Einzelheiten des Lebens, das sie fünf Jahre so gut wie gemeinsam zugebracht hatten. Daß sie sowohl Diego als auch Annette haßte, versteht sich von selbst. Ihre kriminellen Tätigkeiten beschrieb sie mit großem Vergnügen. Es gab aber ein ernstliches Problem bei fast all den Enthüllungen, die Caroline mir so willig anvertraute: wieviel davon konnte man ihr wirklich glauben? Für vieles fand ich in meinen Aufzeichnungen der Gespräche mit Alberto Bestätigung, wie auch von anderen Leuten, die sie miteinander erlebt hatten. Es gab sogar ein paar ihrer Briefe an ihn, und all die seinigen, die er ihr geschrieben hatte, ließ sie mich bereitwillig kopieren. Trotzdem blieb vieles ungewiß, was auf eine gewisse Art auch ganz gut so war, denn es waren gerade die nicht ganz greifbaren Aspekte ihrer Persönlichkeit, die Alberto so an ihr gefallen hatten. Mir gefielen sie auch.

Über die Jahre hin traf ich mich mit ihr ziemlich oft. Sie versuchte, mich zu verführen, und ich war auch versucht, ihr stattzugeben, hätte ich nicht den Treibsand der Kompromittierung und Erpressung gefürchtet, der mit aller Wahrscheinlichkeit gefolgt wäre. Mehr als einmal bat sie mich um Geld, und ich gab ihr welches. Sie ist jetzt fast sechzig, leidet an akutem Diabetes und ist nicht mehr in der Lage, den ältesten Beruf der Menschheit auszuüben. Einsam, halbinvalid in ihrer billigen Wohnung in Nizza, die Wände nur mit Photos von Alberto geschmückt, muß sie sich mit melancholischer Nostalgie den Erinnerungen an jene wenigen Jahre hingeben, als einer der größten Künstler dieses Jahrhunderts zahlreiche Porträts von ihr malte, sie mit Schmuck und Autos beschenkte und die Tiefe seiner Hingabe dadurch bewies, daß er darauf bestand, den letzten Nachmittag seines Lebens allein mit ihr in seinem Krankenzimmer zu verbringen. Es war das ihrige kein banales Geschick. Auf der Bühne der lebensechten Leidenschaften spielte sie eine wichtige Rolle, und sie zog die Show auch mit großem Bravour ab.

Außer Genet, Balthus, Sartre, Beckett und Caroline traf ich noch viele andere Männer und Frauen, die interessant und bemerkenswert waren: Francis Bacon; Jacques Lacan; Pierre-Jean Jouve; Pierre Klossowski, Balthus' Bruder; André Masson; und viele andere. Sie alle aufzuzählen oder zu beschreiben hieße die Geduld des Lesers wie auch die Ausdauer des Schreibers erschöpfen. Besonders, wenn auch beiläufig, erwähnt werden soll jedoch Patricia Matisse. Sie hatte all diese Leute gut gekannt, da sie vor ihrer Ehe mit Pierre mit einem chilenischen Künstler, Roberto Matta, verheiratet war. Sie war eine entzückende, eigenwillige kleine Hexe, liebte den Klatsch und schreckte vor keiner Indiskretion zurück. Ohne ihre liebevolle Mithilfe hätte ich viele Dinge niemals erfahren. Es war für mich ein sehr trauriger Morgen, lange vor Abschluß der Biographie, an dem ich Pierres Telegramm unter meiner Tür fand, das mir ihren Tod nach einer Hirnblutung mitteilte, mit noch nicht einmal fünfzig Jahren.

Im Verlauf meiner Recherchen erfuhr Annette natürlich, daß ich, ihrer Anordnung zuwider, meine Arbeit an Albertos Biographie fortsetzte. Am 18. November 1975 wurde eine Ausstellung von Albertos Zeichnungen in der Galerie Claude Bernard eröffnet. Annette war natürlich unter den Anwesenden, wie auch Diego, Bruno und viele andere, die Alberto gekannt hatten, der nun schon seit fast einem Jahrzehnt tot war. Ich wünschte Annette einen guten Abend. Ohne zu antworten, verzog sie mißbilligend das Gesicht und wandte sich ab. Dann drehte sie sich aber nochmal zu mir um und sagte in einem scharfen, aggressiven Ton, wie ich ihn noch nie von ihr gehört hatte: »Ich bin über dich sehr verärgert, James.«

»Warum denn das?« fragte ich sie.

»Weil du absichtlich meinem Wunsch entgegen handelst. Ich weiß genau, was du vorhast, und du weißt, daß ich es mißbillige.«

»Es tut mir sehr leid, daß du so darüber denkst,« sagte ich, »Alberto war ein großer Künstler und ein großer Mensch. Seine Geschichte ist es wert, daß sie nicht in Vergessenheit gerät, und wenn man zu lange damit wartet, sind eines Tages all die wichtigen Zeugen nicht mehr da. Du weißt auch, daß Diego und Bruno und Silvio alle damit einverstanden sind, daß ich dieses Buch schreibe.«

»Sie hassen mich alle,« fuhr sie ich an, »du darfst nicht alles glauben, was sie dir erzählen. Und ich warne dich: wenn du trotzdem weitermachst, werde ich dir das Handwerk schon legen. Das Gesetz ist auf meiner Seite. Also, Vorsicht.« Damit wandte sie sich wieder ab und entfernte sich in der Menge der Galeriebesucher.

Als ich Diego dieses Gespräch wiedergab, sagte er: »Jetzt ist sie größenwahnsinnig geworden. Es stimmt schon, sie hat jetzt einen sehr fähigen Rechtsanwalt, der auch Einfluß hat bei der Regierung, – ein Mann, vor dem du dich vorsehen solltest. Und dann gibt es die neue Sekretärin, auch eine Persönlichkeit, mit der man rechnen muß, wie man mir sagt, eine Amerikanerin, aber kein nettes Mädel, wie die letzte es war. Sie und der Rechtsanwalt führen meine Schwägerin wie eine Marionette am Fadenkreuz. Na ja, sollen sie doch. In fünfzig Jahren wird das alles vergessen sein, dann ist es nur noch Alberto, der von Bedeutung ist.«

Ende der siebziger und Anfang der achtziger Jahre, nach einem Jahrzehnt sich vertiefender Freundschaft, begann Diego mir Geschenke von Werken seines Bruders zu machen. Zuerst war es ein Bild, dann ein oder zwei Zeichnungen, dann auf einmal rund ein Dutzend Skulpturen in Gips, von denen einige von wesentlicher Bedeutung waren – eine davon war Albertos größte und originellste kubistische Plastik; eine andere, ebenfalls große, die erste und interessantere Fassung der Skulptur, die *Der Käfig* hieß; und ein Männerkopf auf einem hohen Sockel. Ich sagte Diego, daß ich all diese Plastiken für interessant genug hielte, um sie in Bronze gießen zu lassen. Nicht zu seinen Lebzeiten, sagte er. Ich sollte gut auf sie achtgeben, sie an einem sicheren Ort verwahren – »der Gefahr aus dem Weg«, sagte er – und nach seinem Tode sollte ich damit verfahren, wie immer es mir angemessen erschiene. Das wäre immerhin etwas, um mich nach Beendigung der Biographie zu beschäftigen, meinte er noch, und er war sich sicher, daß Alberto das Schicksal dieser Plastiken gern meinen Händen überließe. Eine Zeitlang verstaute ich die Skulpturen in meinem Keller, dann aber, mit Rücksicht auf Diegos Ermahnung, sie der Gefahr aus dem Wege zu schaffen, zumal mir Annettes Neigung, die Polizei zu rufen, nur allzu gut bekannt war, lud ich sie alle in mein Auto und fuhr mit ihnen in die Schweiz, wo ich sie in einem gutbewachten Lagerhaus unterbrachte.

Ungefähr um dieselbe Zeit erfuhr ich über Bruno, daß Annette ernstlich erkrankt war. Sie hatte einen Darmverschluß und konnte im

American Hospital gerade noch lebensrettend operiert werden. Sie verbrachte mehrere Monate im Krankenhaus. Ihr Rechtsanwalt und die Sekretärin verheimlichten ihre Krankheit und Abwesenheit von der Wohnung so gut es ging, indem sie vorgaben, sie sei nur etwas müde oder unpäßlich. Warum man diese täuschenden und ausweichenden Antworten für nötig befand? Nichts leichter zu beanworten als das. Der Markt für Giacomettis hatte Hochkonjunktur. Proportional zum Aufschwung seines posthumen Ruhms, wurden seine Werke zu immer höheren Preisen gehandelt. Bei seinem Tode waren viele Stücke noch nicht in vollständigen Auflagen gegossen, manche überhaupt noch nicht. Diese bedauerlichen Lücken waren Annettes unablässige, wachsame Sorge, wie auch die derjenigen Personen, deren Interessen sozusagen mit den ihrigen zusammenfielen. Folglich füllte sich eine Pariser Lagerhaus wie durch den Feuereifer eines Zauberlehrlings mit mehr und mehr Giacometti-Werken an, von denen einige gelegentlich auf den Markt kamen. Das Geld häufte sich nur so, wie von Midasartigem Eigenleben beseelt.

Als ein Ende meiner langwierigen Arbeit an der Biographie langsam absehbar wurde, erhielt ich von Annette unterzeichnete Briefe, in denen sie verlangte, das Manuskript vor seiner Veröffentlichung einzusehen. Hinter diesen Forderungen war die kaum verborgene Androhung einer Klage vor Gericht, wobei sie mich mahnte, daß sie das alleinige Copyright an allen Werken Albertos besäße, und daß sie ihre Erlaubnis nur erteilte, wenn sie den Inhalt meines Buches genehmigt hätte. In anderen Worten, sie drohte mit Zensur. Ich hatte meinen Verleger von Anfang an gewarnt, daß Annette den geringsten Vorwand zur klage benutzen würde, wenn sie auch nur entfernte Erfolgsaussichten witterte. Der Anwalt für Farrar, Straus und Giroux, ein freundlicher und scharfsinniger Herr namens Leon Friedman, las sich mein Manuskript mit peinlichster Sorgfalt durch, befand aber nur sehr wenige Veränderungen für nötig. Ich wollte Annette nie schlechtmachen und schon gar nicht verleumden. Mein einziges Anliegen war, die Wahrheit zu sagen, aber ich wußte, genau das war es, was sie verhindern wollte. Annette hatte aus einer äußerst schwierigen Ehe das beste, wenn nicht sogar das bestmöglichste gemacht, und dies mit Treue, Großmut, Tugend, Ausdauer und der Kraft ihrer unkomplizierten Ergebenheit gegenüber einem sehr komplizierten

Mann. Doch die Biographie ihres Mannes mußte zwangsläufig das Bild einer Ehe zeichnen, die keine Frau mit Gelassenheit oder gar Zufriedenheit ertragen hätte. Künstlerwitwen sind berühmt dafür, daß sie mit dem schmerzlichen Verlust nur schwer zu Rande kommen und das künstlerische Vermächtnis, das ihnen zufällt, mit pingeliger Formalität verwalten. Annette erwies sich als keine rühmliche Ausnahme dieser unseligen Regel. Ich schrieb ihr auf ihre Briefe ausweichende Antworten.

Meine Unwilligkeit, Annette das fertige Manuskript vorzulegen, war jedoch keineswegs eine allgemeine. David Sylvester wollte es gern lesen. Er hatte Alberto gut gekannt, war von ihm porträtiert worden, hatte in den Katalogen zu den von ihm organisierten Ausstellungen über ihn geschrieben und er war zu dieser Zeit selbst mit einer Monographie beschäftigt, die schließlich ein Jahrzehnt später erschien, und die ihm allgemeine und wohlverdiente Anerkennung einbrachte. Ich sah keinen Grund, seiner Bitte nicht stattzugeben. Am 4. Oktober 1984 schrieb er mir von Barcelona, nachdem er meinen Text zu Dreivierteln durchgelesen hatte. Die Biographie sei eine beachtliche Leistung, schrieb er, die er höchst aufschlußreich gefunden habe, teils wegen der neuen Information, teils wegen der Einsichten, die sie enthielt. Abschließend fügte er hinzu, daß sowohl Alberto als auch Diego sich in meiner Schuld befänden. Dieses Lob empfand ich als zutiefst ermutigend, zumal es von einem Manne kam, den ich seit zwanzig Jahren hin und wieder traf, seit dem Abend, da er sich mir vorstellte und darauf bestanden hatte, daß ich ihm meinen ersten Artikel über Alberto vorlese, – einem Mann überdies, der zurecht als Giacometti-Experte anerkannt war.

Das Erscheinen der Biographie in Amerika war für den September 1985 geplant und angekündigt. Am 5. Juli schrieb Annettes Rechtsanwalt einen Brief, der die Veröffentlichung offenbar verzögern oder ganz unterbinden sollte. Dieser Brief erklärte ohne Umschweife, daß Madame Giacometti das Urheberrecht habe für die Wiedergabe aller Werke oder Schriften ihres verstorbenen Mannes und daß sie unter keinen Umständen die Wiedergabe solcher Werke oder Schriften in einem Buch gestatten würde, das ihr nicht zur Vorschau und kritischen Durchsicht vorgelegt worden war. Es war eine offene Androhung einer Gerichtsklage. Leon Friedman hatte jedoch mit scharfer

Voraussicht für diesen Fall Vorsorge getroffen. Als Verlagsanwalt kannte er sämtliche Spitzfindigkeiten des Copyright-Gesetzes, welches Veröffentlichungen in den Vereinigten Staaten betraf. Diese unterscheiden sich in einigen Punkten von den in Europa geltenden Gesetzen. Er vergewisserte sich, daß kein Copyright beantragt worden war, um unerlaubte Veröffentlichung von Giacomettis Werken und einem Teil seiner Schriften in Amerika zu unterbinden. Er schrieb an Annettes Anwalt einen brillanten, scharfen und unbeantwortbaren Brief in diesem Sinne. So wurde die tödlich gemeinte Attacke erfolgreich abgewehrt.

Diego freute sich diebisch. Seine Freunde, die natürlich, je berühmter er wurde, desto zahlreicher wurden, machten sich seit einigen Jahren Sorgen um seine Gesundheit. Über ihn und über die Dekorobjekte und Möbel, die er schuf, erschienen Features in Hochglanzzeitschriften beidseits des Atlantik. Zu seinen Klienten zählten Hollywood Stars, griechische Reederei-Giganten, Opernsänger, Rothschilds und Mellons. Er aber widersetzte sich standhaft ständigen Vorschlägen zu Ausstellungen, behauptete, er sei nur ein Handwerker, kein Künstler, weigerte sich, seine Werkstücke zu numerieren oder zu signieren, und versuchte so lang es irgend ging das schlichte, stille Leben fortzusetzen, das er schon über einem halben Jahrhundert in demselben Viertel führte. Aber es war nicht so einfach. Er sah sich aufgrund des großen Andrangs potentieller Kundschaft gezwungen, eine Sprechanlage zu installieren, um Zugang zu seinem Gelände kontrollieren zu können. Und noch schwerer war es für ihn, den Verfall seiner Gesundheit hinzunehmen. Er litt an einem Magengeschwür, weigerte sich aber zum Arzt zu gehen, bis ich, seinen lautstarken Einwänden zum Trotz, doch einen herbeirief. Dann verletzte er sich die rechte Hand, was seine Arbeit mehrere Monate hindurch erschwerte, wenn nicht gänzlich unmöglich machte. Er mußte sich wegen eines Bruches operieren lassen. Seine Beine machten ihm Schwierigkeiten, und er mußte erst an einem, schließlich an zwei Stöcken gehen. Aber seine gute Laune, seine Freude an vergnüglicher Unterhaltung, seine freundliche Schlichtheit und seine Großzügigkeit ließen nie nach. Und seine Arbeit gab er nicht auf.

Die Fließbandproduktion von Möbeln langweilte ihn schon seit langem. Er brauchte eine Herausforderung an sein Talent und seine

Phantasie, und genau zur rechten Zeit kam auch das Richtige für ihn. Schon seit mehreren Jahren befand sich das Picasso-Museum im Stadium sich lang hinziehender Vorbereitungen zur Darbietung seiner Exponate in der prachtvollen Villa, die dafür vorgesehen war, und im Jahre 1983 sah es tatsächlich so aus, als sei eine Eröffnung absehbar. Man benötigte noch Mobiliar und Beleuchtungsanlagen. Die Direktorin, eine einfallsreiche Kuratorin namens Dominique Bozo, wandte sich an Diego, damit er die Lampen, Leuchter, Bänke und Sessel entwerfe. Voller Freude und Erregung legte Diego alle andere Arbeit beiseite und widmete sich zwei Jahre lang voll und ganz der mühsamen und anspruchsvollen Aufgabe, Gegenstände zu entwerfen, die mit Picassos überwältigenden Schöpfungen benachbart ehrenvoll bestehen konnten. Mit Bescheidenheit und Phantasie schaffte er es. Seine Ergänzungen behaupten sich auf sehr schöne Art neben dem Werk des bemerkenswertesten Künstlers dieses Jahrhunderts. Anfang Juli 1985 ging Diego in das Museum, sah zu, daß all seine Sachen dort aufgebaut wurden und ging zufrieden nach Hause. Die offizielle Eröffnung war für den September geplant, der ich leider nicht beiwohnen konnte, weil die Veröffentlichung von Albertos Biographie zur gleichen Zeit in New York stattfinden sollte.

Seit einiger Zeit litt Diego unter Sehschwäche und willigte endlich ein, den grauen Star im linken Auge operieren zu lassen. Am Montag, den 8. Juli, aß ich mit ihm zu Abend, ein paar Tage darauf ließ er sich ins American Hospital einweisen. Silvio und seine zweite Frau Thérèse waren aus Genf angereist, um bei ihm zu sein, weil Bruno und Odette auf dem Weg zu ihrem Sommersitz in Majola waren. Ich rief am Sonntagmorgen im Krankenhaus an und sprach mit Diego, der bester Laune war. Die Operation war ein voller Erfolg gewesen, er konnte jetzt die Zeitung ohne Brille lesen, während er vorher ein starkes Vergrößerungsglas benötigt hatte. Ich wollte ihn schon am Nachmittag besuchen, aber er sagte, daß Silvio bei ihm sei und bat mich am nächsten Tag nachmittags um drei zu ihm nach Hause zu kommen, da er noch vor dem Mittagessen entlassen würde.

Der nächste Tag war strahlend und warm. Ich ging um drei Uhr in die Rue du Moulin-Vert, klingelte an der Tür, wurde von Silvio in den Hof hineingelassen, wo wir uns umarmten und dann ins Haus gingen. Thérèse war da, aber kein Diego. Ich setzte mich auf einen Hocker hinter dem Schreibtisch, wo ich immer saß, und fragte: »Wo ist Diego?«

»Er ist tot,« sagte Silvio.

»Wie?« rief ich. »Das ist unmöglich. Ich hab doch gestern noch mit ihm telephoniert, und es ging ihm glänzend.«

»Ich weiß,« sagte Silvio. »Es ging ihm gut, das ist wahr. Wir waren dabei. Aber heute morgen um zehn, als er sich gerade anzog, um nach Hause zu gehen, starb er ganz plötzlich an einem Herzinfarkt. Es war in Sekundenschnelle vorbei. Er hat wahrscheinlich nicht einmal begriffen, was mit ihm geschah. Du weißt, daß er immer gesagt hat, daß er so sterben möchte.«

»Ja, ich weiß,« sagte ich mit erstickter Stimme und schlug die Hände vors Gesicht. Da ich mein Schluchzen nicht unterdrücken konnte, sprang ich auf und lief hinaus. Nach ein paar Minuten kam Sivio zu mir hinaus und legte die Arme um mich. Dann endlich konnte ich aufhören zu weinen. Wir gingen wieder ins Haus hinein, wo Silvio mir erklärte, daß er schon seit mehreren Jahren gewußt habe, daß Diegos Herz nicht stark war. Wegen dieser Herzschwäche hatten auch die Ärzte am American Hospital ihm keine Vollnarkose geben wollen. Es gäbe jetzt nichts zu tun als Bruno zu benachrichtigen, der sich eben zur Stunde im Auto auf dem Weg von Zürich nach Majola befand, wo er erst in einer Stunde eintreffen würde. Es war ein schreckliches Warten, und noch schlimmer war Brunos schmerzlicher Aufschrei, als Silvio ihm die Nachricht mitteilte. Odette und er würden vor Mittwoch nicht in Paris sein können. Ich aß an dem Tag und am nächsten mit Silvio und Thérèse zu Abend.

Ich wußte, daß Bruno und Odette am Mittwochmorgen ankommen würden, darum wartete ich bis zum Nachmittag, bevor ich wieder in die Rue du Moulin-Vert ging. Als ich läutete, machte mir Silvio die Tür auf und sagte mir, daß Annette und ihr Anwalt im Hause seien. Ich wartete mit Silvio im Hof, bis sie herauskamen. Der Anwalt, den ich kaum kannte, grüßte mich höflich. Ich hielt Annette meine Hand hin, sie zögerte, ließ sich dann aber doch mit offenkundigem Widerwillen von mir die Finger drücken. Ich war von ihrem Aussehen schockiert und hätte sie womöglich gar nicht erkannt, wäre ich nicht vorher gewarnt worden, daß sie hier sei. Ihr Gesicht war geschwollen, aufgedunsen und ganz bleich, ihre Kleidung schäbig, und sie war beinahe fettleibig zu nennen. Mit mir sprach sie nicht, verabschiedete sich aber von den anderen und sagte noch, daß sie jetzt gleich zum Spital führe, um Diegos Leichnam anzusehen. Nachdem sie fort war, saßen wir alle in Diegos kleinem Wohnzimmer herum, uns voll Traurigkeit der Abwesenheit bewußt, die nun darin hauste, und redeten im einzelnen über die Dinge, die in den nächsten Tagen zu tun wären. Kaum eine Stunde war vergangen, da klingelte das Telephon. Es war Annette. Bruno berichtete uns nachher, nachdem sie Diegos Leichnam gesehen hatte, fand sie, daß er sehr schön, friedlich und zufrieden aussähe. Sie hatte offenbar Bruno eine Frage gestellt, denn er sagte mit großem Nachdruck, »Nein, Annette, das ist nicht möglich.« Danach sprachen sie nicht mehr lange, und er legte auf. Sie hatte darum gebeten, berichtete Bruno, daß man in der Todesanzeige in der Zeitung ihren Namen in die Liste der trauernden Familienmitglieder aufnehme. Wir waren uns alle einig, daß es eine Beleidigung Diegos Andenkens wäre, würde man den Namen einer Frau, die er zutiefst verachtete, in die Liste der Tieftrauernden aufnehmen. Aber Annette, wie üblich darauf bedacht, sich das zu verschaffen, was sie für ihr gutes Recht hielt, ließ eine Traueranzeige in die Zeitung setzen, ausnahmsweise einmal im Namen von Madame Alberto Giacometti. Bruno, Odette, Silvio und seine Kinder gaben separat eine Traueranzeige auf.

Von Bruno und Odette dazu ermuntert, gingen Gilles und ich auch ins American Hospital, um Diegos Leichnam anzusehen. Diego hatte Gilles sehr gemocht und hatte ihm seine eigenen Zeichnungen zum Geschenk gemacht, was er nur sehr selten tat. Wir waren aber froh, daß wir ihn noch einmal sahen, denn Diego sah im Tode tatsächlich sehr edel und heiter aus, ganz das Bild des Menschen, der er gewesen war.

Er wollte verbrannt werden. Am Mittwoch, den 24. Juli, um zehn Uhr fünfundvierzig, fand in der Krematoriumskapelle des Père-Lachaise Friedhofs eine Totenfeier statt. Es war ein gleißender, ausnehmend heißer Tag, aber in der Kapelle war es kühl. Es gab nicht viele Blumen, aber eine ziemliche Menschenmenge war versammelt. Die ganze Familie, Gilles und ich, Pierre Matisse, der sehr mitgenommen aussah, Diegos treuer und fähiger Assistent, Philippe Anthonioz, Vertreter der französischen Museen und des Kulturministeriums, der Schweizer Botschafter, und noch viele andere Leute. Annette kam mit Michel Leiris, Miss Palmer und deren Assistenten. Sie nahm ganz vorn Platz, in der Reihe hinter Bruno, Odette und Silvio. Ein großer Kranz trug ihren Namen. Kurze Ansprachen wurden gehalten vom Pastor, vom Schweizer Botschafter und von Jean Leymarie – wobei letzterer eine sehr rührende Lobrede aus dem Stegreif hielt. Danach gab es nichts zu tun als den Friedhof zu verlassen und Mittagessen zu gehen.

Eine Woche später war eine Bestattung in Borgonovo geplant. Gilles und ich hatten natürlich vor, ihr beizuwohnen. Bruno bat mich, ob ich nicht als Vertreter von Diegos Freunden eine kurze Rede halten könnte, und ich sagte zu. Es war wiederum ein besonders strahlender Tag, obwohl in der Nacht davor ein markerschütterndes Gewitter getobt hatte. Die Blumengaben auf Diegos Grab, das Albertos Grab nahe lag, waren weit üppiger als sie in Paris gewesen waren, es waren mehr Leute gekommen, darunter viele, die Diego fast seit seiner Kindheit gekannt hatten. Annette und Miss Palmer hatten dieses Mal wenigstens genug Anstand – oder war es lediglich Vernunft? – fernzubleiben. Ich fürchtete, in meiner kurzen Rede von Gefühl übermannt zu werden, aber ich zog sie mit nur einem Ausrutscher durch – natürlich auf Französisch. Es gab auch Lobreden auf Italienisch und im Heimatdialekt des Tals. Nach der Totenfeier fand im nahegelegenen Gasthaus einen Empfang statt. Dieser war alles andere als traurig, er wurde sogar zu einer recht lustigen Angelegenheit, bei der viel getrunken wurde. Diego wäre gern dabeigewesen, und sein Geist war es auf wunderbare Weise sicherlich auch, und ist es noch.

Im September ging ich nach New York, um beim Erscheinen von *Giacometti – A Biography* zugegen zu sein – das Buch, auf das ich mich vor fünfzehn Jahren mit so wenig Verständnis eingelassen hatte. Im großen Ganzen wurde es mit erfreulichem Enthusiasmus begrüßt. Während ich mich jedoch noch genüßlich der Illusion hingab, an Alberto und Diego gut gehandelt zu haben, bereitete man mir in Paris schon einen ganz anderen Empfang vor. Unter den allerersten Exemplaren der Biographie, die mit Eilzustellung an Freunde verschickt wurden, gingen solche an Annette, Bruno und Odette sowie

Silvio ab. Keiner von ihnen konnte Englisch lesen, außer Odette, die es so leidlich beherrschte. Aber Miss Palmer, als Amerikanerin, konnte es. Viele, die mit ihr in den zehn Jahren zu schaffen hatten, – einem Zeitraum, der aufgrund ihrer Zanksucht erheblich länger schien – gewannen den Eindruck, daß Mary Lisa Palmer sich allmählich völlig mit Annette identifizierte, daß sie ihren Groll und Ärger übernahm, als wäre es ihr eigener und daß sie Verantwortungen und Vorrechte für sich in Anspruch nahm, die normalerweise Annette allein zustanden. Auf jeden Fall las sie das Buch, entrüstete sich ob der Enthüllungen, die ihrer Arbeitgeberin nicht schmeichelten, und machte sich ans Werk, die gesamte Biographie in Mißkredit zu bringen. Ihr Vorgehen bestand darin, ein Manifest zu veröffentlichen, in dem sie die Biographie als ungenau, voreingenommen und äußerst böswillig gegen Annette verurteilte. Am 21. Februar 1986 verschickte sie einen »vertraulichen« Rundbrief, in dem sie Unterschriften für eine vernichtende Aburteilung der Biographie sammelte. Der anklagende Text bezichtigt die Biographie »wüster Entstellungen« und prangert »zahllose Sachfehler in allen Bereichen« an, und erklärt, man könne »in dem zerrütteten, labilen und hilflosen Geschöpf, das Mr. Lord an ihre Stelle erschafft, Annette Giacometti nicht wiedererkennen.«

Miss Palmer versprach diesen Text an alle Blätter zu senden, die Besprechungen des Buches brachten, und bat um Zustimmungserklärungen, die an Michel Leiris zu senden waren. Daß dieser sich dazu bereit erklärt hatte, einen solchen Angriff auf die Lebensgeschichte eines seiner ältesten Freunde zu fördern, überraschte mich nicht sonderlich, in Anbetracht seines engen Verhältnisses zu Annette. Es war natürlich die langjährige Freundschaft mit dem Künstler sowie sein Ruf als Mann von unbestechlicher Integrität, die dem Aufruf zu dieser Unterschriftensammlung einen Nimbus unbestreitbarer Rechtmäßigkeit verlieh. Ungefähr vierzig Leute unterzeichneten das Manifest. Am meisten schockierten mich die Unterschriften von David Sylvester und Jacques Dupin. Manche hatten aus niedrigen kommerziellen Interessen unterschrieben, einige, weil sie Annette verpflichtet waren und ihr Wohlwollen nötig hatten. Einige unterzeichneten aus reiner Dummheit, und einige sicher auch aus ehrlichem Mitgefühl mit einer unglücklichen Frau. Mehr als einer der Unterzeichneten, darunter Simone de Beauvoir, gab zu, das Buch gar nicht gelesen zu haben; ein anderer war bei seinem Erscheinen vollkommen blind; und mindestens einer hatte Alberto nie im Leben gesehen. Der Text und die Unterschriftensammlung erschienen nur zweimal, beide Male als von Annette aufgegebene und bezahlte Anzeigen, die eine am 26. Februar 1987 in *The New York Review of Books*, und die andere, am 19. März 1987 in *The London Review of Books*, als Anhang zu einer ablehnenden Besprechung der englischen Ausgabe der Biographie von David Sylvester. Sein Brief aus Barcelona vor drei Jahren war ein Judaskuß gewesen. Nach Leiris' Tod erklärte der Vollstrecker seines literarischen Nachlasses, daß er es sehr bereut habe, das Manifest befürwortet zu haben und sich dazu nur herbeiließ, weil ihm Annette und deren Sekretärin so erbarmungslos zusetzten. Insgesamt gesehen war Miss Palmers Versuch der Diffamierung der Biographie letztlich nichts als ein kleines, unbedeutendes Wölkchen am weiten, ungetrübten Horizont kultureller Entwicklungen. Aber Annettes Androhung von Gerichtsklagen sowie die hochtrabenden Einschüchterungsversuche eines ihrer Liebhaber verhinderten erfolgreich die Veröffentlichung einer französischen Ausgabe. Jacques Dupin ließ Bruno gegenüber die selbstgefällige Bemerkung fallen: »Dieses Buch wird nie in Frankreich erscheinen.« Der Kommentar, der mir von allen, die das Buch einbrachte, am meisten bedeutete, war der Brunos, der es in französischer, deutscher und italienischer Übersetzung gelesen hatte: »Alberto hätte sich gefreut, daß du dies alles erzählt hast.« Er schrieb später noch ein Vorwort zu der etwaigen französischen Ausgabe der Biographie, in welcher er diese Ansicht noch ausführlicher erläutert.

Diegos Nachlaß zu regeln, erwies sich als komplexe Angelegenheit, die dem schwergeprüften Bruno zufiel, der jetzt von seinem Architekturbüro zurückgezogen im Ruhestand lebte. Bruno und Silvio waren die Erben, und sie vermachten den Französichen Nationalmuseen einen Großteil der Hinterlassenschaft Diegos, der nie etwas weggeworfen hatte. Höchst unklug und wider besseres Wissen erklärte sich Bruno bereit, eine beträchtliche Menge an Material, das möglicherweise zu Albertos Arbeit in bedeutsamer Beziehung stand, vorläufig Annette anzuvertrauen. Die restlichen Möbel wurden zu gleichen Teilen zwischen Onkel und Neffen aufgeteilt, ebenso eine überquellende Mappe von Albertos Zeichnungen, die Diego in Stampa versteckt hatte. Das Haus in der Rue du Moulin-Vert wurde verkauft, die Verträge für die Ateliers in der Rue Hyppolite-Maindron Nr. 46 aufgekündigt, und damit schien die traurige Angelegenheit erledigt. Wäre es nur so gewesen ...

Ich überlegte mir, was mit Albertos Gipsskulpturen geschehen sollte, die Diego mir gegeben hatte. In ihrem Schweizer Lagerhaus waren sie zwar in Sicherheit, aber sie erfüllten keinen guten Zweck, indem sie ewig dort herumlagen. Ich wußte nur allzu gut, welche Reaktion ich von Annette zu gewärtigen hatte, wenn ich um ihre Erlaubnis ersuchte, die Skulpturen in Bronze gießen zu lassen, selbst wenn nach ihrer Gewohnheit die halbe Auflage ihr gehören würde. Daher bat ich einen Freund um Mithilfe, einen Kunsthändler, der mit Miss Palmer bekannt war, der anonym meine Interessen vertreten sollte. Er sagte zu. Photos wurden gemacht. Die gewissenhafte Sekretärin jedoch bestand darauf, die Arbeiten selbst zu sehen, bevor irgendetwas entschieden werden konnte. Wer würde hier wohl die Entscheidung treffen, fragten wir uns. Auf alle Fälle flogen mein Freund und Miss Palmer Ende Mai 1986 in die Schweiz, suchten das Lager auf und besichtigten die Skulpturen. Die Sekretärin sagte dann, sie müsse Annette konsultieren, und sie würden die Sache im Auge behalten. Zwei Tage danach erschien die Polizei vor dem Lagerhaus mit einem Durchsuchungsbefehl, und alle Skulpturen wurden in ihren Verpackungskisten in den Keller des Polizeipräsidiums nach Genf gebracht. Der Verwalter des Lagerhauses, der genötigt gewesen war, den Namen des Eigentümers zu nennen, setzte mich unverzüglich von diesem dramatischen Zwischenfall in Kenntnis. Ich flog meinerseits nach Genf, engagierte einen fähigen Rechtsbeistand, den ich beauftragte, in meinem Interesse zu handeln, und kehrte wieder nach Paris zurück.

Am Montag drauf rief mich mein Anwalt an, um mir mitzuteilen, daß Miss Palmer vor einem Richter in Genf erschienen wäre, um im Auftrag ihrer Arbeitgeberin – die jetzt als ihre »Freundin und Mitarbeiterin« lief – auszusagen, daß zehn der Skulpturen Fälschungen seien und daß zwei weitere, darunter die allerwichtigste, einschließlich des *Käfigs*, gestohlener Besitz seien, das nach des Künstlers Ableben aus seinem Atelier entfernt worden sei. Dies war eine ernstzunehmende Anklage. Als Besitzer und Verkäufer gestohlenen Guts war ich strafrechtlicher Verfolgung ausgesetzt, wie auch einer möglichen Anklage wegen Fälschung in Verbindung mit den so genannten Fälschungen, die ich allesamt persönlich von Diego erhalten hatte. Ich wurde ersucht, am Dienstag, den 17. Juni um zwei Uhr dreißig vor einem Richter in Genf auszusagen. Es wäre angesichts dieser Entwicklungen nicht übertrieben, wollte man behaupten, ich sei durch sie verstimmt gewesen, gleichzeitig aber begrüßte ich die Gelegenheit, meine Erklärung abgeben und meinen Besitz der Plastiken rechtfertigen zu können. Daß man diese als Fälschungen deklarieren wollte, erschien mir reinster Humbug. Trotzdem nahm ich eine Tasche voller Bücher und Kunstkataloge mit, die sich auf Albertos Werke bezogen, und als ich in Genf ankam, war ich auf meine Aussage gut vorbereitet.

Ich wurde von dem überaus höflichen Richter Louis Peila empfangen, der mich in Ruhe und sogar mit Humor verhörte, während ein Sekretär auf einer altmodischen Schreibmaschine jedes Wort meiner Antworten mitschrieb. Ich führte meine Bücher und Kataloge vor, neben den Photos der beschlagnahmten Skulpturen, und erbat mir Aufschluß darüber, vermittels welcher Autorität Miss Palmer zehn dieser Skulpturen für Fälschungen erklärt hatte. Sie hatte erklärt, sagte Richter Peila, daß sie bei der Betrachtung dieser Skulpturen die Hand des Künstlers nicht spüren könne. Darauf entgegnete ich, daß sie den Künstler nie im Leben gesehen hätte, geschweige denn ihn bei seiner Arbeit beobachtet, während ich unzählige Male seiner Arbeitsmethoden Zeuge wurde und dies mit dokumentarischen Beweisen belegen könne. Was die beiden angeblich gestohlenen Plastiken betraf, so stellten sie eine ernstere Beschuldigung dar, da Madame Giacometti Photos des Ateliers vorlegen konnte, auf denen die beiden Skulpturen deutlich sichtbar waren. Aber wann waren diese Photos gemacht worden, wollte ich wissen, vor oder nach Giacomettis Tod? Und welche Beweise gab es für dieses Datum? Die Darstellung dieser Angelegenheiten dauerte fast den ganzen Nachmittag, nach dessen halbem Ablauf sich der Herr Richter, sein Sekretär, mein Anwalt und ich ins Café gegenüber verfügten, um eine Erfrischung zu nehmen. Um fünf Uhr dreißig hatten wir längst noch nicht alles erörtert, was es dazu zu sagen gab, und Madame Giacometti sollte auch noch persönlich vernommen werden, so daß Richter Peila mich für Montag, den 28. Juli, zu einem weiteren Vernehmungstermin bestellte.

Ich hatte Bruno und Odette bereits von diesen Ereignissen in Kenntnis gesetzt, und am Abend war ich zum Essen mit Silvio und Thérèse zusammen. Silvio, der einer der Erben Albertos war, besaß eine Kopie des Inventars des Atelierinhalts, das nach dem Tode des Künstlers erstellt worden war. Wir gingen es sehr sorgfältig durch und fanden keine Erwähnung der beiden fraglichen Skulpturen, die, wie Annette behauptete, nach dem 11. Januar, 1966 aus dem Atelier entfernt worden seien. Folglich mußten sie vorher entfernt worden sein und waren nicht nachher gestohlen worden. Ich fragte Silvio, ob er mich die Liste des Inventars photokopieren ließe, damit ich sie zu meiner Verteidigung verwende. Er war sofort einverstanden, da auch er keinen Geschmack fand an den Machenschaften seiner Tante und deren Sekretärin, mit denen er selbst bereits aus erster Hand mehr als genug Erfahrung hatte. Das Inventar erwies sich in der Folge natürlich als ausschlaggebendes Dokument in dem Verfahren. Silvio hatte inzwischen die Biographie in Übersetzung gelesen und fand das Porträt seines Onkels durchaus sympathisch, wie es auch alle anderen Mitglieder der Giacometti-Familie taten, die Vettern und Vettersvettern.

Am 28. Juli, einem glühend heißen Sommertag, begab ich mich wiederum nach Genf, um noch einmal in einer langen Sitzung vor Richter Peila auszusagen. In unserer nachmittäglichen Kaffeepause erzählte er mir, daß Annette mittlerweile vor einem seiner Kollegen erschienen sei, und setzte indiskreterweise noch hinzu, daß der Kollege nachträglich bemerkt habe, »Madame Giacometti scheint nicht ganz alle Tassen im Schrank zu haben.« Daß dies tatsächlich der Fall sein könnte, wurde später, mit noch größerer Indiskretion, von ihrem eigenen Anwalt bestätigt, der meinem Anwalt wiederum sagte: »Sie müssen wissen, ich habe es hier mit dem Irrationalen zu tun.«

Um über eine sich extrem in die Länge ziehende Angelegenheit so kurz wie möglich zu berichten, sei gesagt, daß Annette ihren Prozeß in allen Anklagepunkten verlor, obwohl er durch alle Instanzen ging, bis hin zum Obersten Schweizer Gerichtshof. Sie hatte die Gerichtskosten zu tragen, und die Skulpturen gingen wieder an mich zurück. Ich erhob keine Schadensersatzklage. Nach einer gewissen Zeit traf ich Vorkehrungen, den Titel für die Skulpturen auf Ernst Beyeler zu übertragen, der mit Annette vereinbarte, eine gewisse Anzahl in Bronze gießen zu dürfen. Ich erhielt eine großzügige Abfindung. Unter den für den Guß freigegebenen Plastiken waren drei, die man zuvor für Fälschungen erklärt hatte, die nun auf magische Art ihre Authentizität wiedererlangten, sobald Annette durch diesen Kunstgriff etwas zu gewinnen hatte. Ich bezweifle nicht, daß auch der Rest nach und nach in wundervoll patinierten Bronze-Auflagen auftauchen wird.

Als sollte die Giacometti-Familie weiterhin von Trostlosigkeit und Trauer verfolgt werden, brach eines Tages Silvio in Bern auf offener Straße zusammen, als er beruflich unterwegs war. Es war am Mittwoch, den 13. Februar 1991. Ein Notfallwagen kam rechtzeitig, um ihn wiederzuleben, aber das Gehirn war zu lange blutleer gewesen, und er befand sich in einem irreversiblen Koma. Er selbst als Arzt und Freund von Ärzten hätte nicht gewollt, daß ein sinnloses Hinauszögern des Unvermeidlichen überhaupt in Erwägung gezogen würde, und am 22. Februar wurde Silvio Berthoud für tot erklärt. Bruno war verzweifelt, hatte er doch auf seinen kräftigen Neffen gebaut, daß er seine eigenen Bemühungen fortsetze, das Vermächtnis zu schützen, das Albertos Genie hinterlassen hatte. Die Bestattung fand fünf Tage später um zehn Uhr morgens in einer kleinen ländlichen Kirche unweit von Genf statt. Es schien eine bleiche Sonne. Die Trauerfeier war schlicht, würdevoll und tief bewegend. Danach wurden in einem angrenzenden Saal Erfrischungen gereicht. Odette, eine beherzte Dame von sanftem Wesen, gab sich Mühe, Silvios Kinder zu trösten und ihnen gut zuzureden, was sie alle drei bitter nötig hatten.

Nun, da Silvio nicht mehr war, mußten Bruno und Odette sich ganz allein an der Front behaupten, wie Odette nüchtern feststellte. Und sie hatten nur allzu guten Grund, besorgt zu sein. In den sechs Jahren, die seit Diegos Tod vergangen waren, war das Albertos Arbeit betreffende Material, welches Bruno damals impulsiv Annette anvertraut hatte, weder an ihn zurückgegangen noch war irgendeine Erklärung zu seiner besonderen Bezüglichkeit abgegeben worden. Er erkundigte sich zwar danach, wurde aber von Miss Palmer abgefertigt, die ihm mitteilte, daß sowohl sie wie Annette viel zu viel zu tun hätten, um sich derzeit mit dieser Sache abgeben zu können. Bei anderer Gelegenheit behauptete, sie nicht zu wissen, wo diese Dinge gelagert seien. Darüber war Bruno so erbost, daß sie schnell ihre Behauptung widerrief und ihm sagte, wo sie seien, aber darauf bestand, daß es unmöglich sei, sie ihm auszuhändigen, weil man sie noch nicht habe untersuchen und katalogisieren können. Hinhalten und ausweichen war immer Miss Palmers Taktik. Ob sie sich überhaupt noch die Mühe machte, Annette zu unterrichten, wußte niemand, denn so gut wie keiner bekam Albertos Witwe mehr zu Gesicht, und es war so gut wie unmöglich, mit ihr zu telephonieren.

Seit über zwanzig Jahren hatte keine wichtige Giacometti-Ausstellung mehr in Paris stattgefunden, als im Frühjahr 1991 das Museum für Moderne Kunst der Stadt Paris beschloß, eine große Retrospektive zu organisieren. Die Eröffnungsfeierlichkeiten sollten am 29. November abends stattfinden. Bruno und Odette hatten wiederholt um ein Treffen mit Annette und Miss Palmer gebeten, welche mit unverkennbarem Widerwillen schließlich einwilligte. Als sie zu Annette in die Wohnung kamen, waren sie von dem, was sie dort sahen, entsetzt. Annette war äußerlich kaum wiederzuerkennen, unfähig, auch nur einen zusammenhängenden Satz zu sprechen, hin und wieder ein »Ja« oder »Nein« hervorstammelnd, um dann in Tränen auszubrechen. Es war völlig ausgeschlossen, daß sie ihre Wohnung verließ. Bruno meinte, sie habe den Blick eines eingesperrten, in die Falle gegangenen Tieres. Als man Miss Palmer fragte, was denn mit ihr los sei, meinte diese, hart und unbewegt wie immer, es sei nur eine Grippe. Odette erkundigte sich, ob es jemande gäbe, der sie pflegte, und Miss Palmer sagte: »O ja, ja«. Es schien eine tragische Situation zu sein, und es war natürlich unsinnig, irgendwelche praktischen Dinge besprechen zu wollen. Einmal war Annette aufgesprungen und einen Flur hinuntergerannt, worauf Odette hinter ihr herlief und sie in die Arme schloß, während Annette hysterisch schluchzte. Als sie gingen, fragten sich Bruno und Odette, ob sie Albertos Witwe je wiedersehen würden.

Obwohl Annette zu ihrer Familie immer einigen Abstand gehalten hatte, begann jetzt doch einer ihrer Brüder, sich um sie Sorgen zu machen. Er kam nach Paris, besuchte seine Schwester und ihre

Sekretärin, und weniger als ein Jahr später wurde Annette für gesetzlich unmündig erklärt. Michel Arm übernahm die Führung ihrer Geschäfte, aber er verstand nichts davon oder vom Werk Alberto Giacomettis und war somit abhängig von Rat und Ratschluß der Lisa Palmer.

Seit einigen Jahren bemühten sich Annette, ihr Anwalt und ihre Sekretärin um die Gründung einer Organisation, die »Alberto-und-Annette-Giacometti-Stiftung« heißen sollte. Zweck und Aufgaben einer solchen Stiftung blieben, bis auf ihre Steuerfreiheit, restlos unklar. Giacometti-Werke könnten an wichtige Ausstellungen ausgeliehen werden, aber es war nicht vorgesehen, sie der Öffentlichkeit auf fester Basis zugänglich zu machen, wie etwa in den Rodin und Bourdelle Museen, noch sollten Akademiker Zugang zu den Archiven bekommen, die Annette und ihre Sekretärin über die Jahre angelegt hatten. In Frankreich muß eine Stiftung aber, um rechtlich anerkannt zu werden, beweisen können, daß die Stiftung für die Öffentlichkeit von Nutzen sein wird – d'utilité publique. Diese konnte aber die vorgesehene Giacometti-Stiftung eben nicht liefern, und mehrere Anträge wurden nacheinander abgelehnt. Also gründete man eine Alberto-und-Annette-Giacometti-Vereinigung, denn eine Vereinigung kann jeder gründen, und sei es zur Fütterung herrenloser Katzen. Die Vorstandsmitglieder der Giacometti-Vereinigung sollten Annette, Jacques Dupin, André du Bouchet, Yves Bonnefoy und Sabine Weiss, Annettes Photographin, sein. Als Vorsitzende war niemand anders vorgesehen als Lisa Palmer.

Der letzte Tag der Giacometti-Ausstellung im Museum für Moderne Kunst der Stadt Paris war Sonntag, der 22. März 1992. Am vorhergegangenen Mittwoch waren Bruno und Odette nach Paris gekommen, um die Ausstellung noch einmal zu besuchen, und um nochmal nachzufragen, ob überhaupt Hoffnung bestehe, die vor fast sieben Jahren Annette so leichtfertig anvertrauten Materialien, (deren genaue Bezeichnung ich absichtlich vermeide,) zurückzuerhalten. Bruno war illusionslos und hatte mehr oder weniger die Hoffnung aufgegeben, daß er je zurückerhalten werde, was ihm sozusagen nach und nach von Leuten gestohlen wurde, die jetzt ungeduldig auf seinen Tod warteten. Er wählte Annettes Nummer, aber nicht Miss Palmer, sondern eine andere amerikanische Frauenstimme beantwortete den Anruf. Er wollte mit Annette sprechen, und zu seiner Überraschung kam sie an den Apparat und sprach auch einigermaßen zusammenhängend mit ihm. Als er sie fragte, wie es ihr ginge, sagte sie, »Gut, sehr gut.« Aber ihre Stimme habe merkwürdig geklungen. Dann fragte Bruno sie, ob sie die Ausstellung gesehen habe, und sie antwortete darauf: »Nein, nein, ich habe keine Zeit, ich habe zu viel zu tun.« Als Bruno dann sagte, er wolle gern kommen und sie sehen, sie besuchen, war nur noch Schweigen am anderen Ende der Leitung. Womit Annette so sehr beschäftigt war, konnte keiner sagen. Keiner wußte, was mit ihr los war, unter welchen Medikamenten sie stand, welche Pflege sie, wenn überhaupt, erhielt. Michel Arm mochte eine andeutungsweise Vorstellung davon haben, aber er blieb in Genf und überließ die tagtäglichen Entscheidungen um das Wohl und Weh seiner Schwester anderen.

Miss Palmer und ihr Assistent, ein gewisser Monsieur Chaussende, hatten schon seit langem ein Verhältnis miteinander, obwohl es ihnen gefiel, der konventionellen Sitte zu trotzen, indem sie nicht heirateten. Nach absehbarer Zeit befand sich diese »Freundin und Mitarbeiterin« Annettes nun in anderen Umständen, und aus dem Paar wurden die Eltern eines Säuglings, den sie Tristan zu nennen beliebten. Ankündigungen dieses glücklichen Ereignisses wurden an alle erdenklichen Personen verschickt, die auch nur das entfernteste Interesse daran haben konnten, so an Bruno und Odette. Ja, sogar mir schickte man zu meiner Verwunderung eine Anzeige, wobei mir auffiel, daß der zweite Name des Kindes zugleich der Vorname von Annettes Anwalt war.

Was immer es auch gewesen sein mag, das Annette so sehr viel zu schaffen machte, es überstieg mit der Zeit ihre Kraft, damit fertig zu werden. Am Montag, den 20. September 1993 rief mich Bruno an, um mir mitzuteilen, daß Annette tags zuvor gestorben wäre, sowohl an der Alzheimer-Krankheit wie an Krebs, nachdem sie einige Wochen zuvor endlich in eine Klinik eingewiesen worden war. Die Bestattung sollte eine Woche später stattfinden, im Père-Lachaise Friedhof. Michel Arm hatte fragen lassen, ob seine Schwester nicht in Borgonovo neben ihrem Mann beigesetzt werden könnte, aber Bruno hatte die Erlaubnis dazu verweigert. Um jedoch Miss Palmer, dem Anwalt, Dupin und anderen zu beweisen, daß man mit ihm noch immer rechnen müsse, kam Bruno zur Beerdigung nach Paris, und bat mich nachher mit ihm zum Mittagessen zu kommen. Es gab eine religiöse Zeremonie in der Evangelischen Kirche des Luxembourg in der Rue Madame, und ein Leichenzug geleitete den Leichenwagen zum Friedhof Père-Lachaise, für den eine Konzession nicht leicht zu bekommen ist. Der mächtige Anwalt muß wohl dafür gesorgt haben, wobei er anscheinend nicht wußte, daß sie immer in Montparnasse beerdigt sein wollte. Bruno hielt sich diskret von der Kirche fern, ging aber zum Friedhof, wo er zur sechzehnten Abteilung, Grab Nummer Achtzig gewiesen wurde. Es gab nur wenige Blumen und auch nicht viele mehr an Leuten: Miss Palmer und ihr Freund, Dupin und seine Frau, Jean Leymarie, drei oder vier andere. Michel Arm sprach ein paar Worte, der Sarg wurde hinabgelassen, und das war alles.

Bruno kam mit Denise Laurens, der Schwiegertochter Henri Laurens' (des von Alberto sehr verehrten Bildhauers) zu unserem Treffen im Hôtel Regina, wo Odette und er immer absteigen, wenn sie in Paris sind. Während des Mittagessens sprachen wir viel von Annette. Denise, die sie von Anfang an gekannt hatte, bemerkte sehr scharfsinnig, sie sei nie erwachsen geworden. Bruno entsann sich, daß sie wirklich sehr albern gewesen und nach Albertos Tod entsetzlich schwierig und abwegig geworden war, vornehmlich bei allem, was Diego betraf. Ich meinte, sie habe auch ihre guten Seiten gehabt und sei Albertos Kunstschaffen sehr förderlich gewesen. Darin waren sich dann alle einig. Wir unterhielten uns bis um halb fünf und fragten uns vor allem, wie wohl Annettes Testament aussehen würde, auf wen das *droit moral* über Albertos Werk wohl übertragen worden sei, und wie es nun an ausgeübt werden würde.

Die unvermeidliche Anzeige erschien tags drauf in der Zeitung: Monsieur und Madame Claude Arm, Monsieur und Madame Michel Arm, deren Kinder und Kindeskinder, Monsieur und Madame Bruno Giacometti, Madame Mary Lisa Palmer, Monsieur François Chaussende und Tristan, gaben mit großer Trauer Annette Giacomettis Ableben bekannt. So geschah es, daß Miss Palmer, ihr Liebhaber, und ihr uneheliches Kind öffentlich sozusagen in Annettes Familie einbezogen wurden, eine Apotheose, der, so scheint es, viele seltsame Jahre gewidmet waren.

Das Testament, als es eröffnet wurde, erwies sich als nicht leicht zu vollstrecken, denn seine Verfügungen erforderten, daß die Alberto-und-Annette-Giacometti-Stiftung eine juristische Person sei, was sie aber nicht war und möglicherweise niemals sein wird. Ihren Brüdern vermachte Annette ihre beiden Wohnungen einschließlich der darin befindlichen Möbel, aber keinerlei Kunstwerke, welche alle sämtlich das Eigentum der Möchtegern-Stiftung werden sollten. Dies hinderte übrigens den Anwalt nicht, ungefähr ein Jahr danach etwa ein Dutzend wichtiger Skulpturen und mehrere Bilder bei einer Versteigerung loszuschlagen, deren Erlös Gott-weiß-wohin floß. Miss Palmer, so Annettes Verfügung, sollte ihre geschätzte Arbeit am *catalogue raisonné* fortsetzen und das *droit moral* über Giacomettis Werk ausüben. Diese letzte Klausel wurde von Bruno angefochten, da in Frankreich das *droit moral* immer auf den nächst überlebenden Blutsverwandten übergeht. Er hatte die bedauerlicherweise ausgehändigten Materialien leider noch immer nicht zurückbekommen und hatte wenig Hoffnung, sie je wiederzusehen. Miss Palmer und der Anwalt zerstritten sich schließlich auch ob irgendeiner obskuren Angelegenheit und zogen gegeneinander vor Gericht. Annette, so glaube ich zutiefst, war nicht eigentlich von böswilliger Absicht, aber ihre Dummheit, Eitelkeit und Gier richteten großen Schaden an. Hätte sie nämlich die Reichweite ihres selten großen Glücks je richtig begriffen, sie hätte das Vermächtnis gewiß besser gehandhabt.

Und damit komme ich zum Schluß. Ich habe somit alles gesagt, was ich über meine Beziehungen zur Giacometti-Familie sagen wollte. Eine kleine Anmerkung sei mir noch gestattet: ich habe nie verstanden und werde es vermutlich nie verstehen, was Alberto in mir sah. Warum war er vom ersten Anfang an so freundlich zu mir, so einladend, so unglaublich großzügig? Wo liegt der Schlüssel zu diesem Geheimnis? Sein Leben wird mit meinem Bericht gewissermaßen noch nicht beendet sein. Jedes Zeitalter muß die bemerkenswerten Männer und Frauen der Vergangenheit im Lichte einer verjüngten Sicht und gewandelten Perspektive neu bewerten. Sowohl Alberto als auch Diego waren bemerkenswert genug, um Neugier und Interesse einer noch ungeborenen Generation zu wecken, deren Konzept der Wirklichkeit für uns einstweilen noch unvorstellbar ist. Alberto sagte gern, er arbeite in der Hauptsache, um die Toten zufriedenzustellen.

Obwohl es bereits dreißig Jahre her ist, daß er die Augen schloß, überlebt ihn sein Werk mit solch moralischer Macht, daß er selbst darin auferstanden scheint, um seine ewige Lebenskraft und Pracht zu verkünden.